Boller
Speth
Hartmann
Hug

Wirtschafts- und Sozialkunde

kompetenzorientiert

für kaufmännische Berufe

Boller
Speth
Hartmann
Hug

Wirtschafts- und Sozialkunde

kompetenzorientiert

für kaufmännische Berufe

Merkur
Verlag Rinteln

Wirtschaftswissenschaftliche Bücherei für Schule und Praxis
Begründet von Handelsschul-Direktor Dipl.-Hdl. Friedrich Hutkap †

Verfasser:

Dr. Eberhard Boller, Dipl.-Hdl.

Dr. Hermann Speth, Dipl.-Hdl.

Gernot B. Hartmann, Dipl.-Hdl.

Hartmut Hug, Dipl.-Hdl.

* * * * *

6. Auflage 2026

Gesamtherstellung:
MERKUR VERLAG RINTELN Hutkap GmbH & Co. KG, 31735 Rinteln

E-Mail: info@merkur-verlag.de
lehrer-service@merkur-verlag.de
Internet: www.merkur-verlag.de

Merkur-Nr. 0557-06
ISBN 978-3-8120-1262-1

Vorwort

Die „Wirtschafts- und Sozialkunde – *kompetenzorientiert*" versteht sich im Allgemeinen als **lehrplan- und schulformübergreifendes Lern- und Arbeitsbuch** für den kompetenzorientierten WiSo-Unterricht. Im Besonderen orientiert sie sich an den kaufmännischen Auszubildenden in Baden-Württemberg, die im Prüfungsbereich „Wirtschafts- und Sozialkunde" nach den seit dem Schuljahr 2014/2015 vorgegebenen **Kompetenzbereichen I bis III** bzw. **I bis IV** geprüft werden:

Kompetenzbereich I: In Ausbildung und Beruf orientieren
Kompetenzbereich II: Wirtschaftliches Handeln in der sozialen Marktwirtschaft analysieren
Kompetenzbereich III: Wirtschaftspolitische Einflüsse auf den Ausbildungsbetrieb, das Lebensumfeld und die Volkswirtschaft einschätzen
Kompetenzbereich IV: Entscheidungen im Rahmen einer beruflichen Selbstständigkeit treffen

Das Buch richtet sich somit nach den Kompetenzbeschreibungen, die für **alle kaufmännischen Ausbildungsberufe** gelten, denen ein Lernfeldlehrplan mit Schwerpunkt Gesamtwirtschaft bzw. ein Lernfeldlehrplan ohne Schwerpunktbildung zugrunde liegt.

Die folgende Übersicht zeigt, für welche Ausbildungsberufe die jeweiligen Kompetenzbereiche relevant sind (Auswahl):[1]

Fachlagerist/Fachlageristin	I–II
Verkäufer/Verkäuferin	I–II
Drogist/Drogistin	I–III
Fachkraft für Kurier-, Express- und Postdienstleistungen	I–III
Fachkraft für Lagerlogistik	I–III
Kaufmann für Tourismus und Freizeit/Kauffrau für Tourismus und Freizeit	I–III
Kaufmann für Versicherungen und Finanzanlagen/Kauffrau für Vers. und Finanzanlagen	I–III
Kaufmann im Einzelhandel/Kauffrau im Einzelhandel	I–III
Kaufmann/Kauffrau im E-Commerce	I–III
Kaufmann/Kauffrau für Büromanagement	I–III
Kaufmann/-frau für Groß- und Außenhandelsmanagement	I–III
Bankkaufmann/-frau	I–III
Servicefahrer/Servicefahrerin	I–III
Industriekaufmann/Industriekauffrau	I–III
Immobilienkaufmann/Immobilienkauffrau	I–IV
Kaufmann für Kurier-, Express- und Postdienstleistungen/ Kauffrau für Kurier-, Express- und Postdienstleistungen	I–IV
Kaufmann für Marketingkommunikation/Kauffrau für Marketingkommunikation	I–IV
Kaufmann für Spedition und Logistikdienstleistung/ Kauffrau für Spedition und Logistikdienstleistung	I–IV
Medienkaufmann Digital und Print/Medienkauffrau Digital und Print	I–IV

1 Quelle: Umsetzung der Kompetenzbeschreibungen für den Unterricht in der kaufmännischen Berufsschule im Prüfungsbereich Wirtschafts- und Sozialkunde, H-14.15, hg. vom Landesinstitut für Schulentwicklung, Stuttgart 2014, A 12 (verlagsseitig aktualisiert).
Die **Kompetenzbereiche I bis III** (ohne KB IV) werden auch im Merkurbuch 0599 abgedeckt. Die dortige didaktisch-methodische Vorgehensweise richtet sich an einem **abgestuften Anspruchsniveau** aus.

Von den Autoren wurde bewusst darauf geachtet, dass die vorgegebenen **Kompetenzen inhaltlich vollständig und umfassend thematisiert** werden, sodass außerhalb des Buches keine zusätzlichen Materialien erforderlich sind. Dabei bleibt den Lehrkräften genügend didaktischer Freiraum, eigene Schwerpunkte oder regionale Besonderheiten zu berücksichtigen.

Um die Schülerinnen und Schüler in die Lage zu versetzen, betriebliche Handlungen im Rahmen unternehmerischer Zielsetzungen selbstständig, kooperativ und kundenorientiert auszuführen, werden den Hauptkapiteln **Lernsituationen** vorangestellt. Jede Situation enthält zudem am Ende konkrete **kompetenzfördernde Arbeitsaufträge,** die, eingebettet in den situativen Kontext, die **unterschiedlichen Dimensionen der Handlungskompetenz** fördern.

Bei der Konzeption der **Lernsituationen** zu Beginn eines jeden Kapitels haben sich die Autoren ganz bewusst an der **Handreichung** vom **Landesinstitut Baden-Württemberg** orientiert. So zielen die **problemhaltigen Lernsituationen** u.a. darauf ab, die Lebensrealität der Schülerinnen und Schüler mit einzubeziehen, sodass fachliche und überfachliche **Kompetenzen** problemloser miteinander verknüpft werden können. Des Weiteren erlauben die Lernsituationen **individuelle Lernwege** und ermöglichen den Schülerinnen und Schülern sowohl durch **eigenes Handeln** als auch in **Kooperation** untereinander konkrete Handlungs- und Lernergebnisse anzufertigen und anschließend über die gewählten Lernwege zu **reflektieren.**

Hinweis zur Bearbeitung der Lernsituationen: Zur Beantwortung eines Teils der an die Lernsituation anknüpfenden Arbeitsaufträge ist es erforderlich, dass die Schülerinnen und Schüler das jeweilige Kapitel zunächst durcharbeiten.

Am Ende eines jeden Kapitels findet sich ein umfangreiches **Kompetenztraining.** Dieses beinhaltet im Wesentlichen komplexe und realitätsnahe Problemstellungen unter Berücksichtigung der Erfahrungswelt der Lernenden. Das Kompetenztraining dient in erster Linie dem selbstgesteuerten Lernen und einer aktiven Beteiligung der Lernenden.

Zahlreiche Abbildungen, aktuelle Schaubilder, Begriffsschemata und Gegenüberstellungen erhöhen die Anschaulichkeit und Einprägsamkeit der Informationen.

Mit dem Einsatz von Icons, Bildern und Farbe verfolgen wir zwei Ziele: Zum einen möchten wir die vorhandene didaktische Struktur des Buches (Situation, Merksätze, Kompetenztraining) noch „augenscheinlicher" machen; zum anderen denken wir, dass Farbe und Bilder – sinnvoll eingesetzt – die Lust auf das Erlernen volks- und betriebswirtschaftlicher Inhalte und damit auch den Lernerfolg steigern kann.

Ein ausführliches Stichwortverzeichnis hilft Ihnen dabei, Begriffe und Erläuterungen schnell aufzufinden.

Wir wünschen Ihnen einen **guten Lehr- und Lernerfolg!**

Die Verfasser

Inhaltsverzeichnis

Kompetenzbereich I: In Ausbildung und Beruf orientieren

1 Konzept der dualen Berufsausbildung charakterisieren 13
1.1 Ausbildender, Ausbilder, Auszubildender 16
1.2 Ausbildungsverhältnis 17
1.2.1 Berufsbildungsgesetz, Ausbildungsordnung und Ausbildungsplan 17
1.2.2 Berufsausbildungsvertrag 18

2 Schutzbestimmungen für Mitarbeiter am Arbeitsplatz beachten 23
2.1 Arbeitsschutz 25
2.2 Gesundheitsschutz 26
2.3 Umweltschutz 28
2.3.1 Ökologische Ausrichtung der Unternehmensführung 28
2.3.2 Umweltschutz am Arbeitsplatz 30
2.4 Jugendarbeitsschutz 31

3 Mitbestimmung nach dem Betriebsverfassungsgesetz beschreiben und anwenden 36
3.1 Gesetzlicher Rahmen der Mitbestimmung 37
3.2 Betriebliche Mitbestimmung 38
3.2.1 Betriebsrat 38
3.2.2 Jugend- und Auszubildendenvertretung 41
3.2.3 Unmittelbare Rechte der Belegschaftsmitglieder nach dem Betriebsverfassungsgesetz 42
3.2.4 Betriebsvereinbarung 43

4 Bedeutung von Tarifverträgen und die Rolle der Tarifpartner beurteilen 45
4.1 Tarifpartner 47
4.2 Begriff, Arten und Geltungsbereich des Tarifvertrags 48
4.2.1 Tarifautonomie – Tarifvertragsparteien – Tarifvertrag 48
4.2.2 Arten von Tarifverträgen 49
4.2.3 Geltungsbereich des Tarifvertrags 50
4.3 Entstehen eines Tarifvertrags 51
4.4 Wirkungen des Tarifvertrags 52
4.5 Bedeutung der Tarifverträge für Arbeitnehmer und Arbeitgeber 52

5 System der sozialen Absicherung beschreiben und begründen 55
5.1 Notwendigkeit sozialer Absicherung 57
5.2 System der Sozialversicherung 57
5.2.1 Überblick über die Zweige der Sozialversicherung 57
5.2.2 Gesetzliche Krankenversicherung 58
5.2.3 Soziale Pflegeversicherung 60
5.2.4 Gesetzliche Arbeitsförderung (Arbeitslosenversicherung) 62
5.2.4.1 Anmeldung, Versicherungspflicht und die Leistungen an Arbeitnehmer 62
5.2.4.2 Grundsicherung 63
5.2.5 Gesetzliche Unfallversicherung 65
5.2.6 Gesetzliche Rentenversicherung 66
5.2.7 Finanzierung der Sozialversicherung 67
5.2.8 Versicherungsnummernachweis 70
5.3 Dreischichtenmodell 70
5.3.1 Grundlegendes 70
5.3.2 Zusätzliche Hilfe außerhalb des Sozialhilferechts (Zusatzversorgung) 71
5.3.3 Private Vorsorge 72
5.3.3.1 Staatlich geförderte Altersvorsorge 72
5.3.3.2 Staatliche Förderung der Vermögensbildung 74
5.3.3.3 Private Vorsorge ohne staatliche Förderung 74

Kompetenzbereich II: Wirtschaftliches Handeln in der Sozialen Marktwirtschaft analysieren

1 Wechselseitige Beziehungen der Wirtschaftssubjekte mittels Wirtschaftskreislauf darstellen und analysieren 78
1.1 Einfacher Wirtschaftskreislauf 79
1.2 Erweiterter Wirtschaftskreislauf 80
1.3 Vollständiger Wirtschaftskreislauf 81

2 Bruttoinlandsprodukt als Maß für die wirtschaftliche Leistung eines Landes berechnen und beurteilen 86
2.1 Begriff Wirtschaftswachstum 88
2.2 Bruttoinlandsprodukt (BIP) und Bruttonationaleinkommen (BNE) 88
2.3 Entstehung und Verwendung des Bruttoinlandsprodukts und die Verteilung des Volkseinkommens 89
2.3.1 Entstehungsrechnung 90
2.3.2 Verwendungsrechnung 91
2.3.3 Verteilungsrechnung 92
2.4 Kritik am Modell des BIP als Wohlstandsindikator 94
2.5 Alternative Wohlstandsindikatoren 95
2.5.1 Net Economic Welfare (NEW) 95
2.5.2 Human Development Index (HDI) 96

3 Grundgedanken und Ordnungsmerkmale der Sozialen Marktwirtschaft in der Bundesrepublik Deutschland beschreiben und deren Einfluss untersuchen 100
3.1 Wirtschaftsordnungen 101
3.2 Begriff Soziale Marktwirtschaft 102
3.3 Ordnungsmerkmale der Sozialen Marktwirtschaft 103
3.3.1 Garantierte Freiheitsrechte des Grundgesetzes 103
3.3.2 Einschränkung der Freiheitsrechte in der Sozialen Marktwirtschaft 104
3.3.3 Tarifautonomie und Sozialgesetzgebung 106

4 Formen und Ziele der Kooperation und Konzentration unterscheiden und bearbeiten 108
4.1 Begriffe Kooperation und Konzentration 109
4.2 Ziele der Kooperation und Konzentration 109
4.3 Formen der Kooperation durch Unternehmenszusammenschlüsse 110
4.3.1 Kartell 111
4.3.2 Konzern 112
4.3.3 Trust 112
4.4 Folgen der Unternehmenskonzentration 112
4.5 Sicherung des Wettbewerbs durch staatliche Wettbewerbspolitik 113
4.5.1 Kartellkontrolle 113
4.5.2 Missbrauchsaufsicht 114
4.5.3 Fusionskontrolle (Zusammenschlusskontrolle) 115

5 Markt als Ort des Zusammentreffens von Angebot und Nachfrage systematisieren und analysieren 117
5.1 Systematisierung von Märkten 118
5.1.1 Begriff Markt 118
5.1.2 Marktarten 119
5.2 Nachfragekurven und Nachfrageverschiebungen 119
5.2.1 Begriff und Bestimmungsgründe der Nachfrage 119
5.2.2 Preis und Nachfrage 120
5.2.3 Nachfrageverschiebungen 121
5.3 Angebotskurven und Angebotsverschiebungen 122
5.3.1 Begriff und Bestimmungsgründe des Angebots 122
5.3.2 Preis und Angebot 122

5.3.3 Angebotsverschiebungen ... 123
5.4 Preisbildung auf dem vollkommenen Polypolmarkt am Beispiel der Börse ... 125
5.4.1 Bildung des Gleichgewichtspreises ... 125
5.4.2 Auswirkungen des Gleichgewichtspreises ... 127
5.4.3 Vollkommener Markt ... 129
5.4.4 Funktionen des Preises im Modell des vollkommenen polypolistischen Marktes ... 130
5.5 Wirtschaftspolitische Eingriffe des Staates in die Marktpreisbildung ... 130
5.5.1 Marktkonforme Staatseingriffe ... 131
5.5.1.1 Erhöhung der Nachfrage ... 131
5.5.1.2 Senkung der Nachfrage ... 132
5.5.1.3 Erhöhung des Angebots ... 132
5.5.1.4 Senkung des Angebots ... 133
5.5.2 Marktkonträre Staatseingriffe ... 133
5.5.2.1 Begriff marktkonträre Staatseingriffe ... 133
5.5.2.2 Festsetzung von Produktions- und Verbrauchsmengen ... 134
5.5.2.3 Staatliche Preisfestsetzung ... 134

6 Preisbildung im Angebotsmonopol und -oligopol darstellen und beurteilen ... 142 LS6
6.1 Preisbildung des vollkommenen Angebotsmonopols ... 143
6.1.1 Grundlagen ... 143
6.1.2 Preis-Absatz-Kurve des Monopolisten ... 144
6.1.3 Monopolistische Mengenpolitik ... 145
6.1.4 Monopolistische Preispolitik ... 145
6.2 Preisbildung des vollkommenen Angebotsoligopols ... 147
6.2.1 Preisbildung bei kooperativem Verhalten ... 148
6.2.2 Preisbildung bei nicht kooperativem Verhalten ... 148

Kompetenzbereich III: Wirtschaftspolitische Einflüsse auf den Ausbildungsbetrieb, das Lebensumfeld und die Volkswirtschaft einschätzen

1 Idealtypischen Konjunkturverlauf und die Folgen konjunktureller Schwankungen erläutern ... 152 LS1
1.1 Idealtypischer Konjunkturverlauf ... 153
1.2 Ursachen für Wirtschaftsschwankungen ... 155
1.3 Konjunkturindikatoren zur Prognose der wirtschaftlichen Entwicklung ... 156
1.3.1 Realwirtschaftliche Konjunkturindikatoren ... 156
1.3.2 Finanzwirtschaftliche Konjunkturindikatoren ... 158
1.3.3 Früh-, Präsenz- und Spätindikatoren ... 158

2 Konjunkturpolitische Maßnahmen im Hinblick auf die jeweilige Konjunkturphase ableiten ... 161 LS2
2.1 Konjunkturpolitische Maßnahmen zur Vermeidung von Konjunkturschwankungen ... 162
2.2 Nachfrageorientierte Wirtschaftspolitik (Fiskalismus) ... 164
2.3 Exemplarische wachstums- und strukturpolitische Maßnahmen ... 167

3 Wirtschaftspolitische Ziele charakterisieren und mögliche Zielkonflikte begründen ... 172 LS3
3.1 Begriff Wirtschaftspolitik ... 173
3.2 Wirtschaftspolitische Ziele und ihre Zielbeziehungen ... 174
3.2.1 Ziele des Stabilitätsgesetzes sowie deren Messgrößen und Zielerreichungsgrade ... 174
3.2.2 Sozial verträgliche Einkommens- und Vermögensverteilung ... 180
3.2.3 Erhaltung der natürlichen Lebensgrundlagen ... 181
3.2.4 Wechselwirkungen wirtschaftspolitischer Maßnahmen ... 181

4 Arbeitslosigkeit und deren Ursachen beschreiben sowie beschäftigungspolitische Maßnahmen diskutieren 184
4.1 Grundlegendes 185
4.2 Formen der Arbeitslosigkeit 187
4.3 Ziel und Träger der Arbeitsmarktpolitik 188
4.4 Maßnahmen und Wirkungen von beschäftigungspolitischen Maßnahmen 189
4.4.1 Kurzfristig wirksame Instrumente (Beispiele) 189
4.4.2 Langfristig wirksame Instrumente (Beispiele) 190

5 Ermittlung des Preisniveaus erläutern sowie den Zusammenhang von Kaufkraft und Preisniveau beschreiben 195
5.1 Verbraucherpreisindex zur Ermittlung von Preisniveauveränderungen 196
5.2 Kritik am Verfahren zur Messung von Preisniveauveränderungen 200
5.3 Auswirkungen einer Inflation 200

6 Aufbau und Aufgaben des Europäischen Systems der Zentralbanken erläutern 206
6.1 Europäische Wirtschafts- und Währungsunion (WWU) 207
6.2 Europäische Zentralbank (EZB) 208
6.3 Europäisches System der Zentralbanken (ESZB) 209
6.4 Deutsche Bundesbank 211
6.5 Hauptrefinanzierungsgeschäft als geldpolitische Maßnahme der EZB 211

7 Folgen der europäischen Integration und der Globalisierung beschreiben 215
7.1 Stellenwert des Außenhandels für die deutsche Volkswirtschaft 217
7.2 Europäische Integration 219
7.3 Folgen und Herausforderungen der Globalisierung 222
7.3.1 Begriff und Elemente der Globalisierung 222
7.3.2 Verflechtung des internationalen Handels 223
7.3.3 Chancen und Risiken der Globalisierung 224

Kompetenzbereich IV: Entscheidungen im Rahmen der beruflichen Selbstständigkeit treffen

1 Voraussetzungen für eine berufliche Selbstständigkeit analysieren 229
1.1 Motive der hauptberuflichen Selbstständigkeit beschreiben 230
1.2 Geschäftsidee des Unternehmens nachvollziehen, die persönlichen und sachlichen Voraussetzungen prüfen und die Chancen und Risiken beurteilen 231
1.2.1 Geschäftsidee entwickeln 231
1.2.2 Persönliche und fachliche Voraussetzungen des Unternehmensgründers überprüfen 232
1.2.3 Sachliche Voraussetzungen klären 233
1.2.3.1 Marktchancen und Marktpositionierung 233
1.2.3.2 Standort 234
1.2.3.3 Personalbedarf 234
1.2.3.4 Gesicherte Finanzierung 235
1.2.3.5 Rechtliche Voraussetzungen 235
1.2.3.6 Chancen und Risiken der hauptberuflichen Selbstständigkeit erörtern 237
1.3 Geplante Unternehmensgründung mithilfe eines Businessplans prüfen 240

2 Standortfaktoren erläutern und eine Standortbestimmung mithilfe der Nutzwertanalyse durchführen 244
2.1 Erläuterung der Standortfaktoren 245
2.2 Durchführung einer Standortbestimmung mithilfe der Nutzwertanalyse 247

3 Handelsrechtliche Vorschriften im Hinblick auf eine berufliche Selbstständigkeit herausarbeiten 249
3.1 Kaufmann 250
3.2 Handelsregister 252
3.3 Firma 253

4 Wahl der Rechtsform als eine wesentliche Gründungsentscheidung nachvollziehen 255
4.1 Einzelunternehmung 257
4.2 Offene Handelsgesellschaft (OHG) 259
4.2.1 Begriff, Gründung und Firma 259
4.2.2 Eigenkapitalaufbringung, Geschäftsführung, Vertretung, Haftung, Gewinn- und Verlustbeteiligung 259
4.2.3 Vor- und Nachteile der OHG 263
4.3 Kommanditgesellschaft (KG) 265
4.3.1 Begriff, Gründung, Firma und Eigenkapitalaufbringung 265
4.3.2 Pflichten und Rechte der Komplementäre 266
4.3.3 Pflichten und Rechte der Kommanditisten 266
4.3.4 Vor- und Nachteile der KG 267
4.4 Gesellschaft mit beschränkter Haftung (GmbH) 271
4.4.1 Begriff, Gründung und Firma 271
4.4.2 Eigenkapitalaufbringung 272
4.4.3 Haftung 273
4.4.4 Gewinn- und Verlustbeteiligung 273
4.4.5 Organe der GmbH 273
4.4.6 Unternehmergesellschaft als Sonderform der GmbH 274
4.4.7 Bedeutung der GmbH 274
4.5 Exkurs: Aktiengesellschaft (AG) 276
4.5.1 Begriff, Gründung und Firma 276
4.5.2 Eigenkapitalaufbringung, Haftung, Gewinn- und Verlustbeteiligung 277
4.5.3 Organe der AG 278
4.5.4 Bedeutung der AG 279
4.6 Rechtsformwahl und -umwandlung als Entscheidungsproblem 280

5 Anspruchsgruppen und deren Interessen an Unternehmen unterscheiden, ein Unternehmensleitbild entwickeln und hieraus Unternehmensziele ableiten 283
5.1 Anspruchsgruppen und deren Interessen am Unternehmen unterscheiden 284
5.2 Unternehmensleitbild entwickeln und hieraus Unternehmensziele ableiten 287
5.2.1 Unternehmensleitbild entwickeln 287
5.2.2 Unternehmensziele aus dem Unternehmensleitbild ableiten 288

Stichwortverzeichnis 293
Bilderverzeichnis 298

Kompetenzbereich I: In Ausbildung und Beruf orientieren

1 Konzept der dualen Berufsausbildung charakterisieren

Lernsituation 1:

Moritz Becker ist 18 Jahre alt und hat am Monatsanfang seine Ausbildung als Industriekaufmann bei der Luftgut Klimatechnik GmbH begonnen. Mit der Luftgut Klimatechnik GmbH hat er den folgenden Berufsausbildungsvertrag abgeschlossen (siehe S. 14f.).

Die Luftgut Klimatechnik GmbH hat im aktuellen Ausbildungsjahr 15 Auszubildende in verschiedenen Ausbildungsberufen eingestellt. Fred Herget ist Ausbilder im Unternehmen.

Kompetenzorientierte Arbeitsaufträge:

1. Gemäß dem Berufsbildungsgesetz muss der Ausbildende unverzüglich nach Abschluss des Berufsausbildungsvertrags, spätestens jedoch vor Beginn der Berufsausbildung, den wesentlichen Inhalt des Vertrages in Textform niederlegen.

   Erstellen Sie eine Checkliste mit den wesentlichen Inhalten, die ein Ausbildungsvertrag gemäß dem Berufsbildungsgesetz enthalten muss!

2. Zunächst sollen die Auszubildenden den Betrieb, ihre neue Arbeitssituation und ihre Rechtsposition erkunden.

   Fred Herget erteilt ihnen folgende Aufträge:

   - *„Lesen Sie Ihren Ausbildungsvertrag, besprechen Sie ihn in Gruppen und notieren Sie offene Fragen."*
   - *„Notieren Sie Ihre Rechte und Pflichten!"*
   - *„Recherchieren Sie, wie viel Urlaubstage Ihnen nach dem Jugendarbeitsschutzgesetz zustehen."*
   - *„Für den Fall, dass es Ihnen bei uns nicht gefällt: Prüfen Sie nach, auf welche Weise Sie in diesem Fall das Ausbildungsverhältnis vorzeitig beenden können."*

   Bearbeiten Sie die Arbeitsaufträge von Fred Herget anhand des gegebenen Berufsausbildungsvertrags und den nachfolgenden Informationen aus Kapitel 1!

3. Neben dem Ausbildungsvertrag bilden die Ausbildungsordnung und der Ausbildungsplan die wesentliche Grundlage für die Berufsausbildung.

   Erläutern Sie kurz, worin sich Ausbildungsordnung und Ausbildungsplan unterscheiden!

4. Angesichts der hohen Jugendarbeitslosigkeit in vielen südeuropäischen Ländern wird Deutschland häufig um das Erfolgsmodell „Duale Ausbildung" beneidet. Daher unterstützt Deutschland durch Beratung und Pilotprojekte die europäischen Partnerländer bei der Reform ihrer Berufsbildungssysteme.

   Erklären Sie, welche Elemente die duale Ausbildung so erfolgreich machen!

5. Stellen Sie Ihre eigenen Interessen und mögliche Interessen Ihres Ausbildungsbetriebes an der Durchführung der Ausbildung gegenüber. Kennzeichnen Sie anschließend Übereinstimmungen (☺) und mögliche Konfliktbereiche (☹) durch Ankreuzen. Erstellen Sie hierzu eine Tabelle nach folgendem Muster!

Eigene Interessen	☺	☹	Betriebsinteressen

Berufsausbildungsvertrag

(§§ 10, 11 des Berufsbildungsgesetzes – BBiG)

Zwischen dem Ausbildenden (Ausbildungsbetrieb) und der/dem Auszubildenden wird nachstehender Berufsausbildungsvertrag zur Ausbildung im Ausbildungsberuf

Industriekaufmann

(wenn einschlägig, bitte einschließlich Fachrichtung, Schwerpunkt, Wahlqualifikation(en) und/oder Einsatzgebiet nach der Ausbildungsordnung bezeichnen)

nach Maßgabe der Ausbildungsordnung[1] geschlossen.

Andreas-Schneider-Schule

Zuständige Berufsschule

Änderungen des wesentlichen Vertragsinhaltes sind vom Ausbildenden unverzüglich zur Eintragung in das Verzeichnis der Berufsausbildungsverhältnisse bei der Industrie- und Handelskammer anzuzeigen. Die beigefügten Angaben zur sachlichen und zeitlichen Gliederung des Ausbildungsablaufes (Ausbildungsplan) sowie die beigefügten **weiteren Bestimmungen** sind Bestandteil dieses Vertrages.

Angaben zum Ausbildenden

Luftgut Klimatechnik GmbH

Name des Ausbildenden (Ausbildungsbetriebes)[2]

Biberacher Str. 12

Straße, Haus-Nr.

74078 Heilbronn

PLZ Ort

07131 9633-0

Telefonnummer

E-Mail-Adresse (Angabe freiwillig)

Herget, Fred

Name, Vorname verantwortliche/r Ausbilder/in

Angaben zum/zu gesetzlichen Vertreter(n)[3]

☐ keiner X Eltern ☐ Mutter ☐ Vater ☐ Vormund

Becker, Anja

Name, Vorname

Lindenstr. 57, 74078 Heilbronn

Anschrift

Becker, Max

Name, Vorname

Lindenstr. 57, 74078 Heilbronn

Anschrift

Angaben zur/zum Auszubildenden

Becker Moritz

Name Vorname

Lindenstr. 57

Straße, Haus-Nr.

74078 Heilbronn

PLZ Ort

18.04.2008

Geburtsdatum Mobil-/Telefonnummer (Angabe freiwillig)

E-Mail-Adresse (Angabe freiwillig)

§ 1 – Dauer der Ausbildung

Dauer

Die Ausbildungsdauer beträgt nach der Ausbildungsordnung

☐ 24 Monate. X 36 Monate. ☐ 42 Monate.

Auf die Ausbildungsdauer wird die Berufsausbildung zur/zum[4]

bzw. eine berufliche Vorbildung in

mit .... Monaten angerechnet.[5]

Die Berufsausbildung wird in

X Vollzeit ☐ Teilzeit[6] .... (% der Ausbildungszeit in Vollzeit) durchgeführt.

Die Ausbildungsdauer verlängert sich aufgrund der Teilzeit um

.... Monate.

Die Ausbildungsdauer verkürzt sich vorbehaltlich der Entscheidung der zuständigen Stelle aufgrund

um .... Monate.[7]

Die Berufsausbildung wird im Rahmen eines ausbildungsintegrierenden dualen Studiums absolviert.

Das Berufsausbildungsverhältnis

01.09.2026	31.08.2029
beginnt am	und endet am.[8]

Probezeit

Die Probezeit beträgt in Monaten[9]

einen   zwei   X drei   vier

§ 3 – Ausbildungsstätte

Die Ausbildung findet vorbehaltlich der Regelungen nach § 4 Nr. 12 dieses Vertrages in

Luftgut Klimatechnik GmbH
Biberacher Str. 12, 74078 Heilbronn

Name/Anschrift der Ausbildungsstätte

und den mit dem Betriebssitz für die Ausbildung üblicherweise zusammenhängenden Bau-, Montage- und sonstigen Arbeitsstellen statt.

§ 4 – Pflichten des Ausbildenden

Ausbildungsmaßnahmen außerhalb der Ausbildungsstätte(n) sind für den folgenden Zeitraum in der/den folgenden Ausbildungsstätte(n) vorgesehen (hierzu zählen auch Auslandsaufenthalte)

§ 5 – Pflichten der/des Auszubildenden

Führung von schriftlichen oder elektronischen Ausbildungsnachweisen

Der Ausbildungsnachweis wird wie folgt geführt:

schriftlich   X elektronisch

§ 6 – Bestandteile der Vergütung und sonstige Leistungen

Höhe und Fälligkeit

Das Ausbildungsverhältnis fällt in den Geltungsbereich des folgenden Tarifvertrages:

X Das Ausbildungsverhältnis fällt nicht in den Geltungsbereich eines gültigen Tarifvertrages.

Der Ausbildende zahlt der/dem Auszubildenden eine angemessene Vergütung; diese beträgt zurzeit monatlich brutto

EUR	1303,50	1377,50	1488,50	
im	ersten	zweiten	dritten	vierten

Ausbildungsjahr.

Die Vergütung setzt sich aus verschiedenen Bestandteilen zusammen, die dem Vertrag als Anlage beigefügt werden.

Überstunden

Überstunden werden   vergütet und/oder   in Freizeit ausgeglichen.

§ 7 – Ausbildungszeit, Anrechnung und Urlaub

Tägliche und wöchentliche Ausbildungszeit[10]

Die regelmäßige tägliche Ausbildungszeit beträgt .... Stunden.[11]

Die durchschnittliche wöchentliche Ausbildungszeit beträgt 40 Stunden.

Urlaub

Es besteht ein Urlaubsanspruch

im Kalenderjahr	2026	2027	2028	2029	
Werktage					
Arbeitstage	10	30	30	20	

§ 12 – Sonstige Vereinbarungen[12]; Hinweis auf anzuwendende Betriebs- bzw. Dienstvereinbarungen

Anlage gemäß § 4 Nr. 1 des Berufsausbildungsvertrages[13]

Die beigefügten weiteren Bestimmungen (Blatt 2 / Ausfertigung für Ausbildende / S. 3 und S. 4) sind Gegenstand dieses Vertrages.

Heilbronn, 15.02.2026

Ort, Datum

Moritz Becker

Unterschrift der/des Auszubildenden

Luftgut Klimatechnik GmbH
i.A. Lohmann

Stempel und Unterschrift des Ausbildenden

Anja Becker   Max Becker

Unterschrift(en) der/des gesetzlichen Vertreter/s

1.1 Ausbildender, Ausbilder, Auszubildender

(1) Begriff Ausbildender und Ausbilder

- **Ausbildender** ist, wer einen Auszubildenden zur Berufsausbildung einstellt.

Beispiel:

Tabea Schulz wird von der Werkzeugfabrik Thomas Hutter KG ausgebildet. Die Werkzeugfabrik Thomas Hutter KG ist Ausbildender.

- **Ausbilder** ist, wer vom Ausbildenden mit der Durchführung der Ausbildung beauftragt wird.

Beispiel:

In der Einkaufsabteilung wird Tabea Schulz von der Angestellten Beate Freiberg ausgebildet. Beate Freiberg ist Ausbilderin.

Ausbilden darf nur, wer **persönlich** und **fachlich geeignet** ist. Die fachliche Eignung des Ausbilders setzt vor allem die Beherrschung der für den jeweiligen Beruf erforderlichen Fertigkeiten und Kenntnisse voraus.

Die Ausbilder vermitteln die Fertigkeiten und Kenntnisse, die zur **Erreichung** des Ausbildungsziels erforderlich sind. Ferner muss der Ausbildungsbetrieb in der Lage sein, die **wesentlichen** Inhalte der Ausbildung zu vermitteln.

(2) Begriff Auszubildender

Auszubildender ist, wer nach den Bestimmungen des **Berufsbildungsgesetzes [BBiG]** einen anerkannten Ausbildungsberuf erlernt.

Beispiel:

Tabea Schulz schließt mit der Werkzeugfabrik Thomas Hutter KG einen Ausbildungsvertrag als Industriekauffrau ab. Tabea Schulz ist Auszubildende.

Anforderungen an Auszubildende. Ein großes Unternehmen umschreibt die Anforderungen an Auszubildende auf seiner Internetseite folgendermaßen:

„Die Voraussetzung für die Bewerbung bei uns ist eine abgeschlossene Schulausbildung mit guten Leistungen. Die Fähigkeit zur Teamarbeit ist ebenso wichtig wie ein hohes Verantwortungsbewusstsein. Wir möchten Auszubildende gewinnen, die überdurchschnittlich motiviert und engagiert sind. Neben den schulischen Leistungen interessiert uns vor allem die Persönlichkeit der Bewerber."

1.2 Ausbildungsverhältnis

1.2.1 Berufsbildungsgesetz, Ausbildungsordnung und Ausbildungsplan

(1) Berufsbildungsgesetz

Das Berufsbildungsgesetz [BBiG] regelt

- die **Berufsausbildung,**
- die **berufliche Fortbildung** und
- die **berufliche Umschulung.**

Die Ausbildung in den verschiedenen Ausbildungsberufen ist durch die jeweilige Ausbildungsordnung [§ 4 BBiG] geregelt.

(2) Ausbildungsordnung

Die Ausbildungsordnung ist die Grundlage für eine geordnete und einheitliche Berufsausbildung in anerkannten Ausbildungsberufen. Sie hat **mindestens festzulegen** [§ 5 BBiG]:

Bezeichnung des Ausbildungsberufs

z. B. Industriekaufmann/Industriekauffrau

Ausbildungsdauer

Sie soll nicht mehr als drei und nicht weniger als zwei Jahre betragen.

Ausbildungsberufsbild

Es enthält die beruflichen Fertigkeiten, Kenntnisse und Fähigkeiten, die mindestens Gegenstand der Berufsausbildung sind.

Ausbildungsrahmenplan

Dies ist eine Anleitung zur sachlichen und zeitlichen Gliederung der Vermittlung der beruflichen Fertigkeiten, Kenntnisse und Fähigkeiten.

Prüfungsanforderungen

Für einen anerkannten Ausbildungsberuf muss nach der Ausbildungsordnung ausgebildet werden [§ 4 II BBiG]. Jugendliche **unter 18 Jahren** dürfen nur in **anerkannten** Ausbildungsberufen ausgebildet werden.

(3) Ausbildungsplan

Auf der Grundlage des Ausbildungsrahmenplans erstellt der **Betrieb** für die Auszubildenden einen betrieblichen Ausbildungsplan, der mit der Verordnung **ausgehändigt** und **erläutert** wird. Der Ausbildungsplan soll den geplanten Verlauf der Ausbildung **sachlich**

2 Merkur-Nr. 0557

und **zeitlich** belegen. Dabei ist u. a. aufzuführen, welche **Abteilungen** für welche **Lernziele** verantwortlich sind sowie zu welchem **Zeitpunkt** und zu welcher **Dauer** die Auszubildenden in den aufgeführten Abteilungen bleiben. Er ist **Anlage** zum Ausbildungsvertrag und wird zu **Beginn** der Ausbildung bei **der zuständigen Stelle** hinterlegt.

(4) Beziehungen zwischen Ausbildungsrahmenplan, Ausbildungsplan und Rahmenlehrplan (duales[1] Ausbildungssystem)

Ausbildungsrahmenplan

Er ist Teil der Ausbildungsordnung nach § 5 BBiG und bildet die Grundlage für die betriebliche Ausbildung

Rahmenlehrplan

Er ist Grundlage für den berufsbezogenen Unterricht in der Berufsschule und zeitlich sowie inhaltlich mit dem Ausbildungsrahmenplan abgestimmt. Der Unterricht in den allgemeinbildenden Fächern folgt den jeweiligen landesrechtlichen Vorschriften.

Ausbildungsplan

Er ist vom Ausbildungsbetrieb für jeden Auszubildenden zu erstellen und bildet die Grundlage für die individuelle Ausbildung im Betrieb.

Betrieb

Berufsschule

1.2.2 Berufsausbildungsvertrag

(1) Begriff kaufmännischer Auszubildender

Kaufmännischer Auszubildender ist, wer in einem Betrieb zum Erlernen kaufmännischer Tätigkeiten angestellt ist.

(2) Abschluss des Berufsausbildungsvertrags

Der Ausbildende hat mit dem Auszubildenden einen Berufsausbildungsvertrag zu schließen [§ 10 I BBiG]. Der Ausbildungsvertrag kommt durch zwei **übereinstimmende** Willenserklärungen zustande. Ist der Auszubildende noch **nicht volljährig** und damit nicht voll geschäftsfähig, bedarf der Vertrag der **Zustimmung** des **gesetzlichen Vertreters** (in der Regel der Eltern).

1 **Dual:** zweiseitig, zweigleisig.

Ausbildende haben **unverzüglich** nach Abschluss des Berufsausbildungsvertrages, **spätestens vor Beginn** der Berufsausbildung, den wesentlichen Inhalt des Vertrages gemäß in **Textform** abzufassen. Ausbildende haben den Auszubildenden und deren gesetzlichen Vertretern die Vertragsabfassung unverzüglich nach deren Erstellung auszuhändigen bzw. zu übermitteln. Bei **elektronischer** Abfassung ist die Vertragsabfassung so zu übermitteln, dass die Empfänger diese speichern und ausdrucken können. **Ausbildende** haben den Empfang durch die Empfänger **nachzuweisen.**

In die Vertragsabfassung sind mindestens aufzunehmen:

- Name und Anschrift der Ausbildenden sowie der Auszubildenden, bei Minderjährigen zusätzlich Name und Anschrift ihrer gesetzlichen Vertreter,
- Art, sachliche und zeitliche Gliederung sowie Ziel der Berufsausbildung, insbesondere die Berufstätigkeit, für die ausgebildet werden soll,
- Beginn und Dauer der Berufsausbildung,
- die Ausbildungsstätte und Ausbildungsmaßnahmen außerhalb der Ausbildungsstätte,
- Dauer der regelmäßigen täglichen Ausbildungszeit,
- Dauer der Probezeit,
- Zahlung und Höhe der Vergütung sowie deren Zusammensetzung, sofern sich die Vergütung aus verschiedenen Bestandteilen zusammensetzt,
- Vergütung oder Ausgleich von Überstunden,
- Dauer des Urlaubs,
- Voraussetzungen, unter denen der Berufsausbildungsvertrag gekündigt werden kann,
- ein in allgemeiner Form gehaltener Hinweis auf die Tarifverträge, Betriebs- oder Dienstvereinbarungen, die auf das Berufsausbildungsverhältnis anzuwenden sind,
- die Form des Ausbildungsnachweises (schriftlich oder elektronisch).

Ausbildende haben unverzüglich nach Abschluss des Berufsausbildungsvertrages bei der zuständigen Stelle (z.B. **Industrie- und Handelskammer**) die Eintragung in das **Verzeichnis der Berufsausbildungsverhältnisse** zu beantragen. Der Antrag kann **schriftlich** oder **elektronisch** gestellt werden; eine Kopie der Vertragsabfassung und des **Empfangsnachweises** ist jeweils beizufügen.

(3) Pflichten und Rechte aus dem Berufsausbildungsvertrag

Die Pflichten und Rechte des Auszubildenden bzw. des Ausbildenden ergeben sich vor allem aus dem Berufsbildungsgesetz und dem Jugendarbeitsschutzgesetz.

Pflichten des Auszubildenden (Rechte des Ausbildenden)	Pflichten des Ausbildenden (Rechte des Auszubildenden)
■ **Befolgungspflicht:** Weisungen des Ausbildenden im Rahmen der Berufsausbildung sind sorgfältig zu befolgen. ■ **Berufsschulpflicht.** ■ **Lernpflicht:** Auszubildende(r) muss sich bemühen, so zu lernen, dass die Abschlussprüfung bestanden wird. ■ **Schweigepflicht** über Geschäftsdaten.	■ **Ausbildungspflicht:** Vermittlung der Fertigkeiten und Kenntnisse, die zur Erreichung des Ausbildungsziels erforderlich sind. ■ **Ausbildungsmittel:** Müssen kostenlos zur Verfügung gestellt werden. ■ **Fürsorgepflicht:** Vermeidung sittlicher und körperlicher Schäden; Anmeldung zur Sozial- und Unfallversicherung. ■ **Freistellungspflicht:** Ausbildende(r) muss die/den Auszubildende(n) zum Besuch der Berufsschule anhalten und freistellen. Der Auszubildende ist auch freizustellen, an einem Berufsschultag mit mehr als fünf Unterrichtsstunden (einmal in der Woche).

<table>
<tr><th>Pflichten des Auszubildenden
(Rechte des Ausbildenden)</th><th>Pflichten des Ausbildenden
(Rechte des Auszubildenden)</th></tr>
<tr><td>

- **Haftpflicht:** Bei grob fahrlässig oder vorsätzlich verursachten Schäden an Maschinen, Büroeinrichtungen usw. haftet der Auszubildende.
- **Ausbildungsnachweispflicht** (Berichtsheftpflicht): Auszubildende(r) hat in der Regel wöchentlich Ausbildungsnachweise schriftlich oder in elektronischer Form zu führen. Sie geben Auskunft über den Ablauf der Ausbildung und müssen bei der Abschlussprüfung vorgelegt werden. Die einzelnen Ausbildungsnachweise sind vom Ausbilder zu unterschreiben bzw. beim elektronischen Berichtsheft durch eine elektronische Signatur abzuzeichnen.

</td><td>

- **Anmeldepflicht zu Prüfungen:** Auszubildende(r) muss rechtzeitig zu Prüfungen angemeldet und an dem Tag vor der schriftlichen Prüfung freigestellt werden.
- **Urlaubspflicht:**[1] Der Urlaub beträgt nach:

<table>
<tr><th>Alter</th><th>Mindesturlaub</th></tr>
<tr><td>bis 16 Jahre</td><td>30 Werktage</td></tr>
<tr><td>bis 17 Jahre</td><td>27 Werktage</td></tr>
<tr><td>bis 18 Jahre</td><td>25 Werktage</td></tr>
</table>

- **Vergütungspflicht:** Die Zahlung des Arbeitsentgelts muss spätestens am letzten Werktag des Monats erfolgen. Gesetzlich gilt eine Mindestausbildungsvergütung, die jährlich ansteigt.
- **Pflicht zur Entgeltfortzahlung:** An gesetzlichen Feiertagen und im unverschuldeten Krankheitsfall bis zu sechs Wochen.
- **Pflicht zur Ausstellung eines Zeugnisses.**[2]

</td></tr>
</table>

(4) Ausbildungszeit

Die Ausbildungszeit beträgt in den meisten kaufmännischen Ausbildungsberufen (z. B. Industriekaufmann/-frau, Immobilienkaufmann/-frau) im Regelfall drei Jahre. Eine Verkürzung der Ausbildungszeit ist unter bestimmten Voraussetzungen möglich.

(5) Probezeit

Die Probezeit beträgt **mindestens einen Monat** und darf **nicht länger als vier Monate** dauern. Die Probezeit ist Bestandteil des Ausbildungsverhältnisses [§ 20 BBiG].

- **Während der Probezeit** kann das Berufsausbildungsverhältnis **jederzeit ohne Einhaltung einer Kündigungsfrist** gekündigt werden.
- **Nach der Probezeit** kann das Ausbildungsverhältnis grundsätzlich **nicht gekündigt** werden. Es besteht ein Kündigungsschutz.

Eine Ausnahme ist nur in den nachfolgenden Fällen möglich [§ 22 II BBiG].

<table>
<tr><th>Kündigung nach der Probezeit durch</th><th colspan="2">Voraussetzungen</th></tr>
<tr><td>das ausbildende Unternehmen</td><td>Aus einem wichtigen Grund ohne Einhalten einer Kündigungsfrist, z. B. wegen Unterschlagung.</td><td rowspan="2">Auflösung des Ausbildungsverhältnisses in beiderseitigem Einvernehmen durch einen sogenannten Aufhebungsvertrag.</td></tr>
<tr><td>den Auszubildenden</td><td>■ Aus einem wichtigen Grund ohne Einhalten einer Kündigungsfrist, z. B. wegen ständigen Mobbings.
■ Kündigung vom Auszubildenden mit vierwöchiger Frist, wenn der Auszubildende die Berufsausbildung aufgeben oder wechseln möchte.</td></tr>
</table>

1 Für Berufsschüler soll der Urlaub in die Schulferien gelegt werden. Es muss sichergestellt sein, dass mindestens 12 Werktage am Stück gewährt werden.

2 Das Zeugnis kann mit **Einwilligung** der **Auszubildenden** in **elektronischer** Form erteilt werden.

(6) Institutionen zur Durchsetzung ausbildungsrechtlicher Ansprüche

Sind Auszubildende der Meinung, dass der ausbildende Betrieb seinen Pflichten nicht nachkommt, können sie sich an verschiedene Institutionen wenden.

- Im Bereich des **Betriebs- und Gefahrenschutzes** sind die **staatlichen Gewerbeaufsichtsämter** als Landesbehörden für die Überwachung aller Betriebe ihres Bezirks zuständig. Die **Aufsichtsdienste der Berufsgenossenschaften** kontrollieren die Betriebe des jeweiligen Wirtschaftszweigs.
- Im Bereich des **sozialen Arbeitsschutzes** können sich die Auszubildenden an den **Betriebsrat**[1] – insbesondere an die **Jugend- und Auszubildendenvertretung**[1] – wenden. Ansprechpartner sind auch die zuständigen **Kammern** (z.B. die Industrie- und Handelskammern). Sie haben u. a. die Aufgabe, über eine ordnungsgemäße Berufsausbildung zu wachen. Hilfe gewähren auch die zuständigen **Gewerkschaften.**

Ist zwischen den Parteien keine gütliche Einigung möglich, müssen die **Arbeitsgerichte** angerufen werden.

(7) Beendigung des Ausbildungsverhältnisses

Das Ausbildungsverhältnis endet

- spätestens mit dem **Ablauf der Ausbildungszeit** [§ 21 II BBiG],
- frühestens mit dem **Bestehen der Abschlussprüfung** oder
- durch **schriftliche Kündigung.**

Die Kündigung muss **schriftlich** erfolgen und bei einer Kündigung aus einem wichtigen Grund oder wegen Aufgabe oder Wechsel der Berufsausbildung die **Kündigungsgründe** enthalten.

(8) Weiterbeschäftigung

Während der **letzten sechs Monate** des Berufsausbildungsverhältnisses können die Vertragspartner eine **Weiterbeschäftigung vereinbaren.** Werden Auszubildende im Anschluss an das Berufsausbildungsverhältnis weiterbeschäftigt, ohne dass hierüber eine ausdrückliche Vereinbarung getroffen ist, wird ein **Arbeitsverhältnis auf unbestimmte Zeit** begründet [§§ 12, 24 BBiG]. Kaufmännisch Ausgebildete werden damit **Angestellte.** Es entsteht ein Anspruch auf Zahlung eines Gehalts.

(9) Ausstellung eines Zeugnisses

Der Ausbildende hat dem Ausgebildeten nach Beendigung des Berufsausbildungsverhältnisses ein **Zeugnis** auszustellen, das Angaben über Art, Dauer und Ziel der Berufsausbildung sowie über die erworbenen Fertigkeiten und Kenntnisse des Auszubildenden enthalten muss **(einfaches Zeugnis).** Auf **Verlangen des Ausgebildeten** sind darin auch Angaben über Führung, Leistung und besondere fachliche Fähigkeiten aufzunehmen **(qualifiziertes Zeugnis)** [§ 16 BBiG].

> **Beispiel:**
>
> „Franziska Hebel verfügt über Fachwissen und hat ein gesundes Selbstvertrauen" heißt zum Beispiel: Franziska Hebel klopft große Sprüche, um fehlendes Fachwissen zu überspielen.

Das Zeugnis darf **keine negativen Aussagen** enthalten.

1 Vgl. hierzu die Ausführungen auf S. 38f. und S. 41f.

Formuliersprache in Arbeitszeugnissen:

Formulierung im Zeugnis	Klartext (Bedeutung)	Notenstufe
a) Er/Sie hat die ihm/ihr übertragenen Arbeiten ... b) Er/Sie hat unseren Erwartungen ...		
a) ... stets zu unserer vollsten Zufriedenheit erledigt. b) ... in jeder Hinsicht und in allerbester Weise entsprochen.	Sehr gute Leistungen	sehr gut (1)
a) ... zu unserer vollen Zufriedenheit erledigt. b) ... in jeder Hinsicht und in bester Weise entsprochen.	Gute Leistungen	gut (2)
a) ... stets zu unserer Zufriedenheit erledigt. b) ... in jeder Hinsicht entsprochen.	Befriedigende Leistungen	befriedigend (3)
a) ... zur Zufriedenheit erledigt. b) ... entsprochen.	Ausreichende Leistungen	ausreichend (4)
a) ... im Großen und Ganzen zu unserer Zufriedenheit erledigt. b) ... im Großen und Ganzen entsprochen.	Mangelhafte Leistungen	mangelhaft (5)
Er/Sie hat sich bemüht ...	Ungenügende Leistungen	ungenügend (6)

Kompetenztraining

1

1. Notieren Sie, in welchem der nachfolgenden Fälle ein Verstoß gegen das Berufsbildungsgesetz vorliegt!
   - 1.1 Der Auszubildende Juri Baskir erhält keinen Fahrgeldersatz zum Besuch der Berufsschule.
   - 1.2 Der Ausbilder verweigert Juri Baskir, für einen ausgedehnten Taucherurlaub den gesamten Jahresurlaub zu verwenden.
   - 1.3 Die tägliche Arbeitszeit beträgt an vier Tagen jeweils acht Stunden.
   - 1.4 Der Ausbilder meldet Juri Baskir nicht zur Unfallversicherung an.
   - 1.5 Der Ausbilder weigert sich, Juri Baskir das für den Berufsschulunterricht benötigte digitale Endgerät zu bezahlen.

2. Der Auszubildende Florian Pfiffig ist seit zwei Monaten als Auszubildender beim Möbelhaus Max Müller e. K. beschäftigt.

   Aufgaben:

   - 2.1 Nennen Sie den Vertrag, der zwischen Florian Pfiffig und dem Möbelhaus Max Müller e. K. geschlossen wurde! Geben Sie die zugrunde liegende Rechtsgrundlage an!
   - 2.2 Nennen Sie drei Angaben, die im Vertrag unbedingt enthalten sein müssen!
   - 2.3 Begründen Sie, ob Florian Pfiffig im Einverständnis mit dem Möbelhaus Max Müller e. K. eine Probezeit von sechs Monaten im Berufsausbildungsvertrag vereinbaren durfte!
   - 2.4 Nehmen wir an, die Probezeit beträgt 4 Monate und die Ausbildungszeit für Florian Pfiffig beginnt am 1. April. Die Ausbildung wurde nicht unterbrochen. Nennen Sie den Tag, mit dessen Ablauf die Probezeit beendet ist!
   - 2.5 Nennen Sie die Form, in der der Berufsausbildungsvertrag abzuschließen ist und geben Sie an, wo er registriert ist!

3. Mara Ercan ist im 1. Ausbildungsjahr zur Kauffrau für Marketingkommunikation. Miguel, Maras Freund, befindet sich im letzten Ausbildungsjahr zum Kaufmann für Marketingkommunikation. Miguel hat einen $2\,^1/_2$-jährigen Ausbildungsvertrag und Mara muss drei Jahre lernen.

   Aufgabe:

   Erklären Sie, wie die unterschiedlichen Ausbildungszeiten zustande kommen!

4. 4.1 Die Berufsausbildung verursacht den Ausbildungsbetrieben hohe Kosten.

   Aufgabe:

   Erläutern Sie, warum die Berufsausbildung den ausbildenden Betrieben dennoch Vorteile bringen kann!

   4.2 Nicht alle Ausgebildeten werden von den Ausbildungsbetrieben auch übernommen.

   Aufgabe:

   Erläutern Sie, ob dies immer ein Nachteil für die Ausgebildeten sein muss!

5. Die 18-jährige Pauline Meier hat eine Ausbildung zur Immobilienkauffrau begonnen. Nach sechs Monaten stellt sie fest, dass es doch der falsche Beruf für sie ist. Sie hat einen neuen Ausbildungsplatz als Kauffrau für Spedition und Logistikdienstleistung gefunden. Pauline Meier reicht am 1. Februar folgende Kündigung ein: „Hiermit kündige ich zum 15. Februar 20.. mein Ausbildungsverhältnis bei Ihnen!"

   Aufgabe:

   Prüfen Sie, ob diese Kündigung rechtswirksam ist!

6. Der Auszubildende Hannes Schreiber, der sich im zweiten Ausbildungsjahr befindet, ist seit einigen Tagen nicht mehr im Betrieb erschienen. Einem Angestellten gegenüber hat er geäußert, er wolle sich nach einem anderen Arbeitsplatz umsehen.

   Aufgabe:

   Erläutern Sie, wie sich die Geschäftsleitung Ihrer Meinung nach verhalten wird!

2 Schutzbestimmungen für Mitarbeiter am Arbeitsplatz beachten

Lernsituation 2:

Gleich am ersten Tag seiner Ausbildung lernt Moritz Becker bei der Luftgut Klimatechnik GmbH (vgl. Lernsituation 1) seine kaufmännischen Mitauszubildenden kennen. Nach einer kurzen Begrüßungsansprache des Ausbilders Fred Herget im Schulungsraum des Ausbildungsbetriebes stellt er kurz die insgesamt 15 Auszubildenden und deren jeweilige Ausbildungsberufe vor.

Insgesamt bildet das Unternehmen zurzeit neben sechs Industriekaufleuten auch noch vier Fachkräfte für Lagerlogistik, zwei Kaufleute für Spedition und Logistikdienstleistung, zwei Kauffrauen für Büromanagement sowie einen Groß- und Außenhandelskaufmann aus.

Im Anschluss an die Rede von Fred Herget begrüßt der stellvertretende Geschäftsführer der Luftgut Klimatechnik GmbH, Herr Dr. Daschner, die Auszubildenden.

In seiner kurzen Ansprache weist er darauf hin, dass das Unternehmen mit der traditionell großen Anzahl von Ausbildungsplätzen seiner Verantwortung für die Region gerecht werden möchte. Wegen des auch in diesem Betrieb künftig spürbaren Fachkräftemangels sei es das Ziel des Unternehmens, allen Auszubildenden im Anschluss an die hoffentlich erfolgreiche Ausbildung ein entsprechendes Übernahmeangebot in Form eines Arbeitsvertrages machen zu können.

Besonderen Wert legt der Geschäftsführer in seiner Ansprache auf die Beachtung der betrieblichen Ordnung, die sich stark an den gesetzlichen Vorgaben orientiert. Beispielhaft führt er die Sicherheitsbestimmungen auf dem Betriebsgelände an, wo es trotz aller Vorsichtsmaßnahmen in der Vergangenheit leider immer wieder zu kleineren Zwischenfällen kam.

Stolz sei das Unternehmen hingegen auf das von verschiedenen Institutionen bereits mehrfach ausgezeichnete Gesundheitsmanagement im Betrieb, zu dessen Bausteinen neben einigen Betriebssportgruppen auch vielfältige Programme zur gesunden Ernährung gehören.

Schließlich verweist Herr Dr. Daschner noch auf die nachhaltige Ausrichtung des Unternehmens, wobei man besonderen Wert auf Abfallvermeidung und Recycling legt.

Nach Beendigung seiner Rede lädt der Geschäftsführer die Auszubildenden noch zu einem kleinen Stehimbiss ein. Dabei kommt Moritz ins Gespräch mit einem seiner Mitauszubildenden, dem 17-jährigen Kevin, der in dem Unternehmen eine Ausbildung zur Fachkraft für Lagerlogistik beginnt.

Während des Gesprächs beschwert sich Kevin direkt bei Moritz, wie sehr ihn schon jetzt die ganzen Arbeitsschutzbestimmungen nerven. So müsse er im Gegensatz zu Moritz während der Arbeitszeit ständig schwere Sicherheitsschuhe und einen Helm tragen, unter dem man mächtig schwitzt. Mit Moritz tauschen möchte Kevin allerdings auch nicht. Er führt an, dass er im Gegensatz zu Moritz nicht im Anschluss an die Berufsschule noch in den Betrieb müsse. Auch habe er von einem Kumpel erfahren, dass er mit 60 Minuten eine im Vergleich zu Moritz um 15 Minuten längere Mittagspause habe. Moritz wiederum versteht überhaupt nicht, was derartige Regelungen mit Schutzvorschriften zu tun haben sollen.

Kompetenzorientierte Arbeitsaufträge:

1. Nennen Sie zunächst die in der Lernsituation aufgeführten bzw. angesprochenen „Schutzbereiche"!
2. Herr Dr. Daschner bedauert, dass es trotz der Arbeitsschutzvorschriften im Betrieb immer wieder zu kleineren Zwischenfällen kam. Recherchieren Sie, welche Behörden für die Überwachung der Arbeitsschutzbestimmungen zuständig sind und erläutern Sie anschließend kurz deren Aufgabe!
3. Sammeln Sie gemeinsam mit Ihrem Sitzpartner oder in Kleingruppen Vorschläge bzw. Aktivitäten, die Ihnen im Rahmen eines betrieblichen Gesundheitsmanagements wichtig erscheinen. Beschreiben Sie die von Ihnen aufgeführten Maßnahmen so konkret wie möglich. Präsentieren Sie anschließend ihre ermittelten Maßnahmen vor der Klasse!
4. Beschreiben Sie in Form einer schriftlichen Aufzählung konkret, welche Maßnahmen in Ihrem Ausbildungsbetrieb in Bezug auf Umweltschutz Anwendung finden!
5. Beschäftigen Sie sich zunächst mit den wichtigsten Bestimmungen des Jugendarbeitsschutzgesetzes! Erläutern Sie anschließend in Form eines kleinen Erfahrungsberichtes, inwiefern bei Ihnen oder bei Ihren Bekannten diese Bestimmungen in Betrieben eingehalten bzw. nicht eingehalten wurden!

Arbeitsschutz ist mehr als die Beseitigung von vorhandenen Gefahren für die Sicherheit und die Gesundheit der Mitarbeiter. Ziel ist es, in einem sich immer rascher ändernden und komplexer werdenden Arbeitsumfeld durch **vorbeugende Maßnahmen** die **Gesundheit zu bewahren** und **menschengerechtes Arbeiten** zu ermöglichen.

Wichtige Gesetze und Verordnungen, die der Gesetzgeber zum Schutz der Mitarbeiter am Arbeitsplatz erlassen hat, betreffen den

- Arbeitsschutz,
- Gesundheitsschutz,
- Umweltschutz,
- Jugendarbeitsschutz.

2.1 Arbeitsschutz[1]

Nach dem Arbeitsschutzgesetz [ArbSchG] sind die Arbeitgeber verpflichtet, die zur Sicherheit und Gesundheit der Beschäftigten bei der Arbeit erforderlichen Maßnahmen des Arbeitsschutzes zu treffen. Hierzu sind den Beschäftigten geeignete Anweisungen zu erteilen.

Sicherheitszeichen weisen die Mitarbeiter auf mögliche Gefahren und Risiken hin.

Verbotszeichen	Gebotszeichen	Warnzeichen	Rettungszeichen

Feuer, offenes Licht und Rauchen verboten	Kopfschutz benutzen	Warnung vor elektrischer Spannung	Rettungsweg Notausgang (rechts)

Für die **Überwachung der Arbeitsschutzbedingungen** sind zuständig:

Gewerbeaufsichtsämter	Sie überwachen die Arbeitsschutzvorschriften und sorgen dafür, dass Missstände beseitigt werden.
Berufsgenossenschaften[2]	■ Sie erstellen Unfallverhütungsvorschriften, die die Unternehmen zur Einführung von Schutzmaßnahmen verpflichten. ■ Die Unfallverhütungsvorschriften müssen im Betrieb ausgelegt oder ausgehängt werden. ■ Mitarbeiter der Berufsgenossenschaften überwachen deren Einhaltung, beraten, beanstanden und verlangen gegebenenfalls die Beseitigung von Mängeln unter Fristsetzung.
Sicherheitsbeauftragte	Sie haben darüber zu wachen, dass die Unfallvorschriften eingehalten werden.

1 Auf der Rechtsgrundlage des Arbeitsschutzgesetzes hat die Bundesregierung mehrere Verordnungen zum Arbeitsschutz erlassen (z. B. die Arbeitsstättenverordnung).

2 Berufsgenossenschaften sind **Verbände** mit **Zwangsmitgliedschaft** für die versicherungspflichtigen Betriebe zur Finanzierung der gesetzlichen Unfallversicherung. Die Berufsgenossenschaften übernehmen den Versicherungsschutz bei Arbeitsunfällen, Wegeunfällen und Berufskrankheiten.

Bei einem **Betriebsunfall** oder bei einem **Wegeunfall** (d.h. einem Unfall auf dem Hinweg zur Arbeitsstätte oder dem Rückweg nach Hause) ist die zuständige **Berufsgenossenschaft** zu **informieren,** wenn es sich um einen Arbeitsunfall handelt, der zu einer Arbeitsunfähigkeit von **mehr als drei Kalendertagen** führt (Unfallanzeige).

Diese Meldung muss sowohl vom Arbeitgeber als auch vom behandelnden Arzt erfolgen.

2.2 Gesundheitsschutz

Eine Reihe wichtiger Gesetze dient dem Gesundheitsschutz der Mitarbeiter. Beispielhaft werden im Folgenden angeführt

- das Arbeitszeitgesetz,
- das Mutterschutzgesetz,
- das Arbeitssicherheitsgesetz.

(1) Arbeitszeit- und Mutterschutzgesetz

Gesetz	Wirkungskreis	Wesentlicher Inhalt
Arbeitszeit-gesetz [ArbZG]	Alle Arbeitgeber und die Arbeitnehmer, für die keine Sondervorschriften bestehen (z.B. JArbSchG).	■ Die werktägliche Arbeitszeit für Arbeitnehmer darf 8 Stunden nicht überschreiten. Die Arbeitszeit kann auf bis zu 10 Stunden täglich erhöht werden, wenn innerhalb von 6 Kalendermonaten oder innerhalb von 24 Wochen im Durchschnitt 8 Stunden werktäglich nicht überschritten werden. ■ Nach Beendigung der täglichen Arbeitszeit müssen dem Arbeitnehmer mindestens 11 Stunden Freizeit verbleiben. ■ Nach mehr als 6 bis 9 Stunden Arbeitszeit ist eine Ruhepause von mindestens 30 Minuten zu gewähren.[1]
Mutter-schutz-gesetz [MuSchG]	Alle Arbeitgeber bezüglich der bei ihnen beschäftigten Frauen.	Sobald der Arzt die Schwangerschaft und den errechneten Geburtstermin bestätigt, sollte die schwangere Frau dem Arbeitgeber die Schwangerschaft mitteilen. Die schwangere Arbeitnehmerin sollte die Bescheinigung des Arztes dem Arbeitgeber im eigenen Interesse möglichst bald vorlegen, damit sie in den Genuss des Mutterschutzgesetzes kommt. Schwangere Frauen dürfen u.a. **nicht beschäftigt** werden ■ mit schweren körperlichen Arbeiten (z.B. regelmäßiges Heben von Lasten über 5 kg; Arbeiten, die übermäßiges Strecken und Beugen erfordern), ■ mit Arbeiten, bei denen sie erhöhten Unfallgefahren ausgesetzt sind (z.B. bei Gefahr auszurutschen oder zu stürzen), ■ mit Arbeiten, bei denen sie gesundheitsgefährdenden Stoffen, Strahlen, Nässe, Lärm oder Erschütterungen ausgesetzt sind,

1 Sofern die Arbeiten nicht an Werktagen vorgenommen werden können, dürfen Arbeitnehmer an Sonn- und Feiertagen arbeiten. Allerdings müssen diese an einem Werktag innerhalb von zwei Wochen frei haben. Zudem müssen mindestens 15 Sonntage im Jahr beschäftigungsfrei bleiben [§§ 10 I, 11 ArbZG].

Gesetz	Wirkungskreis	Wesentlicher Inhalt
		■ mit Akkordarbeit und Fließbandarbeit mit vorgegebenem Tempo, ■ nach Ablauf des fünften Schwangerschaftsmonats mit Arbeiten, bei denen sie ständig stehen müssen. Befreiung von der Arbeit für **6 Wochen vor** und mindestens **8 Wochen nach** der Entbindung. Während der Schwangerschaft, bis zum Ablauf von **vier Monaten** nach der Entbindung und während der Elternzeit besteht Kündigungsschutz.

(2) Arbeitssicherheitsgesetz [ASiG]

Das Arbeitssicherheitsgesetz regelt die Pflichten der Unternehmen zur Bestellung von Betriebsärzten, Sicherheitsingenieuren und anderen Fachkräften für Arbeitssicherheit. Deren Aufgabe ist es, die dem Arbeitsschutz und der Unfallverhütung dienenden Vorschriften den **besonderen Betriebsverhältnissen anzupassen** und ihre **Anwendung zu gewährleisten.**

Der Arbeitgeber ist verpflichtet, **Betriebsärzte** zu bestellen. Diese haben die Aufgabe, den Arbeitgeber beim Arbeitsschutz und bei der Unfallverhütung in allen Fragen des Gesundheitsschutzes zu unterstützen (z. B. bei der Planung von sozialen und sanitären Einrichtungen, bei der Einführung von Arbeitsverfahren und Arbeitsstoffen, bei der Auswahl und Erprobung von Körperschutzmitteln). Außerdem haben die Betriebsärzte die Aufgabe, die Arbeitnehmer zu **untersuchen** und **arbeitsmedizinisch zu beurteilen.**[1] Eine weitere Pflicht der Betriebsärzte ist, die **Arbeitsstätten** in regelmäßigen Abständen zu **begehen** und **festgestellte Mängel zu melden.**

Der **Betriebsrat** hat eine Mitverantwortung in Fragen, die die Sicherheit des Arbeitsplatzes sowie den Gesundheitsschutz betreffen. Im öffentlichen Dienst ist der **Personalrat** Ansprechpartner der Mitarbeiter für diesen Bereich.

In vielen Betrieben wird ein professionelles **Gesundheitsmanagement** betrieben. Maßnahmen sind z. B.

- Workshops zur Verbesserung des Kommunikationsverhaltens und der Teamentwicklung,
- Beratungsprogramme zur Suchtprävention,
- Burn-out-Prävention,
- Ernährungsberatung,
- Betriebssport.

Viele Kantinen und Catering-Einrichtungen bieten eine große Auswahl an Verpflegung an, die gesundes **Ernährungsverhalten** fördern sollen, z. B. frisches Obst und Gemüse sowie vitamin- und ballaststoffreiche Nahrungsmittel.

1 Im Rahmen des Arbeits- und Gesundheitsschutzes werden arbeitsmedizinische **Vorsorgeuntersuchungen** angeboten: Jeder Beschäftigte an einem Bildschirmarbeitsplatz hat Anspruch auf eine Untersuchung der Augen und des Sehvermögens. Auch andere körperliche Beschwerden werden dabei ggf. Thema eines Beratungsgesprächs.

Mal ein Keks oder ein Stück Schokolade – kein Problem. Menge, Vielfalt und Zusammensetzung der Lebensmittel entscheiden, ob der persönliche Speiseplan der Gesundheit dient oder schadet. Dabei hilft die Ernährungspyramide. Je weiter unten die Lebensmittelgruppen in dieser stehen, desto mehr sollte man davon zu sich nehmen. Die Basis bilden die ungesüßten Getränke: Ein bis zwei Liter am Tag empfehlen die Experten – bevorzugt Wasser oder Tee. Auch Kaffee kann zur Flüssigkeitszufuhr beitragen. Gesüßte Getränke wie Limonade fallen dagegen unter die Kategorie Süßes, von der nur wenig und in kleinen Mengen verzehrt werden sollte. Bunt und ausreichend heißt die Empfehlung bei Obst und Gemüse: Je vielfältiger die Früchte, desto besser. Fleisch oder Tofu genügen ab und zu. Auch Fisch ist gesund und darf regelmäßig auf dem Speiseplan stehen. Wer sehr viel Fleisch isst, sollte den Konsum reduzieren. Das käme wegen eines geringeren CO_2-Ausstoßes auch dem Klima zugute. Außerdem sollte man auf die Herkunft der Nahrungsmittel achten.

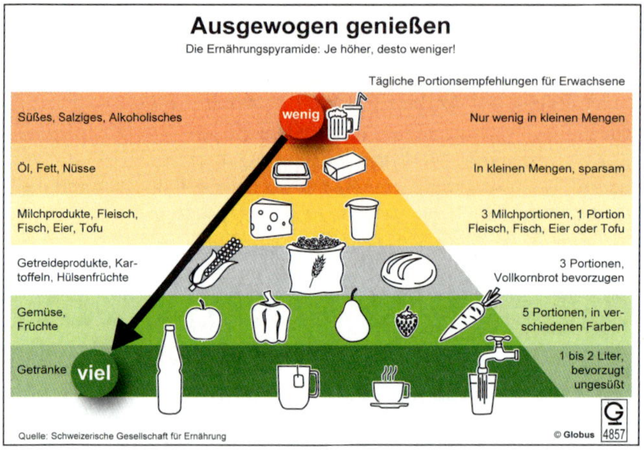

Staatlich geförderte Programme sowie die **Krankenkassen** unterstützen die Mitarbeitergesundheit z. B. durch Bewegungsprogramme, Ernährungsberatung, Suchtprävention, Stressbewältigung.

2.3 Umweltschutz

2.3.1 Ökologische Ausrichtung der Unternehmensführung

(1) Durchlaufstrategie

Bis vor ca. 30 Jahren wurde nur selten darüber nachgedacht, welche ökologischen Folgen die Produktion eines Gutes haben kann. Bei der Auswahl der Werkstoffe bzw. der Entscheidung für einen bestimmten Lieferer wurden allein wirtschaftliche und produktionstechnische Gesichtspunkte zugrunde gelegt. Abfälle, die bei der Produktion anfielen, wurden einfach über Mülldeponien und Verbrennungsanlagen entsorgt. Gleiches galt für Konsumgüter. Wurde ein Konsumgut unbrauchbar, unmodern oder war das Gut technisch überholt, wurde es den anderen Abfällen beigegeben und durch die Müllabfuhr auf der Mülldeponie entsorgt.

Diese Form des ökologischen Wirtschaftens bezeichnet man als **Durchlaufwirtschaft.**

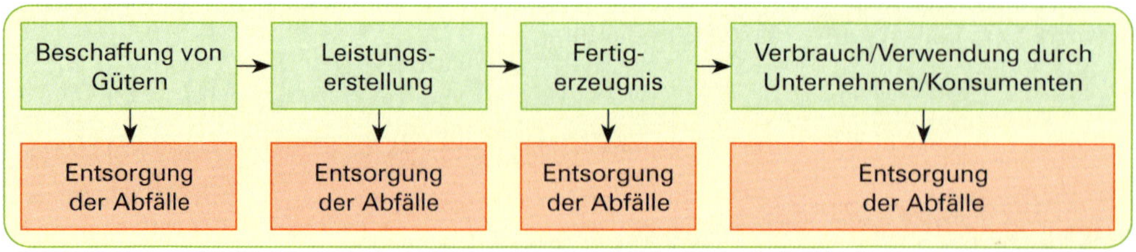

Unter ökologischen Gesichtspunkten war die Durchlaufwirtschaft **nicht mehr vertretbar,** und 1994 wurde sie durch das Kreislaufwirtschaftsgesetz [KrWG] beseitigt.

(2) Kreislaufstrategie

Nach dem Kreislaufwirtschaftsgesetz [KrWG] sind alle, die Güter produzieren, vermarkten oder konsumieren, für die Vermeidung, Verwertung oder umweltverträgliche Entsorgung der Abfälle grundsätzlich selbst verantwortlich.

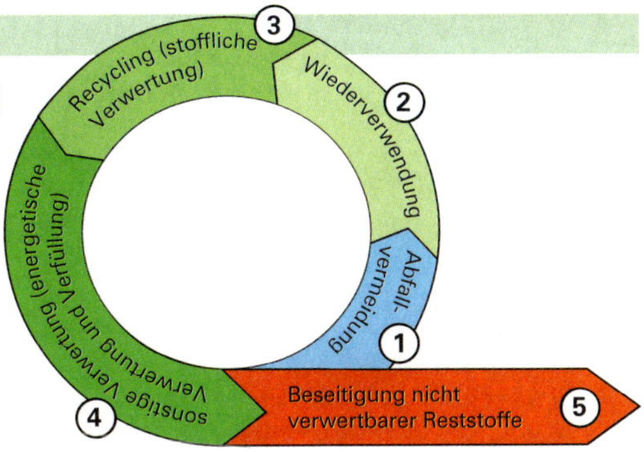

Dabei gilt folgende Rangfolge:

- Abfallvermeidung
- Wiederverwendung
- Recycling
- Sonstige Verwertung (energetische Verwertung und Verfüllung)
- Beseitigung nicht verwertbarer Reststoffe

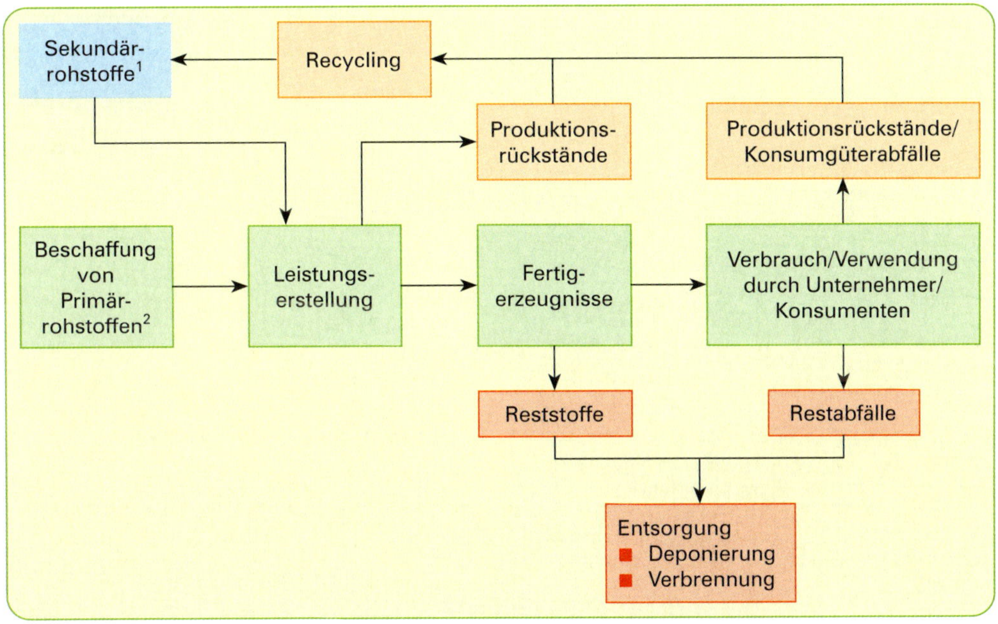

1 **Sekundärstoffe** werden durch Aufbereitung aus stofflichen Produktions- und Konsumrückständen gewonnen (Recycling).

2 **Primärstoffe** (z. B. Roh-, Hilfs- oder Betriebsstoffe) werden aus natürlichen Ressourcen gewonnen.

2.3.2 Umweltschutz am Arbeitsplatz

(1) Überblick

Die Möglichkeiten, Umweltschutz am Arbeitsplatz zu betreiben, sind vielfältig. Im Folgenden werden beispielhaft mögliche Maßnahmen vorgestellt:

- Verzicht der Versandabteilung auf **umweltbelastende Verpackungen** bzw. **Wiederverwertung von Verpackungsmaterialien.**
- Produktion von langlebigen **reparaturfreundlichen Produkten** sowie Erzeugnissen, die in der Gebrauchsphase umweltverträglich sind, wie beispielsweise **energie- und wassersparende Geräte.**
- Umweltfreundlicher **Transport** der produzierten Güter, um die Umweltbelastung durch den Güterverkehr einzuschränken.
- Einsatz **umweltfreundlicher Materialien bei Büroarbeiten** und Verwenden von **energiesparender und umweltfreundlicher Informationstechnik.**

(2) Umweltorientiertes Handeln am Beispiel „Beschaffung und Serviceleistungen"

Um überprüfbare umweltorientierte Maßnahmen durchzuführen, ist es sinnvoll, für jeden einzelnen Geschäftsbereich eine **Checkliste** zu erstellen, durch die das betriebliche Handeln ständig auf seine Umweltverträglichkeit überprüft wird. Als Beispiel wird eine mögliche Checkliste für den Bereich „Beschaffung und Serviceleistungen" vorgestellt.

Umweltcheckliste für den Bereich „Beschaffung und Serviceleistungen"			
Fragen/Aufgaben	**entfällt/nicht zutreffend**	**wird beachtet/ist vorhanden**	**ist in Arbeit/ vorgesehener Termin**
Gibt es ökologische Kriterien zur Beschaffung von Investitionsgütern?			
Wird auf Langlebigkeit, Reparaturfreundlichkeit und Recycelbarkeit geachtet?			
Wird der Ressourcenverbrauch während des Gebrauchs berücksichtigt?			
Gibt es ökologische Vorgaben zur Beschaffung von Hilfs- und Betriebsmitteln?			
Werden umweltverträgliche Packmittel beschafft?			
Kommen umweltverträgliche Putz- und Reinigungsmittel zum Einsatz?			

Umweltcheckliste für den Bereich „Beschaffung und Serviceleistungen"			
Fragen/Aufgaben	**entfällt/nicht zutreffend**	**wird beachtet/ist vorhanden**	**ist in Arbeit/ vorgesehener Termin**
Kommen Hygieneartikel aus Recyclingpapier zum Einsatz?			
Werden im Bürobereich Recyclingprodukte eingesetzt, z. B. Kopierpapier, Briefumschläge, Ordner u. Ä.?			
Kommen im Büro Nachfüllsysteme zum Einsatz, wie z. B. für Toner, Farbbandkassetten, Marker, Klebestifte?			
Kommen im Büro lösemittelfreie Stifte, Farben und Kleber zum Einsatz?			
Wird in der Kantine oder Teeküche Mehrweggeschirr verwendet?			
Werden Minipackungen ausgelistet?			
Werden Fremdfirmen (Reinigung, Renovierungsarbeiten u. Ä.) nach Umweltgesichtspunkten ausgewählt?			

Quelle: „Umweltmanagement im Einzelhandel", herausgegeben von der Landesanstalt für Umweltschutz Baden-Württemberg.

2.4 Jugendarbeitsschutz

(1) Geltungsbereich

Der Jugendarbeitsschutz ist im **Jugendarbeitsschutzgesetz [JArbSchG]** geregelt. Jugendliche sind alle Arbeitnehmer, die 15, aber noch keine 18 Jahre alt sind. Jugendliche unter 15 Jahren gelten als Kinder. **Kinderarbeit** ist **grundsätzlich verboten.**

Kinderarbeit ist verboten!

Vor Beginn der Beschäftigung und bei wesentlicher Änderung der Arbeitsbedingungen sind die Jugendlichen vom Ausbildungsbetrieb über die **Unfall- und Gesundheitsgefahren,** denen sie am Arbeitsplatz ausgesetzt sind, sowie über Einrichtungen und Maßnahmen zur Abwendung dieser Gefahren zu unterweisen.

(2) Grenzen der Arbeitszeit

Arbeitsbeginn und Arbeitsende	06:00 Uhr frühestens und 20:00 Uhr spätestens.
tägliche Arbeitszeit	■ maximal 8,5 Stunden am Tag. ■ bei 5-Tage-Woche (40 Stunden) maximal 8 Stunden am Tag.
Ruhepausen	■ mindestens 30 Minuten Pause bei einer Beschäftigung von mehr als $4^1/_2$ Stunden. ■ mindestens 60 Minuten Pause bei einer Beschäftigung von mehr als 6 Stunden.
Berufsschultage	keine Beschäftigung an Berufsschultagen mit mehr als 5 Unterrichtsstunden von mindestens 45 Minuten, jedoch nur einmal in der Woche.
wöchentliche Arbeitszeit	■ 5-Tage-Woche; 40-Stunden-Woche. ■ keine Beschäftigung an Samstagen und Sonntagen. ■ Im Einzelhandel darf der Jugendliche beschäftigt werden, wenn er an einem anderen berufsschulfreien Tag einen entsprechenden Ausgleich erhält.
verbotene Arbeiten	■ gefährliche Arbeiten ■ Arbeiten, bei denen die Jugendlichen sittlichen Gefahren ausgesetzt sind.
tägliche Freizeit	Zwischen dem Ende der Arbeitszeit eines Tages und dem Beginn der Arbeitszeit/Schulzeit am nächsten Tag müssen mindestens 12 Stunden Freizeit liegen.

(3) Sonstige Schutzvorschriften

Zum Schutz der Jugendlichen dürfen **bestimmte Personen** (z.B. Personen, die wegen eines Verbrechens zu einer Freiheitsstrafe von mindestens 2 Jahren rechtskräftig verurteilt wurden) grundsätzlich **keine Jugendlichen beschäftigen** und diese auch **nicht beaufsichtigen** [§ 25 JArbSchG].

Der Arbeitgeber ist zu einer **menschengerechten Gestaltung der Arbeit** verpflichtet. Bei der Einrichtung und Unterhaltung der Arbeitsstätte einschließlich der Maschinen, Werkzeuge und Geräte sind z.B. alle Maßnahmen zu treffen, die zum Schutz der Jugendlichen gegen Gefahren für Leben und Gesundheit sowie zur Vermeidung einer Beeinträchtigung der körperlichen und seelisch-geistigen Entwicklung der Jugendlichen erforderlich sind [§ 28 JArbSchG].

Vor **Beginn der Beschäftigung** und bei wesentlicher Änderung der Arbeitsbedingungen sind die Jugendlichen vom Arbeitgeber über die **Unfall- und Gesundheitsgefahren,** denen sie am Arbeitsplatz ausgesetzt sind, sowie über Einrichtungen und Maßnahmen zur Abwendung dieser Gefahren zu unterweisen [§ 29 JArbSchG].

Der Arbeitgeber muss das **körperliche Züchtigungsverbot** sowie das Verbot der Abgabe von Alkohol und Tabakwaren an Jugendliche unter 16 Jahren beachten [§ 31 JArbSchG].

(4) Gesundheitliche Betreuung

Jugendliche, die in das Berufsleben eintreten, dürfen nur beschäftigt werden, wenn

- sie innerhalb der **letzten 14 Monate** von einem Arzt untersucht worden sind **(Erstuntersuchung)** und
- sie dem künftigen Arbeitgeber eine von diesem **Arzt ausgestellte Bescheinigung über die Untersuchung** vorlegen.

Spätestens nach **einem Jahr** müssen sich die Jugendlichen einer **Nachuntersuchung** unterziehen. Wird nach 14-monatiger Beschäftigung keine ärztliche Bescheinigung vorgelegt, besteht **Beschäftigungsverbot,** was für den Arbeitgeber ein Grund zur **fristlosen** Kündigung ist (siehe §§ 32 ff. JArbSchG). Weitere jährliche Untersuchungen sind erlaubt. Die Kosten für die ärztlichen Untersuchungen trägt das Bundesland.

(5) Strafen

Bei Verstößen gegen das Jugendarbeitsschutzgesetz sieht das Jugendarbeitsschutzgesetz **Geldbußen und Freiheitsstrafen** vor (siehe §§ 58 ff. JArbSchG).

Kompetenztraining

2

1. Beschreiben Sie die Aufgabe der Arbeitsschutzgesetze, recherchieren Sie drei Arbeitsschutzgesetze und nennen Sie den betroffenen Personenkreis!

2. 2.1 Die 17-jährige Aleyna Akman muss nach bestandener Prüfung als Industriekauffrau 45 Wochenstunden ohne Überstundenvergütung arbeiten. Der Chef beruft sich auf das Arbeitszeitgesetz, wonach sogar über 50 Wochenstunden zulässig sind. Klären Sie die Rechtslage!

   2.2 Nennen Sie drei wesentliche Bestimmungen des Arbeitsschutzgesetzes!

   2.3 Recherchieren Sie, welche Maßnahmen bei einem Arbeitsunfall zu ergreifen sind und berichten Sie in der Klasse!

   2.4 Bilden Sie Gruppen, recherchieren Sie in verschiedenen Unternehmen die Bedeutung des Brandschutzes und tragen Sie das Ergebnis im Klassenverband vor!

   2.5 Recherchieren Sie die Bedeutung der angeführten Gefahrenpiktogramme!

3. Recherchieren Sie den Text der §§ 5 und 6 ArbSchG und stellen Sie deren Inhalt dar!

4. Ermitteln Sie mithilfe des Arbeitszeitgesetzes
   4.1 die Pflicht, die der Arbeitgeber hat, wenn ein Arbeitnehmer über die gewöhnliche werktägliche Arbeitszeit von acht Stunden hinaus arbeitet!
   4.2 wer die Einhaltung des Arbeitszeitgesetzes überwacht!

5. Die 17-jährige Chiara Greber befindet sich im 2. Ausbildungsjahr zur Industriekauffrau.

   Fall 1: Ein Kollege von Chiara Greber erleidet einen Sportunfall und ist sieben Wochen krankgeschrieben. Die Geschäftsleitung erhöht daraufhin die Arbeitszeit von Chiara auf 10 Stunden. Außerdem muss sie jeden Samstag arbeiten.

   Fall 2: Chiara Greber erhält einen Jahresurlaub von 23 Werktagen.

   Fall 3: Mittwochs geht Chiara Greber in die Berufsschule. Der Unterricht beginnt um 07:45 Uhr und endet um 13:00 Uhr. Anschließend muss sie noch bis 17:00 Uhr im Unternehmen arbeiten.

   Aufgabe:

   Beurteilen Sie die drei Fälle mithilfe des Jugendarbeitsschutzgesetzes [JArbSchG]!

6. Lena Müller hat von ihrem Arzt die freudige Nachricht erhalten, dass sie schwanger ist. Sie arbeitet zurzeit als Immobilienkauffrau bei der Ulmer Baugrund AG.

   Aufgaben:

   6.1 Beschreiben Sie, wie sich Lena Müller nun gegenüber ihrem Arbeitgeber verhalten sollte!
   6.2 Nennen Sie drei Arbeiten, die ihr während der Schwangerschaft nicht übertragen werden dürfen!

7. Nennen Sie drei Aufgaben
   7.1 der Fachkräfte für Arbeitssicherheit!
   7.2 von Betriebsärzten!

   Lesen Sie hierzu die §§ 6 und 3 des Arbeitssicherheitsgesetzes!

3

1. 1.1 Ermitteln Sie, wie Unternehmen den Umweltschutzgedanken fördern können! Bilden Sie hierzu drei Beispiele aus der Branche, in der Sie tätig sind!
   1.2 Erkunden Sie, welche Rolle der Umweltschutz in ihrem Ausbildungsbetrieb spielt und berichten Sie darüber in der Klasse!
   1.3 Erstellen Sie eine Umwelt-Checkliste für den Geschäftsbereich „Verkauf"!

2. Die Unternehmenspolitik der Elektromotorenfabrik Ehrmann GmbH ist deutlich ökologisch ausgerichtet.

   Aufgaben:

   2.1 Erklären Sie, was in diesem Zusammenhang mit „ökologisch" gemeint ist!
   2.2 Nennen und beschreiben Sie drei Maßnahmen einer ökologischen Materialwirtschaft im Industriebetrieb!

3. Begründen Sie, warum die Abfallvermeidung und Abfallminderung unter ökologischen Gesichtspunkten günstiger zu bewerten ist als die Wiederaufbereitung (Rückstandsnutzung) von Wertstoffen durch Recycling!

4. Beschreiben Sie zwei Abfallvermeidungsmaßnahmen in einem Industriebetrieb!

5. Nehmen Sie Stellung zu folgender Aussage: „Die Wirtschaft soll lernen, künftig vom Abfall her zu denken!"

6. Sie sind Sachbearbeiter beim Bürofachgeschäft Stefan Osann e. Kfm. Die Abteilungsleiterin Frederike Sommer beauftragt Sie, Richtlinien zu formulieren, die zukünftig bei der Beschaffung der Materialien zu beachten sind. Maßgebend für die zu formulierenden Richtlinien ist das Unternehmensleitbild.

   Ausschnitt aus dem Unternehmensleitbild des Bürofachgeschäftes Stefan Osann e. Kfm.

   - Wir möchten unsere Marktstellung als führendes Bürofachgeschäft in der Stadt langfristig ausbauen und setzen dabei auf gewinnorientiertes Wachstum. Dadurch, dass alle wichtigen Neuheiten umgehend in das Sortiment aufgenommen werden, sichern wir das Vertrauen unserer Kunden und den Fortbestand des Unternehmens.
   - Die Zufriedenheit unserer Kunden steht im Mittelpunkt unserer Zielsetzungen. Freundlichkeit und Höflichkeit, fachkundige Beratung und das unbedingte Einhalten vereinbarter Liefertermine sind für uns selbstverständlich. Unsere Waren müssen von höchster Qualität sein, bei einem fairen Preis-Leistungs-Verhältnis.
   - Die Basis unseres Bürofachgeschäfts bilden unsere motivierten und verantwortungsbewussten Mitarbeiter. Die Kompetenz unserer Mitarbeiter fördern wir durch ständige Weiterbildung. Damit sichern wir langfristig Arbeitsplätze. Wir unterstützen Offenheit, kollegiale Zusammenarbeit und ständige Kommunikation.
   - Wir unterstützen soziale und Umweltprojekte. Wir achten darauf, nur umweltfreundliche Artikel ins Sortiment aufzunehmen und bemühen uns, ressourcenschonende Materialien zu verwenden. Waren, die mit einem unzureichenden Arbeitsschutzstandard oder mit Kinderarbeit hergestellt werden, haben in unserem Sortiment keinen Platz.
   - Wir bekennen uns zu einem fairen und partnerschaftlichen Verhältnis gegenüber unseren Mitarbeitern, Kunden und Lieferanten.

7. Der kaufmännische Auszubildende Finn Jakobs, 17 Jahre alt, ist seit 1. August 20.. „in der Lehre". Sein Ausbilder hatte ihn im April, im Mai und im Juli des folgenden Jahres mehrfach dazu aufgefordert, sich bei einem Arzt der Nachuntersuchung zu unterziehen und ihm die ärztliche Bescheinigung vorzulegen. Finn Jakobs hat jedoch die Bescheinigung bis Ende Oktober noch nicht beigebracht. Der Arbeitgeber kündigt daher Anfang November das Ausbildungsverhältnis fristlos.

   Aufgabe:

   Prüfen Sie, ob die fristlose Kündigung wirksam ist!

8. Prüfen Sie, ob die im Folgenden beschriebenen Beschäftigungen nach dem Jugendarbeitsschutzgesetz zulässig sind! Begründen Sie Ihre Antworten mithilfe des Jugendarbeitsschutzgesetzes!

   8.1 Die 16-jährige Auszubildende Anna Viviani soll in Inventurarbeiten eingearbeitet werden. Zu diesem Zweck wird sie am 31. Dezember bis 15:00 Uhr beschäftigt.

   8.2 Der 17-jährige Auszubildende Robert Restle soll nach bestandener Abschlussprüfung 45 Stunden in der Woche arbeiten. Robert Restle ist in keiner Gewerkschaft. Sein Ausbildungsbetrieb ist nicht tarifgebunden.

   8.3 Die 17-jährige Auszubildende Yasmin Baladin hat am Montag ihre schriftliche Abschlussprüfung. Sie wird am vorausgehenden Freitag beschäftigt.

   8.4 Der Auszubildende Ben Nunnemacher (17 Jahre) hat dienstags und freitags jeweils 6 Unterrichtsstunden zu je 45 Minuten Berufsschulunterricht. Er verlangt daher von seinem Ausbilder, ihm an diesen Tagen frei zu geben.

3 Mitbestimmung nach dem Betriebsverfassungsgesetz beschreiben und anwenden

Lernsituation 3:

Die Kramer GmbH ist ein noch relativ junges Unternehmen. Durch innovative Logistikleistungen ist es in den letzten Jahren sehr stark gewachsen und hat inzwischen 74 Mitarbeiter, darunter sieben Auszubildende. Allerdings bereitete das rasche Wachstum nicht jedem Mitarbeiter Freude, da es versäumt wurde, die dafür erforderlichen Organisationsstrukturen und festen Regeln zu schaffen.

Vieles wurde nach wie vor aus dem Bauch heraus entschieden oder mal so, mal so gehandhabt. Insbesondere die immer wieder „von oben herab" geänderten Arbeitszeiten und die Handhabung der Kündigungen sorgten für Unruhe unter den Mitarbeitern. Der Wunsch nach mehr Mitwirkung und mehr Mitbestimmung durch die Mitarbeiter wurde immer lauter.

Kaya Sommer, seit einem Jahr Mitarbeiterin in der Kramer GmbH und Mitglied der Gewerkschaft „ver.di", wurde zur Ansprechpartnerin vieler Mitarbeiter und darum gebeten, „endlich mal was zu unternehmen". Also organisierte sie eine Zusammenkunft der Mitarbeiter und referierte über die Möglichkeiten der betrieblichen Mitbestimmung.

Die Zusammenkunft verlief turbulent, die Zuhörer waren neugierig und stellten viele Fragen. Nika Geiger protokollierte die Zusammenkunft.

Kramer GmbH, Pforzheimer Str. 21, 75433 Maulbronn

Protokoll

Anlass: Zusammenkunft der Mitarbeiter der Kramer GmbH
Ort: Verwaltungsgebäude der Kramer GmbH, Konferenzraum 1
Zeit: 20. 01. 20 . ., 16:30–18:00 Uhr
Teilnehmer: Siehe Anhang Teilnehmerliste

Tagesordnungspunkte (TOP)

TOP 1: Änderung der Arbeitszeiten seitens der Geschäftsleitung ohne Rücksprache

TOP 2: Kurzfristige Kündigungen in Lager und Verwaltung

TOP 3: Verschiedenes

. . .

Zu TOP 3: Die Terminabsprache mit der Geschäftsleitung für die nächste Zusammenkunft erfolgt durch Kaya Sommer. Bis dahin werden von ihr folgende Fragen geklärt:

1. Welche rechtliche Stellung hat ein Betriebsrat?
2. Erfüllt die Kramer GmbH die Voraussetzungen, damit er eingerichtet werden kann?
3. In welchem Zeitraum findet die Wahl statt?
4. Wer ist wahlberechtigt?
5. Wer ist wählbar?
6. Wie viele Betriebsratsmitglieder hätte ein Betriebsrat in der Kramer GmbH?
7. Wie wird der Vorsitzende des Betriebsrates gewählt?

8. Können auch Mitarbeiter mit einer ausländischen Staatsangehörigkeit Mitglied im Betriebsrat werden?
9. Gibt es in der Kramer GmbH die Möglichkeit zu einer Jugend- und Auszubildendenvertretung?
10. Welche Rechte hat die Jugend- und Auszubildendenvertretung?
11. Welche Aufgaben hat die Jugend- und Auszubildendenvertretung?
12. Welche Rechte hat der Betriebsrat
    - bei der Neueinstellung eines Mitarbeiters,
    - wenn die Geschäftsführung die Arbeitszeiten ändern will,
    - wenn einem Mitarbeiter gekündigt werden soll?

Protokollführung: *Nika Geiger*

Kompetenzorientierte Arbeitsaufträge:

1. Nennen Sie Gründe dafür, warum über die Zusammenkunft ein Protokoll geführt wird!
2. Lesen Sie das von Nika Geiger angefertigte Protokoll durch. Recherchieren Sie, welche Vorgaben bei der Anfertigung eines Protokolls berücksichtigt werden müssen. Prüfen Sie, ob das vorliegende Protokoll in formaler Hinsicht korrekt angelegt ist!
3. Versetzen Sie sich in die Rolle von Kaya Sommer und beantworten Sie die Fragen der Mitarbeiter!

3.1 Gesetzlicher Rahmen der Mitbestimmung

Die betriebliche Leistung ist vor allem auf das Zusammenwirken von „Arbeit" und „Kapital" zurückzuführen. Hieraus leitet sich der Anspruch der Arbeitnehmer auf Mitbestimmung ab. In der Bundesrepublik Deutschland umfasst die Mitbestimmung der Arbeitnehmer zwei Ebenen:

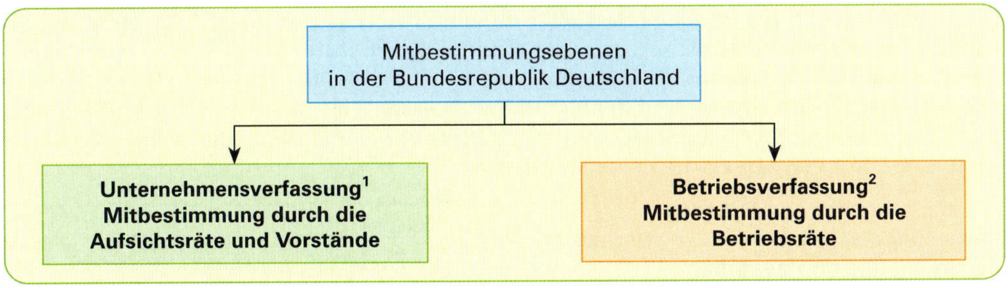

1 Die **Unternehmensverfassung** gilt für Kapitalgesellschaften (z. B. Aktiengesellschaft, GmbH). Der Bildungsplan sieht die Behandlung der Unternehmensverfassung nicht vor.

2 Die **Betriebsverfassung** wird durch das **Betriebsverfassungsgesetz** [BetrVG] geregelt.
Für sogenannte **Tendenzbetriebe,** z. B. unmittelbar und überwiegend politisch ausgerichtete Zeitungsverlage und Religionsgemeinschaften, gilt das BetrVG nicht oder nur eingeschränkt.

3.2 Betriebliche Mitbestimmung

„Quod omnes tangit, ab omnibus comprobetur" – was alle betrifft, sollte auch von allen mitbestimmt werden! So befanden bereits die alten Römer.

Die betriebliche Mitbestimmung ist im Betriebsverfassungsgesetz [BetrVG] festgelegt und enthält gesetzliche Regelungen

- zum **Betriebsrat,**
- zur **Jugend- und Ausbildungsvertretung,**
- zu den **unmittelbaren Rechten der Belegschaftsmitglieder** und
- zur **Betriebsvereinbarung.**

3.2.1 Betriebsrat

(1) Begriff Betriebsrat

Der **Betriebsrat** ist die Arbeitnehmervertretung in Betrieben. Er vertritt die **Interessen** der **Arbeitnehmer** im Betrieb gegenüber dem Arbeitgeber.

Zusammensetzung und Wahl des Betriebsrats

In Betrieben mit in der Regel mindestens **fünf ständig wahlberechtigten Arbeitnehmern,** von denen **drei wählbar** sind, **kann** ein Betriebsrat gewählt werden.

- **Wahlberechtigte Belegschaftsmitglieder**[1] sind alle Arbeitnehmer des Betriebs, die das **16. Lebensjahr** vollendet haben.
- **Wählbar** sind alle wahlberechtigten **Arbeitnehmer,** die das **18. Lebensjahr** vollendet haben und dem Betrieb mindestens **sechs Monate** angehören.[2]

Der Betriebsrat bleibt **vier Jahre** im Amt.

Die **Anzahl der Mitglieder eines Betriebsrats** richtet sich an der **Anzahl der wahlberechtigten Mitglieder im Betrieb** aus. Je mehr Mitarbeiter ein Betrieb hat, desto mehr Mitglieder umfasst der Betriebsrat. In Betrieben mit 5 bis 20 wahlberechtigten Arbeitnehmern besteht der Betriebsrat aus mindestens einer Person. Bei mehr als 20 Arbeitnehmern besteht der Betriebsrat aus mindestens drei Mitgliedern. Die Mitglieder wählen aus ihrer Mitte einen **Vorsitzenden** und einen **Stellvertreter.**

Ab einer bestimmten **Betriebsgröße** sind Mitglieder des Betriebsrats von der beruflichen Tätigkeit **freizustellen.**

Beispiel:
In Betrieben mit in der Regel 200 bis 500 Arbeitnehmern ist mindestens ein Betriebsrat von seiner beruflichen Tätigkeit freizustellen.

1 Das Recht, wählen zu können, nennt man **„aktives Wahlrecht"**. („Aktiv sein" bedeutet „tätig sein"; wer wählt, „tut etwas".)

2 Das Recht, gewählt zu werden, bezeichnet man als **„passives Wahlrecht"**. (Wenn jemand „passiv" ist, geschieht etwas mit ihm, er lässt etwas mit sich tun. Beim „passiven" Wahlrecht wird also jemand gewählt.)

(2) Zusammenarbeit von Arbeitgeber und Betriebsrat

Grundsätzlich gilt, Arbeitgeber und Arbeitnehmer sollen vertrauensvoll zusammenarbeiten. Sie sollen **mindestens einmal im Monat** zusammentreten, um bei strittigen Fragen eine Lösung zu finden. Dabei verpflichtet das Betriebsverfassungsgesetz die Parteien dazu, mit ernstem Willen zur Einigung zu verhandeln und Vorschläge für die Beseitigung von Meinungsverschiedenheiten zu machen [§ 74 I BetrVG].

(3) Rechte des Betriebsrats

Die im Betriebsverfassungsgesetz geregelte Mitbestimmung umfasst mehrere Stufen.

Rechte des Betriebsrats	Erläuterungen	Beispiele
Informationsrecht	Der Betriebsrat hat einen Anspruch auf rechtzeitige und umfassende Unterrichtung über die von der Geschäftsleitung **geplanten betrieblichen Maßnahmen.**	■ Information über geplante Neu-, Um- und Erweiterungsbauten. ■ Einführung neuer Arbeitsverfahren und Arbeitsabläufe oder Veränderung von Arbeitsplätzen. ■ Betrieblicher Umweltschutz.
Beratungsrecht	Der Betriebsrat hat das Recht, aufgrund der ihm gegebenen Informationen seine **Auffassung gegenüber dem Arbeitgeber** darzulegen und **Gegenvorschläge** zu unterbreiten. Eine Einigung ist jedoch nicht erzwingbar.	■ Personalplanung (gegenwärtiger und künftiger Personalbedarf), ■ Sicherung und Förderung der Beschäftigung, ■ Ausschreibung von Arbeitsplätzen, ■ Planung technischer Anlagen, ■ Einschränkung oder Stilllegung von Betriebsteilen, ■ Einrichtung betrieblicher Bildungsmaßnahmen, ■ Änderung der Betriebsorganisation.
Widerspruchsrecht und Zustimmungsverweigerungsrecht	Der Arbeitgeber ist auf die **Zustimmung des Betriebsrats angewiesen.** Erhält er diese nicht, kann der Arbeitgeber die nicht erfolgte Zustimmung des Betriebsrats durch das **Arbeitsgericht überprüfen lassen.** Das Arbeitsgericht kann das **Veto des Betriebsrats aufheben** lassen. Widerspruchs- und Zustimmungsverweigerungsrechte beinhalten **keine gleichberechtigte Mitbestimmung.**	■ Eingeschränkte Widerspruchsmöglichkeit des Betriebsrats bei arbeitgeberseitigen Kündigungen. ■ Zustimmungserfordernis bei den personellen Einzelmaßnahmen wie Einstellung, Versetzung sowie Ein- und Umgruppierung.

Rechte des Betriebsrats	Erläuterungen	Beispiele
Mitbestimmungsrecht	Die Mitbestimmung ist **zwingend.** Dies bedeutet, dass der Arbeitgeber bestimmte Maßnahmen **nur mit Zustimmung des Betriebsrats** durchführen kann. Die volle Mitbestimmung steht dem Betriebsrat vor allem in sogenannten „sozialen Angelegenheiten" zu, soweit eine gesetzliche oder tarifliche Regelung nicht besteht. Kommt bei einer geplanten Maßnahme keine Einigung zustande, so entscheidet die **Einigungsstelle**[1] in dieser Angelegenheit.	■ Arbeitszeitregelung, ■ Zeit, Ort und Art der Auszahlung der Arbeitsentgelte, ■ Aufstellung allgemeiner Urlaubsgrundsätze und des Urlaubsplans, ■ Einführung der Arbeitszeitüberwachung, ■ Regelung der Unfallverhütung, ■ Form, Ausgestaltung und Verwaltung der Sozialeinrichtungen (z.B. Kantine, Kinderbetreuung), ■ Auswahlrichtlinien bei Einstellungen, Kündigungen, ■ Abschluss von **Betriebsvereinbarungen.** Betriebsvereinbarungen sind schriftlich niedergelegte Absprachen zwischen Arbeitgeber und Betriebsrat.

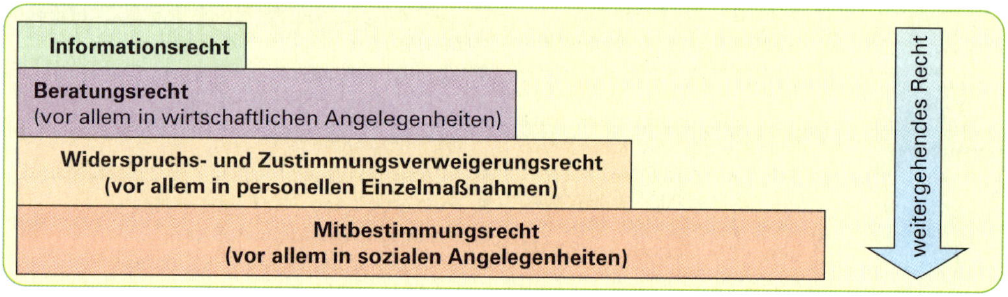

(4) Betriebsversammlung

- Die **Betriebsversammlung** ist die Versammlung der Arbeitnehmer und des Betriebsrats eines Unternehmens.
- **Zweck der Betriebsversammlung** ist, die Arbeitnehmer über die den Betrieb betreffenden Angelegenheiten zu unterrichten.

Der Betriebsrat hat in **jedem Kalendervierteljahr** eine Betriebsversammlung einzuberufen, die **während der Arbeitszeit** stattfindet. Aus organisatorischen Gründen (z.B. in Großbetrieben) sind **Teilversammlungen** zulässig. In der Betriebsversammlung berichtet der Betriebsrat über seine Tätigkeit und der Arbeitgeber (bzw. sein Vertreter) z.B. über die wirtschaftliche und soziale Lage des Betriebs sowie über den betrieblichen Umweltschutz. Dem Betriebsrat können Anträge unterbreitet und zu Betriebsratsbeschlüssen Stellung genommen werden. Betriebsversammlungen sind **nicht öffentlich.**

1 Die Einigungsstelle ist eine **innerbetriebliche** Institution zur Beilegung von Meinungsverschiedenheiten. Sie besteht je zur Hälfte aus Mitgliedern, die der Betriebsrat und der Arbeitgeber benennen. Den Vorsitz übernimmt eine von beiden Parteien bestimmte neutrale Person.

Der **Arbeitgeber** ist zu den Betriebsversammlungen unter Mitteilung der Tagesordnung **einzuladen.** Er ist berechtigt, in der Versammlung zu sprechen.

(5) Vor- und Nachteile der betrieblichen Mitbestimmung

Vorteile	■ Interesse und Motivation der Belegschaft steigt. ■ Berücksichtigt die Belange der Arbeitnehmer. ■ Dient der Konfliktbewältigung und ist ein Beitrag zum Frieden im Betrieb. ■ Arbeitnehmer setzen sich für ihren Betrieb ein.
Nachteile	■ Betriebliche Entscheidungen werden verzögert bzw. erschwert. ■ Hoher bürokratischer Aufwand. ■ Eventuell fehlende Sachkenntnisse der Arbeitnehmer. ■ Arbeitnehmer tragen für ihre Entscheidungen ein geringeres Risiko als der Arbeitgeber.

3.2.2 Jugend- und Auszubildendenvertretung

Die **Jugend- und Auszubildendenvertretung** ist die Vertretung der jugendlichen Arbeitnehmer und Auszubildenden im Betriebsrat.

Voraussetzung für die Wahl einer Jugend- und Auszubildendenvertretung in einem Unternehmen ist, dass **mindestens fünf Arbeitnehmer** beschäftigt sind,

- die das **18. Lebensjahr** noch nicht vollendet haben oder
- die in ihrer **Berufsausbildung** stehen.

Dieser Personenkreis darf eine Jugend- und Auszubildendenvertretung wählen.

Die **Jugend- und Auszubildendenvertreter** können nur Arbeitnehmer des Betriebs sein,

- die das **25. Lebensjahr** noch **nicht** vollendet haben oder
- die zu ihrer **Berufsausbildung** beschäftigt sind.

Die **Hauptaufgabe** der Jugend- und Auszubildendenvertretung ist, die Förderung der Berufsbildung zu unterstützen und über die Einhaltung der zugunsten der Arbeitnehmer geltenden Gesetze, Verordnungen und Unfallverhütungsvorschriften sowie der Regelungen des Tarifvertrags und der Betriebsvereinbarungen zu wachen (Näheres siehe § 70 BetrVG).

Die Jugend- und Auszubildendenvertretung ist **Teil des Betriebsrats** und bleibt **zwei Jahre** im Amt. Wer bereits Mitglied des Betriebsrats ist, kann nicht gewählt werden. Zu **jeder** Betriebsratssitzung kann die Jugend- und Auszubildendenvertretung **einen** Vertreter entsenden. Wird im Betriebsrat ein Beschluss gefasst, der die jugendlichen Arbeitnehmer oder die Auszubildenden betrifft, haben die Jugend- und Auszubildendenvertreter auch **Stimmrecht.**

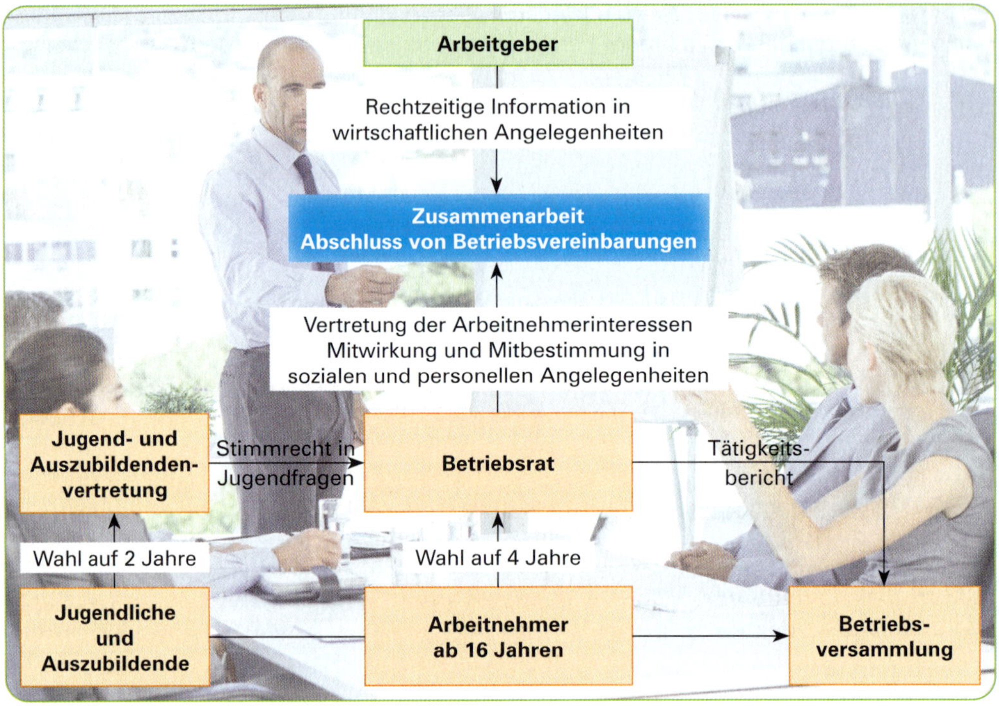

3.2.3 Unmittelbare Rechte der Belegschaftsmitglieder nach dem Betriebsverfassungsgesetz

(1) Recht auf Unterrichtung

Der Arbeitgeber hat die bei ihm beschäftigten Arbeitnehmer über deren Aufgabe und Verantwortung sowie über die Art ihrer Tätigkeit zu unterrichten. Veränderungen in ihren Arbeitsbereichen sind den Arbeitnehmern rechtzeitig mitzuteilen.

(2) Recht auf Anhörung

Die Arbeitnehmer haben das Recht, in allen betrieblichen Angelegenheiten, die ihre Person betreffen, von den zuständigen Stellen des Betriebs gehört zu werden. Sie sind berechtigt, Vorschläge für die Gestaltung ihrer Arbeitsplätze und die Arbeitsabläufe zu machen. Darüber hinaus können die Arbeitnehmer verlangen, dass ihnen die Berechnung und Zusammensetzung ihrer Arbeitsentgelte erläutert und mit ihnen die Beurteilung ihrer Leistungen sowie die Möglichkeiten ihrer beruflichen Entwicklung im Betrieb erörtert werden. Die Arbeitnehmer können ein Mitglied des Betriebsrats hinzuziehen [§ 82 BetrVG].

(3) Einsicht in die Personalakten und das Recht auf Beschwerde

Einsicht in die Personalakten	■ Alle Arbeitnehmer haben das Recht, in die über sie geführten Personalakten Einsicht zu nehmen. ■ Die Arbeitnehmer können verlangen, dass mit ihnen die Beurteilung ihrer Leistungen sowie die Möglichkeiten ihrer beruflichen Entwicklung im Betrieb erörtert werden.
Beschwerderecht	■ Alle Arbeitnehmer sind berechtigt, sich bei den zuständigen Stellen des Betriebs zu beschweren, wenn sie sich vom Arbeitgeber oder von Arbeitnehmern des Betriebs benachteiligt, ungerecht behandelt oder in sonstiger Weise beeinträchtigt fühlen [§ 84 BetrVG]. ■ Der Betriebsrat hat die Beschwerden der Arbeitnehmer entgegenzunehmen und bei berechtigten Beschwerden beim Arbeitgeber auf deren Abhilfe hinzuwirken [§ 85 BetrVG].

3.2.4 Betriebsvereinbarung

Betriebsvereinbarungen sind Absprachen zwischen Arbeitgeber und Betriebsrat. Die **schriftlich** niedergelegte und von beiden Seiten unterzeichnete Betriebsvereinbarung wird auch **Betriebsordnung** genannt [§ 77 II BetrVG].

In den Betriebsvereinbarungen werden den Arbeitnehmern meistens unmittelbare und zwingende Rechte gegenüber dem Arbeitgeber eingeräumt, auf die nur mit Zustimmung des Betriebsrats verzichtet werden kann [§ 77 IV BetrVG]. Arbeitsentgelte und sonstige Arbeitsbedingungen, die durch Tarifvertrag geregelt sind oder üblicherweise geregelt werden, können nicht Gegenstand einer Betriebsvereinbarung sein, es sei denn, dass ein Tarifvertrag den Abschluss ergänzender Betriebsvereinbarungen ausdrücklich zulässt [§ 77 III BetrVG]. Durch Betriebsvereinbarungen können insbesondere zusätzliche Maßnahmen zur Verhütung von Arbeitsunfällen und Gesundheitsschädigungen, die Errichtung von Sozialeinrichtungen und Maßnahmen zur Förderung der Vermögensbildung beschlossen werden [§ 88 BetrVG].

Ein Sonderfall der Betriebsvereinbarung ist der **Sozialplan**. Er stellt eine vertragliche Abmachung zwischen Arbeitgeber und Betriebsrat über den Ausgleich oder die Milderung wirtschaftlicher Nachteile dar, die der Belegschaft als Folge geplanter Betriebsänderungen entstehen (z. B. Lohnminderungen, Versetzungen, Entlassungen).

Beispiele:

Betriebsänderungen, Einschränkungen oder Stilllegung des ganzen Betriebs oder von Betriebsteilen, Änderung des Betriebszwecks, Betriebsverlegung, Zusammenschluss mit anderen Betrieben, grundlegende Änderung der Betriebsorganisation oder der Betriebsanlagen.

Der Sozialplan enthält z. B. Regelungen über Ausgleichszahlungen an entlassene Arbeitnehmer, Umzugsbeihilfen bei Versetzungen an andere Orte, Umschulungsmaßnahmen oder Zuschüsse bei vorzeitiger Verrentung älterer Mitarbeiter.

Kompetenztraining

4 Ein Logistikunternehmen beschäftigt 50 Mitarbeiter. Die Mitarbeiter beschließen, einen Betriebsrat zu wählen.

Aufgaben:

1. Begründen Sie, ob sich der Geschäftsinhaber dem Wunsch der Belegschaft widersetzen kann!
2. Nennen Sie vier Rechte des Betriebsrats!
3. Erläutern Sie die Begriffe aktives und passives Wahlrecht!
4. Nennen Sie die Voraussetzungen, die gegeben sein müssen, um in einem Betrieb eine Jugend- und Auszubildendenvertretung wählen zu können!
5. Geben Sie für das Informationsrecht und das Mitbestimmungsrecht des Betriebsrats jeweils zwei Beispiele an!

5 In der Unruh AG sind 420 Arbeitnehmerinnen und Arbeitnehmer beschäftigt. Der Vorstand versucht mit allen Mitteln, die Bildung eines Betriebsrats zu verhindern.

Aufgaben:

1. Erläutern Sie, zu welcher Mitbestimmungsform die Einrichtung eines Betriebsrats zählt!
2. Recherchieren Sie die Organe des Betriebsrats und ihre jeweilige Hauptaufgabe!
3. Die Einrichtung eines Betriebsrats soll dazu beitragen, Konflikte zwischen der Arbeitnehmer- und der Arbeitgeberseite zu vermeiden, zu mildern oder gar zu lösen.

   Nennen Sie mindestens drei mögliche Konflikte, die zwischen Arbeitnehmer- und Arbeitgeberseite auftreten können!
4. Die Mitbestimmung des Betriebsrats umfasst mehrere Ebenen (Stufen).

   Nennen Sie die Ebenen!
5. Beurteilen Sie, ob die Geschäftsleitung der Unruh AG im Recht ist, wenn sie die Bildung eines Betriebsrats verhindern möchte!
6. Die Belegschaft der Unruh AG sieht in der Mitbestimmung allgemein nur Vorteile, die Geschäftsleitung nur Nachteile.

   6.1 Nennen Sie mindestens zwei Vor- und Nachteile!

   6.2 Erläutern Sie, ob Ihrer Ansicht nach die Vor- oder die Nachteile überwiegen!

6 1. Die Moosbrucker OHG beschäftigt ständig 50 volljährige Arbeitnehmer, darunter 4 Auszubildende. Ein Betriebsrat besteht bisher nicht.

Aufgaben:

1.1 Klären Sie rechtlich, ob die Voraussetzungen für die Wahl eines Betriebsrats und einer Jugend- und Auszubildendenvertretung erfüllt sind!

1.2 Notieren Sie, für welche Zeit der Betriebsrat gewählt wird!

1.3 Nennen Sie zwei Angelegenheiten, in denen der Betriebsrat die Geschäftsleitung beraten kann!

2. Die Geschäftsleitung der Moosbrucker OHG hat den Angestellten Konstantin Schlick zum Leiter der Rechnungswesenabteilung ernannt. Der Betriebsrat widerspricht. Er sähe an dieser Stelle lieber das langjährige Gewerkschaftsmitglied Ilyas Boz. Prüfen Sie, ob sich der Betriebsrat durchsetzen können wird!

3. Markus Knoll, seit langen Jahren im Betrieb angestellt, hat sich um die neue Stelle als Verkaufsleiter beworben. Er fällt durch. Nunmehr verlangt er Einsicht in die Personalakten. Stellen Sie die Rechtslage dar!

4. Ohne Anhörung des Betriebsrats führt die Moosbrucker OHG neue Arbeitszeiten ein. Der Betriebsrat widerspricht dieser Anordnung. Prüfen Sie, ob die Anordnung trotzdem wirksam ist!

5. In einer Diskussion meint der Auszubildende Patrick, dass die Mitbestimmung in den Betrieben zur Demokratie gehöre. Formulieren Sie Ihre Ansicht!

6. Die Mitarbeiterin Ina Mennig wird in den Betriebsrat der Moosbrucker OHG gewählt.

   Aufgabe:

   Nennen Sie das besondere Recht, das sie mit dieser Wahl in Bezug auf ihr Dienstverhältnis erworben hat!

7

1. Erklären Sie den Begriff Betriebsvereinbarung und nennen Sie zwei Vorgänge, die in einer Betriebsversammlung geregelt werden können!

2. Nennen Sie zwei Anlässe, aus denen heraus Sozialpläne erstellt werden können! Erläutern Sie Regelungen, die z.B. in den Sozialplänen getroffen werden!

4 Bedeutung von Tarifverträgen und die Rolle der Tarifpartner beurteilen

Lernsituation 4:

Nils, Tobias und Jennifer besuchen zurzeit alle drei im Rahmen ihrer Ausbildung die Berufsschule in Stuttgart. Während der ersten Pause erzählt Nils ihnen ganz aufgeregt, dass er soeben über sein Smartphone von einem Kollegen die Nachricht erhalten habe, dass er morgen früh in den ersten beiden Stunden nicht wie üblich mit der Arbeit beginnen, sondern an einem Warnstreik vor dem Werkstor seines Ausbildungsbetriebes, der Stuttgarter Eisenwerke KG, teilnehmen soll. Des Weiteren erwähnt Nils noch, dass der Kollege in der Mail vermerkt hat, dass dieser Warnstreik wohl erst der Anfang sei. Nach Einschätzung des Kollegen kommt es wohl bald im Anschluss an eine Urabstimmung zu tage-, wenn nicht sogar wochenlangen Streiks im Betrieb. Nils solle sich schon mal auf einen harten Arbeitskampf einstellen.

Tobias reagiert ziemlich überrascht, da er von derartigen Aktionen in seinem Ausbildungsbetrieb bisher noch nichts mitbekommen hat. Zudem wundert er sich, dass Nils als Auszubildender an solchen Aktionen überhaupt teilnehmen darf.

Nils erwidert seinem Mitschüler, dass er gleich zu Beginn der Ausbildung auf Anraten des Betriebsratsvorsitzenden der Stuttgarter Eisenwerke KG der Gewerkschaft IG-Metall beigetreten sei. Für einen relativ kleinen Mitgliedsbeitrag habe er enorme Vorteile. So würde die Gewerkschaft nicht nur seine Interessen gegenüber dem Arbeitgeber vertreten, auch habe er damit einen kostenlosen Rechtsschutz bei arbeits- und sozialrechtlichen Auseinandersetzungen, eine Freizeit-Unfallversicherung und noch eine sehr informative Mitgliederzeitschrift sowie Zugang zu einem umfassenden Seminarangebot zur Weiterbildung. Nils ergänzt noch, dass aus seiner Sicht und nach seinem Verständnis das Beste jedoch darin besteht, dass er als Mitglied von einer eventuell von der IG-Metall ausgehandelten Erhöhung der Ausbildungsvergütung profitiert und somit ja bald mehr Geld in der Tasche hat als seine Mitschüler.

Jetzt schaltet sich Jennifer in das Gespräch ein und fragt Nils ganz interessiert, ob er mit solchen Aktionen nicht seinen Ausbildungsplatz oder gar seine spätere Übernahme in ein Arbeitsverhältnis leichtfertig riskiert. Auch das Argument, dass nur Nils als Gewerkschaftsmitglied von einer eventuellen Erhöhung der Ausbildungsvergütung profitieren soll, kann sie überhaupt nicht nachvollziehen. Denn schließlich habe sie im Vorfeld ihrer Bewerbung zur Industriekauffrau in der Elektro- und Metallindustrie in Baden-Württemberg im Internet nur eine einheitliche Angabe der Ausbildungsvergütung gefunden. Wenn die Behauptung von Nils stimmen würde, gäbe es ja unterschiedliche Ausbildungsvergütungen für Mitglieder bzw. für Nicht-Mitglieder der IG-Metall. Schließlich versteht Jennifer überhaupt nicht, was ein Warnstreik eigentlich bezwecken soll und warum dieser nur zwei Stunden dauert.

Kompetenzorientierte Arbeitsaufträge:

1. Stellen Sie zunächst in Partnerarbeit alle möglichen Aspekte, die Ihnen zum Thema Gewerkschaften bekannt sind, in Form einer Mindmap zusammen! Versuchen Sie die gesammelten Aspekte im Anschluss so weit wie möglich zu ordnen und informieren Sie Ihre Klasse über Ihr Arbeitsergebnis!
2. In der Lernsituation wird der Begriff „Warnstreik" angeführt. Recherchieren Sie mittels Internet über Laptop, Tablet-PC oder Smartphone, was man unter dieser Art von Streik genau versteht! Gehen Sie im Rahmen Ihrer Recherche auch auf die von Jennifer in diesem Zusammenhang aufgeworfenen Fragen zum Warnstreik ein!
3. Erläutern Sie kurz, was man unter einer in der Lernsituation angeführten „Urabstimmung" versteht!
4. In dem Gespräch behauptet Nils, dass nur er als Gewerkschaftsmitglied von einer eventuellen Erhöhung der Ausbildungsvergütung profitiert; Jennifer hingegen bezweifelt dies. Klären Sie diese gegensätzlichen Positionen!

4.1 Tarifpartner

(1) Überblick

Die Gründung von Gewerkschaften und Arbeitgeberverbänden ist ein in Artikel 9 III Grundgesetz [GG] ausdrücklich verbrieftes Recht. Da die Interessen der Arbeitnehmer denen der Arbeitgeber zuwiderlaufen können, sind beide Tarifpartner dazu aufgerufen, auf einen Interessenausgleich hinzuwirken. Ihre Aufgabe ist es also, für einen **sozialen Ausgleich** zu sorgen. Gewerkschaften und Arbeitgeberverbände als Tarifpartner werden daher auch als **Sozialpartner** bezeichnet.

(2) Gewerkschaften

Den Arbeitgeberverbänden stehen die **Gewerkschaften** gegenüber. Die Gewerkschaften sind die Interessenvertretungen der Arbeitnehmer. Sie sind insbesondere durch folgende Kriterien gekennzeichnet:

- **Koalitionsfreiheit,** d. h., die Arbeitnehmer haben die Freiheit, Gewerkschaften zu bilden, ihnen beizutreten oder auch fernzubleiben;
- **Unabhängigkeit,** d. h., die Gewerkschaften sind unabhängig vom Staat, von Arbeitgebern, von politischen Parteien und Weltanschauungen;
- **Kampfbereitschaft,** d. h., die Gewerkschaften sind bereit, ihre Forderungen gegebenenfalls mithilfe eines Arbeitskampfs durchzusetzen.

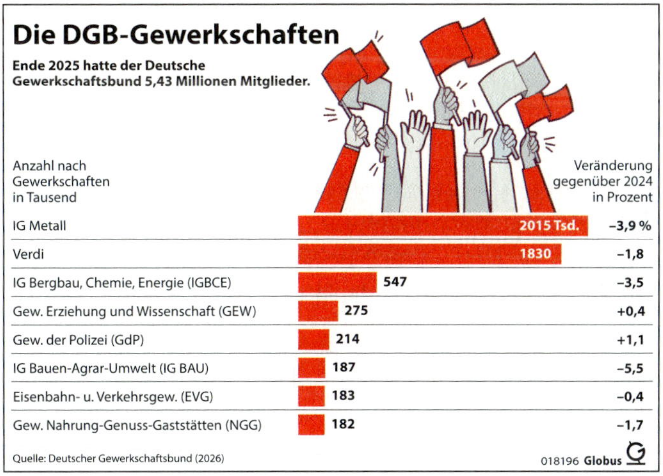

Die wichtigsten **Ziele der Gewerkschaften** sind

- die **Erhöhung der Lohnquote,**[1]
- die **Verbesserung der Arbeitsbedingungen,**
- die **Hebung des Ausbildungsstands** der Arbeitnehmer und
- die **Verringerung der Arbeitslosigkeit.**

(3) Arbeitgeberverbände

Die Arbeitgeberverbände bildeten sich bereits in der zweiten Hälfte des letzten Jahrhunderts als **Gegenpol zu den Gewerkschaften.** Sie waren anfangs reine Interessenverbände der Unternehmer, um den Forderungen der Gewerkschaften z. B. nach höheren Löhnen, Tarifverträgen und Verkürzung der Arbeitszeit zu begegnen.

Die Aufgabenstellung der Arbeitgeberverbände hat sich seitdem erweitert. Neben den lohnpolitischen und arbeitsrechtlichen Aufgaben befassen sich die Arbeitgeberverbände auch mit **sozialpolitischen Fragen** wie z. B. der Berufsausbildung und Fortbildung, der Altersversorgung, der Vertretung von Unternehmerinteressen bei der Sozialgesetzgebung, der Mitwirkung bei der Selbstverwaltung der Sozialversicherungsträger und der Öffentlichkeitsarbeit.

Die Zusammenschlüsse der Unternehmen zu Arbeitgeberverbänden erfolgt sowohl auf fachlicher Ebene (z. B. Bundesverband des Deutschen Industrie [BDI]) als auch auf regionaler Ebene (z. B. Landesverband der Baden-Württembergischen Industrie e. V.). Die Mitgliedschaft ist freiwillig. Der Spitzenverband der Arbeitgeberverbände ist die **Bundesvereinigung der Deutschen Arbeitgeberverbände (BDA),** die als Dachorganisation die gemeinschaftlichen, über den Bereich eines Landes oder eines Wirtschaftszweigs hinausgehenden sozialpolitischen Interessen der Arbeitgeber wahrnimmt.

4.2 Begriff, Arten und Geltungsbereich des Tarifvertrags

4.2.1 Tarifautonomie – Tarifvertragsparteien – Tarifvertrag

Das Recht der Tarifpartner, selbstständig und ohne staatliche Einmischung Arbeitsbedingungen (z. B. Arbeitsentgelte, Urlaubszeit, Arbeitszeit) vereinbaren zu können, nennt man **Tarifautonomie.**[2] Tarifpartner – auch **Tarifparteien** genannt – sind die Sozialpartner. Sie haben die **Tariffähigkeit.** Die Vereinbarungen werden im **Tarifvertrag** festgeschrieben.

Der **Tarifvertrag** ist ein **kollektiver**[3] **Arbeitsvertrag.** Er wird zwischen den Tarifpartnern abgeschlossen. Er bedarf der **Schriftform** [§ 1 TVG].

Die Mitglieder der Tarifparteien sind an die Vereinbarungen des Tarifvertrags gebunden **(Tarifbindung).**

1 Die **Lohnquote** ist der prozentuale Anteil der Arbeitnehmereinkommen am Gesamteinkommen (Volkseinkommen).

2 **Autonomie**: Unabhängigkeit, Selbstständigkeit.

3 **Kollektiv** (lat. collectivus): Ansammlung. Hier: Personengruppe.

4.2.2 Arten von Tarifverträgen

Manteltarifvertrag (Rahmentarifvertrag)	Lohn- und Gehaltstarifvertrag
■ Sie enthalten solche Arbeitsbedingungen, die sich über längere Zeit nicht ändern (z. B. Kündigungsfristen, Urlaubsregelungen, Arbeitszeitvereinbarungen, Nachtarbeit, Sonn- und Feiertagsarbeit, Lohn- und Gehaltsgruppen). ■ Sie haben eine Gültigkeit von mehreren Jahren.	■ In ihnen sind die getroffenen Vereinbarungen über Lohn- bzw. Gehaltshöhe enthalten. Dabei werden die Arbeitnehmer nach ihrer Tätigkeit in bestimmte Lohn- bzw. Gehaltsgruppen eingeteilt.[1] ■ Jeder Lohn- bzw. Gehaltsgruppe wird ein bestimmter Lohnsatz bzw. ein bestimmtes Gehalt zugeordnet. ■ Lohn- und Gehaltstarifverträge werden im Abstand von 1–2 Jahren festgeschrieben.

Beispiel für einen Manteltarifvertrag (Auszug):[2]

...

§ 3 Arbeitszeit

1. Allgemeine Regelungen

1.1 Die regelmäßige wöchentliche Arbeitszeit beträgt 39 Stunden. Die regelmäßige werktägliche Arbeitszeit, ausschließlich der Ruhepausen, beträgt 8 Stunden.

1.2 Eine abweichende Vereinbarung kann aus betrieblichen Gründen vom Arbeitgeber im Einvernehmen mit dem Betriebsrat festgelegt werden.

1.3 Mehrarbeit oder ausfallende Arbeitszeit kann durch Verkürzung oder Verlängerung der festgelegten Wochenarbeitszeit an anderen Werktagen innerhalb von einem Monat ohne Mehrarbeitszuschlag ausgeglichen werden.

...

3. Beginn und Ende der Arbeitszeit

3.1 Die Arbeitszeit beginnt und endet an der Arbeitsstelle. Hat der Arbeitnehmer vor oder nach Aufsuchen der Arbeitsstelle eine betriebliche Sammelstelle (Aufenthalts-, Umkleide- oder Putzraum) aufzusuchen, beginnt oder endet die Arbeitszeit dort.

...

4. Mehr-, Nacht-, Sonn- und Feiertagsarbeit

4.1 Mehrarbeit (Überstunden) ist die Arbeitszeit, die über die regelmäßige wöchentliche oder werktägliche Arbeitszeit gemäß Nr. 1 hinaus geleistet wird.

4.2 Als Nachtarbeit gilt die in der Zeit von 22.00 Uhr bis 5:00 Uhr geleistete Arbeit.

4.3 Die an Sonn- und Feiertagen in der Zeit von 0:00 Uhr bis 24:00 Uhr geleistete Arbeit gilt als Sonn- und Feiertagsarbeit.

4.4 Unbedingt notwendige Mehr-, Nacht-, Sonn- und Feiertagsarbeit kann, wenn sie aus betrieblichen Gründen notwendig ist, angeordnet werden.

...

4.7 Mehr-, Nacht-, Sonn- und Feiertagsarbeit ist zuschlagspflichtig. Die Zuschläge betragen:
a) für Nachtarbeit 30 v. H.

---

1 Die Festlegung der Gehaltsgruppen sowie deren Tätigkeitsmerkmale sind im Manteltarifvertrag (Rahmentarifvertrag) enthalten.

2 Quelle: Rahmentarifvertrag für die gewerblichen Beschäftigten in der Gebäudereinigung in der Fassung vom 1. November 2019. https://www.gebaeudereinigerinnung-owl.de/wp-content/uploads/Rahmentarifvertrag_2019_WEB_Version.pdf [06.07.2022].

4 Merkur-Nr. 0557

b)	für Arbeit an Sonntagen sowie an gesetzlichen Feiertagen, sofern diese auf einen Sonntag fallen	80 v. H.
c)	Arbeiten am 1. Mai, Neujahrstag, 1. und 2. Weihnachtsfeiertag	200 v. H.

4.2.3 Geltungsbereich des Tarifvertrags

(1) Flächentarifverträge

Flächentarifverträge sind Tarifverträge, die für mehrere Orte, Bezirke, ein oder mehrere Bundesländer oder für das gesamte Bundesgebiet verbindlich sind.

Um Arbeitslosigkeit zu vermeiden, werden die Flächentarifverträge zunehmend flexibler (beweglicher) gestaltet. Sogenannte **Tariföffnungsklauseln** sollen es den Betrieben, denen es wirtschaftlich nicht besonders gut geht, ermöglichen, ihre Belegschaft für eine bestimmte Zeit (z. B. für ein Jahr) bis zu einem vereinbarten Prozentsatz **unter Tarif** zu bezahlen **(Entgeltkorridor).** Die konkreten Vereinbarungen werden dann zwischen **Betriebsrat** und **Arbeitgeber** ausgehandelt.

Beispiel:

Entgeltkorridor: Tariföffnungsklausel

Zur Sicherung der Beschäftigung und/oder Verbesserung der Wettbewerbsfähigkeit am Standort Deutschland, insbesondere auch bei wirtschaftlichen Schwierigkeiten, können Arbeitgeber und Betriebsrat mit Zustimmung der Tarifvertragsparteien für Unternehmen und Betriebe befristete Betriebsvereinbarungen bis zu 10 % von den bezirklichen Tarifentgelten abweichende niedrigere Entgeltsätze vereinbaren. Diese mit Zustimmung der Tarifvertragsparteien betrieblich abweichend festgelegten Entgeltsätze gelten als Tarifentgeltsätze.

Beschäftigungssichernd und wettbewerbsverbessernd sind unter anderem beschäftigungserhaltende und beschäftigungsfördernde Investitionen am Standort, die Vermeidung von Entlassungen, die Vemeidung der Verlagerung von Produktion, sonstiger Aktivitäten oder Investitionen ins Ausland oder die Vermeidung von Ausgliederungen.

(Auszug aus dem Bundesentgelttarifvertrag der Chemischen Industrie West. Abgeschlossen zwischen der IG Chemie und dem Bundesarbeitgeberverband Chemie.)

(2) Allgemeinverbindlichkeit

Grundsätzlich gilt der Tarifvertrag nur für **organisierte Arbeitnehmer und Arbeitgeber,** die Mitglied der Gewerkschaft bzw. im Arbeitgeberverband sind.

Das Bundesministerium für Arbeit und Soziales kann einen Tarifvertrag auf Antrag einer Tarifvertragspartei für **allgemein verbindlich** erklären. Mit der **Allgemeinverbindlichkeitserklärung** gelten die Bestimmungen des Tarifvertrags auch für die nicht tarifgebundenen Arbeitnehmer und Arbeitgeber.

In der Regel werden jedoch auch ohne Allgemeinverbindlichkeitserklärung die nicht organisierten Arbeitnehmer nach den Bedingungen der Tarifverträge behandelt (Grundsatz der Gleichbehandlung). Da diese i. d. R. in den Genuss der Vorteile kommen, die die Gewerkschaft erkämpft hat, werden sie von den Gewerkschaften als „Trittbrettfahrer" bezeichnet.

4.3 Entstehen eines Tarifvertrags

① Forderungen der Gewerkschaft

Die Gewerkschaft kündigt den Tarifvertrag unter Einhaltung der entsprechenden Kündigungsfrist und übermittelt dem zuständigen Arbeitgeberverband ihre Forderungen für den neuen Tarifvertrag.

② Verhandlungen

Arbeitgeberverband und Gewerkschaften bilden jeweils eine Verhandlungskommission. Die Verhandlungen beginnen zwei Wochen vor Ablauf des Tarifvertrags. Ein oder beide Partner können das Scheitern der Verhandlungen erklären.

③ Ende der Friedenspflicht

Vier Wochen nach Ablauf des Tarifvertrags endet die Friedenspflicht, die während der Laufzeit des Tarifvertrags gilt.

Nach Ablauf der Friedenspflicht werden die Verhandlungen fortgesetzt. Nötigenfalls unterstützen Gewerkschaftsmitglieder die Verhandlungen mit Warnstreiks, Demonstrationen und Aktionen.

④ Scheitern der Verhandlungen

Die Gewerkschaft bricht die Verhandlungen ab, erklärt das Scheitern der Verhandlungen und fordert eine **Schlichtung**. Scheitert die Schlichtung, ruft die Gewerkschaft ihre Mitglieder zur Urabstimmung auf.

④ Positives Verhandlungsergebnis

Beide Tarifparteien erreichen in Verhandlungen ein Verhandlungsergebnis und stimmen zu. Die Gewerkschaft und der Arbeitgeberverband nehmen das Verhandlungsergebnis an.

⑤ Es gilt der **neue Tarifvertrag.**

⑤ Urabstimmung, Festlegen des Streikbeginns, Streik, Aussperrung

Entscheiden sich mindestens 75 % der aufgerufenen Gewerkschaftsmitglieder in einem Unternehmen für **Streik,** so legt der Vorstand der Gewerkschaft den Streikbeginn fest. Das Arbeitskampfmittel der Arbeitgeber gegen den Streik ist die **Aussperrung.**

Während des Streiks gibt es weitere Tarifgespräche. Es kann auch die **Schlichtung** angerufen werden. Liegt ein Verhandlungsergebnis vor, gibt es darüber eine erneute Urabstimmung.

Entscheiden sich mindestens 25 % der aufgerufenen Gewerkschaftsmitglieder für die Annahme, so steht der neue Tarifvertrag.

⑥ Es gilt der **neue Tarifvertrag.**

Erläuterung der Begriffe Streik, Aussperrung, Schlichtung:

- **Streik** bedeutet die **gemeinsame Arbeitseinstellung mehrerer Arbeitnehmer** mit dem Ziel, nach Durchsetzung bestimmter Forderungen die Arbeit wieder aufzunehmen. Da dem Streik keine Kündigung der Arbeitsverhältnisse vorausgeht, bleiben diese auch während des Streiks erhalten.
- **Aussperrung** bedeutet, dass die Arbeitnehmer durch den Arbeitgeber gemeinschaftlich daran gehindert werden, zu arbeiten (im Gegensatz zum Streik, bei dem die streikenden Arbeitnehmer nicht arbeiten wollen).
- Die **Schlichtung** hat die Aufgabe, zur Verhinderung bzw. zur Beendigung von Streiks beizutragen.

4.4 Wirkungen des Tarifvertrags

Tarifbindung	■ Die Mitglieder der Tarifvertragsparteien sind an die Vereinbarungen des Tarifvertrags gebunden. Die Inhalte des Tarifvertrags stellen **Mindestbedingungen** für die Arbeitsverhältnisse dar (z. B. Mindestlöhne, Mindesturlaubstage). ■ Unbeschränkt zulässig ist die Vereinbarung günstigerer Arbeitsbedingungen (z. B. übertarifliche Löhne), als sie der Tarifvertrag vorschreibt.
Friedenspflicht	Während der Gültigkeitsdauer eines Tarifvertrags dürfen keine Arbeitskampfmaßnahmen (Streiks, Aussperrungen) ergriffen werden.
Grundsatz der Nachwirkung	Nach Ablauf des Tarifvertrags gelten seine Vereinbarungen weiter, bis sie durch einen neuen Tarifvertrag ersetzt werden.

4.5 Bedeutung der Tarifverträge für Arbeitnehmer und Arbeitgeber

Wichtige Vorteile von Tarifverträgen für Arbeitnehmer und Arbeitgeber sind in der nachfolgenden Übersichtstabelle zusammengestellt.

Vorteile für den Arbeitnehmer	Vorteile für den Arbeitgeber
■ Sicherung der Mindestarbeitsbedingungen (Mindestlohn, Urlaubsgeld, Kündigungsschutz usw.) für die Laufzeit des Tarifvertrags. ■ Gleichstellung der Arbeitnehmer mit gleichen Tätigkeiten, gleichen Berufserfahrungen und gleicher Verantwortung (Schutz vor willkürlicher Behandlung).	■ Einheitliche Kalkulationsgrundlage durch einheitliche Lohn- und Gehaltstarife für die Dauer des Tarifvertrags. ■ Einschränkung der Konkurrenz innerhalb der Branchen bezüglich der Personalanwerbung, geringere Mitarbeiterwechsel in Zeiten der Vollbeschäftigung.

Kompetenztraining

8

1. Erklären Sie den Begriff Sozialpartnerschaft!
2. Die Arbeitgeber und die Gewerkschaften vereinbaren eine Regelung über die Entgeltfortzahlung im Krankheitsfall.

   Aufgabe:

   Nennen Sie die Tarifvertragsart, in der eine solche Regelung steht!
3. Erläutern Sie kurz folgende Begriffe:

   3.1 Tarifvertrag,
   3.2 Tarifautonomie,
   3.3 Allgemeinverbindlichkeit,
   3.4 Tarifgebundenheit,
   3.5 Manteltarif,
   3.6 Lohn- bzw. Gehaltstarif.
4. Nennen Sie die Vorteile, die die Tarifverträge für Arbeitnehmer und Arbeitgeber bringen!
5. 5.1 Nennen Sie die Vertragspartner beim

   5.1.1 Arbeitsvertrag,
   5.1.2 Tarifvertrag!

   5.2 Erklären Sie, welche Bedeutung die Entscheidung, Tarifverträge für allgemein verbindlich zu erklären, für die Arbeitnehmer hat!

   5.3 Nennen Sie Inhalte, die im Manteltarifvertrag geregelt sind. Bilden Sie vier Beispiele!
6. Die Klar GmbH zahlt ihren Angestellten grundsätzlich 10 % mehr als der Tarifvertrag vorsieht. Lediglich dem Neuling Lahm will man zunächst das Tarifgehalt zahlen. Erläutern Sie, ob die beiden Maßnahmen zulässig sind!
7. Erklären Sie den Begriff Kollektivarbeitsvertrag!
8. 8.1 Die Kramer GmbH möchte ihr Angebot erweitern und sucht daher neue Mitarbeiter. Die Kramer GmbH ist Mitglied im Arbeitgeberverband.

   Aufgaben:

   Notieren Sie, in welchem Gesetz bzw. Vertrag sich die Kramer GmbH über die Höhe der Gehälter der neuen Mitarbeiter informieren kann!

   8.1.1 Im entsprechenden Manteltarifvertrag ihres Tarifgebiets.
   8.1.2 Im Handelsgesetzbuch [HGB].
   8.1.3 Im Bürgerlichen Gesetzbuch [BGB].
   8.1.4 Im entsprechenden Lohn- und Gehaltstarifvertrag ihres Tarifgebiets.

   8.2 Erläutern Sie, welche Bedeutung der Lohn- und Gehaltstarifvertrag beim Abschluss eines Arbeitsvertrags hat!
9. In einer Pressemitteilung verlangt der Arbeitgeberverband Luftverkehr e.V. einen maßvollen Tarifabschluss, um neue Arbeitsplätze schaffen zu können. Er appelliert[1] dabei an die Bundesregierung, diese Forderung zu unterstützen. Der Pressesprecher der Bundesregierung lehnt diese Forderung mit dem Hinweis ab, die Bundesregierung habe keine Möglichkeit, direkt in Tarifverhandlungen einzugreifen.

   Aufgaben:

   9.1 Begründen Sie, ob die Bundesregierung rechtlich die Möglichkeit hat, in Tarifverhandlungen einzugreifen!

   9.2 Nennen Sie zwei Gründe, die dafür sprechen, dass der Staat nicht in Tarifverhandlungen eingreifen soll!

1 **Appell:** Aufruf, Weckruf.

10. Der neue Lohntarifvertrag für die Eisen- und Stahlindustrie sieht eine Gehaltssteigerung von 2,5 % vor.

Aufgaben:

10.1 Stellen Sie dar, unter welchen Voraussetzungen ein Unternehmen seinen Mitarbeitern 2,5 % mehr Gehalt zahlen muss!

10.2 Prüfen Sie, ob jeweils alle Mitarbeiter Anspruch auf die 2,5 %ige Gehaltserhöhung haben!

9

1. Nennen Sie einige wichtige Ziele der Gewerkschaften!

2. Die Politik der Gewerkschaften zielt darauf ab, das Arbeitskräfteangebot zu verknappen.

Aufgabe:

Begründen Sie, ob dies dem Ziel, den Anteil der Arbeitnehmereinkommen am Volkseinkommen zu erhöhen, widerspricht!

3. Erklären Sie die Begriffe Streik und Aussperrung!

4. Die Belegschaft des Kaufhauses Unruh GmbH hat gegen den Willen der Gewerkschaft seit drei Tagen die Arbeit niedergelegt. Sie will ein höheres Urlaubsgeld erzwingen. Die Geschäftsleitung kündigt den drei führenden Streikorganisatoren.

Aufgabe:

Prüfen Sie die Rechtslage!

5. 5.1 Beschreiben Sie die nebenstehende Karikatur!

5.2 Erklären Sie, welcher Zielkonflikt in der Karikatur dargestellt wird!

5.3 Erläutern Sie, auf welche Weise ein Interessenausgleich herbeigeführt werden kann!

6. Erläutern Sie den Unterschied zwischen einer Betriebsvereinbarung und einem Tarifvertrag!

5 System der sozialen Absicherung beschreiben und begründen

Lernsituation 5:

Jan, Max, Philipp und Sebastian, allesamt noch Schüler bzw. Auszubildende, sind beste Freunde. Sie treffen sich seit vielen Jahren regelmäßig, zumeist am Wochenende, um etwas gemeinsam zu unternehmen. Das Besondere an dieser „Männerfreundschaft" ist, dass sie – anders als vielleicht viele andere Gleichaltrige – nicht nur gemeinsam viel Spaß miteinander haben, sondern auch ihre Sorgen und Probleme teilen, indem sie sehr offen darüber sprechen.

So auch an diesem Wochenende, an dem sich die vier Freunde verabredet haben, um zunächst gemeinsam eine Pizzeria aufzusuchen und anschließend noch etwas Trinken zu gehen. Kurz nachdem sie die Bestellung aufgegeben haben, sagt Philipp, dass er sich solche Abende wohl künftig nicht mehr allzu oft leisten kann. Seit Freitag habe sein Vater seinen Arbeitsplatz verloren, ihm wurde gekündigt. Da seine Familie erst vor wenigen Jahren neu gebaut habe und noch das Darlehen für das Eigenheim stemmen müsse, sei das Haushaltsbudget durch die – hoffentlich nur vorübergehende – Arbeitslosigkeit des Vaters stark eingeschränkt. Sein Vater habe gestern bereits angedeutet, dass er noch gar nicht absehen könne, wie es finanziell weitergehen soll, ob er überhaupt Arbeitslosengeld erhält und wenn ja, wie viel dies genau sei. Vor diesem Hintergrund müssten sich auch Philipp, der zurzeit das Wirtschaftsgymnasium besucht, und seine beiden Geschwister darauf einstellen, „den Gürtel enger zu schnallen", zumindest was das Taschengeld anbelangt.

Jan kann die Nöte von Philipp nur allzu gut verstehen. Auch in seiner Familie gibt es zurzeit ziemliche Sorgen. Seine Oma, die bei ihnen im Haus wohnt, ist vor zwei Wochen im Badezimmer ausgerutscht und hat sich dabei den Oberschenkelhals gebrochen. Seither sitzt sie im Rollstuhl und kann nicht mehr laufen. Im Krankenhaus haben seine Eltern zudem darauf hingewiesen, dass die Oma schon vor dem Sturz nicht nur erkennbar unsicher auf den Beinen unterwegs war, sondern in der letzten Zeit auch einen zunehmend vergesslicheren Eindruck macht. So habe sie immer häufiger in kurzen Zeitabständen die gleichen Fragen gestellt. Daraufhin haben die Ärzte im Rahmen weitergehender Untersuchungen festgestellt, dass sie unter einer Demenz im fortgeschrittenen Stadium leidet. Die Sorgen der Eltern richten sich nun auf die Zeit, wenn die Oma aus dem Krankenhaus entlassen wird, da sie nicht genau wissen, wie sie die Pflege der nunmehr – zumindest für einen längeren Zeitraum – an den Rollstuhl gefesselten Oma sicherstellen sollen. Erste Erkundigungen bei einem örtlichen Pflegeheim haben ergeben, dass die monatlichen Kosten für einen Heimplatz die Rente der Oma bei Weitem übersteigen würden.

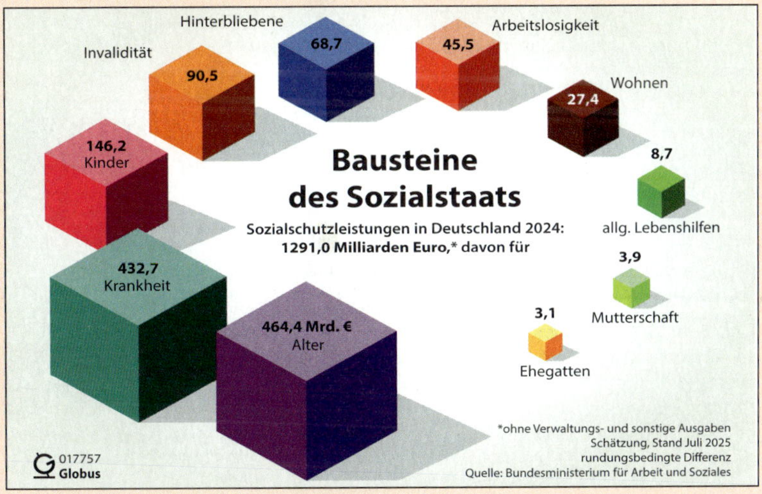

Nunmehr hätten seine Eltern bei der Krankenversicherung einen Termin, um abzuklären, ob und wenn ja, in welchem Umfang hier mit Zuschüssen gerechnet werden könne oder ob sie die Kostendifferenz ganz allein tragen müssen.

Schnell stellen die vier Freunde im Gespräch fest, dass es eigentlich in all ihren Familien gleichartig gelagerte Sorgen gibt. Bei Sebastian ist es die ältere Schwester, die noch zu Hause wohnt und den Eltern finanzielle Probleme bereitet. Sebastian ist vor zwei Monaten erstmalig Onkel geworden. Eigentlich ein erfreuliches Ereignis, allerdings ist seine Schwester noch in der Ausbildung zur Einzelhandelskauffrau. Der Vater des Kindes hingegen wohnt nicht in Deutschland und hat auch nach derzeitigem Stand der Dinge kein Interesse, dies grundsätzlich ändern zu wollen. Zudem ist er noch Schüler und verfügt über kein eigenes Einkommen. Die Familie von Sebastian unterstützt die Schwester, wo sie nur kann und fängt die ganze Situation auch finanziell auf, da für das Kind kein Unterhalt vom Vater des Kindes gezahlt wird. Ihnen stellt sich nunmehr die Frage, inwiefern der Staat an dieser Stelle finanzielle Hilfen vorsieht.

Schließlich kann auch Max von ähnlichen Problemen berichten. Seine Mutter leidet seit längerer Zeit unter einer seltenen Krankheit und muss sich infolgedessen in besonderer Weise ernähren. Diese Form der Ernährung sei ziemlich kostenintensiv und die Krankenkasse habe noch nicht abschließend erklärt, ob und in welchem Umfang sie sich an den Kosten beteiligen werde. Erschwerend kommt hinzu, dass sich die finanzielle Situation seiner Mutter zugespitzt hat, seit die Ärzte sie aufgrund dieser Erkrankung vor einigen Wochen nach dem Verlust ihres Arbeitsplatzes für erwerbsunfähig erklärt hätten und sie nunmehr auf den endgültigen Rentenbescheid wartet.

Am Ende des Gesprächs sagt Philipp: „Es ist gut, wenn man Freunde hat, die einen verstehen, insbesondere in solchen Momenten, wenn man ernsthafte Sorgen hat. Erschreckend ist für mich nur, wie viele Familien anscheinend derartige Probleme haben. Dabei dachte ich immer, dass wir in einem Sozialstaat leben."

Kompetenzorientierte Arbeitsaufträge:

1. Notieren Sie, welche Bereiche bzw. welche Leistungen der Sozialpolitik in der vorliegenden Lernsituation angesprochen werden!
2. Erläutern Sie, wozu Sozialpolitik erforderlich ist und welche Ziele sie verfolgen sollte!
3. Erläutern Sie, was unter dem Generationenvertrag zu verstehen ist!
4. Analysieren Sie, wie sich die demografische Entwicklung hierzulande auf die soziale Sicherheit auswirken wird. Gehen Sie dabei auch darauf ein, welche Konsequenzen sich zukünftig für Sie hieraus ergeben könnten und zeigen Sie Möglichkeiten auf, wie sich negative Auswirkungen des demografischen Wandels auffangen ließen!
5. **Arbeitsvorschlag mit regionalem Bezug:**

   Stellen Sie in Kleingruppen ein soziales Projekt aus Ihrer Region vor (z. B. eine örtliche Obdachlosenhilfe, eine regional aktive Jugendhilfe, eine örtliche Tafel). Gehen Sie dabei insbesondere darauf ein, welcher Kreis von sozial benachteiligten Menschen durch dieses Projekt unterstützt wird und welche Hilfen im Einzelnen geleistet werden.

   Präsentieren Sie Ihre Ergebnisse in der Klasse. Diskutieren Sie im Anschluss darüber, welches Projekt Sie als Klasse – eventuell unter Einbindung Ihrer Schule – ganz konkret unterstützen könnten!

Quelle: Bundesverband Deutsche Tafel e. V.,
Foto: Wolfgang Borrs.

5.1 Notwendigkeit sozialer Absicherung

Die **soziale Sicherung** ist eine wesentliche Lebensgrundlage der Menschen.

Die bedeutsamste Absicherung erfolgt in der Bundesrepublik Deutschland durch die gesetzliche **Sozialversicherung.**

- Die gesetzliche Sozialversicherung ist durch das **Solidaritätsprinzip** gekennzeichnet: „Einer für alle, alle für einen."
- Die Sozialversicherung ist eine **gesetzliche Versicherung,** der die Mehrheit der Bevölkerung **kraft Gesetzes** angehören muss **(Pflichtversicherung).**
- Die **meisten Leistungen** der Sozialversicherung sind **gesetzlich festgelegt.** Der Beitrag richtet sich bis zu einer **Beitragsbemessungsgrenze** an der Höhe des Einkommens aus. Versicherte mit hohen Einkommen tragen so zur Finanzierung von Leistungen für Versicherte mit niedrigen Einkommen bei.

5.2 System der Sozialversicherung

5.2.1 Überblick über die Zweige der Sozialversicherung

Zweige der gesetzlichen Sozialversicherung				
Gesetzliche Krankenversicherung Träger z. B.: - Allgemeine Ortskrankenkassen - Betriebskrankenkassen - Innungskrankenkassen - Ersatzkassen (z. B. Barmer, DAK, KKH)	**Soziale Pflegeversicherung** Träger: - Pflegekassen (verwaltet von den Krankenkassen)	**Gesetzliche Rentenversicherung** Träger z. B.: - Bundesträger (Deutsche Rentenversicherung Bund) - Regionalträger (Deutsche Rentenversicherung mit Zusatz für jeweilige regionale Zuständigkeiten)	**Gesetzliche Arbeitsförderung** Träger: - Bundesagentur für Arbeit in Nürnberg mit den Regionaldirektionen (mittlere Verwaltungsebene) und den Agenturen für Arbeit (örtliche Verwaltungsebene)	**Gesetzliche Unfallversicherung** Träger z. B.: - Gewerbliche und landwirtschaftliche Berufsgenossenschaften - Gemeindeunfallversicherungsverbände
Gesetzliche Krankenkassen	**Pflegekassen***	**Deutsche Rentenversicherung**	**Bundesagentur für Arbeit**	**Berufsgenossenschaften und Unfallversicherungsträger der öffentlichen Hand**
Träger der Sozialversicherung				

* Die soziale Pflegeversicherung ist eine eigenständige Säule im System der gesetzlichen Sozialversicherung, auch wenn die gesetzlichen Pflegekassen organisatorisch in die Träger der gesetzlichen Krankenversicherung eingebunden sind.

5.2.2 Gesetzliche Krankenversicherung

(1) Anmeldung und Versicherungspflicht

Die **Anmeldung** der Versicherungspflichtigen bei der gesetzlichen Krankenkasse hat durch den Arbeitgeber grundsätzlich binnen sechs Wochen nach Arbeitsantritt zu erfolgen.

Die **Versicherungspflicht** umfasst z. B. grundsätzlich alle Arbeitnehmer, wenn sie monatlich durchschnittlich nicht mehr als 6450,00 € brutto verdienen,[1] alle Auszubildenden, die Bezieher von Renten aus der Rentenversicherung, Empfänger von Arbeitslosengeld und eine Reihe von Selbstständigen. Bestimmte Beschäftigungsgruppen, wie z. B. Beamte, sind nicht versicherungspflichtig. Sie können sich bei einer privaten Krankenversicherung versichern lassen.

Alle Bürger müssen einer (gesetzlichen oder privaten) **Krankenversicherung** angehören und dadurch einen Krankenversicherungsschutz erhalten.

(2) Gesundheitsfonds

Die Krankenversicherungsbeiträge werden in einen **Gesundheitsfonds** eingezahlt, aus dem die einzelnen Krankenkassen dann pro **Versicherten** eine **Pauschale** sowie **ergänzende Zu- und Abschläge** – Risikostrukturausgleich genannt – je nach Alter, Geschlecht und Krankheit erhalten.

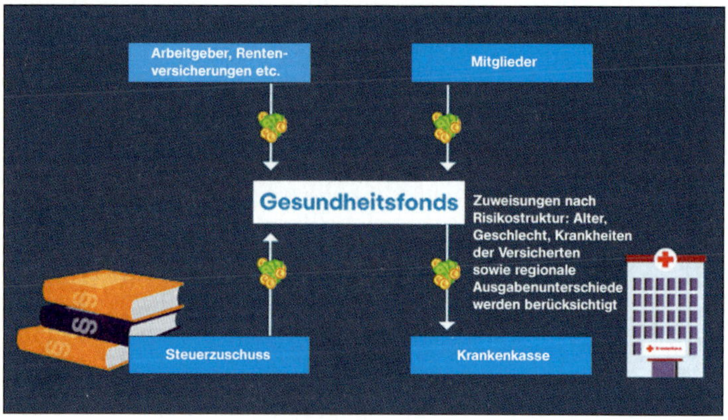

Quelle: Bundesgesundheitsministerium (https://www.bundesgesundheitsministerium.de/gesundheitsfonds.html, modifiziert)

(3) Leistungen

Die Leistungen der gesetzlichen Krankenkassen sind gesetzlich vorgeschrieben **(Regelleistungen)**. Über diese Mindestleistungen hinaus können die Krankenkassen in ihren Satzungen **Mehrleistungen** festlegen. Die Tabelle auf S. 59 gibt einen Überblick über die wichtigsten Leistungen der gesetzlichen Krankenversicherung:

1 Diese **Versicherungspflichtgrenze** gilt für das Jahr 2026. Allerdings sind höherverdienende Arbeitnehmer erst dann **krankenversicherungsfrei** – und können damit selbst entscheiden, ob sie weiterhin freiwillig gesetzlich versichert bleiben oder sich privat krankenversichern wollen –, wenn sie **im vergangenen Kalenderjahr mit ihrem Arbeitsentgelt die Jahresarbeitsentgeltgrenze (JAG) überschritten** haben **und im laufenden Jahr überschreiten** werden.

Folgende Leistungen werden erbracht:	Beispiele aus dem Leistungskatalog
Vorbeugung gegen Krankheiten	Aufklärung und Beratung über Gesundheitsgefährdungen und Vorbeugungsmaßnahmen gegen Krankheit, z. B. Verhütung von Zahnerkrankungen, Vorsorgekuren. Für das gesundheitsbewusste Verhalten der Versicherten (z. B. Teilnahme an Vorsorge- und Früherkennungsuntersuchungen, Präventionsprogrammen oder betrieblicher Gesundheitsförderung) können die Krankenkassen einen Bonus einräumen.
Früherkennung von Krankheiten	■ Krebsvorsorge für Frauen (ab dem 20. Lebensjahr) und Männer (ab dem 45. Lebensjahr) jährlich einmal. ■ Vorsorgeuntersuchungen für Kinder. ■ Gesundheits-Check-up ab dem 35. Lebensjahr zur Erkennung von Herz-, Kreislauf- und Nierenerkrankungen alle drei Jahre. (Weitere Beispiele erfragen Sie bitte bei Ihrer Krankenkasse.)
Krankenbehandlung	■ Ärztliche Behandlung. ■ Zahnärztliche Behandlung. ■ Versorgung mit Arznei-, Verband-, Heil- und Hilfsmitteln. ■ Krankenhausbehandlung. ■ Häusliche Krankenpflege und Haushaltshilfe. ■ Maßnahmen zur Rehabilitation.
Krankengeld	Versicherte, die durch eine Krankheit arbeitsunfähig sind oder stationär in einem Krankenhaus oder einer Rehabilitationseinrichtung behandelt werden, haben Anspruch auf Krankengeld, das 70 % des regelmäßig erzielten Arbeitsentgelts beträgt und 90 % des Nettoarbeitsentgelts nicht übersteigen darf.
bei Schwangerschaft und Mutterschaft	Sie umfassen z. B. die ärztliche Betreuung, Versorgung mit Arznei-, Verband- und Hilfsmitteln, Hebammenhilfe, die stationäre Entbindung, häusliche Pflege, Haushaltshilfe, Zahlung von Mutterschaftsgeld[1] sowie Zahlung von Elterngeld.[2] Die Bezieher von Mutterschaftsgeld sind beitragsfrei sozialversichert, sofern sie schon vorher dort versichert waren und keine anderen beitragspflichtigen Einnahmen haben.
sonstige Hilfen	Hierzu gehören z. B. alle Leistungen, die im Zusammenhang mit der Empfängnisverhütung, Sterilisation, dem Schwangerschaftsabbruch und der künstlichen Befruchtung stehen.

1 Das **Mutterschaftsgeld** wird von der Krankenkasse bezahlt und beträgt zurzeit höchstens 13,00 € täglich. Beträgt nach den gesetzlichen Abzügen vom Einkommen das tägliche Arbeitsentgelt mehr als 13,00 €, bezahlt der Arbeitgeber diesen Unterschied als Zuschuss zum Mutterschaftsgeld.

Auch berufstätige werdende Mütter, die nicht in einer Krankenkasse versichert sind, bekommen während der Schutzfrist Mutterschaftsgeld. Sie erhalten es vom Bundesversicherungsamt.

Während die Frau Mutterschaftsgeld bezieht, bleibt sie beitragsfrei sozialversichert (renten-, pflege-, kranken- und arbeitslosenversichert), sofern sie schon vorher dort versichert war und keine anderen beitragspflichtigen Einnahmen hat.

2 Vgl. S. 71.

5.2.3 Soziale Pflegeversicherung

(1) Begriff Pflegebedürftigkeit

- Als **pflegebedürftig** gelten [§ 14 SGB XI]
  - Personen, die gesundheitlich bedingte **Beeinträchtigungen von Selbstständigkeit oder von Fähigkeiten** aufweisen und deshalb der Hilfe durch andere bedürfen.
  - Personen, die **körperliche, kognitive**[1] **oder psychische Beeinträchtigungen** oder **gesundheitliche Belastungen** nicht selbstständig bewältigen können.
- Die Pflegebedürftigkeit muss **dauerhaft** sein, **mindestens** aber für **6 Monate** bestehen.

Um die Pflegebedürftigkeit zu bestimmen, werden in den folgenden **sechs Lebensbereichen** individuelle Beeinträchtigungen und Fähigkeiten erfasst:

1. **Mobilität** (z. B. Fortbewegen innerhalb des Wohnbereichs, Treppensteigen etc.)
2. **Kognitive und kommunikative Fähigkeiten** (z. B. örtliche und zeitliche Orientierung etc.)
3. **Verhaltensweisen und psychische Problemlagen** (z. B. nächtliche Unruhe, selbstschädigendes und autoaggressives Verhalten)
4. **Selbstversorgung** (z. B. Körperpflege, Ernährung etc.)
5. **Bewältigung von und selbstständiger Umgang mit krankheits- oder therapiebedingten Anforderungen und Belastungen** (z. B. Medikation, Wundversorgung, Arztbesuche, Therapieeinhaltung)
6. **Gestaltung des Alltagslebens und sozialer Kontakte** (z. B. Gestaltung des Tagesablaufs)

(2) Pflegegrad

Pflegebedürftige erhalten je nach Schwere der Beeinträchtigung einen Pflegegrad, der in einem pflegewissenschaftlichen Begutachtungsverfahren, dem **Neuen Begutachtungsassessment (NBA),** abgeklärt wird. Dazu werden die Beeinträchtigungen in den sechs pflegerelevanten Lebensbereichen mit Punkten bewertet. Aus einer gewichteten Gesamtpunktzahl ergibt sich das Maß der Pflegebedürftigkeit, unterschieden nach **fünf Pflegegraden:**

- Pflegegrad 1: geringe Beeinträchtigung der Selbstständigkeit
- Pflegegrad 2: erhebliche Beeinträchtigung der Selbstständigkeit
- Pflegegrad 3: schwere Beeinträchtigung der Selbstständigkeit
- Pflegegrad 4: schwerste Beeinträchtigung der Selbstständigkeit
- Pflegegrad 5: schwerste Beeinträchtigung der Selbstständigkeit mit besonderen Anforderungen an die pflegerische Versorgung

(3) Versicherungspflicht

Die Versicherungspflicht in der **sozialen Pflegeversicherung** besteht für alle Mitglieder der Krankenversicherung (auch freiwillige), ihre nicht berufstätigen Ehepartner und Kinder. Privatversicherte wie z. B. Beamte müssen eine **private Pflegeversicherung** abschließen.

1 **Kognitiv**: die Erkenntnis betreffend.

(4) Leistungen

Art der Leistungen	Erläuterungen
bei häuslicher Pflege: ■ Pflegehilfe[1]	Pflegebedürftige haben bei häuslicher Pflege Anspruch auf körperbezogene Pflegemaßnahmen und pflegerische Betreuungsmaßnahmen sowie auf Hilfen bei der Haushaltsführung als **Sachleistung.** Häusliche Pflege wird durch geeignete Pflegekräfte erbracht. Die Höhe der Pflegehilfe hängt von der Pflegebedürftigkeit ab.
■ Pflegegeld[1]	Pflegebedürftige, welche ihre Pflege selbst sicherstellen, können anstelle der häuslichen Pflegehilfe ein nach dem Pflegegrad gestaffeltes monatliches Pflegegeld erhalten. Nimmt der Pflegebedürftige die Sachleistungen nur teilweise in Anspruch, erhält er daneben ein anteiliges Pflegegeld.
teilstationäre Pflege und Kurzzeitpflege: ■ Tages- und Nachtpflege ■ Kurzzeitpflege	Pflegebedürftige haben Anspruch auf teilstationäre Pflege, wenn häusliche Pflege nicht in ausreichendem Umfang möglich ist. Die Höhe der Aufwendungen für Pflege, Betreuung und medizinische Behandlung richtet sich nach dem jeweiligen Pflegegrad. Kann häusliche Pflege zeitweise nicht, noch nicht oder nicht im erforderlichen Umfang erbracht werden und reicht teilstationäre Pflege nicht aus, kann für eine Übergangszeit von maximal 8 Wochen im Jahr vollstationäre Pflege in Anspruch genommen werden.
vollstationäre Pflege	Ist häusliche oder teilstationäre Pflege nicht möglich, haben Pflegebedürftige Anspruch auf vollstationäre Pflege. Die Pflegekasse trägt die Aufwendungen für Pflege, Betreuung und medizinische Behandlung bis zu einem monatlichen Höchstbetrag.

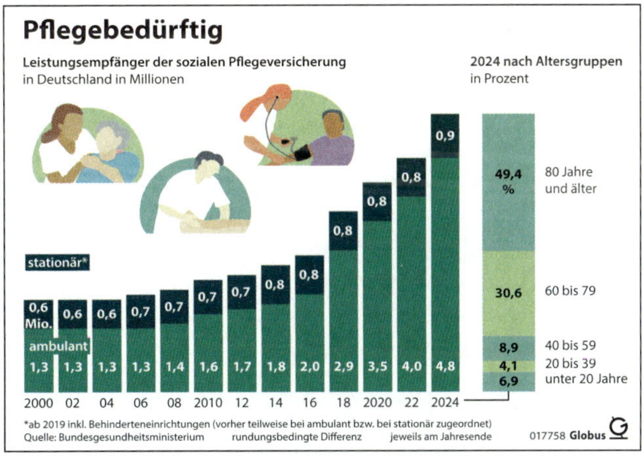

Die Zahl der Pflegebedürftigen in der sozialen Pflegeversicherung ist in Deutschland in den vergangenen Jahren deutlich gestiegen. Während es im Jahr 2000 noch rund 1,8 Mio. waren, waren es im Jahr 2024 bereits 5,6 Mio. Die meisten von ihnen (4,8 Mio.) wurden im Jahr 2024 ambulant betreut, also zu Hause durch Angehörige und/oder Pflegedienste. Rund 850 600 Menschen wurden stationär in Pflegeheimen und Behinderteneinrichtungen versorgt. Fast die Hälfte der Pflegebedürftigen (49,4 %) war 80 Jahre und älter. Es gab jedoch auch jüngere, pflegebedürftige Menschen, wenn auch mit einem wesentlich geringeren Anteil. So waren beispielsweise Ende 2024 rund 390 300 unter 20-Jährige auf Pflegeleistungen der sozialen Pflegeversicherung angewiesen. Das entsprach 6,9 % aller Pflegebedürftigen.

1 **Demenzkranke** erhalten höhere Leistungen aus der Pflegeversicherung.

5.2.4 Gesetzliche Arbeitsförderung (Arbeitslosenversicherung)

5.2.4.1 Anmeldung, Versicherungspflicht und die Leistungen an Arbeitnehmer

(1) Anmeldung und Versicherungspflicht

Die Anmeldung der Versicherungspflichtigen bei der **gesetzlichen Krankenkasse** hat durch den **Arbeitgeber** grundsätzlich **binnen 6 Wochen nach Arbeitsantritt** zu erfolgen. Die **Versicherungspflicht** umfasst vor allem Auszubildende, Arbeitnehmer ohne Rücksicht auf die Höhe ihrer Einkommen.

(2) Leistungen der gesetzlichen Arbeitsförderung

- **Berufsberatung und Arbeitsmarktberatung**

Die Agenturen für Arbeit beraten Jugendliche und Erwachsene, die am Arbeitsleben teilnehmen oder teilnehmen wollen, zum Beispiel über die Berufswahl, die berufliche Entwicklung, über Berufswechsel, über die Lage und Entwicklung des Arbeitsmarkts und der Berufe sowie über die Leistungen der Arbeitsförderung.

- **Ausbildungs- und Arbeitsvermittlung**

Die örtliche Agentur für Arbeit bietet Ausbildungsuchenden, Arbeitsuchenden und Arbeitgebern eine grundsätzlich unentgeltliche Ausbildungs- und Arbeitsvermittlung an. Zur **ortsnahen Leistungserbringung** sollen die Leistungen der Arbeitsförderung vorrangig durch die **örtlichen Agenturen für Arbeit** erbracht werden. Als einheitliche Anlaufstelle für alle einen Arbeitsplatz oder Ausbildungsplatz suchenden Personen werden von den Agenturen für Arbeit **Jobcenter** eingerichtet. Hier werden diese Personen informiert, der Beratungs- und Betreuungsbedarf geklärt und der erste Eingliederungsschritt in die Arbeit verbindlich vereinbart. Vor allem Langzeitarbeitslose und erwerbsfähige Sozialgeldempfänger sollen hierdurch wieder schneller eine Arbeit vermittelt bekommen.

Arbeitslose können von der Agentur für Arbeit die **Zuweisung in eine Maßnahme** zur Aktivierung und beruflichen Eingliederung verlangen, wenn sie **sechs Monate** nach Eintritt ihrer Arbeitslosigkeit noch arbeitslos sind.

- **Leistungen an Arbeitnehmer**

Leistungen (Auswahl)	Erläuterungen
Unterstützung von Arbeitslosen	Unterstützung von Arbeitslosen und von Arbeitslosigkeit bedrohten Arbeitsuchenden sowie der Ausbildungsuchenden, z.B. durch die Übernahme von Bewerbungs- und Reisekosten.

Leistungen (Auswahl)	Erläuterungen
Hilfen zur Eingliederung in den Arbeitsprozess	■ **Verbesserung der Eingliederungsaussichten** durch Trainingsmaßnahmen, indem z. B. Maßnahmekosten (Lehrgangskosten, Prüfungsgebühren, Fahrtkosten) von der Agentur für Arbeit übernommen werden. ■ **Maßnahmen der Eignungsfeststellung** und **Förderung der Aufnahme einer Beschäftigung,** z. B. durch Leistungen aus dem Vermittlungsbudget, Gründungszuschuss, Förderung der Berufsausbildung, der beruflichen Weiterbildung, berufsvorbereitende Bildungsmaßnahmen und Förderung der Teilnahme behinderter Menschen am Arbeitsleben.
Zahlung von Entgeltersatzleistungen	
■ **Arbeitslosengeld**	Arbeitnehmer haben einen Anspruch auf Arbeitslosengeld bei **Arbeitslosigkeit** oder bei **beruflicher Weiterbildung**. Der Arbeitslose hat sich **persönlich** bei der zuständigen Agentur für Arbeit arbeitslos zu melden. Wer einen Arbeitsplatz ohne wichtigen Grund aufgibt, erhält Arbeitslosengeld grundsätzlich erst nach **12 Wochen**. Überhaupt kein Arbeitslosengeld erhält, wer einen von der Agentur für Arbeit vermittelten zumutbaren Arbeitsplatz auf Dauer ablehnt.[1] Die Dauer des Anspruchs auf Arbeitslosengeld hängt von der Dauer des Versicherungsverhältnisses und dem Lebensalter der arbeitslosen Person bei der Entstehung des Anspruchs ab. Das Arbeitslosengeld beträgt zurzeit 60 % und für die Arbeitslosen, die z. B. mindestens ein Kind haben, 67 % des für den Bemessungszeitraum berechneten pauschalierten Nettoentgelts.
■ **Kurzarbeitergeld**	Kurzarbeitergeld erhalten Arbeitnehmer, wenn ein erheblicher Arbeitsausfall mit Entgeltausfall vorliegt. Das Kurzarbeitergeld wird für den Arbeitsausfall während der Bezugsfrist gezahlt.
■ **Insolvenzgeld**	Insolvenzgeld[2] erhalten Arbeitnehmer, wenn sie z. B. bei der Eröffnung des Insolvenzverfahrens über das Vermögen des Arbeitgebers für die dem Insolvenzereignis vorausgehenden drei Monate des Arbeitsverhältnisses noch Ansprüche auf Arbeitsentgelt haben. Das Insolvenzgeld wird in Höhe des **Nettoarbeitsentgelts** geleistet.

5.2.4.2 Grundsicherung

(1) Ziel und Anspruch auf Grundsicherung

- **Ziel** der Grundsicherung für erwerbsfähige Arbeitsuchende ist es, dass Leistungsempfänger, die arbeiten können, möglichst **schnell** in **Arbeit** vermittelt werden.
- Es gilt der **Grundsatz des Forderns und Förderns**: Menschen, die Hilfe brauchen, können sich auf Unterstützung verlassen. Wer jedoch arbeiten kann, muss daran mitwirken, seinen Lebensunterhalt selbst zu bestreiten.

1 Die Dauer der **Sperrzeit** wegen Arbeitsablehnung, wegen Ablehnung einer beruflichen Eingliederungsmaßnahme oder wegen Abbruchs einer beruflichen Eingliederungsmaßnahme beträgt drei oder sechs Wochen, bei unzureichenden Eigenbemühungen zur Beendigung der Arbeitslosigkeit zwei Wochen.

2 Als **Insolvenz** bezeichnet man vorübergehende Zahlungsschwierigkeiten oder die dauernde Zahlungsunfähigkeit eines Schuldners.

Dabei gilt, wer arbeiten kann, muss seine Arbeitskraft im **maximal zumutbaren Umfang** einsetzen, und zwar so, dass **keinerlei** staatliche Unterstützung mehr notwendig ist. Vor allem Alleinstehende sind dazu verpflichtet, in Vollzeit zu arbeiten, wenn das zumutbar ist. Wer hingegen **Kinder betreut,** wird bereits nach der **Vollendung des ersten Lebensjahres** des Kindes für eine Erwerbsarbeit oder Eingliederungsmaßnahme herangezogen.

Ist ein Antragsteller nicht in der Lage zu arbeiten, kommen **Qualifizierungs- und Weiterbildungsmaßnahmen** in Betracht. Das gilt insbesondere für **unter 30-Jährige.**

Anspruch auf Grundsicherung hat, wer **erwerbsfähig** ist und trotz intensiver Bemühungen keinen Arbeitsplatz findet. Unterstützung erhalten aber auch Menschen, die mit ihrer Arbeit **nicht genug verdienen,** um ihren Lebensunterhalt zu decken – und für die vorrangige Leistungen wie Wohngeld oder Kinderzuschlag nicht ausreichen, um die Hilfebedürftigkeit zu überwinden.

Sollte der Antragsteller über verwertbares **Vermögen** verfügen, so muss dieses Vermögen vorrangig verbraucht werden, bevor das Grundsicherungsgeld[1] gezahlt wird. So wird grundsätzlich alles verwertbare Vermögen vorrangig eingesetzt, bis auf ein sogenanntes Schonvermögen von in der Regel 10 000,00 € pro Person (bei Ehepartnern 20 000,00 €) sowie bestimmte geschützte Vermögenswerte wie ein angemessenes Hausgrundstück, Hausrat oder ein angemessener Pkw.

Schließlich werden auch Hinzuverdienste ab einer Grenze von monatlich 100,00 € auf das Grundsicherungsgeld angerechnet und mindern somit den Anspruch.

(2) Kooperationsplan und Pflichtverletzungen

Der Kooperationsplan enthält **individuelle** Angebote der Beratung, Unterstützung oder Vermittlung. Kommen Antragsteller den Vereinbarungen aus dem Kooperationsplan nicht nach, wird die Mitwirkung durch Verwaltungsakte mit Rechtsfolgenbelehrung verbindlich gemacht.

Leistungsempfänger, die eine Fördermaßnahme abbrechen oder sich nicht bewerben, müssen damit rechnen, dass der Regelbedarf um 30 % für jeweils drei Monate gemindert wird. Kürzungen sind auch für den Fall möglich, dass Leistungsempfänger Termine im Jobcenter versäumen. So kann ab dem zweiten Versäumnis die Geldleistung um 30 % für einen Monat gekürzt werden. Wenn jemand dreimal in Folge nicht zu einem vereinbarten Termin im Jobcenter erscheint, ist ein gestuftes Verfahren vorgesehen. In letzter Konsequenz kann hier der Anspruch auf die Leistung aufgrund von Nichterreichbarkeit **komplett** entfallen, das heißt auch die Kosten der Unterkunft.

(3) Leistungen der Grundsicherung

Die Grundsicherung übernimmt angemessene Kosten für Unterkunft und Heizung und sichert den Lebensunterhalt durch monatliche Regelsätze. Die Leistungen umfassen Bedarfe für Ernährung, Kleidung, Hausrat, soziale Teilhabe sowie Mehrbedarfe (z. B. Schwangerschaft, Alleinerziehung) und Einmalleistungen.

1 Die Geldleistungen der Grundsicherung für erwerbsfähige Arbeitsuchende nach dem Zweiten Sozialgesetzbuch [SGB II] werden als **Grundsicherungsgeld** bezeichnet.

Kosten für Unterkunft und Heizung

Das Jobcenter übernimmt im ersten Jahr die Kosten für Unterkunft und Heizung in voller Höhe. Die Angemessenheit der Wohnkosten wird nach dieser Karenzzeit[1] von einem Jahr überprüft und gegebenenfalls gekürzt.

Monatlicher Regelbedarf

Als Grundsicherung werden vom Staat Leistungen zur **Sicherung des Lebensunterhalts** gewährt. Zu berücksichtigende Einkommen und Vermögen mindern die Geldleistungen der Agentur für Arbeit und kommunalen Träger (z. B. Gemeinden, Kreise).

Der **monatliche Regelbedarf** der Grundsicherung (insbesondere für die Ernährung, Kleidung, Körperpflege, Hausrat, Bedarfe des täglichen Lebens, Beziehungen zur Umwelt und zur Teilnahme am kulturellen Leben) beträgt für Personen, die alleinstehend oder alleinerziehend sind, zurzeit 563,00 €.[2] Volljährige Partner bzw. Partnerinnen erhalten 506,00 €. Für Jugendliche zwischen 14 und 17, die in einer Bedarfsgemeinschaft ohne eigenen Haushalt leben, beträgt der Regelbedarf 471,00 € pro Monat. Jeweils zum 1. Januar eines Jahres wird der Regelbedarf der aktuellen Preis- und Lohnentwicklung entsprechend angepasst.

5.2.5 Gesetzliche Unfallversicherung

(1) Versicherungspflicht

Versicherungspflicht besteht z. B. für alle Arbeitnehmer einschließlich Auszubildende, unabhängig von der Höhe ihres Einkommens, für die meisten Unternehmer (Arbeitgeber), Arbeitslose, Kinder während des Besuchs von Kindergärten, Schüler und Personen während der Rehabilitation.

(2) Leistungen

Die Leistungen der Unfallversicherung bestehen vor allem in der **Unfallverhütung** (die Berufsgenossenschaften erlassen Unfallverhütungsvorschriften) und in den finanziellen Leistungen bei **Unfallfolgen.**

Leistungen (Auswahl)	Erläuterungen
Unfallverhütung	Die Unfallverhütungsvorschriften verpflichten den Unternehmer (Arbeitgeber), die Arbeitsplätze so einzurichten und zu erhalten, dass die Arbeitskräfte im Rahmen des Möglichen gegen Unfälle und Berufskrankheiten geschützt sind.
finanzielle Leistungen bei Unfallfolgen	■ **Heilbehandlung.** Hierzu gehören vor allem die Kosten für ärztliche und zahnärztliche Behandlung, Arznei- und Verbandmittel, sonstige Hilfsmittel, stationäre Behandlung in Krankenhäusern oder Spezialkliniken. ■ **Leistungen zur Teilhabe am Arbeitsleben.** Diese umfassen z. B. Leistungen zur Erhaltung und Erlangung eines Arbeitsplatzes einschließlich der Leistungen zur Förderung der Arbeitsaufnahme, zur beruflichen Anpassung, Fortbildung, Ausbildung und Umschulung.

1 **Karenzzeit:** Sperrfrist, Wartezeit.

2 Stand: Januar 2026.

5 Merkur-Nr. 0557

Leistungen (Auswahl)	Erläuterungen
	■ **Leistungen zur Teilnahme am Leben in der Gemeinschaft und ergänzende Leistungen.** Hierzu gehören z.B. die Kraftfahrzeughilfe, Wohnungshilfe, Haushaltshilfe, Reisekosten, Beratung sowie sozialpädagogische und psychosoziale Betreuung. ■ **Rentenzahlungen.** Renten an Versicherte bei Minderung ihrer Erwerbsfähigkeit infolge eines Versicherungsfalls um mindestens 20 Prozent, an Hinterbliebene als Witwen- und Witwerrente und als Waisenrente für Kinder von verstorbenen Versicherten. ■ **Verletztengeld.** Es wird bei einem Unfall oder einer Berufskrankheit bezahlt und hat den Zweck, einen eintretenden Einkommensausfall auszugleichen. Es wird ab der 7. Woche bezahlt, wenn der Arbeitgeber keinen Lohn mehr bezahlt. Es beträgt 80 % des Regelentgelts.

5.2.6 Gesetzliche Rentenversicherung

(1) Anmeldung und Versicherungspflicht

Die **Anmeldung** beim Rentenversicherungsträger erfolgt durch den Arbeitgeber binnen sechs Wochen vom Arbeitsantritt an über die Krankenkasse.

Die **Versicherungspflicht** umfasst vor allem alle Auszubildenden und Arbeitnehmer **ohne Rücksicht auf die Höhe ihres Einkommens.** Pflichtversichert sind u.a. auch Hausgewerbetreibende, Heimarbeiter und bestimmte selbstständig Tätige. Wer aus einem Arbeitsverhältnis ausscheidet (z.B. Frauen, die sich ihrer Familie widmen möchten), kann sich freiwillig weiterversichern lassen.

(2) Leistungen

Rentenart	Erläuterungen
Regelaltersrente	Versicherte haben Anspruch auf Altersrente, wenn sie ihre persönliche Altersgrenze (zwischen dem 65. und 67. Lebensjahr) erreicht und eine Versicherungszeit von fünf Jahren erfüllt haben. Damit die gesetzliche Rentenversicherung ihre Aufgabe – Sicherung eines angemessenen Lebensunterhalts im Alter – angesichts der sinkenden Geburtenzahlen und steigender Lebenserwartung weiterhin erfüllen kann, wird zwischen 2012 und 2029 das Rentenalter schrittweise angehoben. Für die Geburtenjahrgänge 1947 bis 1964 steigt die Altersgrenze für die Regelaltersrente stufenweise von 65 auf 67 Jahre. 2030 ist dieser Übergang zur **„Rente mit 67"** abgeschlossen.
Altersrente für langjährig Versicherte	Versicherte haben Anspruch auf eine abschlagsfreie Altersrente für langjährig Versicherte, wenn sie das **67. Lebensjahr** (Regelaltersgrenze) vollendet und die **Wartezeit von 35 Jahren** erfüllt haben. Die **vorzeitige** Inanspruchnahme dieser Altersrente ist nach Vollendung des 63. Lebensjahres zwar möglich, geht dann aber mit einem entsprechenden Rentenabschlag einher (0,3 % pro Monat der vorzeitigen Inanspruchnahme).

Rentenart	Erläuterungen
Altersrente für besonders langjährig Versicherte	Versicherte mit einer **Versicherungszeit von 45 Jahren** können grundsätzlich vor dem Erreichen der Regelaltersgrenze eine **abschlagsfreie Rente** beziehen. Ab dem 01.01.1964 Geborene können die abschlagsfreie vorzeitige Altersrente ab Vollendung des 65. Lebensjahres erhalten.
Rente wegen teilweiser Erwerbsminderung	Versicherte haben einen Anspruch auf eine **Rente wegen teilweiser Erwerbsminderung.** Eine teilweise Erwerbsminderung liegt vor, wenn die Versicherten wegen ihrer Krankheit oder Behinderung auf nicht absehbare Zeit außerstande sind, unter den üblichen Bedingungen des allgemeinen Arbeitsmarktes mindestens sechs Stunden täglich erwerbstätig zu sein.
Rente wegen voller Erwerbsminderung[1]	Versichterte haben einen Anspruch auf eine **Rente wegen voller Erwerbsminderung.** Versicherte sind grundsätzlich voll erwerbsgemindert, wenn diese wegen ihrer Krankheit oder Behinderung auf nicht absehbare Zeit außerstande sind, unter den üblichen Bedingungen des allgemeinen Arbeitsmarktes mindestens drei Stunden täglich erwerbstätig zu sein.
Renten wegen Todes	Renten an Hinterbliebene werden als große oder kleine **Witwen- bzw. Witwerrenten,** als **Erziehungsrente** (bei Tod des geschiedenen Ehegatten, wenn ein eigenes oder ein Kind des geschiedenen Ehegatten erzogen wird) und als **Waisenrente** bezahlt.

(3) Generationenvertrag[2]

Dem deutschen Rentensystem liegt der Generationenvertrag zugrunde. Er besagt, dass die **heute Berufstätigen** durch ihre Beiträge zur Rentenversicherung die **Rente der Älteren finanzieren** – in der Erwartung, dass die kommende Generation später die Renten für sie aufbringt. Da derzeit die Anzahl der Rentenempfänger zunimmt, müssen in den kommenden Jahren weniger Beitragszahler mehr Rentner finanzieren.

5.2.7 Finanzierung der Sozialversicherung

(1) Sozialversicherungsbeiträge

Außer der **Unfallversicherung**, die der Arbeitgeber allein zu tragen hat, müssen Arbeitnehmer und Arbeitgeber je 50 % der Beiträge zur Kranken-, Pflege-, Renten- und Arbeitslosenversicherung zahlen. Die Beiträge für jeden Sozialversicherungszweig werden bis zur jeweiligen **Beitragsbemessungsgrenze** über einen festen Prozentsatz vom jeweiligen Bruttoverdienst berechnet. Über die **Beitragsbemessungsgrenze hinaus** werden **keine Beiträge** zur jeweiligen Sozialversicherung erhoben.

Derzeit gelten für die Sozialversicherung folgende monatliche **Beitragssätze** bzw. **Beitragsbemessungsgrenzen** (seit 1. Januar 2026):

Sozialversicherungszweig	Beitragssatz	Beitragsbemessungsgrenze pro Monat
Krankenversicherung	14,6 %	5812,50 €
Pflegeversicherung	3,6 %	5812,50 €
Rentenversicherung	18,6 %	8450,00 €
Arbeitslosenversicherung	2,6 %	8450,00 €

1 Renten wegen **Erwerbsminderung** werden auf Zeit (befristet) geleistet.

2 Der **Generationenvertrag** ist nirgendwo schriftlich festgelegt – er ist ein allgemeines gesellschaftliches Übereinkommen.

Sonderregelungen zur Finanzierung der Kranken- und Pflegeversicherung

- Der **Beitragssatz zur Krankenversicherung** in Höhe von 14,6 % gilt bundeseinheitlich. Zusätzlich kann jede Krankenkasse einen einkommensabhängigen **Zusatzbeitrag** erheben. Der Zusatzbeitragssatz ist je nachdem, wie die Krankenkasse wirtschaftet, unterschiedlich hoch. Im Jahr 2026 beträgt der durchschnittliche Zusatzbeitragssatz 2,9 %. Er ist eine Richtschnur für die Krankenkassen bei der Festlegung ihres individuellen Zusatzbeitragssatzes. Der **Arbeitgeber** trägt die **Hälfte des Zusatzbeitrags.**
- Für alle **kinderlosen Pflichtversicherten** erhöht sich der Beitrag zur Pflegeversicherung ab dem 23. Lebensjahr um 0,6 % des beitragspflichtigen Einkommens. Für diesen Personenkreis beträgt daher der Beitragssatz 4,2 % (Arbeitnehmeranteil 2,4 %).

  Darüber hinaus **reduziert** sich der Beitragssatz zur Pflegeversicherung in **Abhängigkeit** von der **Anzahl der Kinder** (unter 25 Jahren) wie folgt: Mitglieder mit 2 Kindern (3,35 %), Mitglieder mit 3 Kindern (3,1 %), Mitglieder mit 4 Kindern (2,85 %) und Mitglieder mit 5 und mehr Kindern (2,6 %). Da der **Arbeitgeberanteil** bei der Pflegeversicherung **konstant 1,8 %** beträgt, **reduziert** sich der **Arbeitnehmeranteil** mit zunehmender Zahl der Kinder.

(2) Staatszuschüsse

Reichen die Sozialbeiträge der beitragspflichtigen Versicherten nicht aus, muss der Bund die nötigen Mittel aus Steuergeldern aufbringen (sog. **Bundesgarantien**).

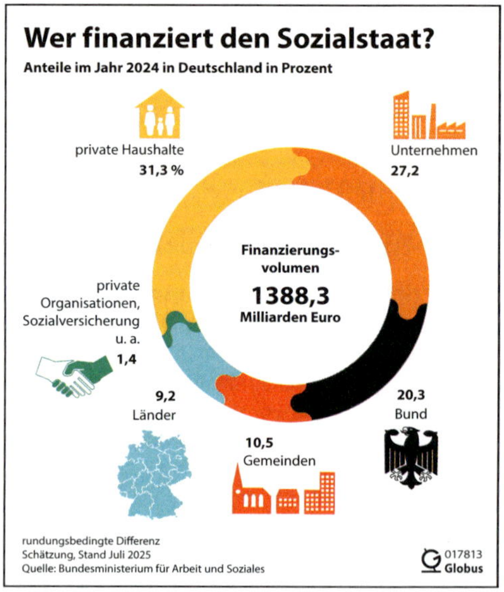

Die soziale Sicherheit in Deutschland kostete im Jahr 2024 schätzungsweise rund 1,4 Billionen Euro. Dies geht aus dem Sozialbudget hervor, das regelmäßig vom Bundesministerium für Arbeit und Soziales veröffentlicht wird. In dieser gewaltigen Summe sind alle Sozialleistungen enthalten, darunter Renten und Pensionen, Kranken- und Arbeitslosengeld, Jugend- und Sozialhilfe und vieles mehr. Drei große Geldgeber sorgen dafür, dass das soziale Netz nicht reißt: der Staat (also Bund, Länder und Gemeinden), die Unternehmen und die privaten Haushalte, darunter vor allem die Arbeitnehmerhaushalte, die Sozialversicherungsbeiträge zahlen. Betrachtet man jedoch, wie Staat und Unternehmen ihren Anteil finanzieren, so sind es letztlich die Bürgerinnen und Bürger, die dafür aufkommen. Denn sie finanzieren über Steuern und Abgaben das soziale Engagement des Staates. Zudem kaufen sie als Konsumenten Waren und Dienstleistungen, in deren Preise die Unternehmen ihre sozialen Kosten bereits haben. Fazit: Letztlich sind es die Steuerzahler und Konsumenten, die – direkt und indirekt – den Sozialstaat finanzieren.

(3) Soziale Sicherung bei demografischem Wandel

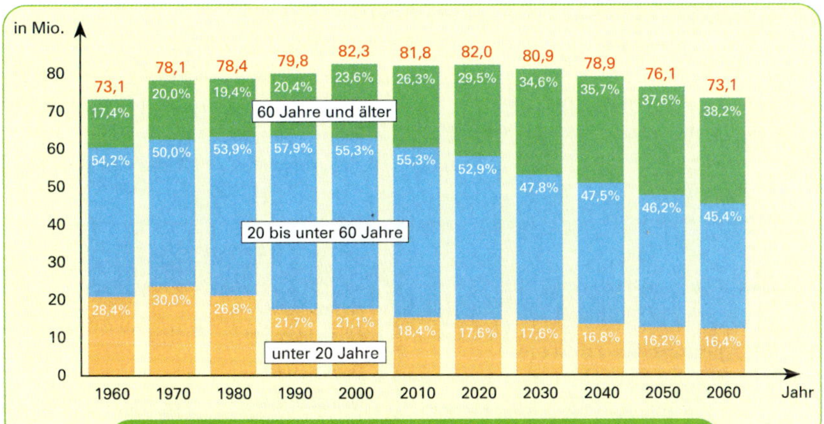

Bevölkerungsentwicklung und Altersstruktur

Quelle: Statistisches Bundesamt (Hrsg.): Lange Reihen: Bevölkerung nach Altersgruppen, 13. koordinierte Bevölkerungsvorausberechnung: Bevölkerung Deutschlands bis 2060. Angelehnt an: Bundeszentrale für politische Bildung [Zugriff am 25.05.2022].

Die anhaltend niedrige Geburtenziffer und die beständig steigende Lebenserwartung führen zu einer drastischen Veränderung des Verhältnisses zwischen jüngerer und älterer Generation. Der Anteil der unter 20-Jährigen an der Bevölkerung wird sich zwischen 1960 und 2060 von 28,4 % auf 16,4 % reduzieren. Parallel steigt der Anteil der Personen, die über 60 und älter sind, von 17,4 % auf 38,2 %. Für die Finanzierung des Sozialversicherungssystems hat dieser **demografische**[1] **Wandel** in zweifacher Hinsicht Auswirkungen. Durch die **Zunahme älterer Menschen steigen die Ausgaben,** während eine **Abnahme an Erwerbstätigen** gleichzeitig einen **Rückgang der Einnahmen** bedeutet.[2]

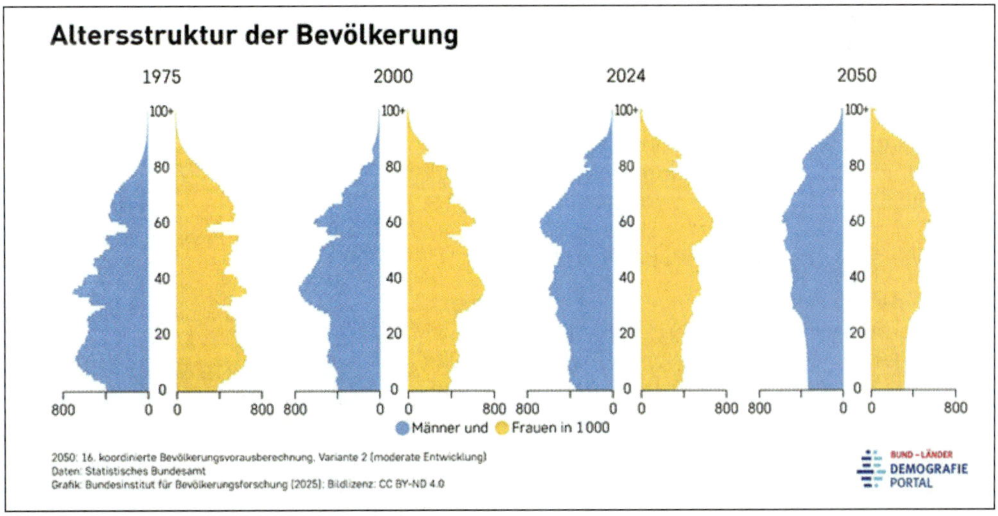

Quelle: https://www.demografie-portal.de/DE/Fakten/bevoelkerung-altersstruktur.html [Zugriff: 27.01.2026].

1 **Demografie:** Beschreibung der wirtschafts- und sozialpolitischen Bevölkerungsbewegung.

2 Quelle: http://www.rente.com/altersarmut/generationenvertrag.

5.2.8 Versicherungsnummernachweis

Wenn jemand in Deutschland erstmals eine Beschäftigung aufnimmt, vergibt die Rentenversicherung für diese Person eine Versicherungsnummer. Diese Nummer – abgekürzt VSNR oder auch „NVNR" (Rentenversicherungsnummer) – identifiziert die versicherte Person eindeutig und begleitet sie durch ihr ganzes Berufs- und Rentenleben. Sie stellt u. a. sicher, dass die eingezahlten Beiträge zur Rentenversicherung dem richtigen Konto zugeordnet werden. Sie muss daher bei allen Meldungen zur Sozialversicherung korrekt angegeben werden.

Deutsche Rentenversicherung **Versicherungsnummernachweis** Insurance number certificate Certificat de numéro d'assurance Certificato di attribuzione del numero di assicurazione di previdenza sociale Certificado del número de seguro Αποδεικτικό του αριθμού ασφάλισης Sigorta numaranıza ilişkin yazı Zaświadczenie o nadaniu numeru ubezpieczenia społecznego	Versicherungsnummer: xx xxxxxx x xxx Name, Vorname: **Mustermann, Erika** Geburtsname: **Musterfrau** ausgestellt am: 04.01.20..

Quelle: www.deutsche-rentenversicherung.de [Zugriff: 01.03.2023].

5.3 Dreischichtenmodell

5.3.1 Grundlegendes

In der Bundesrepublik Deutschland gibt es ein dichtes Netz an sozialen Leistungen. Sie umfassen zunächst die klassischen Systeme der Sozialversicherung, die eine **Grundversorgung** gegen viele Lebensrisiken, die durch Krankheit, Alter, Unfall, Arbeitslosigkeit und Pflegebedürftigkeit entstehen, bieten.

Hinzu kommen weitere Maßnahmen, die einen sozialen Ausgleich herstellen sollen (z. B. Kinder- und Jugendhilfe, Hilfe für schwangere Frauen und für Familien in Notlagen, Elterngeld, Elternzeit). Es handelt sich hier um zusätzliche Hilfen außerhalb des Sozialversicherungsrechts **(Zusatzversorgung)**.

Neben den sozialen Leistungen, die die Gemeinschaft erbringt, ist es notwendig, dass jeder Einzelne noch eine zusätzliche private Vorsorge trifft (z. B. für Berufsunfähigkeit oder das Renteneinkommen), um auch in Notlagen bzw. im Alter den gewohnten Lebensstandard aufrechterhalten zu können **(private Absicherung)**.

Grundversorgung, Zusatzversorgung und **private Absicherung** stellen die **drei Säulen der sozialen Absicherung** dar.

5.3.2 Zusätzliche Hilfe außerhalb des Sozialhilferechts (Zusatzversorgung)

(1) Hilfen für schwangere Frauen und für Familien in Notlagen

Frauen, die sich in Zusammenhang mit ihrer Schwangerschaft in einer Notlage befinden, können über die **anerkannten Beratungsstellen** (allgemeine Schwangerschaftsberatungsstellen, Schwangerschaftskonfliktberatungsstellen) Hilfe aus Mitteln der Bundesstiftung „Mutter und Kind – Schutz des ungeborenen Lebens" erhalten. Voraussetzung für die Hilfe ist: Beratung und Antragstellung während der Schwangerschaft, das Vorliegen einer Notlage, Wohnsitz in Deutschland sowie keine Möglichkeit der Hilfe durch andere Sozialleistungen. Baden-Württemberg hat eine eigene Landesstiftung, die schwangeren Frauen und Familien, die in Not geraten sind, zusätzlich hilft.

(2) Kinder- und Jugendhilfe

Jugendhilfe unterstützt die Eltern in ihrem Erziehungsauftrag. Sie steht bereit, wenn Konflikte zwischen Eltern und Jugendlichen der Lösung bedürfen – auf freiwilliger Basis. Sie hilft Familien, wenn ein Partner ausfällt oder wenn die Eltern sich trennen. Sie will Kindern und Jugendlichen, deren Eltern auf längere Zeit ihren Aufgaben nicht nachkommen, in Pflegefamilien und Heimen Entwicklungsmöglichkeiten geben.

(3) Elternzeit und Elterngeld

Nach der Geburt ihres Kindes können Eltern gleichzeitig, jeder Elternteil anteilig oder allein bis zu drei Jahren **Elternzeit**[1] nehmen. Die Elternzeit kann auf 3 Zeitabschnitte verteilt werden. Bis zu 24 Monate der Elternzeit können ab dem 3. Geburtstag bis zum 8. Lebensjahr des Kindes in Anspruch genommen werden. Eine Zustimmung des Arbeitgebers ist nicht erforderlich.

Ab dem Zeitpunkt, von dem Elternzeit verlangt worden ist und während der Elternzeit, darf der Arbeitgeber das Arbeitsverhältnis nicht kündigen. Es gilt ein **Kündigungsschutz.**

Das (herkömmliche) **Elterngeld** beträgt 67 % des weggefallenen Nettoeinkommens, mindestens 300,00 €, höchstens 1 800,00 € mit einer Laufzeit von 12 Monaten, bei Beteiligung des Partners bzw. bei Alleinerziehenden 14 Monate oder doppelte Laufzeit mit dem halben Monatsbetrag.

Eltern, deren Kinder nach dem 1. Juli 2015 geboren wurden, haben die Wahl zwischen dem **herkömmlichen Elterngeld,** dem **Elterngeld Plus** (es kann bei Teilzeit doppelt so lang bezogen werden wie das Elterngeld, ist aber höchstens halb so hoch wie dieses) oder einer **Kombination von beiden.** Zusätzlich erhalten die Eltern als **Partnerschaftsbonus** auf Antrag vier zusätzliche Monate Elterngeld Plus, wenn beide Elternteile in dieser Zeit Teilzeit arbeiten. Die maximale Bezugsdauer des Elterngeldes beträgt 28 Monate.

Mütter und Väter, die nicht berufstätig sind, erhalten auch Elterngeld. Für sie gibt es einen sogenannten Sockelbetrag von 300,00 € monatlich.

1 Elterngeld und Elternzeit sind im **Bundeselterngeld- und Elternzeitgesetz [BEEG]** geregelt.

Hinweis:

Das Elterngeld wird (von Ausnahmen abgesehen) beim Bürgergeld, bei der Sozialhilfe und beim Kinderzuschlag **vollständig als Einkommen angerechnet** – dies betrifft auch den Mindestbetrag von 300,00 €.

(4) Kindergeld

Der Anspruch auf Kindergeld besteht ab Geburt und endet mit dem vollendeten **18. Lebensjahr.** Für ein Kind, das nach dem 18. Lebensjahr eine **Ausbildung** oder ein **Studium** beginnt, kann bis zur Vollendung des **25. Lebensjahres** Kindergeld beantragt werden. Das Kindergeld beträgt monatlich 259,00 € je Kind (Stand 2026).

5.3.3 Private Vorsorge

Zur Ergänzung des gesetzlichen Rentenanspruchs aus der gesetzlichen Rentenversicherung kann jeder Einzelne noch privat vorsorgen. Der Staat unterstützt die private Vorsorge, indem er die **Altersvorsorge** und die **Vermögensbildung** finanziell unterstützt.

Der „Einstieg" in eine **staatlich geförderte private Altersvorsorge** erfolgte durch das Altersvermögensgesetz [AVmG].

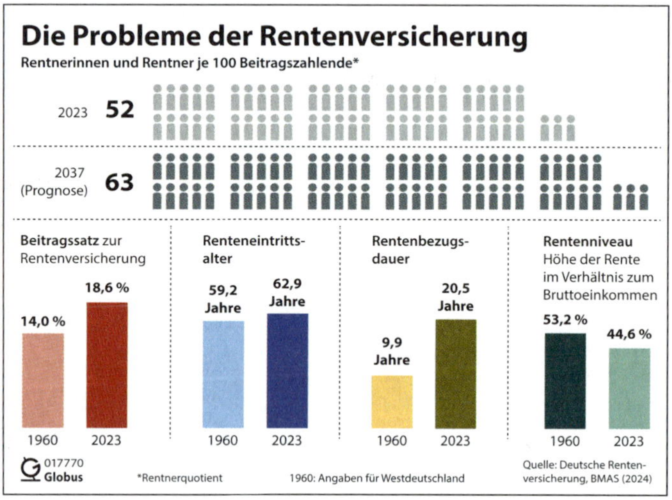

5.3.3.1 Staatlich geförderte Altersvorsorge

(1) Beispiel für private Vorsorge: Altersvorsorgedepot

Ein Altersvorsorgedepot ist ein Vertrag, den der Altersvorsorgende mit einem Anbieter von Altersvorsorgeprodukten (z. B. Banken, Versicherungen) abschließt.[1] Der Anbieter legt das eingezahlte Kapital an (z. B. in einen Investmentfonds) und der Staat fördert die Ansparphase mit Zulagen. Zum Rentenbeginn startet dann die Auszahlphase.

1 Die staatlich geförderte private Altersvorsorge (ehemals „Riester-Rente") wurde grundlegend reformiert. Kern dieser Reform ist die Einführung eines Altersvorsorgedepots. Die hier beschriebenen Neuerungen gelten ab dem 1. Januar 2027.

Einkommensunabhängige Grundzulage

50 % für jeden Euro Eigensparleistung bis 360,00 € jährlich	25 % für jeden Euro Eigensparleistung von 361,00 € bis 1 800,00 € jährlich
max. 180,00 €	**max. 360,00 €**

max. Grundzulage 540,00 €

300,00 € Kinderzulage

pro Kind und Jahr ab einem monatlichen Eigenbeitrag von 25,00 €

200,00 € Einmal-Bonus

für Berufseinsteiger unter 25 Jahre

175,00 € Geringverdiener-Bonus

bei weniger als 26 250,00 € Einkommen

Beispiel: Staatliche Förderung

Luisa Sommer hat ein Altersvorsorgedepot eröffnet. Sie ist angestellt, hat zwei Kinder und zahlt im Jahr 2027 1 200,00 € in ihr Altersvorsorgedepot ein.

Eigenbeitrag	1 200,00 €
Grundzulage (360 · 0,50 + 840 · 0,25	+ 390,00 €
Kinderzulage Kind 1 (max. 300,00 €)	+ 300,00 €
Kinderzulage Kind 2 (max. 300,00 €)	+ 300,00 €
Summe im Depot	2 190,00 €
Förderquote (Zulagen/Eigenbeitrag)	83 %

(2) Betriebliche Altersvorsorge

Jedes Unternehmen muss seinen Mitarbeitern die Möglichkeit geben, in eine betriebliche Altersvorsorge einzuzahlen. Der Arbeitnehmer hat einen **Rechtsanspruch auf eine Entgeltumwandlung** in Höhe von 4 % der Beitragsbemessungsgrenze (Rentenversicherung). Die Anlage muss förderwürdig sein. Der Arbeitgeber kann die betriebliche Altersvorsorge z. B. über eine Versicherung oder eine Pensionskasse organisieren.

- Gesetzliche Rentenversicherung
- Private Altersvorsorge
- Betriebliche Altersvorsorge

Drei Säulen der Altersvorsorge

5.3.3.2 Staatliche Förderung der Vermögensbildung

Der **Staat** unterstützt mithilfe des 5. Vermögensbildungsgesetzes [5. VermBG] Arbeitnehmer beim Aufbau eines eigenen Vermögens. Ergänzt wird die staatliche Förderung, indem der **Arbeitgeber** zusätzlich zum Lohn **vermögenswirksame Leistungen** zahlt und für den Arbeitnehmer langfristig anlegt. Auf die vermögenswirksame Sparleistung gewährt der Staat eine **Arbeitnehmersparzulage**. Der Anspruch der Arbeitnehmer auf vermögenswirksame Leistungen wird im Arbeitsvertrag, in Tarifverträgen oder Betriebsvereinbarungen festgelegt.

vermögenswirksame Leistungen	■ Sind Sparbeträge, die der Arbeitgeber für den Arbeitnehmer als **Anreiz zur Vermögensbildung** bzw. zum Aufbau der **privaten** betrieblichen Altersvorsorge bezahlt und anlegt. ■ Unter bestimmten Voraussetzungen werden diese staatlich gefördert.
Anlagemöglichkeiten für vermögenswirksame Leistungen	■ Bausparen mithilfe eines Bausparvertrags, ■ Beteiligung an Investmentfonds, ■ Beteiligung an einem Unternehmen (z. B. Genossenschaftsanteile an einer Genossenschaftsbank), ■ Sparvertrag bei einem Kreditinstitut.
Arbeitnehmer-sparzulage	■ Sie beträgt für bestimmte Anlageformen (z. B. Bausparverträge) 9 % der vermögenswirksamen Sparleistung, soweit diese 470,00 € jährlich nicht übersteigt. ■ Der Arbeitnehmer hat Anspruch auf die Zulage, wenn sein Einkommen die Grenze von 40 000,00 € (bei einer Zusammenveranlagung von 80 000,00 €) nicht übersteigt.

5.3.3.3 Private Vorsorge ohne staatliche Förderung

(1) Berufsunfähigkeitsversicherung

Es ist sinnvoll, sich gegen die Folgen einer Berufs- und Erwerbsunfähigkeit abzusichern. Vor allem Berufsanfänger benötigen eine **Berufsunfähigkeitsversicherung,** da sie gerade in der Anfangsphase ihrer Berufstätigkeit nur unzureichend finanziell abgesichert sind.

Die **Berufsunfähigkeitsversicherung**[1] sichert das finanzielle Risiko der Berufs- und Erwerbsunfähigkeit ab. In der Regel sind die Versicherungsverträge so abgefasst, dass der Versicherte die vereinbarte Leistung aus der Berufsunfähigkeitsversicherung (z. B. Rente) erhält, wenn er **zumindest 50 Prozent** berufsunfähig ist. Generell mitversichert ist heute der Pflegefall. Die Versicherungs- und Beitragszahlungsdauer kann auf ein bestimmtes Alter – zum Beispiel 45 Jahre – beschränkt werden. In der Regel werden Leistungen aus der Berufsunfähigkeitsversicherung **nicht über das 65. Lebensjahr** hinaus erbracht.

1 Während bei der **Berufsunfähigkeit** nur der erlernte Beruf nicht mehr ausgeübt werden kann, ist bei der **(vollen) Erwerbsunfähigkeit** überhaupt keine Erwerbstätigkeit (keine Berufstätigkeit) mehr möglich.

(2) Private Personenversicherungen

Personenversicherungen sind vor allem von Bedeutung für Personen, die nicht in der Sozialversicherung versichert sind bzw. die sich über die Leistungen der Sozialversicherung hinaus versichern lassen wollen. Sie bieten die Möglichkeit, sich gegen Notlagen, die aus Krankheit, Arbeitsunfähigkeit oder Unfall entstehen können, zu schützen.

Übersicht über mögliche Personenversicherungen (Auswahl)	
Versicherungsart	**Leistungsumfang**
private Unfallversicherung	Die Leistung der privaten Unfallversicherung besteht darin, den Versicherten gegen die finanziellen Folgen von Unfällen im privaten Bereich abzusichern (Ergänzung der gesetzlichen Unfallversicherung). Vereinbarte Versicherungsleistungen können sein: ■ Tagegeld für vorübergehende Arbeitsunfähigkeit; ■ Zuschüsse zu den Heilkosten; ■ einmalige Kapitalzahlung (Summenversicherung) im Fall der Arbeitsunfähigkeit oder ■ Rentenzahlung im Fall der Arbeitsunfähigkeit; ■ Kapitalsumme im Todesfall.
private Krankenversicherung	Sie erstattet vollständig oder teilweise die Kosten, die dem Versicherten aus der Behandlung einer Krankheit oder aus Unfällen entstehen. Sozialversicherungspflichtige können eine Zusatzversicherung abschließen.
Lebensversicherung	Sie dient der Sicherung der Existenz des Versicherten und/oder seiner Familienmitglieder im Fall des Erreichens einer vertraglich festgelegten Altersgrenze oder des Todes.
■ Versicherung auf den Tod	Hier wird die Versicherungssumme erst beim Tod des Versicherten fällig.
■ Versicherung auf den Erlebensfall	In diesem Fall wird die Versicherungssumme ausbezahlt, wenn der Versicherte die vertraglich vereinbarte Altersgrenze erreicht hat. Todes- und Erlebensfallversicherungen werden i.d.R. kombiniert (verbunden) abgeschlossen: Stirbt der Versicherte vor Erreichung der Altersgrenze, wird die Versicherungssumme sofort ausbezahlt. Im Erlebensfall erhält der Versicherte die Versicherungssumme nach Erreichung der Altersgrenze. Todes- und Erlebensfallversicherungen können nicht nur als Summenversicherungen (Kapitalversicherungen), sondern auch als Rentenversicherungen abgeschlossen werden.
■ Versicherung mit festem Auszahlungstermin	Sie hat die Aufgabe, einen Dritten bis zu einem bestimmten Termin abzusichern. Die Versicherungssumme wird ohne Rücksicht auf das Erleben oder den Tod des Versicherungsnehmers zu einem vertraglich bestimmten Termin ausbezahlt. Stirbt der Versicherungsnehmer vor dem Termin, entfallen die Prämienzahlungen.

Kompetenztraining

10 1. Nennen Sie die Zweige des Sozialversicherungssystems der Bundesrepublik Deutschland!

2. Nennen Sie die zwei Leistungen, die die gesetzliche Arbeitsförderung erbringt!
   - 2.1 Heilbehandlung
   - 2.2 Arbeitslosengeld
   - 2.3 Krankengeld
   - 2.4 Rentenzahlung
   - 2.5 Berufsberatung
   - 2.6 Sozialhilfe

3. Unterscheiden Sie die Begriffe Beitragsbemessungsgrenze und Versicherungspflichtgrenze!

4. Dilan Sahin ist Filialleiter und erhält ein Gehalt in Höhe von 3450,00 €. Er ist bei der AOK versichert. Der Beitragssatz liegt bei 14,6 % zuzüglich eines Zusatzbeitrags von 3,0 %. Herr Dilan Sahin erhält ab 01. 10. 20.. eine Gehaltserhöhung von 150,00 €.

   Aufgabe:

   Berechnen Sie, wie viel € Dilan Sahin jetzt monatlich mehr für die Krankenversicherung abgezogen werden!

5. Selma Schussek fällt im Büro von der Leiter, als sie vom obersten Regal einen Aktenordner herunterholen will. Sie verletzt sich so schwer, dass sie stationär behandelt werden muss.

   Aufgaben:

   - 5.1 Nennen Sie die Versicherung, die dafür zuständig ist!
   - 5.2 Nennen Sie die Leistungen, die von dieser Versicherung zu erbringen sind!

6. Entscheiden Sie, welche Aussage zur Grundsicherung richtig ist!
   - 6.1 Die Grundsicherung wird aus Sozialversicherungsbeiträgen finanziert.
   - 6.2 Die Zahlung der Grundsicherung ist auf maximal ein Jahr begrenzt.
   - 6.3 Ziel der Grundsicherung ist es, Arbeitsuchende dauerhaft in den Arbeitsalltag zu integrieren.
   - 6.4 Die Kosten für Unterkunft und Heizung werden in Höhe einer bundeseinheitlichen Pauschale übernommen.
   - 6.5 Die monatlichen Regelbedarfe werden halbjährlich an die Inflation angepasst.

7. Lasse Bloom beginnt am 1. März im Spielwarengeschäft der Johanna Rupp GmbH zu arbeiten. Der Arbeitgeber versäumt es, ihn bei der Krankenkasse anzumelden. Am 16. März wird Lasse ernstlich krank.

   Aufgabe:

   Begründen Sie, ob Lasse Bloom Anspruch auf die Leistungen der Krankenkasse hat!

8. 8.1 Begründen Sie, warum der Staat eine kapitalgedeckte private Altersvorsorge durch finanzielle Anreize zu fördern sucht!

   8.2 Erklären Sie, wodurch sich prinzipiell die staatlich geförderte kapitalgedeckte private Altersvorsorge von der gesetzlichen Rentenversicherung unterscheidet!

11

1. Emine Akay, kaufmännische Angestellte, wird krank. Sie freut sich, denn jetzt – so meint sie – erhält sie 6 Wochen lang das volle Gehalt und das Krankengeld.

   Aufgabe:

   Begründen Sie, ob die Freude von Frau Akay berechtigt ist!

2. Sebastian Pfender ist nicht der Fleißigste. Als Verkäufer unterhält er sich lieber mit den Kollegen und Kolleginnen statt Kunden zu beraten. Als ihn sein Abteilungsleiter zurechtweist, geht Pfender wütend ins Personalbüro, kündigt fristlos und lässt sich seine Papiere geben. Am nächsten Tag beantragt er bei der Agentur für Arbeit Arbeitslosengeld.

   Aufgabe:

   Begründen Sie, ob Sebastian Pfender Arbeitslosengeld erhalten wird! Wenn nein, nennen Sie den Grund! Wenn ja, geben Sie den Zeitpunkt der Auszahlung an!

3. Anna Fröhlich arbeitet als Abteilungsleiterin für den Bereich Einkauf bei der Maschinenfabrik Frost AG. Nach Geschäftsschluss geht sie in ein Kino. Auf dem Nachhauseweg fällt sie bei Glatteis hin und bricht sich ein Bein. Deshalb will sie die Leistungen der gesetzlichen Unfallversicherung in Anspruch nehmen. Diese lehnt ab. Anna Fröhlich erhebt Widerspruch, der ebenfalls abschlägig beschieden wird. Sie möchte im Anschluss daran beim Sozialgericht klagen.

   Aufgabe:

   Prüfen Sie, ob Anna Fröhlich Erfolg haben wird!

4. Die Mitarbeiter der Drogerie Karin Krause e. Kfr. sind alle sozialversichert.

   Aufgabe:

   Unterscheiden Sie die gesetzliche Sozialversicherung von der Individualversicherung!

5. Erläutern Sie in Grundzügen das „Dreischichtenmodell" der sozialen Absicherung!

6. Die kinderlose Verkäuferin Alina Meyer, 25 Jahre alt, erhält ein Bruttogehalt in Höhe von 1941,00 €. Ihre Krankenkasse verlangt einen Zusatzbeitragssatz von 2,7 %.

   Aufgaben:

   Berechnen Sie

   1. den Arbeitnehmeranteil zu den Sozialversicherungsbeiträgen,
   2. den Arbeitgeberanteil zu den Sozialversicherungsbeiträgen!

   Hinweis: Verwenden Sie die Beitragssätze zur Sozialversicherung von S. 67.

Kompetenzbereich II: Wirtschaftliches Handeln in der Sozialen Marktwirtschaft analysieren

1 Wechselseitige Beziehungen der Wirtschaftssubjekte mittels Wirtschaftskreislauf darstellen und analysieren

Lernsituation 1:

Melek Ünver absolviert zurzeit eine Ausbildung zur Kauffrau für Büromanagement bei der Solartech Müller KG. Nach einigen Tagen im Betrieb nimmt sich Marc Kunz, einer der Geschäftsführer, ausgiebig Zeit für Melek und erklärt ihr, von wie vielen Akteuren[1] der Erfolg des Unternehmens abhängt.

Dabei führt er zunächst an, wie wichtig es für die Zukunft des Unternehmens sei, auch in den nächsten Jahren hinreichend motivierte und gut ausgebildete Fachkräfte zu bekommen. Nicht umsonst investiere das Unternehmen sehr viel Geld in die Aus- und Weiterbildung der Mitarbeiter, da ohne sie der Erfolg der vergangenen Jahre so nicht möglich gewesen wäre. Marc Kunz lässt nicht unerwähnt, dass die Mitarbeiter des Unternehmens übertariflich bezahlt werden und zudem eine erfolgsabhängige Prämie erhalten.

Weiterhin führt Marc Kunz an, dass auch dem Staat eine wesentliche Rolle für den künftigen Erfolg des Unternehmens zukommt. Nur wenn die Regierung auch in Zukunft die Solarenergie fördere, könnten die Absatzerfolge auf dem heutigen Niveau gefestigt werden. Ohne diese staatlichen Förderungen würden viele Abnehmer von einer Investition in Solarparks absehen, da diese sich dann nicht mehr für sie lohnen würde. Auch die Rolle des Staates als Geldgeber lässt Marc Kunz nicht außen vor, da der Staat dem Unternehmen unter bestimmten Voraussetzungen zinsgünstige Investitionsdarlehen oder gar Subventionen zukommen lässt.

Als wichtige Partner bezeichnet Marc Kunz die Banken, die das Unternehmen seit der Existenzgründung vor etwa zehn Jahren begleitet haben. Marc Kunz weist vor allem darauf hin, dass es dem Unternehmen ohne die Finanzierung durch die Banken gar nicht möglich gewesen wäre, derartige Investitionen durchzuführen, geschweige denn die seit Gründung stark verbesserte Auftragslage zu bewältigen. Schließlich habe das Unternehmen durch die Absatzsteigerungen der letzten Jahre nicht nur neu investieren müssen, auch der vermehrte Material- und Lohnaufwand musste finanziell bewältigt werden. Zudem musste das Unternehmen neue Fertigungshallen pachten, um die eingehenden Aufträge zeitnah zu bearbeiten.

Sorge macht Marc Kunz die zunehmende Konkurrenz aus dem Ausland, die bei der Herstellung von Solaranlagen nicht nur technisch aufholt, sondern vor allem mit niedrigeren Preisen den Wettbewerb auf den Märkten anheizt. Dies habe bereits

dazu geführt, dass einige kleinere Konkurrenten der Solartech Müller KG im Inland aus dem Markt gedrängt wurden, was nicht zuletzt zum Verlust der Arbeitsplätze geführt hat. Dies belaste nicht nur die Sozialversicherung, sondern führe auch zu geringeren Steuereinnahmen des Staates. Marc Kunz weist zudem darauf hin, dass durch die Schließung dieser heimischen Betriebe auch die Existenz einer Vielzahl von Zulieferbetrieben massiv betroffen ist. Abschließend führt er jedoch auch an, dass die Solartech Müller KG mittlerweile wichtige Zulieferer im Ausland hat, die zuverlässig und pünktlich wichtige Komponenten zu sehr günstigen Preisen liefern.

1 **Akteur:** Handelnde Person bzw. Institution.

Kompetenzorientierte Arbeitsaufträge:

1. Bestimmen Sie, welche Akteure in der vorangestellten Lernsituation aufgeführt sind! Erläutern Sie beispielhaft die in der Lernsituation aufgezeigten Beziehungen der Akteure untereinander!
2. Beschreiben Sie an zwei Beispielen, wie sich veränderte Aktivitäten eines Wirtschaftssubjektes auf die monetären und realen Ströme im Wirtschaftskreislauf auswirken!
3. Diskutieren Sie die Grenzen der Aussagekraft von ökonomischen Modellen in Bezug auf realwirtschaftliche Prozesse!

1.1 Einfacher Wirtschaftskreislauf

Zwischen den privaten Haushalten und den Unternehmen kommt es zu ständigen Kontakten. Kaufen wir z. B. Lebensmittel in einem Supermarkt ein, sind wir **Nachfrager** und der Supermarkt ist **Anbieter.** Die Nachfrager, die keine Güter für den eigenen Bedarf produzieren, nennt man **private Haushalte.** Die Anbieter, die Güter erzeugen und bereitstellen, nennt man **Unternehmen.**

Damit die Unternehmen Waren herstellen können, benötigen sie die Arbeitsleistung der Mitarbeiter **(Faktor Arbeit),** ein Grundstück **(Faktor Boden)** sowie Gebäude, Maschinen, Barmittel usw. **(Faktor Kapital).** Da die genannten Faktoren Grundlage für die Produktion sind, nennt man sie auch **Produktionsfaktoren.**

In der einfachsten Form verlaufen die Beziehungen zwischen den privaten Haushalten und den Unternehmen wie folgt:

- Die privaten Haushalte stellen den Unternehmen die Produktionsfaktoren Arbeit, Boden und Kapital zur Verfügung.
- Die Unternehmen kombinieren im Produktionsprozess die Produktionsfaktoren und stellen auf diese Weise Güter her, die sie an die privaten Haushalte verkaufen.
- Damit kommt es zu einem **Güterkreislauf,** der die **Leistung der privaten Haushalte** (Bereitstellung der Produktionsfaktoren Arbeit, Boden, Kapital) und die **Güterbereitstellung durch die Unternehmen** umfasst.
- Als Gegenleistung für die Bereitstellung der Produktionsfaktoren erhalten die **privaten Haushalte Geld von den Unternehmen** (z. B. Lohn für die Arbeitsleistung, Miete/Pacht für das überlassene Grundstück, Gewinn/Zinsen für das bereitgestellte Kapital).

- Geht man aus Gründen der Vereinfachung davon aus, dass die privaten Haushalte ihr **gesamtes Einkommen** zum Kauf von Konsumgütern (z. B. Kleider, Möbel, Lebensmittel) verwenden, erhalten die Unternehmen die Geldmittel, die sie benötigen, um neue Produktionsfaktoren einzukaufen. Dem **Güterstrom** fließt somit ein **gleich großer Geldstrom** entgegen.

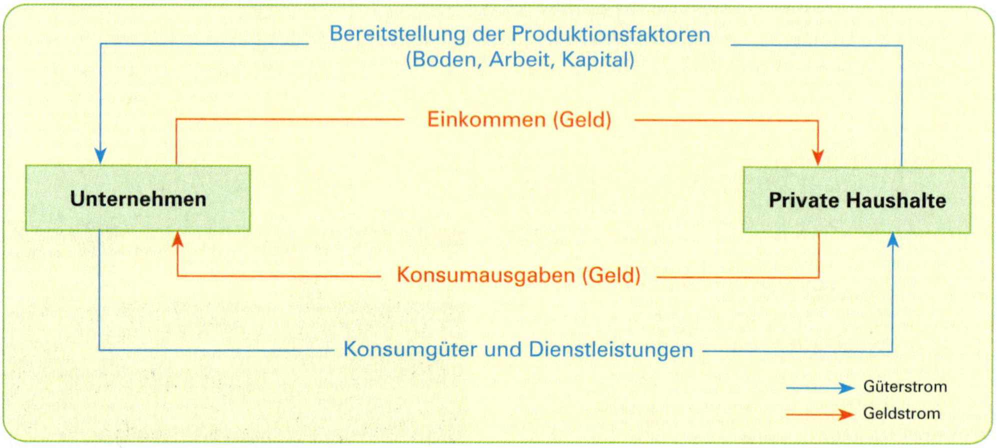

Güterkreislauf und Geldkreislauf wiederholen sich ständig. Man spricht deshalb von einem **Wirtschaftskreislauf.**

1.2 Erweiterter Wirtschaftskreislauf

Der einfache Wirtschaftskreislauf zeigt eine Wirtschaft, in der die privaten Haushalte ihr gesamtes Einkommen je Zeitabschnitt (z. B. ein Jahr) verbrauchen. Eine Wirtschaft aber, die alles verbraucht, was sie erzeugt, kann nicht wachsen. Sie ist **stationär.** Soll eine Wirtschaft wachsen, d. h. **mehr** als bisher produzieren, müssen ihre Produktionsanlagen erweitert bzw. neue Produktionsanlagen geschaffen werden. Eine wachsende Wirtschaft, also eine Wirtschaft, die von Jahr zu Jahr mehr erzeugt, bezeichnet man als sich **entwickelnde Wirtschaft.**

Wird das Modell des „einfachen Wirtschaftskreislaufs" um den Bereich **Banken erweitert** und wird der **Bereich Unternehmen** in die **Investitionsgüterindustrie** und in die **Konsumgüterindustrie** (einschließlich Handel) aufgeteilt, treten zu den bisher genannten gesamtwirtschaftlichen Strömen folgende hinzu:

- Die privaten Haushalte führen einen Teil ihres Einkommens den Banken als **Sparen** (1) zu.
- Die Banken stellen die Mittel den Unternehmen zur Verfügung, die ihre Produktionsanlagen erweitern und/oder ihre Vorräte aufstocken, also **investieren** (2).
- Die Investitionsgüterindustrie verkauft die von ihr hergestellten Investitionsgüter (Produktionsmittel) an die Konsumgüterindustrie. Die **Verkaufserlöse** aus diesen Lieferungen fließen der **Investitionsgüterindustrie** zu (3).

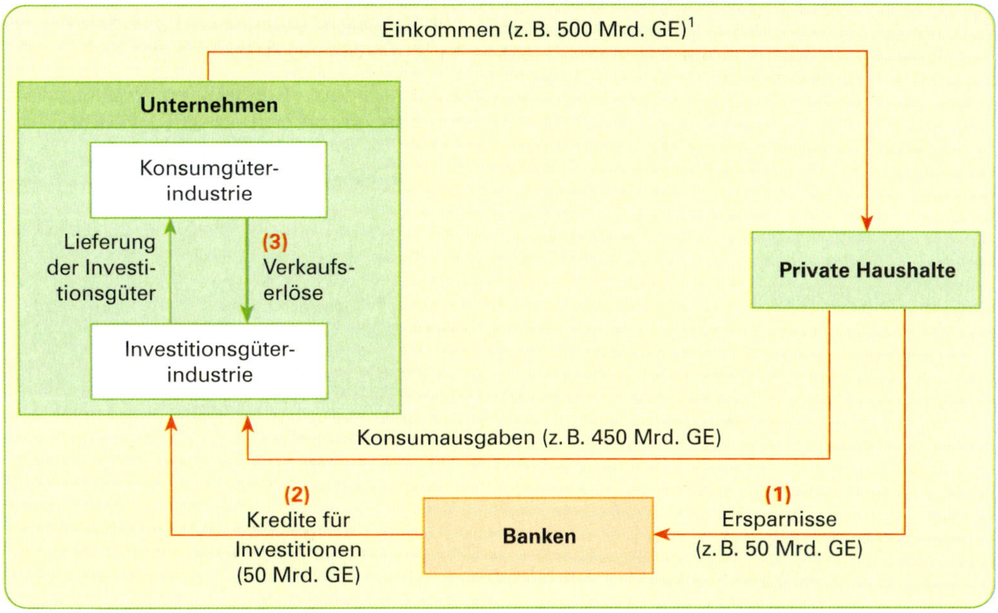

Erläuterungen:

- Der **Konsumverzicht** bedeutet, dass verfügbare Einkommensteile nicht für den Konsum verwendet, sondern **gespart** werden **(S)**.
- Durch den geringeren Konsum der privaten Haushalte können Produktionskapazitäten statt für die Herstellung von Konsumgütern für die Produktion von **Produktionsgütern** genutzt werden. Das so **gebildete Sachkapital** steht den Unternehmen im Rahmen des Produktionsprozesses **langfristig** zur Verfügung **(Investition [I])**. Hierdurch erhöhen sich die volkswirtschaftlichen Produktionskapazitäten, was letztlich mit einem **Anstieg des „volkswirtschaftlichen Vermögens"** gleichzusetzen ist.
- Investitionen können nur in der Höhe getätigt werden, wie gespart wird.

$$I = S$$

- Bei dem erweiterten Wirtschaftskreislauf werden die wirtschaftlichen Aktivitäten des Staates und Auslandes nicht berücksichtigt. Dadurch, dass **keine Außenhandelsbeziehungen** einbezogen sind, spricht man von einer **„geschlossenen Wirtschaft"**.

Eine **wachsende (sich entwickelnde) Wirtschaft** ist durch **Sparen** und **Investitionen** gekennzeichnet.

1.3 Vollständiger Wirtschaftskreislauf

Eine Volkswirtschaft ohne Staat und ohne außenwirtschaftliche Beziehungen ist heute nicht denkbar. Um den vollständigen Wirtschaftskreislauf darzustellen, wird der erweiterte Wirtschaftskreislauf ergänzt um die Sektoren **Staat** und **Ausland**.

1 **GE**: Geldeinheiten (z. B. Euro, Schweizer Franken, amerikanische Dollar).
In der obigen Abbildung wurden die Güterströme nicht eingezeichnet, um die Übersichtlichkeit zu wahren. Im Übrigen stellen auch die Dienstleistungen der Banken „Güter" im wirtschaftlichen Sinne dar (z. B. Verwaltung der eingelegten Gelder, Kreditgewährung).

- Dem Staat fällt unter anderem die Aufgabe zu, mit wirtschafts- und gesellschaftspolitischen Maßnahmen den **Wirtschaftsablauf** zu **steuern.**[1]
- Unterschiedliche **Rohstoffvorkommen,** unterschiedliches **technisches Wissen** und die **Ansprüche** der Bevölkerung führen dazu, dass Unternehmen **Güter einführen (importieren)** und **ausführen (exportieren).**

Zu den bereits bekannten Kreislaufströmen treten nunmehr noch folgende Geldströme hinzu:

- Ein Teil der Einkommen der privaten Haushalte und Unternehmen wird vom **Staat** (den **öffentlichen Haushalten**) in Form von **Steuern** und anderen gesetzlichen **Abgaben** (z. B. Sozialversicherungsbeiträge) einbehalten.
- Die Staatseinnahmen werden wieder ausgegeben. Sie fließen zum Teil den privaten Haushalten in Form von **Gehältern** und **Löhnen** für die Staatsbediensteten zu. Ein weiterer Teil wird für die Vergabe von **Staatsaufträgen** an die Unternehmen verwendet, die dadurch **Umsatzerlöse** erzielen. Für besonders förderungswürdige Zwecke erhalten die Unternehmen (oft auch Private) Geldbeträge, die nicht mehr zurückgezahlt werden müssen **(Subventionen).**
- Die Unternehmen verkaufen Dienstleistungen und Sachgüter an das **Ausland (Export).** Hierfür erhalten sie Geldeinnahmen. Ihre Umsatzerlöse nehmen zu. Eine Wirtschaft mit **Außenhandelsbeziehungen** heißt **„offene Wirtschaft".**
- Umgekehrt kaufen die Unternehmen Dienstleistungen und Sachgüter von ausländischen Unternehmen **(Import).** Ein entsprechender Geldstrom fließt ins Ausland.
- Teile der Einkommen der privaten Haushalte werden gespart und bei den Banken angelegt. Diese gewähren den **privaten Haushalten Konsumkredite** und den **Unternehmen Investitionskredite.**

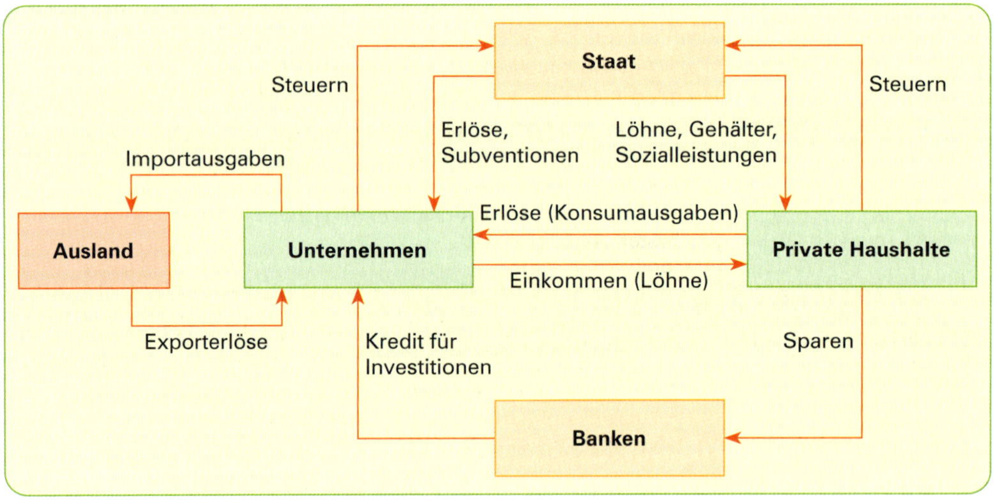

1 In der Bundesrepublik Deutschland fließen durch den staatlichen Sektor **knapp 50 %** des Gesamtwerts aller erzeugten Güter. Zum **Sektor „Staat"** gehören vor allem der Bund, die Länder, die Kreise, die Gemeinden und die Sozialversicherungsträger.

Zu den **Auswirkungen auf die monetären und realen Ströme** im erweiterten Wirtschaftskreislauf sind in nachfolgender Tabelle Beispiele aufgeführt:

Beziehung zwischen	Geldkreislauf	Güterkreislauf
Haushalt und Staat	■ Der Auszubildende Carsten Clever bezahlt von seinem Weihnachtsgeld die Kfz-Steuer. ■ Familie Müller erhält Kindergeld.	■ Lars Schmidt arbeitet als Lehrer an einer staatlichen Schule. ■ Die Stadt Maulbronn baut eine neue Kita.
Haushalt und Banken	■ Der vermögende Daniel Duck erhält eine Zinsgutschrift für sein Sparguthaben. ■ Der Angestellte Ralf Schupp zahlt an seine Bank Kontoführungsgebühren.	■ Der Immobilienbesitzer Paul Becker vermietet sein Geschäftshaus an die Sparkasse Schwaben. ■ Die Volksbank Konstanz verkauft einem Münzsammler eine Goldmünze.
Haushalt und Ausland	■ Dem in Luxemburg arbeitenden Egon Kling wird sein Gehalt an die Sparkasse Mannheim überwiesen. ■ Die preisbewusste Tanja Spar bezahlt ihren in Italien gekauften Kleinwagen.	■ Der Spekulant Bodo Bostellani legt einen Teil seines Vermögens in den USA an. ■ Ein kalifornischer Winzer versendet eine Kiste Wein an einen deutschen Weinliebhaber.
Unternehmen und Staat	■ Die Hinkelstein AG überweist ihre Körperschaftsteuer an das zuständige Finanzamt. ■ Der Staat tätigt Subventionszahlungen an deutsche Unternehmen.	■ Die Hochbau GmbH erstellt ein neues Berufsschulgebäude im Auftrag eines Landkreises. ■ Die städtische Müllabfuhr entsorgt den Müll der Ballast GmbH.
Unternehmen und Banken	■ Die Computer GmbH erhält eine Gutschrift für gelieferte Hardware. ■ Die Stuttgarter Bank eG belastet die Fritz Verzug AG mit Sollzinsen.	■ Die Paper GmbH beliefert die örtliche Sparkasse mit Büromaterial. ■ Die Volksbank Allgäu-Oberschwaben eG verkauft der „Second-Hand KG" ausrangierte Büromöbel.
Unternehmen und Ausland	■ Die Maschinenbau AG erhält eine Dividendenzahlung auf ausländische Aktien. ■ Die Mannheimer Möbel Import GmbH überweist eine Rechnung an einen italienischen Zulieferer.	■ Die Konstanzer Wassertechnik OHG entsendet einen Ingenieur in den Sudan. ■ Ein deutsches Maschinenbauunternehmen mietet ein Betriebsgebäude in Portugal.

Kompetenztraining

12

1. Erläutern Sie anhand eigener Beispiele, wie ein einzelner wirtschaftlicher Betrieb in einem wechselseitigen Bezug zu anderen Wirtschaftseinheiten (z. B. anderen Unternehmen, privaten Haushalten, dem Staat) steht!
2. Erklären Sie die Notwendigkeit der Modellbildung in der Volkswirtschaftslehre!
3. Zeichnen Sie einen einfachen Geldkreislauf, wenn Sie annehmen, dass die privaten Haushalte nicht sparen und für Konsumgüter von Periode zu Periode 1 000 Mrd. GE ausgeben!
4. Erklären Sie die Begriffe monetärer Strom und realer Strom!
5. Erklären Sie die Begriffe Güter- und Faktormarkt!
6. Erweitern Sie den einfachen Geldkreislauf aus Aufgabe 3, indem Sie unterstellen, dass die Haushalte 20 % ihres Einkommens sparen und bei den Banken anlegen. Weiterhin wird angenommen, dass das Sparen der Unternehmen ihrer Kreditaufnahme bei den Banken entspricht, um ihre Investitionen zu finanzieren.
7. 7.1 Zeichnen Sie ein vervollständigtes Kreislaufschema mit den Sektoren private Haushalte, Staat, Unternehmen, Banken und Ausland!

   7.2 Berechnen Sie die Höhe der Konsumausgaben der privaten Haushalte und zeichnen Sie diesen Geldstrom in Ihr Kreislaufschema ein! Prüfen Sie, ob der Geldkreislauf geschlossen ist!

   Benutzen Sie zur Lösung der Aufgaben folgende Werte:

a)	Einkommen der privaten Haushalte vom Staat (Lohn, Gehälter, Sozialleistungen)	300 Mrd. GE
b)	Von den Unternehmen bezogene Einkommen der privaten Haushalte	700 Mrd. GE
c)	Sparen der privaten Haushalte	200 Mrd. GE
d)	Von den privaten Haushalten an den Staat abgeführte Steuern und Sozialabgaben	250 Mrd. GE
e)	Von den Unternehmen an den Staat abgeführte Steuern, Abgaben und Gebühren	150 Mrd. GE
f)	Vom Staat von den Unternehmen gekaufte Sachgüter und Dienstleistungen	100 Mrd. GE
g)	Von den Unternehmen in Anspruch genommene Kredite der Banken	200 Mrd. GE
h)	Die Ex- und Importe der Unternehmen gleichen sich aus und betragen je	80 Mrd. GE

8. Zeigen Sie die Wechselwirkungen zwischen den Sektoren der Volkswirtschaft am Beispiel folgender Impulse (Anstöße) auf:

   8.1 Der Export steigt beträchtlich, weil im Ausland die Preise schneller als im Inland steigen.

   8.2 Der Staat erhöht die Steuern, die die Unternehmen und die privaten Haushalte zu zahlen haben.

9. Das Arbeitseinkommen, das den privaten Haushalten zufließt, ist das Bruttoarbeitsentgelt (Bruttolöhne und -gehälter).

   Setzt man von den Bruttolöhnen und -gehältern die direkten Steuern (Lohnsteuer, Kirchensteuer, Solidaritätszuschlag) und die Sozialversicherungsabgaben der Arbeitnehmer ab (gesetzliche Krankenkasse, soziale Pflegeversicherung, gesetzliche Rentenversicherung und gesetzliche Arbeitslosenversicherung), erhält man die Nettolöhne und -gehälter.

Neben dem Arbeitseinkommen erhalten die privaten Haushalte Sozialleistungen (z. B. Geldleistungen der Sozialversicherungen. Die Summe aus Nettolöhnen und -gehältern sowie Sozialleistungen bildet das **Masseneinkommen**.

Addiert man zum Masseneinkommen die Nettounternehmens- und Vermögenseinkommen (versteuerte Gewinne, Zins- und Pachteinkommen), gelangt man zum **verfügbaren Einkommen**.

Werden die Konsumausgaben der privaten Haushalte vom verfügbaren Einkommen abgesetzt, ergibt sich das Sparen der privaten Haushalte, das für Investitionen zur Verfügung steht.

Aufgaben:

9.1 Berechnen Sie das verfügbare Einkommen einer Volkswirtschaft mithilfe folgender Angaben:

Bruttolöhne und -gehälter	904,6 Mrd. €
Direkte Steuern und Sozialversicherungsabgaben	311,5 Mrd. €
Von den privaten Haushalten empfangene Sozialleistungen	347,1 Mrd. €
Nettounternehmens- und Vermögenseinkommen	430,0 Mrd. €
Sparen der privaten Haushalte	138,1 Mrd. €

9.2 Berechnen Sie die Konsumausgaben der privaten Haushalte!

9.3 Berechnen Sie die Sparquote (prozentualer Anteil des Sparens am verfügbaren Einkommen)!

10. Die Beziehungen der Wirtschaftssubjekte werden modellhaft als Wirtschaftskreislauf dargestellt. Dieser Wirtschaftskreislauf zeigt die Güter- und Geldströme zwischen den beteiligten Wirtschaftssubjekten. Der Geldkreislauf einer offenen Volkswirtschaft mit staatlicher Aktivität weist folgende Werte aus (Angaben in Mrd. €):

Einkommen der privaten Haushalte vom Staat	**700**
Einkommen der privaten Haushalte von den Unternehmen	**1700**
Ersparnisse der privaten Haushalte	**240**
Einnahmen des Staates von privaten Haushalten	**850**
Einnahmen des Staates von den Unternehmen	**650**
Exporte der Unternehmen	**500**

Aufgaben:

10.1 Erläutern Sie, worin sich die offene von der geschlossenen Volkswirtschaft unterscheidet!

10.2 Berechnen Sie die Konsumausgaben der privaten Haushalte!

10.3 Ermitteln Sie die von den Unternehmen in Anspruch genommenen Kredite!

10.4 Nennen Sie drei Formen von Einkommen, die den privaten Haushalten von den Unternehmen zufließen!

10.5 Nennen Sie vier Formen von Einnahmen des Staates von privaten Haushalten und von Unternehmen!

2 Bruttoinlandsprodukt als Maß für die wirtschaftliche Leistung eines Landes berechnen und beurteilen

Lernsituation 2:

Lesen Sie zunächst folgenden Artikel und betrachten Sie die nachfolgende Abbildung!

Glück statt Wachstum – Die Grenzen der wirtschaftlichen Produktivität

Im Kapitalismus ist das Bruttoinlandsprodukt das Maß aller Dinge. Und obwohl die sogenannte Erste Welt nach wie vor reicher und produktiver ist als die Dritte, sind die Menschen hier nicht glücklich. Woran liegt das?

Bereits in den 1970ern erkannte der Club of Rome die Grenzen des Wachstums. Wirtschaftliche Produktivität sei kein alleiniger Gradmesser von Lebensqualität und Wohlstand – wichtig seien auch andere Dinge wie Gesundheit, Bildung, das persönliche Umfeld oder eine ökologische Umwelt.

Durch die unsichtbare Hand, die Selbstregulierung des Marktes, werde gleichzeitig auch das allgemeine, gesellschaftliche Glück erhöht – so wollte es der Begründer der modernen Marktökonomie, Adam Smith. Viele unsichtbare Hände stürzten gut 230 Jahre später die Welt in die Krise. Die Wirtschaft wuchs wild, die Finanzwelt wucherte – bis zum Overkill. Wachstum, so das Mantra, soll nun sogar wieder aus der Krise führen. „Wir haben das fast aus dem Auge verloren, kulturell und kollektiv, dass eigentlich Glück der Indikator ist und nicht Wachstum", sagt der Soziologe Hartmut Rosa. [...] Längst gehe es bei unserer Produktion nicht mehr darum, Mangel zu beheben. Das einzige, was steige, sei das Tempo. „Inzwischen ist Wachstum zu einem derart unerbittlichen Zwang geworden, dass es uns alle wie in ein Hamsterrad setzt, das uns jedes Jahr zwingt, ein bisschen schneller zu laufen, ein bisschen höher die Wettbewerbsfähigkeit zu steigern", so Rosa. [...]

Je höher das Bruttosozialprodukt, desto mehr Wohlstand – diese Rechnung geht für moderne Industriestaaten nicht mehr auf. Hier läuft die Suche nach neuen Gradmessern für Lebensqualität, zum Beispiel dem Bruttoinlands-Glück. Den jüngsten Vorstoß wagten die Nobelpreisträger Joseph Stiglitz und Amartya Sen. [...] „Arbeit etwa hat einen Einfluss auf unser Wohlbefinden, der jenseits des Einkommens liegt. Gesundheit, Bildung, Sicherheit und soziale Beziehungen machen Lebensqualität aus, aber werden nicht vom Bruttosozialprodukt erfasst", so Stiglitz.

Das statistische Maß ist blind gegen Leid und Wohl. Es zeigt die Welt im Zerrspiegel: Ganz gleich, ob eine Ölpest Arbeit schafft, Staus den Benzinverbrauch steigern oder Katastrophen Aufräumarbeiten bedingen, das Bruttosozialprodukt wird dadurch gesteigert. Wie aber lassen sich Wohl- und Missstand überhaupt bestimmen? „Der Bettler, der sich am Wegesrand sonnt", schrieb Adam Smith, „hat eine Zufriedenheit, für welche die Könige kämpfen müssen." Das kleine Land Bhutan, ökonomisch betrachtet nicht der Rede wert, ist beim Bruttosozialglück Vorreiter. Das kleine Königtum im Himalaya misst seit gut 40 Jahren Lebensqualität: Spirituelle Wohlfahrt zählt wie auch Fertigkeiten im Handwerk. Kann uns Bhutan Vorbild sein?

[...] Was wir sehen wollen, berechnen wir. Ein realistisches Maß für Wohlstand würde abwägen, mit welchen Umwelt- und Sozial-Kosten wir unsere Produktivität bezahlen. [...] „Die Krise hat vor Augen geführt, wie wichtig unsere Bedenken sind", sagt Joseph Stiglitz. „Das Finanzwesen ist das Mittel einer produktiven Wirtschaft und kein Selbstzweck. Die Wirtschaft soll unserem Wohlergehen dienen – auch sie ist nicht Selbstzweck." Politik müsste Wirtschaft zum Allgemeinwohl verpflichten. So könnte der durchaus vorhandene Reichtum gerechter verteilt werden. Keine Gesellschaft kann gedeihen und glücklich sein, in der der weitaus größte Teil ihrer Mitglieder arm und elend ist.

Quelle: www.3sat.de/kulturzeit/themen/141024/index.html, 2012/3sat, Donya Ravasani (Auszug).

Wie (un)glücklich ist die Welt?

Der World Happiness Report 2025 misst, wie zufrieden die Menschen in 147 Ländern sind. Bewertet wurden u. a.: Bruttoinlandsprodukt pro Kopf, soziale Unterstützung, wahrgenommene Korruption.
Bewertung auf einer Skala von 0 (sehr unzufrieden) bis 10 (sehr zufrieden)

1	Finnland	7,7
2	Dänemark	7,5
3	Island	7,5
4	Schweden	7,3
5	Niederlande	7,3
6	Costa Rica	7,3
7	Norwegen	7,3
8	Israel	7,2
9	Luxemburg	7,1
10	Mexiko	7,0
...		
138	Lesotho	3,8
139	Komoren	3,8
140	Jemen	3,6
141	DR Kongo	3,5
142	Botswana	3,4
143	Simbabwe	3,4
144	Malawi	3,3
145	Libanon	3,2
146	Sierra Leone	3,0
147	Afghanistan	1,4

Indexwerte gerundet
jeweils rund 1000 Befragte pro Land
Bewertung = Durchschnitt der Jahre 2022 bis 2024
Quelle: Wellbeing Research Centre

017482 **Globus**

Die Menschen in Finnland sind zum achten Mal in Folge die glücklichsten Menschen der Welt. Das zeigen die Ergebnisse des World Happiness Reports 2025. Auf Finnland folgen Dänemark, Island und Schweden. Erstmals haben es auch Costa Rica und Mexiko unter die Top 10 geschafft. Deutschland landet auf Platz 22 und klettert damit im Vergleich zum Vorjahr zwei Plätze nach oben. Die USA hingegen fahren mit Platz 24 ihr bisher schlechtestes Ergebnis ein. Mit dem Index messen Fachleute aus den Bereichen Wirtschaft, Psychologie und Soziologie das Glück der Menschen anhand verschiedener Faktoren. Dazu zählen nicht nur harte Wirtschaftsfaktoren wie das Bruttoinlandsprodukt pro Kopf oder die Höhe der gesunden Lebenserwartung. Es wird auch gemessen, wie frei sich die Menschen fühlen, ob sie auf jemanden zählen können und wie großzügig sie sind. Ein Fachmann erklärt: „Beim Glück geht es nicht nur um Reichtum oder Wachstum – es geht um Vertrauen, Verbundenheit und die Erkenntnis, dass andere hinter einem stehen." Insgesamt zeigt der Report: International ist Glück gleicher verteilt als vor rund 15 Jahren. Innerhalb der Länder hat die Ungleichheit aber zugenommen. Insgesamt am schlechtesten schneiden Afghanistan, Sierra Leone und Libanon ab.

Kompetenzorientierte Arbeitsaufträge:

1. Notieren Sie sich zunächst die Begriffe in dem vorangestellten Text, die Ihnen unverständlich erscheinen und recherchieren Sie diese anschließend im Internet!
2. Nennen Sie fünf allgemeine Bestimmungsfaktoren für den Wohlstand eines Landes!
3. Versuchen Sie Argumente dafür zu finden, warum im Falle von Wirtschaftswachstum in Deutschland nicht alle Einwohner gleichermaßen davon profitieren! Gehen Sie dabei insbesondere auf mögliche Ursachen für diese Ungleichverteilung ein!
4. Entwickeln Sie abseits der Umverteilung von Einkommen einen möglichen Lösungsansatz zur dauerhaften Beseitigung solcher Ungleichverteilungen!
5. Erläutern Sie anhand von drei Beispielen, inwiefern Wirtschaftswachstum hierzulande auch negative Auswirkungen für die Bevölkerung haben kann!
6. Veranschaulichen Sie anhand eines konkreten Beispiels, wie sich Wirtschaftswachstum und Umweltschutz miteinander verbinden lassen!
7. Erläutern Sie kurz, auf welchen Wegen das Bruttoinlandsprodukt ermittelt wird und welche Fragen dabei im Zentrum der jeweiligen Ermittlung stehen!

2.1 Begriff Wirtschaftswachstum

Das **Wirtschaftswachstum** drückt die Zunahme der produzierten Menge an Gütern und Dienstleistungen einer Volkswirtschaft innerhalb einer bestimmten Periode (gewöhnlich für ein Jahr) aus.[1]

Wenn die Menge der zur Verfügung stehenden Güter und Dienstleistungen zunimmt, so bedeutet Wirtschaftswachstum zugleich eine **Steigerung des Wohlstandes** einer Volkswirtschaft.

Erhöht bzw. **verringert** sich die Menge an Gütern und Dienstleistungen innerhalb einer Periode im Vergleich zur Vorperiode, so spricht man von **positivem** bzw. **negativem** Wirtschaftswachstum. Verändert sich die Menge an Gütern und Dienstleistungen nicht, bedeutet dies **„Nullwachstum"**.

Grundsätzlich lassen sich **zwei Arten** von **Wirtschaftswachstum** unterscheiden:

Arten	Erläuterungen
quantitatives Wachstum	Ist die **rein mengenmäßige Erhöhung** des Bruttoinlandsprodukts.
qualitatives Wachstum	Ist die **Verbesserung der Umwelt- und Lebensbedingungen.** Das qualitative Wachstum findet seinen Ausdruck z. B. in der Entwicklung **sparsamer und umweltschonender** Produktionsverfahren, größerer Freizeit oder qualifizierteren Ausbildungen.

Das Wachstum einer Volkswirtschaft wird durch den **Bestand und die Auslastung der Produktionsfaktoren** bestimmt. Daraus lässt sich das gesamtwirtschaftliche Produktionspotenzial[2] ermitteln. Wird dieses Potenzial nicht voll ausgenutzt, so wird auf mögliches Wachstum verzichtet.

2.2 Bruttoinlandsprodukt (BIP) und Bruttonationaleinkommen (BNE)

Die wirtschaftliche Leistung einer Volkswirtschaft und deren Veränderung (Wirtschaftswachstum) wird von Statistischen Ämtern gemessen und in den Größen **Bruttoinlandsprodukt** (BIP) und **Bruttonationaleinkommen** (BNE) ausgedrückt.

Bruttoinlandsprodukt (BIP)	Das **BIP** misst die Produktion von Waren und Dienstleistungen in einem **bestimmten Gebiet** (Inland, Arbeitsort) für einen **bestimmten Zeitraum,** meist ein Jahr. Nicht von Bedeutung ist, ob diejenigen, von denen die Produktionsfaktoren bereitgestellt werden (Erwerbstätige, Kapitaleigner), ihren ständigen Wohnsitz in diesem Gebiet haben oder nicht.
Bruttonationaleinkommen (BNE)	Das **BNE** bezieht sich auf die Güter, die mithilfe der Produktionsfaktoren der **Einwohner** eines bestimmten Gebietes (Inland, Wohnort) produziert wurden. Nicht von Bedeutung ist, ob diese Leistung **im Inland oder in der übrigen Welt erbracht wurde.** Das BNE zeigt daher stärker die **Einkommen,** die den **Bewohnern eines bestimmten Gebietes** während einer bestimmten Periode zufließen.

1 Das Wirtschaftswachstum wird anhand des Bruttoinlandsprodukts (BIP) gemessen.

2 **Produktionspotenzial**: Produktionsleistung, die in einer Volkswirtschaft bei in einer Periode (gewöhnlich ein Jahr) erbracht werden kann.

Umfassendster Wert ist das **Bruttoinlandsprodukt** (BIP). Es spiegelt die wirtschaftliche Gesamtleistung eines Landes wider. Die Arbeit des kleinen Handwerksbetriebs ist darin ebenso enthalten wie die Produktion des großen Industrieunternehmens, die Leistungen des Transportgewerbes, der Dienstleistungsbetriebe, des Handels, der Banken und Versicherungen, der Landwirtschaft, des Staates, der Kirchen, der Gewerkschaften und der privaten Haushalte.

Das BIP wird in **jeweiligen Preisen** und **preisbereinigt** errechnet. Auf Vorjahrespreisbasis wird die „reale" Wirtschaftsentwicklung im Zeitablauf **frei von Preiseinflüssen** dargestellt. Die **Veränderungsrate** des **preisbereinigten** BIP dient als **Messgröße** für das **Wirtschaftswachstum** einer Volkswirtschaft. Das BIP ist damit die **wichtigste Größe** der volkswirtschaftlichen Gesamtrechnungen.

Hinweis:

Ein steigendes Bruttoinlandsprodukt bedeutet noch nicht, dass die Volkswirtschaft tatsächlich im angezeigten Umfang mehr produziert hat. Das Wachstum kann vielmehr ganz oder teilweise auf **gestiegene Preise** zurückzuführen sein. Das zu jeweiligen (im Betrachtungsjahr aktuellen) Preisen bewertete Bruttoinlandsprodukt bezeichnet man als **nominales Bruttoinlandsprodukt.** Zur Ermittlung des nominalen Bruttoinlandsproduktes werden die produzierten Güter und Dienstleistungen eines Jahres mit den **tatsächlich gezahlten Preisen** multipliziert und die Einzelergebnisse dann addiert.

Beispiel:

In einer Volkswirtschaft werden im Jahr 01 von einem Sportwagenhersteller 20 exklusive Nobel-Karosserien hergestellt und zu einem Preis von 1 Mio. € pro Stück verkauft. Im Jahr 02 werden vom gleichen Modell 15 Wagen hergestellt und zu einem Preis von 2 Mio. € pro Stück verkauft. Obwohl 5 Autos weniger hergestellt wurden, hat sich das nominelle Bruttoinlandsprodukt – einzig wegen der gestiegenen Preise – um 10 Mio. € erhöht.

Will man die **tatsächliche** Mehrleistung einer Volkswirtschaft im Vergleich zum Vorjahr ermitteln, muss man das **reale** (preisbereinigte) **Bruttoinlandsprodukt** berechnen. Dies geschieht im Kern dadurch, dass man aus dem nominalen Bruttoinlandsprodukt die **Preissteigerungen** herausrechnet.

2.3 Entstehung und Verwendung des Bruttoinlandsprodukts und die Verteilung des Volkseinkommens

Die Ergebnisse des Wirtschaftsprozesses einer Volkswirtschaft für eine bestimmte Periode (z. B. ein Jahr) werden von der **volkswirtschaftlichen Gesamtrechnung (VGR)** erfasst. Sie liefern den Trägern der Wirtschaftspolitik wichtige Informationen u. a. darüber, was die eingeleiteten wirtschaftspolitischen Maßnahmen bewirkt haben.

In der volkswirtschaftlichen Gesamtrechnung gibt es **drei verschiedene Ansätze** zur Berechnung des Bruttoinlandsprodukts:

- **Entstehungsrechnung:** **Wo** ist das Bruttoinlandsprodukt **entstanden?**
- **Verwendungsrechnung:** **Wie** wird das Bruttoinlandsprodukt **verwendet?**
- **Verteilungsrechnung:** **Wie** werden die bei der Entstehung des Bruttoinlandsprodukts erzielten Einkommen **verteilt?**

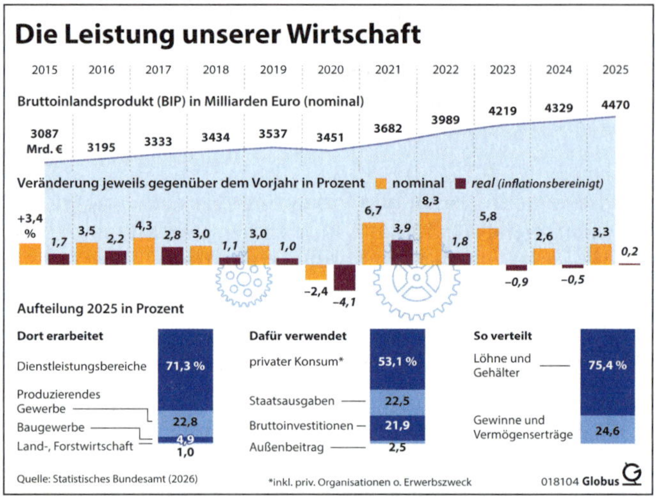

Deutschlands Wirtschaft ist leicht gewachsen. Nach zwei Jahren, in denen das reale Bruttoinlandsprodukt (BIP) zurückgegangen war, ist es 2025 nach ersten Berechnungen um 0,2 % gestiegen. Laut dem Statistischen Bundesamt lag das vor allem an den gestiegenen Konsumausgaben der privaten Haushalte und höheren Staatsausgaben. Demgegenüber steht ein Rückgang der Exportwirtschaft durch die höheren US-Zölle, die Euro-Aufwertung und die starke Konkurrenz aus China. Berücksichtigt man den Preisanstieg nicht, stieg das BIP von 2024 zu 2025 um 3,3 %. Insgesamt hat 2025 die Bruttowertschöpfung – also der Wert, den Unternehmen tatsächlich schaffen, ohne Steuern und staatliche Zuschüsse – leicht abgenommen. Je nach Wirtschaftsbereich fiel sie sehr unterschiedlich aus. Ein großes Minus machte das Baugewerbe mit 3,6 % gegenüber dem Vorjahr. Im Dienstleistungssektor zeigte sich ein gemischtes Bild. Insgesamt lag die Bruttowertschöpfung im Jahr 2025 bei rund 4 041 Mrd. Euro. Das BIP hingegen lag bei 4 470 Mrd. Euro. – Im BIP spiegelt sich die gesamtwirtschaftliche Leistung wider. Es fasst den Wert aller produzierten Güter und geleisteten Dienste zusammen. Die Arbeiten eines kleinen Handwerksbetriebs sind darin ebenso enthalten wie die Produktion eines Industriekonzerns. Leistungen des Transportgewerbes, des Dienstleistungssektors, des Handels, der Banken und Versicherungen sowie der Landwirtschaft sind Teil davon, genauso wie die des Staates, von Kirchen, Gewerkschaften und anderen Organisationen. Ins BIP fließen zudem auch Schätzungen für Schwarzarbeit, Prostitution, Drogenhandel und Tabakschmuggel ein.

2.3.1 Entstehungsrechnung

Die Entstehungsrechnung erfasst die wirtschaftliche Leistung einer Periode nach ihren Quellen, d. h. nach den **Wirtschaftsbereichen** (Produktionsansatz).

Die Wirtschaftsbereiche, die Güter produzieren, werden in drei Gruppen untergliedert:

Wirtschaftsbereich	Erläuterung
primärer Sektor	Land- und Forstwirtschaft, Fischerei 
sekundärer Sektor	produzierendes Gewerbe 
tertiärer Sektor	Dienstleistungen mit den Bereichen ■ Handel, Gastgewerbe und Verkehr ■ Finanzierung, Vermietung und Unternehmensdienstleister ■ öffentliche und private Dienstleister 

Die Summe der wirtschaftlichen Leistungen der einzelnen Wirtschaftsbereiche (Produktionswert – Vorleistungen) ergibt die **Bruttowertschöpfung.**

Werden anschließend die Gütersteuern hinzugezählt und die Gütersubventionen abgezogen, so erhält man das **Bruttoinlandsprodukt.**

Um den **tatsächlichen Wertzuwachs/Wertverlust** der Wirtschaftsbereiche feststellen zu können, muss der **Wertverlust (Abschreibungen),** der durch die Nutzung der Produktionsmittel entstanden ist, abgezogen werden **(Nettowertschöpfung).**

Nettowertschöpfung = Bruttowertschöpfung − Abschreibungen

+	Produzierendes Gewerbe ohne Baugewerbe	922,9
+	Handel, Verkehr und Gastgewerbe	673,4
+	Grundstücks- und Wohnungswesen	392,5
+	Öffentl. Dienstleister, Erziehung, Gesundheit	826,5
+	Sonstige[1]	1 225,3
=	Bruttowertschöpfung	4 040,5*
+	Gütersteuern	Saldo[2] + 430,0
−	Gütersubventionen	
=	Bruttoinlandsprodukt	4 470,5
−	Abschreibungen	918,7
=	Nettoinlandsprodukt	3 551,8

* Rundungsdifferenz

Entstehung des Bruttoinlandsprodukts in der Bundesrepublik Deutschland 2025 (in Mrd. €)[3]

Werden die Abschreibungen vom Bruttoinlandsprodukt abgezogen, so erhält man das **Nettoinlandsprodukt.**

Nettoinlandsprodukt = Bruttoinlandsprodukt − Abschreibungen

Die **Entstehungsrechnung** macht den Anteil der einzelnen Wirtschaftsbereiche am Bruttoinlandsprodukt deutlich.

Beispiel:

Die wirtschaftliche Leistung des Wirtschaftsbereichs „Handel, Verkehr und Gastgewerbe" betrug im Jahr 2025 673,4 Mrd. € (16,7 %) bei einer Bruttowertschöpfung von 4 040,5 Mrd. €.

2.3.2 Verwendungsrechnung

Die Verwendungsrechnung gibt darüber Auskunft, **wofür die Güter verwendet** wurden. Es wird untersucht, ob die Waren und Dienstleistungen z. B. als Konsumausgaben, als Investitionen in Unternehmen oder im Außenbeitrag (Export – Import) Verwendung gefunden haben.

Beispiel:

Ein Pkw kann in einem privaten Haushalt genutzt werden, er könnte in Form einer Investition in einem Unternehmen zum Einsatz kommen oder er kann in das Ausland exportiert werden.

1 Die Position Sonstiges umfasst Land- und Forstwirtschaft, Baugewerbe sowie Finanzierung, Vermietung und Unternehmensdienstleister.

2 Der Saldo zwischen den Gütersteuern und den -subventionen heißt **Nettoproduktionsabgabe.**

3 Quelle: https://www.destatis.de/DE/Themen/Wirtschaft/Volkswirtschaftliche-Gesamtrechnungen-Inlandsprodukt/_Grafik/_Statisch/bip-entstehung-verwendung-verteilung.png?__blob=poster&v=36 [Zugriff am 15.01.2026], eigene Berechnungen.

Berechnung des Anteils der produzierten Güter nach ihrer Verwendung:

Beispiel:

Die privaten Konsumausgaben betrugen im Jahr 2025 2374,0 Mrd. € bei einem Bruttoinlandsprodukt von 4470,5 Mrd. €.

Aufgabe:

Berechnen Sie den Anteil des Bruttoinlandsprodukts, der für private Konsumausgaben verwendet wurde!.

	Private Konsumausgaben	2374,0
+	Konsumausgaben des Staates	1007,9
+	Bruttoinvestitionen	978,2
+	Außenbeitrag (Exporte minus Importe)	110,4
=	Bruttoinlandsprodukt	4470,5

Verwendung des Bruttoinlandsprodukts in der Bundesrepublik Deutschland 2025 (in Mrd. €) (Auszug)

Quelle: https://www.destatis.de [Zugriff vom 15.01.2026]; eigene Berechnungen.

Lösung:

4470,5 Mrd. € sind 100 %
2374,0 Mrd. € sind x %

$$x = 100 \cdot \frac{2374,0}{4470,5} = \underline{\underline{53,1\,\%}}$$

Ergebnis:

Vom Bruttoinlandsprodukt wurden im Jahr 2025 für private Konsumausgaben 53,1 % verwendet.

Die **Verwendungsrechnung** zeigt, wofür die Güter des Bruttoinlandsprodukts verwendet werden.

2.3.3 Verteilungsrechnung

(1) Begriffe

Hier wird für eine Periode Auskunft darüber gegeben, **wie sich die erzielten Einkommen** auf das **Arbeitnehmerentgelt** (Lohn, Gehalt) und das **Unternehmer- und Vermögenseinkommen** (z.B. Zinsen, Gewinne, Dividende, Miet- und Pachterträge) aufteilen. Addiert man die beiden Einkommensgruppen, so erhält man das **Volkseinkommen.**

Arbeitnehmerentgelt (Inland) + Unternehmens- und Vermögenseinkommen = Volkseinkommen

(2) Berechnung der Lohn- und Gewinnquote

Der **prozentuale Anteil** des **Arbeitnehmerentgelts** am Volkseinkommen wird als **Lohnquote** bezeichnet. Sie stellt jedoch die materielle Einkommenslage der Arbeitnehmer schlechter dar, als sie ist, weil in Deutschland rund die Hälfte **aller Vermögenseinkommen** den Arbeitnehmern zufließen.

Die Berechnung der **Lohnquote** erfolgt nach folgender Formel:

$$\text{Lohnquote} = \frac{\text{Arbeitnehmerentgelt} \cdot 100}{\text{Volkseinkommen}}$$

	Arbeitnehmerentgelt (Inländer)	2479,8
+	Unternehmens- und Vermögenseinkommen	809,0
=	Volkseinkommen	3288,8
	...	
	Das Bruttoinlandsprodukt 2025 beträgt	4470,5

Verteilung des Volkseinkommens in der Bundesrepublik Deutschland 2025 (in Mrd. €) (Auszug)

Quelle: https://www.destatis.de [Zugriff vom 15.01.2026]; eigene Berechnungen.

Für das Jahr 2025 ergibt sich folgende Lohnquote:

$$\text{Lohnquote} = \frac{2\,479{,}8 \cdot 100}{3\,288{,}8} = \underline{\underline{75{,}4\,\%}}$$

Den prozentualen Anteil der **Unternehmens- und Vermögenseinkommen** am Volkseinkommen bezeichnet man als **Gewinnquote.**

$$\text{Gewinnquote} = \frac{\text{Unternehmens- und Vermögenseinkommen} \cdot 100}{\text{Volkseinkommen}}$$

Für das Jahr 2025 ergibt sich folgende Gewinnquote:

$$\text{Gewinnquote} = \frac{809{,}0 \cdot 100}{3\,288{,}8} = \underline{\underline{24{,}6\,\%}}$$

Die **Verteilungsrechnung** zeigt die **Aufteilung** des Volkseinkommens auf die **beiden Einkommensarten** Arbeitnehmerentgelt sowie Unternehmens- und Vermögenseinkommen.

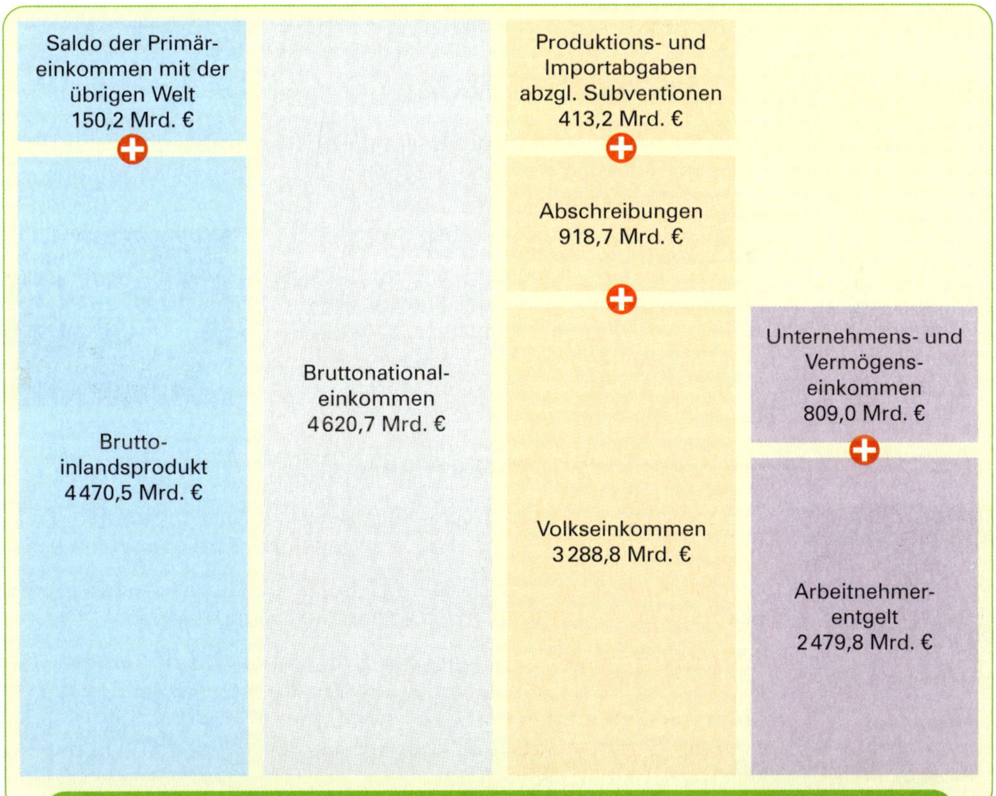

Schematische Darstellung des deutschen Bruttonationaleinkommens 2025

Quelle: https://www.destatis.de [Zugriff vom 15.01.2026]; eigene Berechnungen.

2.4 Kritik am Modell des BIP als Wohlstandsindikator

(1) Erfassungs- und Bewertungsprobleme

Die Ermittlung der volkswirtschaftlichen Leistung stößt auf Erfassungs- und Bewertungsprobleme, sodass **Schätzungen** erforderlich werden, die auf mehr oder weniger willkürlichen **Annahmen** beruhen.

Beispiele:

- Die Leistungen des Staates werden nicht auf dem Markt gehandelt. Viele staatliche Leistungen sind unentgeltlich. Deshalb gibt es für die staatlichen Leistungen keine Marktpreise. Bei der Berechnung der volkswirtschaftlichen Gesamtleistung werden deshalb die staatlichen Leistungen mit den Herstellungspreisen bewertet.
- Die Höhe der verschiedenen Messzahlen gesamtwirtschaftlicher Leistung hängt u.a. davon ab, ob Abschreibungen nachgewiesen und wie diese berechnet werden. Abschreibungen sind keine direkt messbare Größe, sondern ein kalkulatorischer Posten, der nach festgelegten Grundsätzen bewertet wird. Die Berechnung der volkswirtschaftlichen Abschreibungen unterscheidet sich daher von den Berechnungs- und Bewertungsgrundsätzen im einzelwirtschaftlichen Rechnungswesen. Die volkswirtschaftlichen Abschreibungen gehen vom Wiederbeschaffungswert aus; sie stellen deshalb eine fiktive (angenommene) Größe dar.

(2) Gesamtleistung ist teilweise zu hoch bewertet

Die volkswirtschaftliche Gesamtleistung (z.B. das Bruttonationaleinkommen und das Bruttoinlandsprodukt) ist vor allem deshalb zu hoch berechnet, weil die **sozialen Kosten,** die abgesetzt werden müssten, nicht erfasst werden.

Die Gesamtleistung wird auch deswegen **zu hoch** wiedergegeben, weil Teile der sozialen Kosten der Gesamtleistung hinzugerechnet werden, so z.B. die Behandlungskosten von Unfallopfern und Berufskranken, die Reparaturen an Unfallfahrzeugen oder -maschinen sowie die Neuanschaffungen von Fahrzeugen und Maschinen, die aufgrund von Unfällen erforderlich werden.

(3) Gesamtleistung ist teilweise zu niedrig bewertet

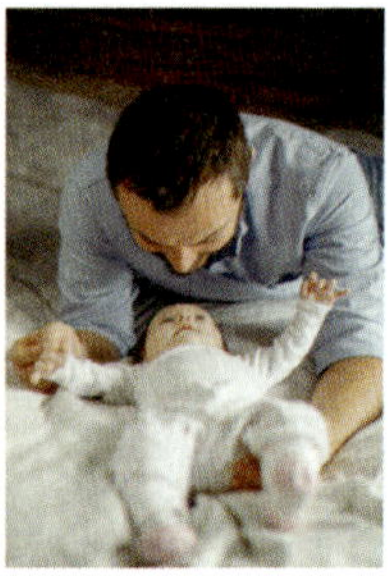

Zu niedrig ist die Gesamtleistung insofern, als die nicht auf den Märkten in Erscheinung tretenden Leistungen unberücksichtigt bleiben.

Hierzu rechnen z.B. die Kindererziehung, die Arbeitsleistungen im privaten Haushalt oder die Leistungen der Kleingärtner.

Zu diesen legalen[1] Vorgängen der **Schattenwirtschaft** kommen die illegalen[2] wie z.B. Schwarzarbeit, Beschäftigung illegaler Einwanderer sowie Lieferungen und Leistungen ohne Rechnung. Die im Rahmen der Schattenwirtschaft geschaffenen Leistungen finden **nur als Schätzgröße** Berücksichtigung.

1 **Legal:** gesetzlich, erlaubt.

2 **Illegal:** ungesetzlich, verboten.

Auch die Leistungen des Staates sind nicht ausreichend bewertet. Da es für staatliche Leistungen keine „Marktpreise" gibt (z. B. Dienstleistungen der Justiz, der Behörden, der Schulen und Universitäten), müssen diese zu Herstellungspreisen bewertet werden.

Der Gesamtleistung hinzugerechnet werden sollten auch die **sozialen Leistungen** (der „soziale Nutzen").

Zu den **sozialen Leistungen** rechnen alle der gesamten Gesellschaft zugutekommenden Nutzeffekte, wie z. B. die Umwelt erhaltende Tätigkeit der Landwirtschaft, der Erholungswert rekultivierter Industrielandschaften, die Ausbildungsleistungen der Unternehmen oder die Nutzung der Infrastruktur.[1]

2.5 Alternative Wohlstandsindikatoren

Das durch Mehr- oder Wenigerrechnung bereinigte Bruttonationaleinkommen bzw. Bruttoinlandsprodukt bleibt nach wie vor ein **eindimensionaler Wohlstandsmaßstab**, da lediglich quantitativ (zahlenmäßig) erfassbare Größen berücksichtigt werden können. Qualitative Dimensionen,[2] die sogenannte **Lebensqualität** (Gesamtheit aller Lebensumstände in einer Gesellschaft), werden nicht berücksichtigt. Die Lebensqualität kann nur mithilfe **sozialer** oder **ökologischer Indikatoren** beschrieben werden, die sich meist einer Bewertung in Geld entziehen. Soziale und ökologische Indikatoren sind qualitative Größen, die wesentliche Tatbestände der Gesellschaft wiedergeben.

Beispiele:

- Die Qualität der medizinischen Versorgung lässt sich z. B. ablesen an der Geburtensterblichkeit, der Müttersterblichkeit, der Zahl der Krankenbetten oder an den Wartezeiten zwischen dem Auftreten einer Krankheit und der Aufnahme in ein Krankenhaus.
- Die Qualität des Arbeitslebens spiegelt sich z. B. in den Arbeitslosenzahlen, in der Zahl der offenen Stellen oder in der Zahl der Arbeitsunfälle und Berufskrankheiten wider.

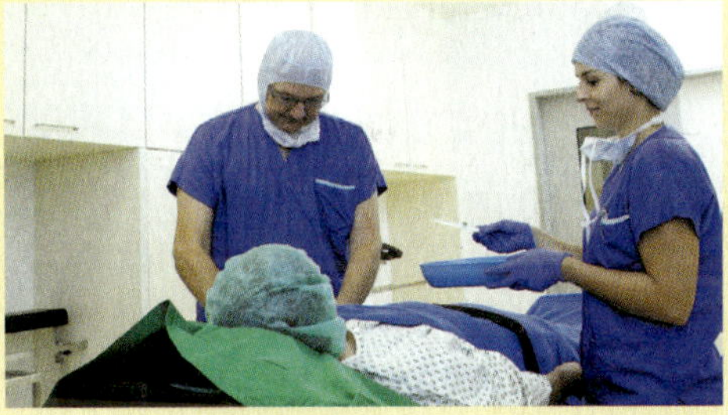

Zu den Indikatoren, die soziale und ökologische Aspekte berücksichtigen, zählen z. B. der Wohlstandsmaßstab Net Economic Welfare (NEW) oder der Human Development Index.

2.5.1 Net Economic Welfare (NEW)

Für einen neuen verbesserten Wohlstandsindikator trat der Nobelpreis-Ökonom Samuelson vom berühmten Massachusetts Institute of Technology in Cambridge (USA) ein. In seinem klassischen Lehrbuch „Economics" stellte Samuelson in den 70er-Jahren erstmals den Wohlstandsmaßstab Net Economic Welfare (NEW) als „korrigierte Version des realen Bruttoinlandsproduktes" vor.

1 Unter **Infrastruktur** sind alle der Allgemeinheit dienlichen öffentlichen und privaten Einrichtungen zu verstehen (z. B. private und öffentliche Straßen, Eisenbahnen, Krankenhäuser, Schulen, Kindergärten, Versorgungseinrichtungen).

2 **Dimension**: Abmessung, Ausdehnung; hier: Gesichtspunkte.

Einen Ansatz zur Wohlstandserfassung bietet der sogenannte **Net Economic Welfare (NEW).** Dieser Index geht zuerst von dem Bruttoinlandsprodukt aus, welches um die **sozialen Kosten bereinigt** und um die **privaten Dienste erweitert** wird.

Bei der Berechnung dieses Indikators werden **Sozialkosten** wie verschmutzte Gewässer und verdreckte Luft, gleichgültig ob sie den Verursachern angelastet werden oder nicht, zu messen versucht und vom Sozialprodukt einer Volkswirtschaft **subtrahiert.** Nach diesem Maßstab sind z. B. die Wohlstandsunterschiede zwischen Großstadt- und Landbevölkerung geringer als in der üblichen Statistik, da höhere Kosten für Müllabfuhr, Verbrechensbekämpfung, Verkehrsregelung und andere städtische Dienste sowie der längere Weg zum Arbeitsplatz als wohlstandsmindernd berücksichtigt werden.

Bruttoinlandsprodukt
– soziale Kosten
– Ausgabe für staatliche Verwaltung und Verteidigung
+ private Dienste ohne Marktpreis
+ immaterielle Werte
= Net Economic Welfare

Andererseits werden **positive Beiträge** zum Volkswohlstand, die wegen fehlenden Marktpreises nicht in der Berechnung des Bruttoinlandsprodukts enthalten sind, zum Net Economic Welfare einer Volkswirtschaft hinzugerechnet. Hierzu zählt die Hausarbeit, die mit dem Durchschnittsgehalt berufstätiger Personen bewertet wird, oder der Wert zusätzlicher Freizeit, der Stunden- oder Wochenlohnsätzen gleichgesetzt werden kann. Staatsausgaben für Verteidigung oder Verwaltung gehen nicht als positiver Beitrag in das NEW ein, da mehr Soldaten oder Beamte noch keine bessere Gesellschaft bedeuten.

2.5.2 Human Development Index (HDI)

Der **Human Development Index** (Index der menschlichen Entwicklung) versucht mit einer Maßzahl den Stand der menschlichen Entwicklung in den Ländern der Welt abzubilden. Dieser Index wird jährlich im Weltentwicklungsbericht (Human Development Report, HDR) veröffentlicht, welchen das United Nations Development Programme (UNDP), das Entwicklungsprogramm der Vereinten Nationen, herausgibt.

Der Human Development Index als Messzahl für den Entwicklungsstand eines Landes setzt sich aus **drei Komponenten** zusammen:

- **Lebenserwartung** bei der Geburt,
- **Ausbildung** (Alphabetisierung der erwachsenen Bevölkerung, Einschulungsrate in Grund-, Sekundär- und Hochschulen) und
- **Kaufkraft** (Bruttoinlandsprodukt pro Kopf).

Darüber hinaus enthält der Human Development Report eine Vielzahl zusätzlicher Daten aus dem ökonomischen, sozialen und politischen Bereich.

Entwicklungsstand und Wohlergehen eines Landes und seiner Menschen nur anhand des Bruttoinlandsprodukts zu messen, wird zu Recht als ungenügend empfunden. Vor allem für die Lebensverhältnisse in der Dritten Welt ist ein Maßstab, der sich allein an der marktbezogenen Wirtschaftsleistung orientiert, von beschränkter Aussagekraft. Aufschlussreicher erscheint eine Antwort auf die Frage, ob und inwieweit eine Steigerung des Bruttoinlandsprodukts zur **menschlichen Entwicklung** beiträgt. Das *UN-Entwicklungsprogramm (UNDP)* versteht darunter „einen Prozess, der die Möglichkeiten des Einzelnen erweitert", ihm also zu einem längeren und gesunden Leben, einem bestimmten Maß an Bildung und einem ausreichenden Einkommen verhilft. Schon ein flüchtiger Vergleich zwischen „reichen" und „armen" Ländern zeigt, dass wirtschaftlicher Erfolg nicht automatisch mit höherer **Lebensqualität** einhergeht. So ist es möglich, dass Länder mit niedrigem Bruttoinlandsprodukt ihrer breiten Bevölkerung einigermaßen befriedigende Lebensbedingungen bieten, während in viel wohlhabenderen Staaten manchmal extreme soziale Gegensätze herrschen.

Um solche Vergleiche auf eine feste, nachprüfbare Grundlage zu stellen, hat das UNDP einen besonderen Maßstab ausgearbeitet: den **Index der menschlichen Entwicklung.** Dabei wird für jedes Land ein Satz statistischer Kennzahlen, in denen sich die durchschnittliche Lebenserwartung, das Bildungsniveau und das kaufkraftbereinigte Pro-Kopf-Einkommen niederschlägt, zu einem einzigen Indexwert gebündelt.

Quelle: o. V.: Maßstab menschliche Entwicklung, ZB 603 146.

Lebensbedingungen in der Welt

Der Human Development Index (HDI) 2021 misst den durchschnittlichen Stand der gesellschaftlichen Entwicklung. Bewertet werden grundlegende Bereiche, wie Lebenserwartung, Bildungsniveau und Pro-Kopf-Einkommen.

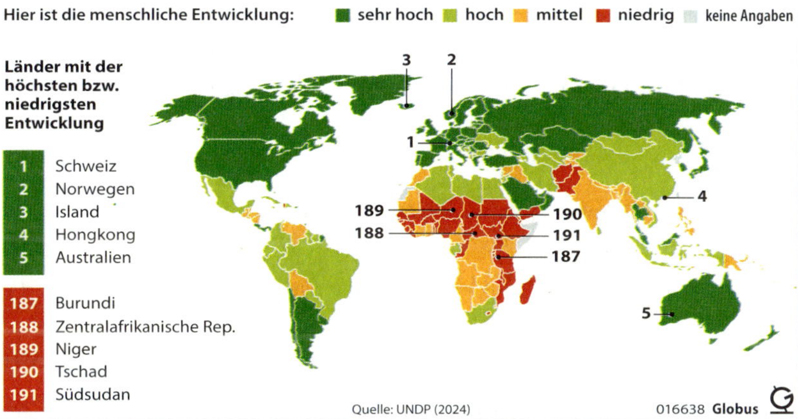

Die Lebensbedingungen in der Welt sind schlechter geworden. Jahrelang hatten sie sich verbessert, doch 2020 verschlechterten sie sich erstmals und 2021 erneut. Der Grund ist die starke Ungewissheit durch Corona, Kriege und Klimakrise, sagen die Vereinten Nationen in ihrem Weltentwicklungsbericht. Dieser Bericht misst die Fortschritte von 191 Ländern anhand des sogenannten Index der menschlichen Entwicklung (HDI = Human Development Index). Dabei werden Lebenserwartung, Gesundheit, Bildung und Lebensstandard eingerechnet. Im Jahr 2021 ging die Schere zwischen guten und schlechten Lebensbedingungen weiter auseinander: Der Lebensstandard in Ländern mit einem sehr hohen HDI verbesserte sich, andere Länder machten Rückschritte. 2021 waren die Lebensbedingungen in der Schweiz am höchsten (Indexwert 0,962 bei einem Höchstwert von 1,0). Deutschland landete mit 0,942 Punkten auf dem neunten Platz. Der Unterschied zwischen den erstplatzierten und den letztplatzierten Staaten ist riesig: Das Schlusslicht Südsudan erreicht nur 0,385 Punkte. Wer 2021 dort geboren wurde, wird im Schnitt 55 Jahre alt und geht 5,5 Jahre zur Schule. Wer 2021 in der Schweiz geboren wurde, wird im Schnitt 84 Jahre alt und voraussichtlich 16,5 Jahre in der Schule und anderen Bildungseinrichtungen verbringen.

Als wesentliche **Kritikpunkte** am HDI werden angeführt, dass gewisse Elemente wie beispielsweise Einkommensunterschiede innerhalb eines Landes oder zwischen Geschlechtern, sowie die politische Freiheit des Landes keine Berücksichtigung finden. Auch unterscheidet der HDI nicht zwischen Städten und ländlichen Gebieten.

Hinweis:

Alle existierenden Indikatoren zur Wohlstandserfassung eines Landes (also auch der NEW und der HDI) erfassen **nur einzelne Teile** dessen, was den Wohlstand als Ganzes ausmacht. Es wird lediglich versucht, die Mängel des Bruttoinlandsprodukts durch einzelne Aspekte zu ergänzen. Eine **ganzheitliche Lösung** für das Problem der Wohlstandserfassung **gibt es jedoch noch nicht.**

Kompetenztraining

13 1. Angenommen, die Bruttowertschöpfung eines EU-Landes beträgt 2100 Mrd. GE.

Aufgabe:

Berechnen Sie das Nettoinlandsprodukt, wenn die Nettoproduktionsabgaben 320 Mrd. GE und die Abschreibungen 270 Mrd. GE betragen! Der Saldo zwischen den von der EU bezogenen Subventionen und den an die EU gezahlten Nettoproduktionsabgaben ist null.

2. Das statistische Amt eines Landes veröffentlichte die folgenden Zahlen (in Mrd. €):

Konsumausgaben des Staates	750
Bruttoinvestitionen	850
Abschreibungen	620
Produktionsabgaben an den Staat abzüglich Subventionen	480
Konsumausgaben der privaten Haushalte	2750
Exporte	840
Importe	780
Saldo der Primäreinkommen aus der übrigen Welt	+ 48

Aufgaben:

2.1 Ermitteln Sie das Bruttoinlandsprodukt!

2.2 Berechnen Sie das Volkseinkommen!

2.3 Erläutern Sie kurz mittels eines Beispiels, wie es zu dem Unterschied zwischen Bruttonationaleinkommen und Bruttoinlandsprodukt kommen konnte!

2.4 Beschreiben Sie die Entwicklung einer Volkswirtschaft für die beiden nachfolgenden Fälle:

Jahr	Abschreibungen	Bruttoinvestitionen
1. Jahr	850 Mrd. €	890 Mrd. €
2. Jahr	780 Mrd. €	720 Mrd. €

2.5 Beurteilen Sie, ob eine sinkende Lohnquote zwangsläufig zu einer Verschlechterung des Lebensstandards der abhängig Beschäftigten geführt haben muss!

2.6 Nennen Sie neben dem Bruttoinlandsprodukt zwei weitere nichtökonomische Größen für die Beurteilung des Wohlstandes eines Landes!

2.7 Beschreiben Sie, was die Größe „Bruttoinlandsprodukt" über den Wohlstand der Bevölkerung eines Landes aussagen kann!

3. An der gängigen Berechnung der Messgrößen der gesamtwirtschaftlichen Leistung wird häufig Kritik geübt.

   Aufgaben:

   3.1 Nennen und erläutern Sie mindestens drei Kritikpunkte!

   3.2 Erklären Sie in diesem Zusammenhang die Begriffe soziale Kosten und soziale Leistungen!

   3.3 Bilden Sie je ein eigenes Beispiel für soziale Kosten und soziale Leistungen!

4. Das Bruttoinlandsprodukt kann – je nachdem, welcher Untersuchungsaspekt im Vordergrund steht – auf drei unterschiedlichen Wegen berechnet werden. Die Ergebnisse dieser Berechnung stellen eine wichtige Basis für wirtschaftspolitische Entscheidungen der Bundesregierung dar.

   Aufgaben:

   4.1 Erläutern Sie kurz, worüber die Entstehungsrechnung und die Verwendungsrechnung des Bruttoinlandsprodukts Auskunft geben und verdeutlichen Sie jeweils anhand eines Beispiels, in welchen Bereichen der Wirtschaftspolitik diese Rechnung als Grundlage für wirtschaftspolitische Entscheidungen herangezogen werden!

   4.2 Erklären Sie, was man im Rahmen der Entstehungsrechnung unter der „Bruttowertschöpfung" eines Unternehmens versteht!

5. 5.1 Notieren Sie, welche Leistungen **nicht** in die Berechnung des Bruttoinlandsprodukts eingehen!

   5.1.1 Ein Gartenbaubetrieb schneidet vor einem Altenwohnheim gegen Entgelt den Rasen.

   5.1.2 Eine Schweizerin fährt jeden Morgen über die Grenze zur Arbeit nach Konstanz.

   5.1.3 Ein Arzt untersucht bei einem Hausbesuch einen Kranken.

   5.1.4 Ein Nachbar hilft beim Setzen eines neuen Zaunes.

   5.1.5 Der städtische Straßendienst reinigt die Bürgersteige.

   5.1.6 Die Bürger einer Gemeinde reinigen wöchentlich einmal den Bürgersteig selbst.

   5.1.7 Die ehrenamtlich arbeitende Verkehrswacht erteilt kostenlosen Verkehrsunterricht für Schulanfänger.

   5.2 Nehmen Sie kritisch Stellung zur Errechnung des Bruttoinlandsprodukts!

6. Das statistische Amt eines Landes liefert u. a. folgende gesamtwirtschaftlichen Daten (Zahlen in Mrd. GE):

– Bruttowertschöpfung der Wirtschaftsbereiche		
Produzierendes Gewerbe (ohne Baugewerbe)	835	
Baugewerbe	200	
Handel, Gastgewerbe und Verkehr	340	
Sonstige Wirtschaftsbereiche	700	
– Saldo der Primäreinkommen aus dem Ausland		+ 16
– Konsumausgaben der privaten Haushalte		1 300
– Konsumausgaben des Staates		400
– Bruttoinvestitionen		540
– Außenbeitrag		+ 95
– Abschreibungen		300
– Nettoproduktionsabgaben		+ 260
– Arbeitnehmerentgelt		1 390
– Unternehmens- und Vermögenseinkommen		385
– Produktions- und Importabgaben abzüglich Subventionen		276

Aufgaben:

6.1 Berechnen Sie das Bruttoinlandsprodukt, das Nettoinlandsprodukt und das Volkseinkommen!

6.2 Stellen Sie die Entstehungs- und Verwendungsrechnung des Bruttoinlandsprodukts und die Verteilung des Volkseinkommens einschließlich der Berechnung des Bruttoinlandsprodukts dar!

3 Grundgedanken und Ordnungsmerkmale der Sozialen Marktwirtschaft in der Bundesrepublik Deutschland beschreiben und deren Einfluss untersuchen

Lernsituation 3:

Lesen Sie zunächst den nachfolgenden Artikel!

Soziale Marktwirtschaft

Die deutsche Wirtschaftspolitik orientiert sich seit Mitte des 20. Jahrhunderts am Konzept der Sozialen Marktwirtschaft. Es geht zurück auf Ludwig Erhard, der von 1949 bis 1963 der erste Bundeswirtschaftsminister der Bundesrepublik Deutschland war. Die zentrale Idee besteht darin, die Freiheit aller, die als Anbieter oder Nachfrager am Markt teilnehmen, zu schützen und gleichzeitig für sozialen Ausgleich zu sorgen. Erstmals schriftlich erwähnt wurde der Begriff „Soziale Marktwirtschaft" von Erhards Mitstreiter Alfred Müller-Armack, 1952 Leiter der wirtschaftspolitischen Grundsatzabteilung im BMWi [Bundesministerium Wirtschaft]und ab 1958 Staatssekretär für Europapolitik.

Die Soziale Marktwirtschaft ist ein wesentlicher Teil unserer freiheitlichen, offenen und solidarischen Gesellschaft. Mit ihr gibt es einen bewährten Kompass, der Wohlstand und Vollbeschäftigung ermöglicht und zugleich den sozialen Ausgleich und den gesellschaftlichen Zusammenhalt in unserem Land festigt.

Der erste Grundsatz in der Sozialen Marktwirtschaft ist, dass die Märkte über den Preismechanismus für den Ausgleich von Angebot und Nachfrage sorgen: Sind besonders begehrte Güter knapp, steigt deren Preis. Das drängt Nachfrage zurück und bietet zugleich Gewinnmöglichkeiten für zusätzliche Anbieter. Anbieter werden versuchen, die Produktion so kostengünstig wie möglich zu gestalten. So kommt es zu einer effizienten Verwendung der Produktionsmittel und zu günstigen Preisen für die Verbraucher. Dafür ist wichtig, dass Wettbewerb mit offenem Marktzugang herrscht und Marktmacht verhindert wird. Der Marktmechanismus erhöht dann die Konsummöglichkeiten, motiviert die Anbieter zu Innovationen und technischem Fortschritt und verteilt Einkommen und Gewinn nach individueller Leistung. Es ist eine wichtige Aufgabe des Staates, den Rahmen für einen funktionierenden Wettbewerb zu schaffen und zu erhalten. Gleichzeitig muss er die Bereitschaft und die Fähigkeit der

Menschen zu eigenverantwortlichem Handeln und mehr Selbstständigkeit fördern.

Der zweite Grundsatz der Sozialen Marktwirtschaft neben dem freien Markt ist der soziale Ausgleich. Dieser soll eine soziale Absicherung für diejenigen bereitstellen, die aufgrund von Alter, Krankheit oder Arbeitslosigkeit keine Markteinkommen erzielen können. Zu einer Sozialen Marktwirtschaft gehören zudem nicht nur gute Wettbewerbsbedingungen und ein gutes Investitionsklima, sondern auch soziale Teilhabe sowie Chancengerechtigkeit.

Rechtliche Grundlage

Die Soziale Marktwirtschaft wurde nie namentlich als Wirtschaftssystem Deutschlands im Grundgesetz verankert, weil das Grundgesetz keinen eigenen Abschnitt zur Wirtschaft enthält. Allerdings legen zentrale Elemente unserer Rechtsordnung, wie u. a. die Grundrechte, die Vertrags- und Koalitionsfreiheit oder das Recht auf eine freie Berufs- und Arbeitsplatzwahl die Grundlage für die Soziale Marktwirtschaft und schließen die Extreme einer reinen Zentralverwaltungswirtschaft oder einer schrankenlosen Marktwirtschaft aus.

Im Mai 1990 wurde die Soziale Marktwirtschaft im Vertrag über die Schaffung einer Währungs-, Wirtschafts- und Sozialunion zwischen der Bundesrepublik und der ehemaligen DDR rechtlich als gemeinsame Wirtschaftsordnung verankert.

Textquelle: www.bmwi.de.

Kompetenzorientierte Arbeitsaufträge:

1. Notieren Sie sich zunächst die Begriffe in dem vorangestellten Text, die Ihnen unverständlich erscheinen und recherchieren Sie diese anschließend im Internet!
2. Nennen Sie die zentrale Idee der Sozialen Marktwirtschaft und legen Sie kurz dar, wo die Soziale Marktwirtschaft in der Bundesrepublik Deutschland verankert ist!
3. Erläutern Sie in wenigen Worten die aus dieser Idee (vgl. Aufgabe 2) resultierende Zielsetzung der Sozialen Marktwirtschaft!
4. Ein Grundsatz der Sozialen Marktwirtschaft betont den sogenannten „sozialen Ausgleich". Erläutern Sie kurz, was man hierunter versteht und führen Sie konkrete Beispiele an, wie dieser Grundsatz im Alltag anzutreffen ist!
5. Nicht wenige Kritiker führen immer wieder an, dass der „soziale Ausgleich" ein wesentlicher Grund für die zunehmende Belastung der öffentlichen Haushalte darstellt.

   Recherchieren Sie im Internet, wie hoch die Sozialausgaben aktuell die öffentlichen Haushalte belasten und diskutieren Sie über Möglichkeiten, diese Ausgaben künftig einzudämmen!

3.1 Wirtschaftsordnungen

(1) Begriff Wirtschaftsordnung

Die **Wirtschaftsordnung** ist die Art und Weise, wie eine Volkswirtschaft die Produktion und die Verteilung der hergestellten Güter organisiert.

Die Ausgestaltung der Wirtschaftsordnung hängt weitgehend von den gesellschaftspolitischen Grundentscheidungen zwischen **Individualismus** einerseits und **Kollektivismus** andererseits ab. Individualismus und Kollektivismus stellen die beiden großen **gegensätzlichen Anschauungen über das Wesen des Menschen** dar.

(2) Individualismus und Kollektivismus

Individualismus[1]	■ Für den Individualismus ist der Mensch eine **eigenständige Persönlichkeit,** der für sich selbst verantwortlich ist. Oberster Grundsatz des Individualismus ist die **Freiheit des Einzelnen.** ■ Für die Wirtschaftsordnung bedeutet dies, dass sich der Staat nicht durch Gesetze und Verordnungen in die Wirtschaft einmischen soll. Der Individualismus ist davon überzeugt, dass die uneingeschränkte Verfolgung der Einzelinteressen zum höchsten Allgemeinwohl führt. Diese Form der Wirtschaftsordnung bezeichnet man als **freie Marktwirtschaft.** ■ In der **Wirklichkeit** gab es bisher **keine vollständig freie Marktwirtschaft.**
Kollektivismus[2]	■ Für den Kollektivismus ist der Mensch in erster Linie ein **Gemeinschaftswesen.** Deswegen stehen **Staat und Gesellschaft über dem Einzelnen.** Hieraus folgt, dass sich der Einzelne den Prinzipien des Staates unterzuordnen hat. ■ Für die Wirtschaftsordnung bedeutet dies, dass der Staat das gesamte wirtschaftliche Geschehen zu planen, zu lenken und zu kontrollieren hat. Diese Form der Wirtschaftsordnung bezeichnet man als **Zentralverwaltungswirtschaft.** ■ In der **Wirklichkeit** ist bisher **keine Zentralverwaltungswirtschaft**[3] **vollständig verwirklicht** worden.

3.2 Begriff Soziale Marktwirtschaft

Wird in der öffentlichen Diskussion von „Sozialer Marktwirtschaft" gesprochen, ist immer die in der Wirklichkeit (Realität) der Bundesrepublik Deutschland bestehende Wirtschaftsordnung gemeint. „Vater" der Sozialen Marktwirtschaft ist Ludwig Erhard.[4]

Grundziel dieser Wirtschafts- und Gesellschaftsordnung ist: „So viel **Freiheit wie möglich,** so viel **staatlichen Zwang wie nötig",** wobei man sich freilich immer darüber streiten kann, was möglich bzw. was nötig ist.

Die **Soziale Marktwirtschaft** ist eine **Wirtschaftsordnung,** die grundsätzlich den freien Markt bejaht, ohne die Nachteile der freien Marktwirtschaft in Kauf nehmen zu wollen.

1 **Individuum** (lat.): Einzelwesen.

2 **Kollektiv**: Gesamtheit, Zusammenschluss (Kollektivum: das Ganze).

3 Versuche zur Verwirklichung der Idee der **Zentralverwaltungswirtschaft** waren z. B. die sozialistischen Wirtschaftsordnungen der ehemaligen Ostblockstaaten (z. B. die UdSSR, der DDR, der VR Polen) sowie der Volksrepublik China.

4 Ludwig Erhard, der erste Wirtschaftsminister der Bundesrepublik Deutschland, verwendete den Begriff der „Sozialen Marktwirtschaft", als er nach 1948 die Marktwirtschaft in der Bundesrepublik einführte und damit die Zwangswirtschaft der ersten Nachkriegsjahre ablöste. Der Begriff „Soziale Marktwirtschaft" selbst stammt von seinem Mitarbeiter, dem Staatssekretär Alfred Müller-Armack.

3.3 Ordnungsmerkmale der Sozialen Marktwirtschaft

In einem Rechtsstaat muss die Wirtschaftsordnung in eine Rechtsordnung eingebunden sein, die sich wiederum an der Verfassung, in der Bundesrepublik Deutschland also am Grundgesetz [GG][1] auszurichten hat.

Das **Grundgesetz** schreibt ausdrücklich **keine bestimmte Wirtschaftsform** vor, sondern lässt einen weiten Spielraum für denkbare Wirtschaftsordnungen. Das Grundgesetz enthält deshalb neben garantierten Freiheitsrechten auch eine Vielzahl von Einschränkungen dieser Rechte, damit das Gemeinwohl nicht zu kurz kommt.

3.3.1 Garantierte Freiheitsrechte des Grundgesetzes

Art. 2 GG: (1) Jeder hat das Recht auf die freie Entfaltung seiner Persönlichkeit, soweit er nicht die Rechte anderer verletzt und nicht gegen die verfassungsmäßige Ordnung oder das Sittengesetz verstößt. (2) Jeder hat das Recht auf Leben und körperliche Unversehrtheit. Die Freiheit der Person ist unverletzlich. In diese Rechte darf nur aufgrund eines Gesetzes eingegriffen werden.

Im wirtschaftlichen Bereich bedeutet der Freiheitsgrundsatz, dass im Kern folgende **Freiheitsrechte garantiert** sind:

Gewerbefreiheit	Jeder hat das Recht, ein Unternehmen zu gründen, zu führen oder auch aufzulösen.
Vertragsfreiheit	Jeder hat das Recht, Verträge abzuschließen, aufzulösen und deren Inhalt frei zu gestalten.
Konsumfreiheit	Jeder hat das Recht, jede Ware dort zu kaufen, wo es ihm am günstigsten erscheint.

In den Art. 9, 11, 12 und 14 GG wird der Freiheitsgrundsatz des Art. 2 GG fortgeführt, denn in einer vorwiegend auf Privatinitiative und Wettbewerb beruhenden Gesellschaftsordnung müssen auch folgende Rechte garantiert sein:

Vereinigungsfreiheit	Jeder hat das Recht zur Gründung von Handelsgesellschaften, Gewerkschaften und Arbeitgeberverbänden.
Recht auf Freizügigkeit	Jeder hat das Recht, dort seinen Arbeitsplatz (und seinen Wohnsitz) zu nehmen, wo es ihm beliebt.
Recht auf Berufsfreiheit	Jeder hat das Recht auf freie Wahl des Berufs, des Arbeitsplatzes und der Ausbildungsstätte.
Recht auf Privateigentum	Jeder hat das Recht auf Privateigentum sowohl an Konsumgütern (z.B. Kleidung, Privatauto, Eigenheim, Eigentumswohnung) als auch an Produktionsmitteln einschließlich Grund und Boden.

1 Grundgesetz für die Bundesrepublik Deutschland [GG] vom 23. Mai 1949. Das GG ist kein Paragrafengesetz, sondern ein Artikelgesetz.

3.3.2 Einschränkung der Freiheitsrechte in der Sozialen Marktwirtschaft

Die Grenze der Freiheitsrechte nach Art. 2 GG ist dort erreicht, wo die Rechte anderer verletzt werden können. Im Folgenden werden die wichtigsten Einschränkungen von Freiheitsrechten genauer betrachtet:

1 Einschränkung der Gewerbefreiheit

Nach Art. 20 I GG ist die Bundesrepublik Deutschland ein demokratischer und sozialer Bundesstaat. Hieraus folgt, dass im Interesse der **sozialen Gerechtigkeit** die Handlungsfreiheit der Unternehmen eingeschränkt werden muss.

Beispiele:

Einschränkungen der Gewerbefreiheit z. B. durch Approbation[1] von Ärzten und Apothekern, durch die Anmeldepflicht der Gründung eines Gewerbebetriebs, durch den Meisterzwang für bestimmte Handwerksbetriebe oder die staatliche Überwachung gefährlicher Anlagen und Betriebe sowie bestimmter Gewerbezweige.

Schließlich ist auch das **Umweltrecht** ein Eingriff in die Gewerbefreiheit. Bei Nichteinhaltung gesetzlicher Umweltvorschriften drohen privatrechtliche Schadensersatzansprüche und verwaltungsrechtliche bzw. strafrechtliche Sanktionen.[2]

Wichtige umweltschutzrechtliche Vorschriften:

Schutzbereich	Umweltschutzgesetze	Sanktionen
Luftreinhaltung Lärmbekämpfung	Gesetz zum Schutz vor schädlichen Umwelteinwirkungen durch Luftverunreinigungen, Geräusche, Erschütterungen und ähnliche Vorgänge (Bundes-Immissionsschutzgesetz [BImSchG])[3]	Betriebsverbot; Freiheits- oder Geldstrafen
Schutz vor gefährlichen Stoffen	Gesetz zum Schutz vor gefährlichen Stoffen (Chemikaliengesetz [ChemG])	Verbot der Inverkehrbringung; Freiheits- oder Geldstrafen
Gewässerschutz	Gesetz zur Ordnung des Wasserhaushalts (Wasserhaushaltsgesetz [WHG])	Gefährdungshaftung nach dem UmweltHG; Freiheits- oder Geldstrafen
Naturpflege, Artenschutz; Bodenschutz;	Gesetz über Naturschutz und Landschaftspflege (Bundesnaturschutzgesetz [BNatSchG])	Geld- oder Freiheitsstrafen

1 **Approbation**: staatliche Zulassung.

2 **Sanktionen** (lat.): wörtl. Vergeltung, mit positiven oder negativen Folgen antworten.

3 **Immission** (lat.): Einleitung von Schadstoffen; das Einwirken von Luftverunreinigungen, Schadstoffen, Lärm, Strahlen u. Ä. auf Menschen, Tiere und Pflanzen.

2 Einschränkung der Eigentumsrechte

Das Eigentumsrecht umfasst sowohl das **Privateigentum an Konsumgütern** (z.B. Kleidung, Privatauto, Eigenheim) als auch an **Produktionsgüter** (z.B. Einzelhandelsgeschäft, Maschinen, Kraftfahrzeuge sowie Grund und Boden). Allerdings gewährt das Grundgesetz dem Gesetzgeber weitgehende Eingriffsrechte in das Privateigentum.

- Eigentum verpflichtet. Sein Gebrauch soll zugleich dem Wohl der Allgemeinheit dienen [Art. 14 II GG]. Wir sprechen auch von der **sozialen Bindung des Eigentums.** Eigentum berechtigt also nicht zur Willkür, sondern zum „rechten Gebrauch".

Beispiele:

- Der Eigentümer darf sein Haus oder gar seinen Betrieb nicht anzünden.
- Die Veräußerung landwirtschaftlicher Gründstücke ist genehmigungspflichtig.
- Ein Grundstück kann mit einem Bauverbot belegt sein.
- Beim Bau einer Industrieanlage ist der Landschaftsschutz zu berücksichtigen.

- Nach Art. 14 III GG ist in der Bundesrepublik Deutschland eine **Enteignung** möglich.

Beispiel:

Eine Gemeinde möchte ein neues Krankenhaus bauen, weil die Bevölkerung derzeit noch medizinisch unterversorgt ist. Der gemeindeeigene Bauplatz reicht nicht aus, die Gemeinde muss noch Grundstücke hinzukaufen. Ein Teil der Grundstückseigentümer weigert sich jedoch, die erforderlichen Grundstücke an die Gemeinde zu verkaufen. Die Folge: Die bisherigen Eigentümer werden enteignet.

Eine Enteignung ist nur möglich, wenn sie dem „Wohle der Allgemeinheit" dient [Art. 14 III GG]. Die bisherigen **Eigentümer müssen entschädigt** werden [Art. 14 III GG]. Die Entschädigung darf nicht einseitig vom Staat festgesetzt werden. Vielmehr hat jeder durch ein Enteignungsverfahren betroffene Bürger das Recht, wegen der Höhe der Entschädigung vor einem ordentlichen Zivilgericht (Amtsgericht, Landgericht) zu klagen, um eine unabhängige richterliche Entscheidung zu erhalten.

3 Wettbewerbsgesetzgebung

Die Soziale Marktwirtschaft ist eine Wirtschaftsordnung, die auf die Steuerung durch Märkte und Preise nicht verzichten will. Wenn aber der Preismechanismus wirken soll, muss **Wettbewerb herrschen.** Der Erhaltung des Wettbewerbs dient die **Wettbewerbspolitik,** die in der **Wettbewerbsgesetzgebung** ihren Niederschlag findet. Das wichtigste Gesetz, das der Erhaltung des Wettbewerbs dienen soll, ist das sog. „Kartellgesetz".[1]

Der Wettbewerb wird ferner geregelt z.B. durch das **Gesetz gegen den unlauteren Wettbewerb [UWG]**, die **Gewerbeordnung [GewO]**, das **Markengesetz [MarkenG].**

1 Siehe Kapitel 4.5.1, S. 113f.

3.3.3 Tarifautonomie und Sozialgesetzgebung

1 Tarifautonomie

Ein ganz wesentliches Ordnungsmerkmal der Sozialen Marktwirtschaft ist das im Grundgesetz Art. 9 III verbriefte Recht der Arbeitnehmer, Gewerkschaften zu bilden, bzw. das Recht der Arbeitgeber, sich in Arbeitgebervereinigungen zusammenzuschließen. Die Sozialpartner schließen in freier Vereinbarung Tarifverträge ab.

2 Sozialgesetzgebung

Aufgabe der **Sozialgesetzgebung** ist, die **soziale Sicherung** zu erhalten und zu verbessern. Die Sozialgesetzgebung umfasst die Bereiche der **Aufklärung, Beratung** und **Versorgung** breiter Bevölkerungsschichten.

- **Aufklärung** liegt vor, wenn private oder öffentliche Stellen über Vorsorgemaßnahmen, Rechte und Pflichten informieren.

> **Beispiele:**
>
> So klären die Gesundheitsämter über die Vermeidung ansteckender Krankheiten auf. Die gesetzlichen Krankenkassen informieren ihre Versicherten und andere Interessierte über ihre Leistungen.

- Unter **Beratung** versteht man im Rahmen der sozialen Sicherung die persönliche Hilfe oder Einflussnahme in Fragen der Gesundheit, Lebensgestaltung, Erziehung, Berufsfindung, Berufswechsel, Weiterbildung usw. durch private oder staatliche Einrichtungen.

> **Beispiele:**
>
> Die Soziale Marktwirtschaft hat sehr viele Beratungseinrichtungen geschaffen. Es entstanden Erziehungs-, Mütter-, Eheberatungsstellen. Die Berufsberatung macht aufgrund von Eignungsuntersuchungen Berufsvorschläge, die sich nach den für einen Beruf ermittelten Anforderungen richten.

- Die **Versorgung** will dem Einzelnen (oder bestimmten Gruppen) auch dann einen angemessenen Lebensstandard sichern, wenn dieser (bzw. die betreffende soziale Gruppe) keine entsprechende Leistung (z. B. eine Gegenleistung in Form von Versicherungsbeiträgen) erbracht hat.

Das Bündel aller Maßnahmen zur Verwirklichung der Ziele der sozialen Sicherung bezeichnet man als das **soziale Netz.**[1]

Kompetenztraining

14 1. Begründen Sie, warum die Ausgestaltung der Wirtschaftsordnungen von den gesellschaftspolitischen Grundentscheidungen zwischen Individualismus einerseits und Kollektivismus andererseits abhängt!

1 Vgl. hierzu Kompetenzbereich I, Kapitel 5, S. 55 ff.

2. Prüfen Sie, ob Sie Ihre zu Frage eins gemachte Aussage tatsächlich verstanden haben! Erklären Sie, welche Konsequenzen ein Anhänger des Individualismus ziehen müsste, wenn es in der Bundesrepublik Deutschland um die Zukunft folgender Institutionen bzw. Unternehmen ginge:
   2.1 staatliches Schulwesen,
   2.2 staatliches Gesundheitswesen,
   2.3 öffentliches Straßennetz und
   2.4 Unternehmen, die Atomkraftwerke bauen wollen!

3. Grenzen Sie die Begriffe Individualismus und Kollektivismus voneinander ab!

4. Zeigen Sie auf, wie unser Staat versucht, Auswüchse in der Wirtschaft zu vermeiden und seiner sozialen Verpflichtung gerecht zu werden! (4 Beispiele!)

5. Nennen Sie fünf wesentliche Ordnungsmerkmale der Sozialen Marktwirtschaft!

6. 6.1 Erklären Sie anhand von Beispielen, wie in der Sozialen Marktwirtschaft
      6.1.1 die Vertragsfreiheit,
      6.1.2 die Gewerbefreiheit und
      6.1.3 die Eigentumsrechte
      eingeschränkt werden!
   6.2 Erklären Sie, warum die Tarifautonomie ein wesentlicher Bestandteil der Sozialen Marktwirtschaft ist!

7. Entscheiden Sie, ob die folgenden Regelungen des Staates mit den Prinzipien der Sozialen Marktwirtschaft vereinbar sind!
   7.1 Das Steuersystem wird so geordnet, dass jeder Steuerpflichtige über das gleiche Nettoeinkommen verfügen kann.
   7.2 Jeder Einwohner erhält das Recht, in Notfällen seinen Anspruch auf Unterstützung durch den Staat gerichtlich einklagen zu können.
   7.3 Der Staat erhält das Recht, zum Wohle der Allgemeinheit Enteignungen gegen Entschädigung vornehmen zu dürfen.
   7.4 Zur Erhaltung von 40 000 Arbeitsplätzen räumt der Staat dem Unternehmen X auf Dauer eine Ermäßigung der Umsatz- und Gewerbesteuer ein.
   7.5 Zur Ankurbelung der Konjunktur gewährt der Staat Sonderabschreibungen für Anlageinvestitionen, die innerhalb eines bestimmten Zeitraums durchgeführt werden.
   7.6 Der Staat verbietet durch Gesetz den Zusammenschluss von Unternehmen, wenn diese dadurch eine Marktbeherrschung erreichen wollen.
   7.7 Der Staat zahlt Unternehmen einer Branche Zinszuschüsse für Anpassungsinvestitionen, die durch den technischen Fortschritt notwendig wurden, obwohl die Unternehmensleitungen diese Anpassungen in der Vergangenheit fahrlässig unterlassen haben.
   7.8 Der Staat gewährt nach sozialen Gesichtspunkten gestaffelte Prämien für Arbeitnehmer, die einen Teil ihres Einkommens vermögenswirksam anlegen.
   7.9 Der Staat schreibt Preise für Grundnahrungsmittel und Mietwohnungen vor.
   7.10 Der Staat zahlt Umschulungsbeihilfen für Arbeitnehmer, die ihre Arbeitsplätze infolge technologischer Entwicklungen verloren haben.

4 Formen und Ziele der Kooperation und Konzentration unterscheiden und bearbeiten

Lernsituation 4:

Lesen Sie zunächst den nachfolgenden Artikel!

Die verordnete Solidarität

Wettbewerb war selbst unter Zunftmitgliedern verboten – Verstöße dagegen wurden sogar mit dem Tod bestraft

Am 29. September 1615 zogen die Kölner Handwerker aus, ihren Lebensunterhalt zu verteidigen. Mit Äxten, Pickeln und Pferdewagen setzten Zimmerleute, Dachdecker und Maurer über den Rhein und marschierten unter dem Schutz von 500 Soldaten gegen die Festung Mülheim. Sie rissen die Festungsmauern ein, zerstörten Häuser und Gewerbebetriebe. In der zum Herzogtum Berg gehörenden „Freiheit" Mülheim hatte sich in den vergangenen Jahrzehnten eine für die stadtkölnischen Zunfthandwerker ruinöse Konkurrenz entwickelt.

All jene Protestanten und aufstrebenden Manufakturbetreiber, denen im katholischen Köln das Produzieren verboten war, wurden in Mülheim kostenlos in den Bürgerstand aufgenommen. Sie statteten ihre Betriebe mit modernen mechanischen Hilfsmitteln aus, deren Gebrauch den Zunftmeistern verboten war, und sie stellten zur Arbeit ein, wer arbeiten wollte und konnte – ohne Rücksicht auf Gesellenbrief und Zunftfähigkeit. Die dynamischen Mülheimer Unternehmer erdrückten das zünftige Handwerk auf der anderen Rheinseite. Sie nahmen ihm die Märkte und kauften ihm die Rohstoffe vor der Nase weg. Der Feldzug von 1615 hat den Siegeszug des freien Gewerbes allerdings nicht aufhalten können. [...]

Quelle: DIE ZEIT vom 05.12.1997 (Auszug).

Quelle: Gästeamt Wangen im Allgäu.

Kompetenzorientierte Arbeitsaufträge:

1. Nennen Sie Gründe, die die Kölner Handwerker dazu bewegt haben, gegen die Festung Mülheim zu ziehen! Gehen Sie dabei insbesondere auf die im Text genannten Ursachen ein!
2. Erläutern Sie, warum es im Rahmen der Sozialen Marktwirtschaft eine wichtige Aufgabe des Staates ist, den Rahmen für einen funktionierenden Wettbewerb zu schaffen und zu erhalten.
3. Vielfach muss das Bundeskartellamt namhafte Unternehmen mit Strafen belegen, weil sie gegen geltendes Wettbewerbsrecht verstoßen, indem sie versuchen, den Wettbewerb auszuschalten. Recherchieren Sie hierzu aktuelle Fälle und präsentieren Sie die Ergebnisse Ihrer Recherche Ihren Mitschülern!

4.1 Begriffe Kooperation und Konzentration

In einer Marktwirtschaft stehen die Unternehmen in einem mehr oder weniger **harten Wettbewerb um die Käufer ihrer Leistungen** (Sachgüter wie z. B. Waren und Dienstleistungen). Um den **Konkurrenzdruck** zu **mildern,** arbeiten sie häufig mit anderen Unternehmen zusammen (sie kooperieren mit anderen Unternehmen).

Dabei kann sich die **Zusammenarbeit (die Kooperation)** auf den verschiedensten Gebieten vollziehen, beispielsweise

- im **Einkauf** (z. B. gemeinsame Beschaffung),
- in der **Produktion** (z. B. Schaffung gemeinsamer Normen) oder
- im **Absatz** (z. B. Gemeinschaftswerbung).

- **Kooperation** ist **jede** Zusammenarbeit zwischen Unternehmen.
- Unternehmenszusammenschlüsse können zur **Machtzusammenballung** („Monopolisierung") führen. Man spricht in diesem Fall von **Konzentration.**[1]

4.2 Ziele der Kooperation und Konzentration

Aus der Sicht der beteiligten Unternehmen sprechen z. B. folgende Gründe für die Konzentration:

Beschränkung des Wettbewerbs	Die Einschränkung der Konkurrenz ermöglicht es den monopolistischen Anbietern, ihre Preise so zu gestalten, dass Gewinne erzielt werden. Monopolistische Nachfrager können die Preise ihrer Zulieferer drücken, um ihre eigenen Gewinne zu erhöhen.
Beschaffungssicherung	Durch Verträge, Beteiligungen oder durch den Aufkauf von Zulieferbetrieben wird die Zulieferung von Rohstoffen und/oder Fertigteilen gesichert.
Absatzsicherung	Durch Verträge, Beteiligungen oder durch den Aufkauf von nachgelagerten Unternehmen lässt sich der Absatz der eigenen Erzeugnisse oder Waren sichern.
Absatzförderung	Der Absatz lässt sich z. B. durch gemeinsame Werbung, einheitliche Ausgestaltung von Verkaufsstätten sowie durch vereinheitlichte Qualität der angebotenen Produkte ausweiten.
Förderung der Forschung	Die Finanzierung kostspieliger Forschungsvorhaben wird erleichtert oder erst durch die gemeinsame Finanzierung (z. B. einer Forschungs-GmbH) ermöglicht.
Steigerung der Wirtschaftlichkeit	Durch Rationalisierungsmaßnahmen wie z. B. Typisierung, Normung und Spezialisierung lässt sich die Wirtschaftlichkeit erhöhen.

1 **Konzentration:** Zusammenfassung; hier: Zusammenballung wirtschaftlicher Macht bei einem oder wenigen Unternehmen bzw. staatlichen Betrieben.

Kapazitäts-auslastung	Durch die Übernahme von Großaufträgen, die die Leistungskraft der einzelnen Unternehmen übersteigen würden, lässt sich die Beschäftigung der zusammenarbeitenden (kooperierenden) Unternehmen sichern. **Beispiele:** Mehrere europäische Unternehmen sind am Bau eines Flugzeugs beteiligt. – Mehrere Bauunternehmen erstellen in einer Arbeitsgemeinschaft ein Kraftwerk.
Sicherung der Konkurrenzfähigkeit auf dem Weltmarkt	Die Absatzsicherung auf den internationalen Märkten kann z. B. durch gemeinsame Rationalisierungsmaßnahmen mit dem Ziel der Kostensenkung, durch gemeinsame Werbung und/oder durch die Gründung gemeinsamer Absatzeinrichtungen (Absatzsyndikate)[1] geschehen.
Ausschaltung der Konkurrenz	Das konkurrierende Unternehmen wird aufgekauft. Dessen Rechte (z. B. Patente), technisches Wissen (Know-how) und sein Ruf auf dem Markt (Firmenwert, Goodwill) gehen auf den Käufer über.
Gewinn-abschöpfung	Die Anteilsmehrheit an einem gutgehenden Unternehmen wird erworben, dessen Gewinne müssen dann an die „Muttergesellschaft" abgeführt werden.

Kooperationen und Konzentrationen können vertikal, horizontal oder anorganisch sein.

Art	Erläuterung	Beispiele
vertikaler Zusammenschluss	Ein solcher Zusammenschluss liegt vor, wenn sich Unternehmen verschiedener Produktionsstufen zusammenschließen.	Forstwirt – Sägewerk – Möbelfabrik – Möbelfachgeschäft.
horizontaler Zusammenschluss	Hiervon spricht man, wenn es sich um Unternehmen der gleichen Branche handelt.	Bank – Bausparkasse – Versicherung.
anorganischer Zusammenschluss	An diesem Zusammenschluss sind Unternehmen unterschiedlichster Branchen beteiligt.	Parfümerie – Brauerei – Lebensmittelfabrik – Maschinenhersteller.

4.3 Formen der Kooperation durch Unternehmenszusammenschlüsse

Die Unternehmenszusammenschlüsse können danach gegliedert werden, inwieweit die kooperierenden Unternehmen auf ihre **rechtliche und wirtschaftliche Selbstständigkeit** verzichten. Zu unterscheiden sind:

- Kooperierende Unternehmen, die ihre **rechtliche und ihre wirtschaftliche Selbstständigkeit außerhalb der Vertragsabsprachen behalten.** Hierzu gehören z. B. die **Kartelle.**
- Kooperierende Unternehmen, bei denen ein oder mehrere Partner ihre **wirtschaftliche Selbstständigkeit verlieren.** Zu ihnen gehören z. B. die **Konzerne.**
- Kooperierende Unternehmen, die ihre **rechtliche und ihre wirtschaftliche Selbstständigkeit aufgeben.** Zu ihnen gehören die **Trusts.**

1 **Syndikat** (lat.): vom einzelnen Produzenten unabhängige Verkaufseinrichtung.

4.3.1 Kartell

(1) Begriff Kartell

Das **Kartell** ist ein **vertraglicher Zusammenschluss** von Unternehmen eines Wirtschaftszweigs, die **rechtlich selbstständig** bleiben, aber einen Teil ihrer **wirtschaftlichen Selbstständigkeit** aufgeben.

Die Unternehmen eines Kartells sind durch **Verträge** miteinander verknüpft, wobei sie ihre rechtliche und ihre wirtschaftliche Selbstständigkeit **außerhalb der Vertragsabsprachen** nicht aufgeben.

(2) Kartellarten

Kartellabsprachen können sich auf zahlreiche betriebliche Aufgabenbereiche (Funktionen) beziehen. Die nachfolgende Tabelle gibt einen Überblick über wichtige Kartellvereinbarungen im Handel.

Bezeichnung	Inhalt der Kartellvereinbarung
Rationalisierungskartelle	Rationalisierungskartelle sollen zu einer **Kostensenkung** und damit zur **Steigerung der Leistungsfähigkeit** (Produktivität) der Kartellmitglieder beitragen.
Preiskartell	■ Hier vereinbaren mehrere oder alle Unternehmen einer Branche, ihre Absatzpreise auf einen **bestimmten Preis** festzulegen (Kartellpreis) oder zumindest die vereinbarten Preisober- und/oder -untergrenzen einzuhalten. Der Preiswettbewerb (die Preiskonkurrenz) zwischen den Kartellmitgliedern wird somit aufgehoben. ■ Das Kartell ist so in der Lage, auf dem Markt einen **höheren Preis durchzusetzen,** als dies bei freier Konkurrenz möglich wäre. Man kann daher davon ausgehen, dass Kartellpreise in der Regel höher als die Preise bei freier Konkurrenz sind.
Mengenkartelle	Bei dieser Kartellart wird die Gesamtnachfragemenge auf die Mitglieder aufgeteilt. Wir unterscheiden zwei Arten:
■ **Quotenkartell**	■ Jedem Unternehmer wird eine **bestimmte Warenmenge** zugeteilt. Über die Angebotsmenge soll damit Einfluss auf den Preis genommen werden.
■ **Gebietskartell**	■ Jedem Kartellunternehmen wird ein **abgegrenztes Absatzgebiet** zugeteilt. Ihm wird untersagt, Kunden außerhalb seines ihm zugeteilten Marktes zu beliefern. Dadurch wird der Wettbewerb erheblich beschränkt.
Konditionenkartelle	■ Inhalt der Kartellvereinbarungen ist die Festlegung **einheitlicher Lieferungs- und Zahlungsbedingungen** (z. B. einheitliche Skonti und Zahlungsfristen, gemeinsame Gewährleistungsbedingungen, einheitliche Verpackungskosten, einheitlicher Erfüllungsort). ■ Durch die Konditionenkartelle wird ein **indirekter Einfluss auf die Preisbildung** ausgeübt, da die kartellierten Konditionen im weiteren Sinne zu den Preisbestandteilen gerechnet werden müssen. Konditionenkartelle legen vor allem Kosten von Nebenleistungen (z. B. Fracht- und Verpackungskosten) fest.
Syndikate	Ein Syndikat ist ein Kartell, bei dem die Kartellmitglieder ihre Erzeugnisse über eine **gemeinsame Vertriebsgesellschaft**[1] verkaufen müssen.

1 Statt Vertriebsgesellschaft wird auch der Begriff **Verkaufssyndikat** verwendet.

4.3.2 Konzern

Ein Konzern ist ein Zusammenschluss von Unternehmen, die **rechtlich selbstständig** sind, ihre **wirtschaftliche Selbstständigkeit** aber **aufgeben,** indem sie sich einer **einheitlichen Leitung** unterstellen.

Der Konzern ist dadurch geprägt, dass die beteiligten Unternehmen mit dem herrschenden Unternehmen (der Muttergesellschaft) **kapitalmäßig verbunden** sind. Die abhängigen Unternehmen sind unter der **einheitlichen Leitung des herrschenden** Unternehmens zusammengefasst.

4.3.3 Trust

Im Gegensatz zum Konzern, bei dem die beteiligten Unternehmen ihre rechtliche Selbstständigkeit behalten, ist der Trust ein Zusammenschluss mehrerer Unternehmen, die ihre **rechtliche und wirtschaftliche Selbstständigkeit aufgeben.** Dadurch entsteht **ein** Unternehmen.

Ein **Trust** ist ein Unternehmenszusammenschluss, bei dem sich die verschmelzenden Unternehmen zu einem **Großunternehmen** vereinigen.

Trusts entstehen durch **Verschmelzung (Fusion).** Dabei gibt es zwei Möglichkeiten:

Fusion durch Aufnahme	Sie liegt vor, wenn das Vermögen des übertragenden Unternehmens auf die übernehmende Gesellschaft transferiert[1] wird. Praktisch bedeutet das, dass ein schwächeres Unternehmen durch ein stärkeres Unternehmen aufgekauft wird. Die Firma des übertragenden Unternehmens wird gelöscht.
Fusion durch Neubildung	Bei dieser Art der Trustentstehung wird eine neue Gesellschaft gegründet, auf die die Vermögen der sich vereinigenden Unternehmen übertragen werden. Die Firmen aller übertragenden Unternehmen erlöschen.

4.4 Folgen der Unternehmenskonzentration

Marktbeherrschende Unternehmen sind aus folgenden Gründen **nicht** mit den Prinzipien einer Sozialen Marktwirtschaft vereinbar:

Gründe	Erläuterungen
Preisbildung	■ Die freie Preisbildung auf dem Markt ist nicht mehr gewährleistet. Die marktbeherrschenden Unternehmen „diktieren" den Preis. ■ Die marktbeherrschenden Unternehmen halten die Waren künstlich knapp, was zu höheren Preisen führt.

1 **Transferieren:** übertragen.

Gründe	Erläuterungen
Produktionsbedingungen	■ Der Druck auf die Unternehmen, qualitativ bessere und billigere Erzeugnisse zu produzieren, entfällt. ■ Zu teuer produzierende Betriebe werden nicht vom Markt gedrängt, da die Preise an deren zu hohen Kosten ausgerichtet werden. ■ Produktionsfaktoren werden verschwendet und es kommt zu zusätzlichen (vermeidbaren) Umweltbelastungen.
gesellschaftliche Entwicklung	■ Die Produktionseinschränkungen führen zu einer schlechteren Versorgung der Konsumenten und zu einer Einschränkung der Konsumfreiheit. ■ Durch die teureren Waren kommt es zu einer Umverteilung der Einkommen vom Verbraucher zu den Unternehmen. Die Unternehmen erzielen höhere Gewinne auf Kosten der Konsumenten. ■ Es besteht die Gefahr, dass die marktbeherrschenden Unternehmen ihre wirtschaftliche Macht, vor allem zum Nachteil der sozial- und wirtschaftlich schwächeren Verbraucher, missbrauchen.

4.5 Sicherung des Wettbewerbs durch staatliche Wettbewerbspolitik

- Das **Kartellrecht** schafft die Voraussetzungen für einen **funktionierenden** Wettbewerb zwischen den Unternehmen. Insbesondere will es der **Entstehung** von **zu viel Marktmacht** eines Unternehmens **vorbeugen.**
- In Deutschland finden sich die kartellrechtlichen Regelungen vor allem im **Gesetz gegen Wettbewerbsbeschränkungen [GWB].**

4.5.1 Kartellkontrolle

(1) Grundsätzliches Kartellverbot

Alle Vereinbarungen und Maßnahmen, die den Wettbewerb einschränken, sind verboten [§ 1 GWB]. Hierzu zählen insbesondere

- **alle Kartellverträge.** Verboten sind insbesondere die **Preisabsprachen der Preiskartelle,** die **Mengenabsprachen** der **Quotenkartelle** und die **räumlichen Aufteilungen** der **Absatzgebiete** durch die **Gebietskartelle.**
- die **Preisbindung.** Hier wird durch eine Vereinbarung zwischen Verkäufer (z. B. Hersteller) und Käufer (z. B. Einzelhändler) verhindert, dass letzterer seine Verkaufspreise selbst festsetzen kann.

  Beispiel:

  Die Stuttgarter Möbelwerke GmbH verpflichten die Käufer ihrer Möbel (Einzelhändler), diese Möbel an die Letztverbraucher (Konsumenten) nur zu bestimmten (festen) Preisen zu verkaufen. Diese Preisbindung ist verboten.

  Das **Preisbindungsverbot gilt nicht** für die Preisbindung bei Büchern, Zeitschriften und Zeitungen. Außerdem gibt es Ausnahmen von der Preisbindung für die Landwirtschaft sowie für die Kredit- und Versicherungswirtschaft.
- **aufeinander abgestimmte Verhaltensweisen** von Unternehmen zur **Verhinderung** oder **Verfälschung** des Wettbewerbs.

(2) Ausnahmen

Vom Kartellverbot des § 1 GWG sind freigestellt:

- Wettbewerbsbeschränkende Vereinbarungen zwischen den Unternehmen, die zu einer **angemessenen Beteiligung der Verbraucher an dem entstehenden Gewinn**[1] (durch eine bessere Warenerzeugung oder Warenverteilung) oder zu einer **Förderung des technischen oder wirtschaftlichen Fortschritts beitragen**.
- Vereinbarungen zwischen den miteinander im Wettbewerb stehenden Unternehmen, durch die wirtschaftliche Vorgänge (z. B. der Beschaffung, Produktion, des Absatzes) in Form zwischenbetrieblicher Zusammenarbeit **rationalisiert** werden (z. B. zur Einsparung von Kosten). Diese Ausnahmen gelten vor allem für kleinere und mittlere Unternehmen, die dadurch ihre Wettbewerbsfähigkeit verbessern wollen **(Mittelstandskartell)**.

Beispiel:

Mehrere kleinere Hersteller von Wärmepumpen vereinbaren eine gemeinsame Forschung und Werbung für ihre Erzeugnisse. Zur Einsparung von Beschaffungskosten vereinbaren mehrere kleinere und mittelgroße Baumärkte, Stahl und Eisen gemeinsam über einen zentralen Gemeinschaftseinkauf zu beschaffen.

4.5.2 Missbrauchsaufsicht

Über bestehende marktbeherrschende Unternehmen besteht eine Missbrauchsaufsicht durch das Bundeskartellamt.

Eine **missbräuchliche** Ausnutzung einer **marktbeherrschenden** Stellung durch ein oder mehrere Unternehmen ist **verboten**.

(1) Formen des Missbrauchs

Ein **Missbrauch** liegt z. B. dann vor, wenn ein marktbeherrschendes Unternehmen

- die Wettbewerbsmöglichkeiten anderer Unternehmen erheblich ohne sachlich gerechtfertigten Grund beeinträchtigt,
- Entgelte oder sonstige Geschäftsbedingungen fordert, die sich bei einem wirksamen Wettbewerb mit hoher Wahrscheinlichkeit nicht ergeben würden, oder
- sich weigert, einem anderen Unternehmen gegen ein angemessenes Entgelt Zugang zu den eigenen Netzen oder anderen Infrastruktureinrichtungen zu gewähren.[2]

Ein Missbrauch ist auch dann gegeben, wenn es dem anderen Unternehmen aus rechtlichen oder tatsächlichen Gründen ohne die Mitbenutzung nicht möglich ist, auf dem vor- oder nachgelagerten Markt als Wettbewerber des marktbeherrschenden Unternehmens tätig zu werden.[3]

---

1 Unter „Gewinn" ist hier nicht der in der Gewinn- und Verlustrechnung ausgewiesene Reingewinn zu verstehen, sondern der Vorteil der Unternehmen (z. B. Verbesserung der Produktqualität, Exportvorteile), den sie durch die Vereinbarungen, Beschlüsse und/oder abgestimmte Verhaltensweisen erlangen.

2 Zweck dieser gesetzlichen Regelung ist z. B., den Wettbewerb auf früheren monopolistischen Märkten dadurch zu fördern, dass bedeutende Netze bzw. Infrastrukturen wie z. B. Leitungsnetze für Strom und Nachrichten, Flughäfen und Medien grundsätzlich von allen Wettbewerbern genutzt werden können.

3 Dies gilt nicht, wenn das marktbeherrschende Unternehmen nachweist, dass die Mitbenutzung aus betriebsbedingten oder sonstigen Gründen nicht möglich oder unzumutbar ist [§ 19 IV GWB].

(2) Begriff der Marktbeherrschung

- **Marktbeherrschend** ist **ein** Unternehmen, wenn es auf seinem Markt ohne Wettbewerber ist oder keinem wesentlichen Wettbewerb ausgesetzt ist **oder** im Verhältnis zu seinen Wettbewerbern eine überragende Marktstellung hat.
- **Marktbeherrschend** sind z. B. **zwei oder mehr** Unternehmen, wenn zwischen ihnen für eine bestimmte Art von Waren oder von gewerblichen Leistungen kein wesentlicher Wettbewerb besteht.

Vermutet wird eine Marktbeherrschung, wenn ein Unternehmen einen **Marktanteil** von **mindestens 40 %** hat. Eine **Gesamtheit** von Unternehmen gilt als marktbeherrschend, wenn **drei oder weniger Unternehmen** zusammen einen Marktanteil von **mindestens 50 %** oder **fünf oder weniger Unternehmen** zusammen einen Marktanteil von **mindestens zwei Dritteln** erreichen. Diese Vermutung gilt nicht, wenn die Unternehmen z. B. nachweisen, dass sie im Verhältnis zu den übrigen Wettbewerbern **keine überragende** Marktstellung haben.

4.5.3 Fusionskontrolle (Zusammenschlusskontrolle)

(1) Zusammenschlüsse

Unternehmenszusammenschlüsse liegen z. B. in folgenden Fällen vor:

- Erwerb des gesamten oder eines wesentlichen Teils des Vermögens eines anderen Unternehmens;
- Erwerb der unmittelbaren oder mittelbaren Kontrolle über andere Unternehmen durch Rechte, Verträge oder andere Mittel;
- Erwerb von Anteilen an einem anderen Unternehmen, wenn diese Anteile allein oder zusammen mit sonstigen, dem Unternehmen bereits gehörenden Anteilen a) 50 % oder b) 25 % des Kapitals oder der Stimmrechte des anderen Unternehmens erreichen.

(2) Anmelde- und Anzeigepflicht

Alle Unternehmenszusammenschlüsse sind **vor ihrem Vollzug** beim Bundeskartellamt **anzumelden.** Sie unterliegen bis zur Freigabe durch das Bundeskartellamt dem **Vollzugsverbot**. Die zur Anmeldung verpflichteten einzelnen Unternehmen müssen in ihrer Anmeldung dem Bundeskartellamt die **Form des Zusammenschlusses mitteilen.** Weitere Angaben sind von den beteiligten Unternehmen z. B. zur Firma, zum Niederlassungsort, zur Art ihres Geschäftsbetriebs, zu ihren Umsatzerlösen im Inland sowie in der Europäischen Union und über ihre Marktanteile zu machen.

(3) Geltungsbereich der Zusammenschlusskontrolle

Die Vorschriften des GWB über die Zusammenschlusskontrolle gelten, wenn im letzten Geschäftsjahr vor dem Zusammenschluss die beteiligten Unternehmen **insgesamt weltweit** Umsatzerlöse von **mehr als 500 Millionen €** und mindestens ein beteiligtes Unternehmen im **Inland** Umsatzerlöse von **mehr als 25 Millionen €** erzielt haben.

(4) Verfahren der Zusammenschlusskontrolle

Die Untersagung von Unternehmenszusammenschlüssen ist grundsätzlich nur innerhalb einer Frist von **4 Monaten** seit Eingang der vollständigen Fusionsanmeldung möglich.

(5) Ministererlaubnis

Auf Antrag kann der **Bundesminister für Wirtschaft und Energie** die Erlaubnis zu einem vom Bundeskartellamt untersagten Zusammenschluss erteilen, wenn dieser von gesamtwirtschaftlichem Vorteil ist oder durch ein **überragendes Interesse der Allgemeinheit** gerechtfertigt ist. Die Erlaubnis darf nur erteilt werden, wenn der Zusammenschluss die marktwirtschaftliche Ordnung nicht gefährdet.

Kompetenztraining

15

1. Erklären Sie die Begriffe Kooperation und Konzentration!
2. Nennen Sie Ziele, die die Unternehmen durch Kooperation und Konzentration verfolgen!
3. Erklären Sie an einem Beispiel den Unterschied zwischen rechtlicher und wirtschaftlicher Selbstständigkeit!
4. Erklären Sie den Unterschied zwischen Konzern und Kartell!
5. Erklären Sie folgende Kartellarten:
   - 5.1 Preiskartell,
   - 5.2 Rationalisierungskartell und
   - 5.3 Syndikat!
6. Erklären Sie den Begriff Fusion!
7. Begründen Sie die Bedeutung der Fusionskontrolle in einer Sozialen Marktwirtschaft!
8. Die Lebensmittelwerke AG schließt sich mit der Handelskette Gut & Fein GmbH zusammen.

   Aufgaben:
   - 8.1 Nennen Sie zwei Gründe, die für diesen Entschluss maßgebend gewesen sein könnten!
   - 8.2 Nennen Sie den Begriff für diese Art von Zusammenschluss!
   - 8.3 Nennen Sie zwei Vorteile und zwei Nachteile, die dieser Zusammenschluss für den Verbraucher mit sich bringen kann!
   - 8.4 Das Bundeskartellamt in Bonn verweigert den Zusammenschluss. Führen Sie an, auf welches Gesetz sich die Ablehnung gründet!
9. Erklären Sie jeweils zwei (mögliche) gesamtwirtschaftliche Vorteile und Nachteile (negative Auswirkungen) von Unternehmenszusammenschlüssen! Beurteilen Sie, ob Ihrer Ansicht nach die Vor- oder Nachteile überwiegen! Begründen Sie Ihre Meinung!
10. Erläutern Sie, warum der Staat in der Sozialen Marktwirtschaft dazu aufgerufen ist, Wettbewerbspolitik zu betreiben, und welche Ziele der Staat damit verfolgt!

5 Markt als Ort des Zusammentreffens von Angebot und Nachfrage systematisieren und analysieren

Lernsituation 5:

Der 18-jährige Schüler Max Schlaumeier verdient sich gerne ein wenig Geld zusätzlich. Da Max schon recht früh in seinem Leben für sich erkannt hat, dass er gerne „sein eigenes Ding macht", kam für ihn kein normaler Job infrage, sodass er sich vor drei Monaten selbstständig machte. Zu diesem Zweck hat er gemeinsam mit seinem Vater den Kleinwohnwagen des Großvaters zu einem schönen „Marktstand" umgebaut und mit tollen Graffitis versehen. Mit dem mobilen Verkaufsstand fährt er dann zu verschiedenen Festen in der näheren Umgebung seines Wohnortes, um frisch zubereitete Crêpes zu verkaufen.

Zurzeit überlegt Max, ob er seinen Crêpestand für das eintägige Stadtfest seines Wohnortes am Sonntag anmelden soll, an dem vielfältige Marktstände die Einkaufspassage bereichern und zudem alle örtlichen Geschäfte geöffnet haben. Nach Auskunft der Organisatoren dieses Festes müsste er für den Stand eine Tagesgebühr von 150,00 € entrichten. Max verkauft die Crêpes zurzeit mit drei verschiedenen Belägen. Nach seiner Berechnung betragen die Kosten pro Crêpe inklusive Crêpetüte und Serviette unabhängig vom Belag ca. 1,00 €. Den Verkaufspreis hat Max seit Beginn seiner Geschäftstätigkeit auf 2,50 € festgelegt.

Da Max für das Backen eines Crêpes nur eine Herdplatte zur Verfügung steht, kann er während des zehnstündigen Brunnenfestes maximal 300 Crêpes herstellen und verkaufen. Dieser „Engpass" ist Max schon seit Längerem ein Dorn im Auge. Grundsätzlich wäre er in der Lage, zwei Herdplatten gleichzeitig zu bedienen und somit die oft langen und auch geschäftsschädigenden Warteschlangen an seinem Stand zu vermeiden. Die Anschaffung einer zweiten Herdplatte hat Max jedoch bisher noch zurückgestellt, da diese Spezialplatten sehr teuer sind.

Kompetenzorientierte Arbeitsaufträge:

1. Angenommen, Sie wollen bei herrlichem Sonnenschein dieses Stadtfest besuchen. Bestimmen Sie, welche Faktoren konkret Ihr Einkaufsverhalten an den einzelnen Ständen bzw. in den Geschäften beeinflussen!
2. Erläutern Sie beispielhaft, wie sich Preisänderungen auf Ihr Nachfrageverhalten auswirken!
3. Angenommen, Crêpes zählen zu Ihren absoluten Lieblingsspeisen. Kurz bevor Sie den Marktstand von Max erreichen, sehen Sie, wie er den Preis pro Crêpe um 1,00 € erhöht. Welche Auswirkung hat diese Preiserhöhung auf Ihre Kaufentscheidung, wenn es keinen anderen Crêpestand gibt und Sie über ausreichend Taschengeld verfügen? Wie würde Ihre Entscheidung ausfallen, wenn Crêpes nicht Ihre einzige Lieblingsspeise wären?
4. Erläutern Sie, wie Sie sich verhalten würden, wenn es weitere Crêpestände auf dem Markt geben würde und Sie unbedingt Crêpes essen möchten!
5. Diskutieren Sie, welche Auswirkungen es auf die Preisgestaltung von Max hat, ob es Konkurrenzanbieter gibt oder nicht!

6. Angenommen, Max hätte mit einem Verkaufspreis von 2,00 € kalkuliert. Nunmehr stellt er aber fest, dass die beiden anderen Crêpeanbieter 2,50 € pro Crêpe nehmen. Erläutern Sie kurz, welche Auswirkungen sich für Max ergeben, wenn er sich den anderen Anbietern anpassen möchte!
7. Aus den Erfahrungen der Vergangenheit heraus ist Ihnen bei Crêpes ein Preis von 4,00 € in Erinnerung. Erläutern Sie, was konkret die in Aufgabe 6 formulierte preisliche Ausgangssituation für Sie bedeutet!
8. Max hat noch immer keine Entscheidung getroffen, ob er für das Stadtfest seinen Stand anmelden möchte. Von den Organisatoren erfährt er, dass er der einzige Anbieter von Crêpes sein wird. Unterstellen Sie, dass Max einen Verkaufspreis von 2,50 € für realistisch hält. Berechnen Sie, wie viele Crêpes er verkaufen müsste, damit er keinen Verlust erleidet; bei welcher Verkaufsmenge also seine „Gewinnschwelle" läge! Ermitteln Sie, wie hoch der für ihn maximal auf dem Stadtfest erzielbare Gewinn wäre!

5.1 Systematisierung von Märkten

5.1.1 Begriff Markt

Wer den Begriff Markt hört, denkt vermutlich zunächst an solche Märkte wie z. B. den Wochenmarkt, den Supermarkt oder den Flohmarkt. Des Weiteren werden einem sicher Begriffe wie Arbeitsmarkt oder Wohnungsmarkt einfallen. Auch Zeitungsanzeigen enthalten oft Überschriften wie Gebrauchtwagenmarkt oder Stellenmarkt.

Wirtschaftlich betrachtet ist der **Markt** der Ort, an dem Angebot und Nachfrage aufeinandertreffen.

Der Markt hat die Aufgabe, über die **Preisbildung** einen Ausgleich zwischen den angebotenen und den nachgefragten Waren zu schaffen. Bestimmt wird der Preis durch den **Wettbewerb der Anbieter** und dem **Verhalten der Nachfrager**.

Der **Preis** ist der in Geld ausgedrückte Tauschwert einer Ware.

Anbieter versuchen auf dem Markt ihre Güter abzusetzen. Dabei streben sie nach Gewinnmaximierung.

MARKT

Nachfrager versuchen auf dem Markt ihre Nachfragepläne zu verwirklichen. Sie streben nach Nutzenmaximierung.

5.1.2 Marktarten[1]

Je nachdem, von welchem **Gesichtspunkt** aus man die Märkte betrachtet, kann man verschiedene **Einteilungen** vornehmen:

(1) Gliederung des Marktes nach der Art der Marktpreisbildung

Vollkommene Märkte[2]	Unvollkommene Märkte
Märkte, auf denen es nur einen **einheitlichen Preis** für ein **bestimmtes Gut** geben kann.	Märkte, auf denen es **unterschiedliche Preise** für ein **bestimmtes Gut** gibt.

(2) Gliederung des Marktes nach der Anzahl der Anbieter und Nachfrager

polypolistische Märkte[3]	Vollständige Konkurrenz, d. h., **unzählige Anbieter und Nachfrager** treten auf dem Markt auf.
oligopolistische Märkte[4]	Märkte, bei denen auf einer und/oder beiden Marktseiten **wenige Anbieter und Nachfrager** vorhanden sind.
monopolistische Märkte[5]	Märkte, bei denen sich auf **einer und/oder beiden Marktseiten** nur **ein Marktbeteiligter** befindet.

5.2 Nachfragekurven und Nachfrageverschiebungen

5.2.1 Begriff und Bestimmungsgründe der Nachfrage

Nachfrage ist der auf dem Markt erscheinende Bedarf.[6]

Wichtige Faktoren, die die individuelle Nachfrage z. B. der privaten Haushalte bestimmen, sind:

- die **Dringlichkeit der Nachfrager** ein **Bedürfnis[7] zu befriedigen,**
- die Höhe des **verfügbaren Einkommens** bzw. **Vermögens** der Nachfrager,
- der **Preis** des nachgefragten Gutes,
- die **Preise** für **austauschbare Güter (Substitutionsgüter)** bzw. sich gegenseitig **ergänzende Güter (Komplementärgüter).**

1 Man spricht von „Marktformen".

2 Vgl. Kapitel 5.4.3.

3 Die Vorsilbe **poly** ... bedeutet „viel", z. B. in „Polygamie" die Vielehe.

4 Die Vorsilbe **olig** ... bedeutet „wenig", z. B. in „Oligarchie" die Herrschaft weniger.

5 Die Vorsilbe **mono** ... bedeutet „ein", z. B. in „Monotonie" die Eintönigkeit.

6 Die mit Kaufkraft versehenen Bedürfnisse bezeichnet man als **Bedarf.**

7 Unter **Bedürfnissen** versteht man ein Mangelempfinden der Menschen, das diese beheben möchten.

5.2.2 Preis und Nachfrage

Lassen wir alle anderen Bestimmungsgründe der individuellen Nachfrage außer Acht, dann kann man folgende **Beziehungen zwischen Preis und nachgefragter Menge** annehmen **(„Gesetz der Nachfrage“)**:

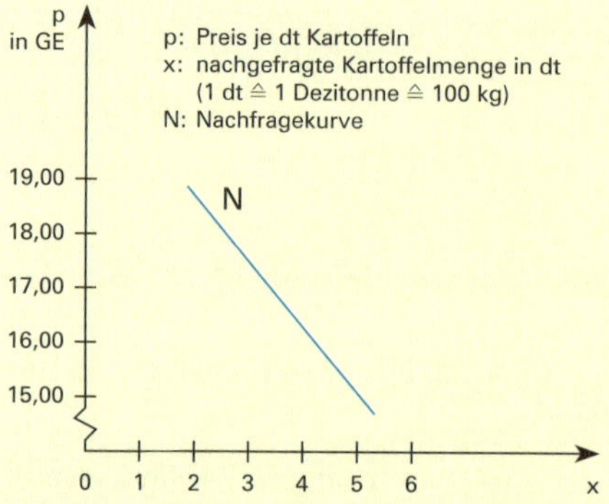

Normale Nachfrage eines 4-Personen-Haushalts nach Kartoffeln

- Mit **steigendem** Preis eines Gutes **sinkt** die Nachfrage nach diesem Gut.
- Mit **sinkendem** Preis eines Gutes **steigt** die Nachfrage nach diesem Gut.

Das Gesetz der Nachfrage beschreibt das **normale Nachfrageverhalten** eines privaten Haushalts. Hiervon gibt es auch Ausnahmen. Nimmt ein Nachfrager z. B. den Preis eines Gutes als Qualitätsmaßstab, wird er mit **steigendem Preis** mengenmäßig **mehr,** mit **sinkendem Preis** mengenmäßig **weniger** nachfragen **(anomale Nachfrage).** Ähnliche Verhaltensweisen sind auch möglich, wenn ein privater Haushalt steigende (sinkende) Preise erwartet.

Wie nachfolgende Abbildungen verdeutlichen, reagiert die Nachfrage **unterschiedlich stark** (elastisch) auf Preisänderungen.

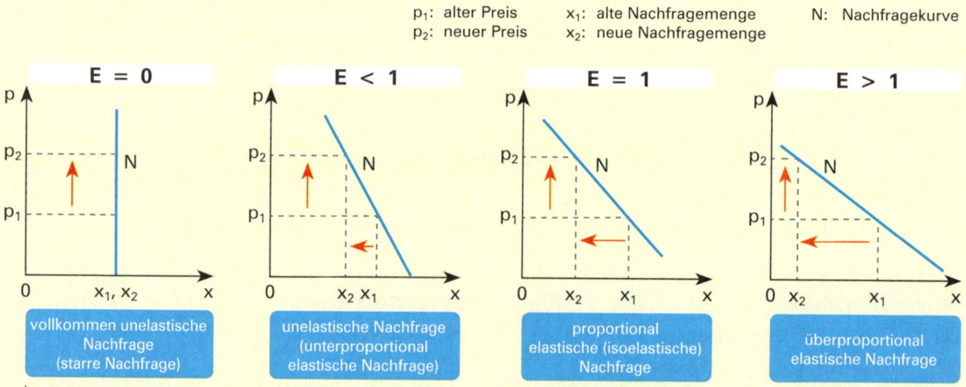

Vor allem bei lebensnotwendigen und für lebensnotwendig erachteten Gütern (Güter des Zwangsbedarfs, z. B. Wasser, Medikamente, Süßstoff für Zuckerkranke, Zigaretten für Raucher).

Vor allem bei nicht lebensnotwendigen Gütern (Güter des Wahlbedarfs, z. B. Ferienreisen, Zweitwagen, Kinobesuche, Restaurantbesuche).

Mögliche Nachfragekurven

Beispiel:

Legt der Haushalt Müller weniger Wert auf Nudeln, sondern bevorzugt er Kartoffeln, wird seine mengenmäßige Nachfrage nach Kartoffeln nur geringfügig abnehmen, wenn der Kartoffelpreis steigt. Man sagt, die Nachfrage ist preisunelastisch. Preiselastisch[1] ist hingegen seine Nachfrage nach Nudeln. Steigen die Preise der Nudeln, wird der Haushalt Müller weniger oder gar keine Nudeln mehr nachfragen.

5.2.3 Nachfrageverschiebungen

Eine Nachfragekurve gilt nur für einen bestimmten Zeitpunkt, denn in der Wirtschaft verändern sich die Nachfrageverhältnisse ständig, d. h., die Nachfragekurven **verschieben** sich. Solche Verschiebungen treten z. B. ein, wenn sich die Bedürfnisse ändern, die Preise anderer Güter steigen oder fallen, die Zahl der Nachfrager wächst oder schrumpft (z. B. aufgrund einer Bevölkerungszunahme oder -abnahme) oder die Einkommen steigen oder fallen.

- **Zunehmende Nachfrage** bedeutet, dass bei gegebenen Preisen mehr nachgefragt wird: Die Nachfragekurve verschiebt sich nach „rechts".
- **Abnehmende Nachfrage** bedeutet, dass bei gegebenen Preisen weniger nachgefragt wird: Die Nachfragekurve verschiebt sich nach „links".

Beispiel:

- Durch neue Studien wird belegt, dass regelmäßiges Joggen schon bei zwei Stunden pro Woche die durchschnittliche Lebenserwartung um mehrere Jahre ansteigen lässt. Diese Erkenntnis wird über einen längeren Zeitraum in verschiedenen Medien sehr umfangreich thematisiert. Daraufhin nimmt die Nachfrage nach Joggingschuhen stark zu.

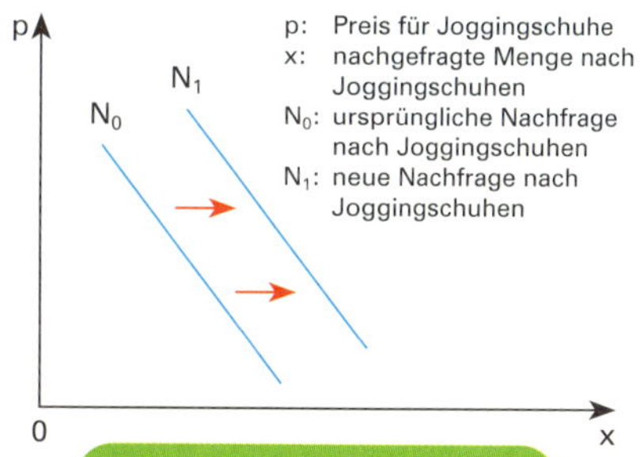

Zunehmende Nachfrage nach Joggingschuhen

- Aufgrund der Antiraucherkampagne mag es sein, dass einige Haushalte das Rauchen ganz aufgeben bzw. einige Haushalte den Konsum senken. Die Nachfrage nach Zigaretten wird also bei gleichen Preisen und gleichbleibenden Einkommen insgesamt zurückgehen. Die Nachfragekurve verschiebt sich nach **„links"**.

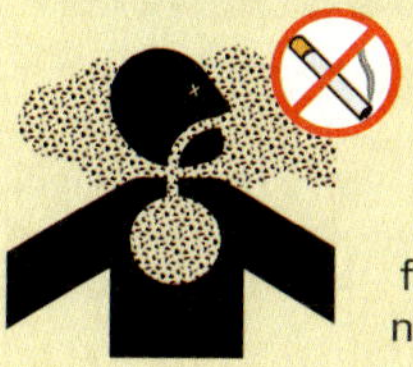

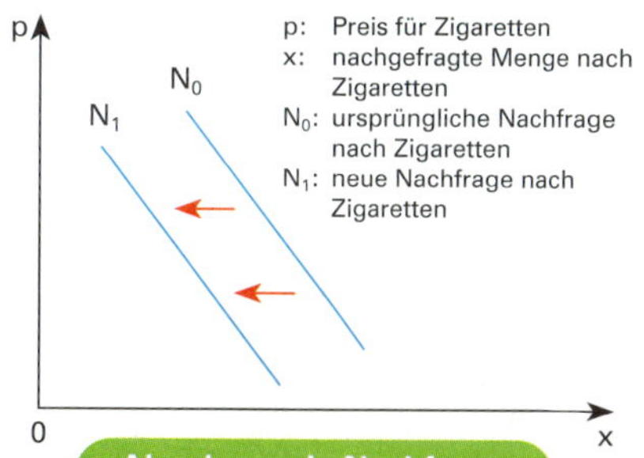

Abnehmende Nachfrage nach Zigaretten

1 Eine **elastische Nachfrage** liegt vor, wenn die prozentuale Änderung der nachgefragten Menge größer ist als die prozentuale Preisänderung. In diesem Fall ergibt sich für die Elastizität ein Wert, der größer als 1 ist.

5.3 Angebotskurven und Angebotsverschiebungen

5.3.1 Begriff und Bestimmungsgründe des Angebots

Angebote sind die auf dem Markt erscheinenden Verkaufswünsche.

Wichtige Faktoren, die das individuelle Angebot eines Unternehmens bestimmen, sind z. B. die

- **Zielsetzung** des Anbieters (z. B. Gewinnmaximierung, Kostendeckung),
- **Marktstellung** des Anbieters,
- tatsächliche und/oder erwartete **Marktlage** des Anbieters,
- **Kosten** des Anbieters.

5.3.2 Preis und Angebot

Die Wirtschaftstheorie sieht i. d. R. folgende Beziehungen zwischen Preis und Angebotsmenge **(„Gesetz des Angebots")**:

- Mit **steigendem** Preis eines Gutes **steigt** das Angebot für dieses Gut.
- Mit **sinkendem** Preis **sinkt** das Angebot für dieses Gut.

Das Gesetz des Angebots lässt sich wie folgt begründen: Mit steigenden Absatzpreisen wird der Anbieter versuchen, sein Angebot mengenmäßig auszuweiten, weil er sich zusätzliche Gewinne verspricht. Bei sinkenden Preisen wird er sein Angebot verringern oder (längerfristig) ganz aus dem Markt nehmen, weil die Gewinne sinken oder Verluste entstehen.

Die **Angebotskurven** sind von Anbieter zu Anbieter unterschiedlich, weil Zielsetzungen, Marktstellungen, Marktsituationen und Kostenstrukturen verschieden sind.

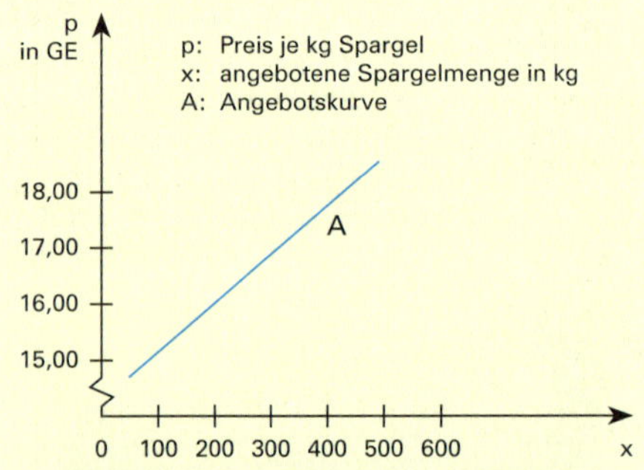

Normales Angebot eines landwirtschaftlichen Betriebs bei unterschiedlichen Preisen

Beispiel:

Das Angebot ist in der Regel vollkommen elastisch[1], wenn ein Anbieter unterbeschäftigt ist, sodass er bei steigender Nachfrage nicht die Preise erhöhen möchte, um den Absatz nicht zu gefährden. Sein Angebot wird jedoch dann vollkommen unelastisch, wenn er an seiner Kapazitätsgrenze angelangt ist: Er kann die Preise erhöhen, nicht aber sein mengenmäßiges Angebot.

1 Die **Preiselastizität des Angebots** gibt an, um **wie viel Prozent** sich die angebotene **Menge (Wirkung)** ändert, wenn der **Preis (Ursache)** um **1 Prozent** geändert wird.

Wie nachfolgende Abbildungen verdeutlichen, reagiert das Angebot **unterschiedlich stark** (elastisch) auf Preisänderungen.

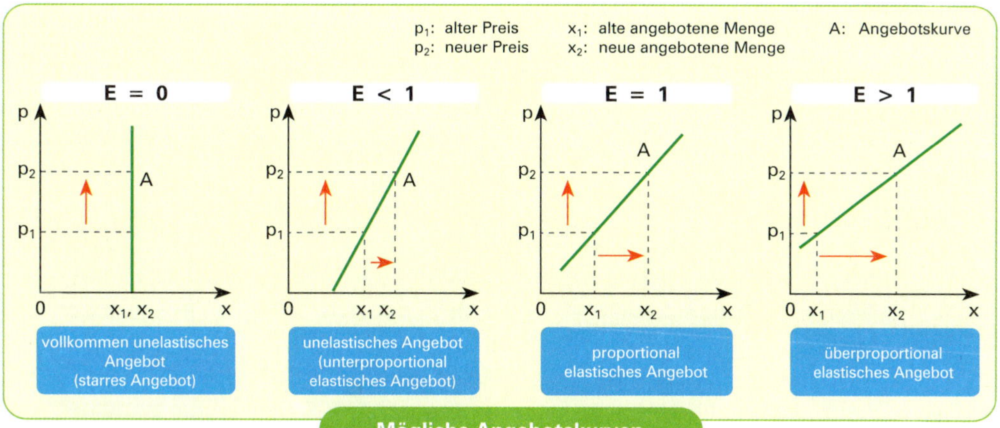

Mögliche Angebotskurven

5.3.3 Angebotsverschiebungen

Das Marktangebot für ein Gut verschiebt sich im Laufe der Zeit aus verschiedensten Gründen. Nimmt z. B. die Zahl der Anbieter zu, nimmt auch das Angebot zu. Nimmt die Zahl der Anbieter ab, nimmt auch das Angebot ab, es sei denn, die Kapazitäten der Anbieter verändern sich.

Weitere Gründe für die Zunahme des Angebots sind z. B. der **technische Fortschritt** (aufgrund des Übergangs der Betriebe auf anlageintensivere Produktionsverfahren erweitern sich die Kapazitäten und damit das mögliche Angebot), die **Zukunftserwartungen** der Unternehmer (aufgrund zusätzlicher Investitionen nimmt das Angebot zu) und **Faktorpreissenkungen** (die bisherigen Mengen können nun zu niedrigeren Preisen angeboten werden). Das Umgekehrte gilt, wenn das Marktangebot abnimmt.

- **Zunehmendes Angebot** bedeutet, dass bei gegebenen Preisen mehr angeboten wird: Die Angebotskurve verschiebt sich nach **„rechts"**.
- **Abnehmendes Angebot** bedeutet, dass bei gegebenen Preisen weniger angeboten wird: Die Angebotskurve verschiebt sich nach **„links"**.

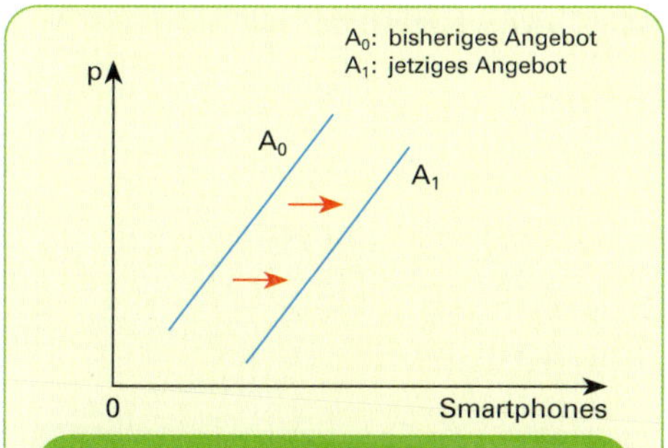

Zunehmendes Angebot an Smartphones aufgrund steigender Anbieter

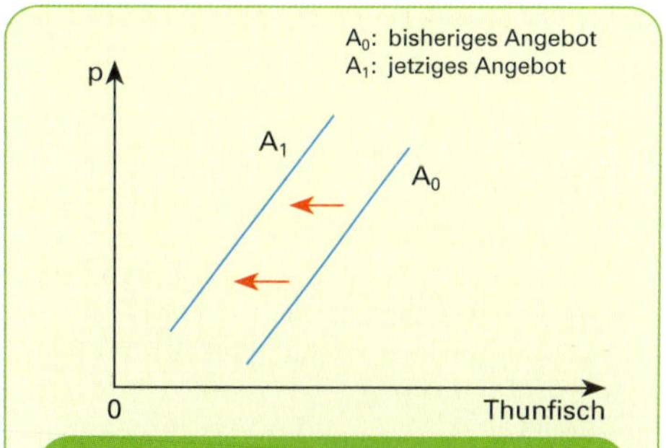

Abnehmendes Angebot aufgrund der Überfischung der Meere

Kompetenztraining

16 1. Die privaten Haushalte Armbruster, Brecht und Czerny haben ein gleich hohes Nettoeinkommen. Ihre Haushaltsbücher zeigen für den Monat Januar u. a. folgende Posten (in GE = Geldeinheiten):

Güterarten	Armbruster	Brecht	Czerny
Backwaren	30 GE	5 GE	33 GE
Teigwaren	25 GE	8 GE	26 GE
Gemüse	20 GE	15 GE	22 GE
Fleisch- und Wurstwaren	15 GE	20 GE	0 GE
Milch- und Milchprodukte	12 GE	14 GE	5 GE
Eier	5 GE	10 GE	0 GE
Nicht alkoholische Getränke	10 GE	16 GE	20 GE
Alkoholische Getränke	0 GE	22 GE	10 GE
⋮	⋮	⋮	⋮

Aufgaben:

1.1 Kennzeichnen Sie die Bedarfsstrukturen der drei Haushalte!

1.2 Schätzen Sie ab, wie die drei Haushalte auf Preiserhöhungen von Backwaren, Fleisch- und Wurstwaren und alkoholischen Getränken reagieren!

2. Erläutern Sie die Zusammenhänge, die normalerweise unter sonst gleichen Bedingungen zwischen dem Preis eines Gutes und der Nachfrage nach diesem Gut bestehen! Begründen Sie Ihre Aussage!

3. Nennen und begründen Sie mindestens zwei Ursachen für Nachfrageverschiebungen!

4. Beschreiben Sie, welche Faktoren das Anbieterverhalten der Unternehmen auf dem Markt mitbestimmen können! Nennen und begründen Sie mindestens zwei Bestimmungsgründe des Anbieterverhaltens!

5. Stellen Sie dar, welche Zusammenhänge normalerweise unter sonst gleichen Bedingungen zwischen dem Preis eines Gutes und dem Angebot für dieses Gut bestehen!

6. Nennen und begründen Sie mindestens zwei Ursachen für Angebotsverschiebungen!

7. Anbieter und Nachfrager treten auf dem Markt mit entgegengesetzten Interessen auf. Nennen Sie diese Interessen!

5.4 Preisbildung auf dem vollkommenen Polypolmarkt am Beispiel der Börse

5.4.1 Bildung des Gleichgewichtspreises

(1) Tabellarische Ermittlung

Um den Preis als Regulator verstehen zu können, ist es zweckmäßig, sich einen Markt mit sehr vielen Anbietern und sehr vielen Nachfragern vorzustellen **(Polypol)**. Auf diesem Markt liegt **vollständige Konkurrenz** (vollständiger Wettbewerb) vor. Eine Marktform wie das Polypol auf dem vollkommenen Markt kommt in der Wirklichkeit in reiner Form so nicht vor[1]. Ein wichtiges Beispiel für das Polypol ist die Börse.

Die **Börse** ist ein Markt für **einheitliche** (homogene) Waren oder Wertpapiere, der regelmäßig an einem bestimmten Ort stattfindet **(Punktmarkt, zentralisierter Markt).**

Beispiel:

Auf der Warenbörse[2] Hamburg wird die Getreidesorte „Weizen B-230" gehandelt.

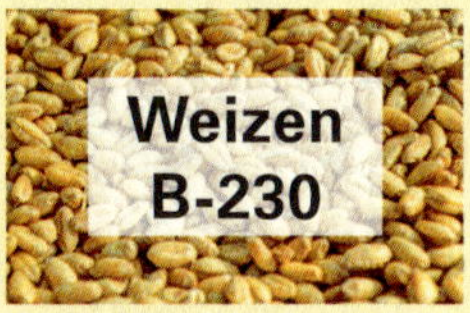

Aufgabe:

Ermitteln Sie mithilfe der folgenden Tabellenwerte den Gleichgewichtspreis!

Preis je Tonne (t) in €	Nachfrage in t	Angebot in t	umsetzbare Menge in t
210	25	5	5
211	20	10	10
212	15	15	15
213	10	20	10
214	5	25	5

Lesebeispiel 1:

Wenn der Preis je Tonne **210,00 €** beträgt, werden 25 t nachgefragt. Es werden jedoch nur 5 t angeboten. **Begründung:** Nur wenige Anbieter möchten zu diesem **niedrigen** Preis ihre Ware verkaufen. **Folge:** Es entsteht ein **Nachfrageüberschuss** in Höhe von 20 t.

Lesebeispiel 2:

Wenn der Preis je Tonne **214,00 €** beträgt, werden 25 t angeboten. Es werden jedoch nur 5 t nachgefragt. **Begründung:** Nur wenige Nachfrager möchten zu diesem **hohen** Preis diese Ware kaufen. **Folge:** Es entsteht ein **Angebotsüberschuss** in Höhe von 20 t.

Lesebeispiel 3:

Bei einem Preis von **212,00 €** je Tonne entspricht die Menge des nachgefragten Getreides der Menge des angebotenen Getreides, und zwar jeweils **15 t.** Aus den Tabellenwerten lässt sich ein **Gleichgewichtspreis** in Höhe von 212,00 € je Tonne ermitteln.

Zu diesem Preis findet zudem der **größtmögliche Umsatz** statt.

1 Vgl. hierzu S. 129.

2 **Warenbörse** ist der Markt, auf dem vertretbare Waren nach Standardtypen (z.B. Gold, Mais, Emmentaler 45 %, Rohöl) gehandelt werden.

(2) Grafische Ermittlung

Beispiel:

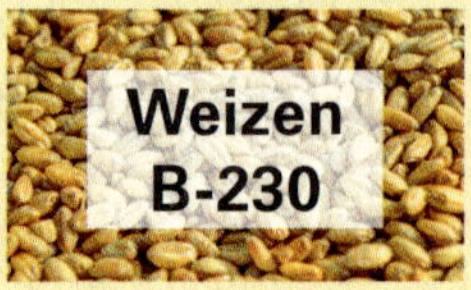

Angenommen, der Gleichgewichtspreis für die auf der Warenbörse Hamburg gehandelte Getreidesorte „Weizen B-230" soll auf Basis der Tabellenwerte (siehe vorangegangenes Beispiel) grafisch dargestellt werden.

Tragen wir an der x-Achse (waagerechte Achse des Koordinatensystems) die angebotenen bzw. nachgefragten Gütereinheiten (im Beispiel t) und an der y-Achse (senkrechte Achse) die möglichen Preise (hier € je t) ab, erhalten wir folgende **Angebots- und Nachfragekurven:**

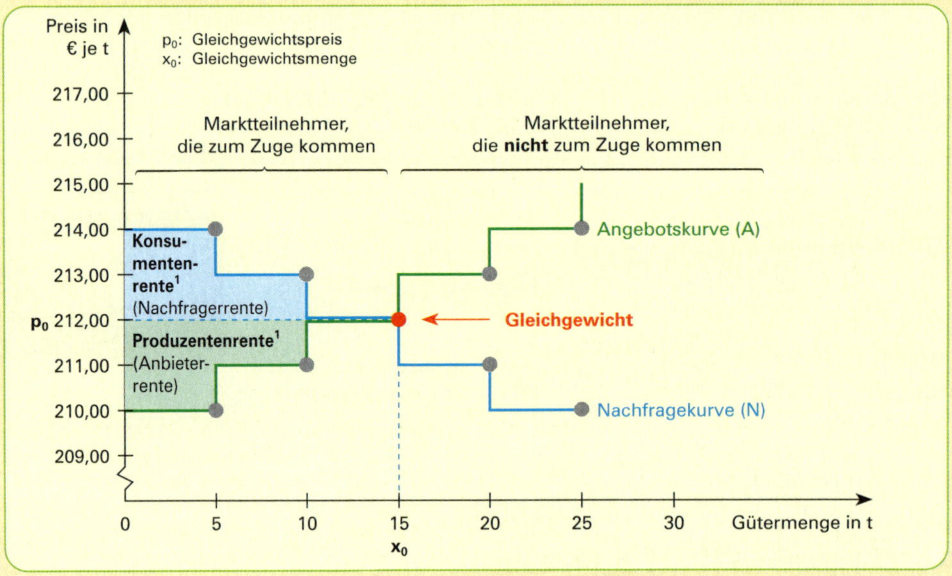

Erläuterungen:

- Beim Gleichgewichtspreis in Höhe von 212,00 € entsprechen sich Angebot und Nachfrage.
- Alle Nachfrager, die nur einen geringeren Preis als den Gleichgewichtspreis in Höhe von 212,00 € zu zahlen bereit waren, können nicht kaufen. Sie gehen leer aus.
- Alle Nachfrager, die einen höheren Preis als 212,00 € zu zahlen bereit waren, erzielen eine Konsumentenrente. Sie müssen weniger Geld ausgeben als geplant.
- Alle Anbieter, die einen höheren Preis als den Gleichgewichtspreis in Höhe von 212,00 € fordern, können nicht verkaufen. Sie bleiben auf ihrem Angebot sitzen.
- Alle Anbieter, die einen niedrigeren Preis als 212,00 € gefordert haben, erzielen eine Produzentenrente. Sie erlösen mehr Geld als geplant.

Der **Gleichgewichtspreis** bringt Angebot und Nachfrage zum **Ausgleich,** er „räumt den Markt".

1 Zur Konsumenten- und Produzentenrente vgl. Kapitel 5.4.2.

Zu beachten ist aber, dass die **Anbieter,** die einen **höheren** Preis erzielen wollten, und die **Nachfrager,** die nur einen **geringeren** Preis bezahlen wollten, **leer** ausgehen.

5.4.2 Auswirkungen des Gleichgewichtspreises

Wenn man sich mit Blick auf die Grafik von S. 126 vorstellt, dass sehr viele (theoretisch „unendlich" viele) Anbieter und Nachfrager auf dem Markt sind, verschwinden die „Treppen" aus der Angebots- und aus der Nachfragekurve. Es ergeben sich nachfolgende Bilder.

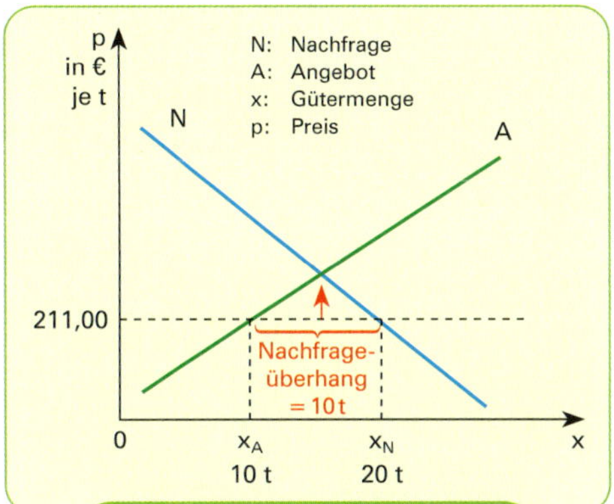

Abb. 1.: Nachfrageüberhang

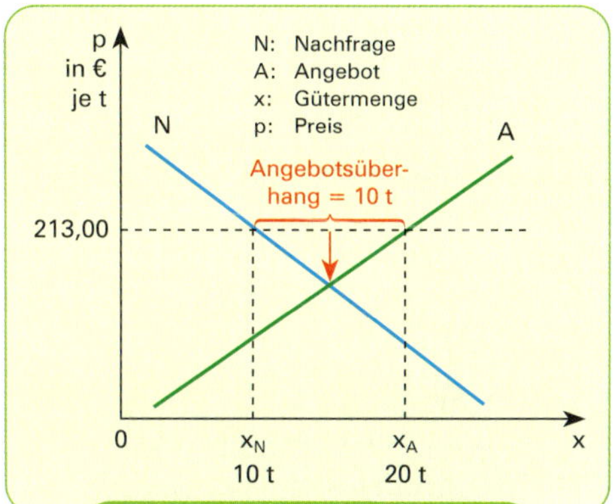

Abb. 2.: Angebotsüberhang

Ganz wesentlich ist die Erkenntnis, dass nur der **Gleichgewichtspreis** (Einheitspreis) den **Markt räumen** kann. Setzt der Börsenmakler beispielsweise einen Kurs von 211,00 € je Tonne fest, beträgt die Nachfrage 20 t, das Angebot nur 10 t (vgl. Abb. 1: Nachfrageüberhang = Angebotslücke). Der Börsenmakler wird also den Preis **heraufsetzen**.

- Ist bei einem gegebenen Preis das Angebot **kleiner** als die Nachfrage (Nachfrageüberhang bzw. Angebotslücke), wird der Preis **steigen.**
- Märkte mit **Nachfrageüberhängen** werden als **Verkäufermärkte** bezeichnet. Die Anbieter (Verkäufer) haben eine **starke Stellung,** weil im Verhältnis zur Nachfrage **zu wenig** Güter angeboten werden.

Umgekehrt ist es, wenn der Börsenmakler beispielsweise einen Preis von 213,00 € je Tonne bestimmt. Dann beläuft sich das Angebot auf 20 t, die Nachfrage lediglich auf 10 t (vgl. Abb. 2: Angebotsüberhang = Nachfragelücke). Der Makler wird also den Preis **herabsetzen.**

- Ist bei einem gegebenen Preis die Nachfrage **kleiner** als das Angebot (Angebotsüberhang bzw. Nachfragelücke), wird der Preis **sinken.**
- Märkte mit **Angebotsüberhängen** heißen **Käufermärkte.** Die Nachfrager (Käufer) haben eine **starke Marktstellung,** weil im Verhältnis zur Nachfrage **zu viel** Güter angeboten werden.

Die **Gleichgewichtsmenge** wird zum **Gleichgewichtspreis** abgesetzt. **Jeder Anbieter,** der bereit war, **zum** Gleichgewichtspreis (Grenzanbieter) **oder** einem **niedrigeren** Preis seine Güter zu verkaufen, kommt zum Zuge.

Anbieter, die auch zu einem niedrigeren Preis als dem Gleichgewichtspreis bereit gewesen wären, ihre Produkte zu verkaufen, erzielen einen über ihren Planungen liegenden „Mehrerlös".

Diesen Mehrerlös **multipliziert** mit der **abgesetzten** Menge bezeichnet man als **Produzentenrente.**

Mit Ausnahme des Grenzanbieters erzielen alle Anbieter, die zum Zuge kommen, diesen Mehrerlös.

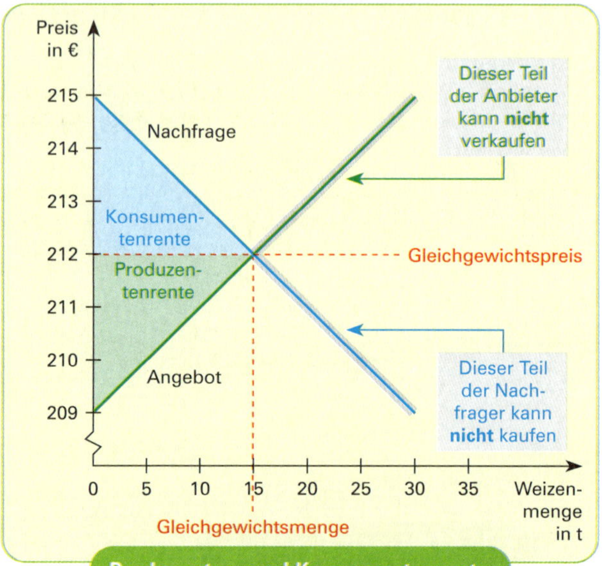

Produzenten- und Konsumentenrente

> Die **Produzentenrente** ist die **Differenz** zwischen dem Preis, den ein **Anbieter** tatsächlich **am Markt erzielt,** und dem **Preis,** zu dem er bereit ist, seine Güter anzubieten.

Die Produzentenrente ist die **Fläche oberhalb** der **Angebotskurve** und **unterhalb** des **Gleichgewichtspreises.**

Beispiel:
Berechnung der Produzentenrente über die Fläche:[1]

(212,00 € – 209,00 €) · 15 : 2 = 3 · 15 : 2 = 45 : 2 = 22,50 €

Die Nachfrager, die auch zu einem **höheren** Preis als dem Gleichgewichtspreis bereit gewesen wären, die Güter zu kaufen, erzielen aufgrund der „Minderausgaben" einen Nutzengewinn (= **Konsumentenrente**).

> Die **Konsumentenrente** ist die **Differenz** zwischen der **Zahlungsbereitschaft** der Nachfrager und dem tatsächlichen **Marktpreis.**

Die Konsumentenrente ist die **Fläche unterhalb** der **Nachfragekurve** und **oberhalb** des **Gleichgewichtspreises.**

Beispiel:
Berechnung der Konsumentenrente über die Fläche:[2]

(215,00 € – 212,00 €) · 15 : 2 = 3 · 15 : 2 = 45 : 2 = 22,50 €

1 Legt man die Zahlen aus dem Beispiel von S. 125f. zugrunde, ergibt sich eine Produzentenrente in Höhe von 15,00 € (5 t · 2,00 € + 5 t · 1,00 €). Die hier berechnete Produzentenrente in Höhe von 22,50 € weicht somit von dem Beispiel auf S. 125 ab. Die Abweichung basiert auf der Tatsache, dass man von den wenigen Anbietern mit ihren Preisvorstellungen und dem daraus resultierenden „treppenförmigen" Verlauf der Angebotskurve nunmehr übergegangen ist zu einem linearen Verlauf der Angebotskurve; also zu sehr vielen Anbietern mit entsprechend zahlreichen Preisvorstellungen.

2 Legt man die Zahlen aus dem Beispiel von S. 125f. zugrunde, ergibt sich eine Konsumentenrente in Höhe von 15,00 € (5 t · 2,00 € + 5 t · 1,00 €). Die hier berechnete Konsumentenrente in Höhe von 22,50 € weicht somit von dem Beispiel auf S. 125 ab. Die Abweichung basiert auf der Tatsache, dass man von den wenigen Nachfragern mit ihren Preisvorstellungen und dem daraus resultierenden „treppenförmigen" Verlauf der Nachfragekurve nunmehr übergegangen ist zu einem linearen Verlauf der Nachfragekurve; also zu sehr vielen Nachfragern mit entsprechend zahlreichen Preisvorstellungen.

5.4.3 Vollkommener Markt

Voraussetzung dafür, dass ein Gleichgewichtspreis (Einheitspreis) entstehen kann, ist, dass ein vollkommener Markt vorliegt. Dies ist der Fall, wenn auf dem Markt folgende **Voraussetzungen (Prämissen)** gegeben sind:

Voraussetzungen	Beispiel
Die auf dem Markt gehandelten **Güter** müssen **vollkommen gleichartig** (homogen) sein.	Banknoten, Aktien einer bestimmten Aktiengesellschaft, Edelmetalle, Baumwolle eines bestimmten Standards, Benzin einer bestimmten Oktanzahl.
Angebot und Nachfrage müssen gleichzeitig an einem bestimmten Ort aufeinandertreffen **(Punktmarkt).**	Nur die an einem bestimmten Tag bei einem Börsenmakler zusammenlaufenden Kauf- und Verkaufsaufträge bestimmen den Kurs (den Preis) des Tages.
Anbieter und Nachfrager müssen eine **vollständige Marktübersicht** (Markttransparenz) besitzen.	■ Ein Verbraucher hat dann eine vollständige Marktübersicht, wenn er die Preise und Qualitäten aller angebotenen Waren kennt. ■ Ein Anbieter besitzt dann eine vollkommene Markttransparenz, wenn ihm die Kaufabsichten beim Kunden bekannt sind.
Anbieter und Nachfrager müssen **sofort** auf Änderungen der Marktsituation **reagieren können.**	■ Der Käufer einer Aktie hat jederzeit die Möglichkeit, sich über das Internet an der Börse über den Stand der Nachfrage, des Angebots und der Kurse zu informieren (Markttransparenz). ■ Zugleich hat er die Möglichkeit, z. B. bei steigenden Kursen mehr anzubieten oder weniger nachzufragen (schnelle Reaktionsfähigkeit).
Käufer und Verkäufer dürfen sich nicht gegenseitig bevorzugen (**Abwesenheit von Präferenzen**: Bevorzugungen).	■ Eine **sachliche Präferenz** liegt vor, wenn ein Käufer die Pralinen in einer besonderen Verpackung (z. B. zu Ostern oder Weihnachten) bevorzugt, obwohl diese teurer sind als die gleichen Pralinen dieses Herstellers in der Standardverpackung. ■ Eine **zeitliche Präferenz** ist gegeben, wenn z. B. Urlaub in der Hauptsaison statt Nebensaison oder der Kinobesuch am Wochenende statt am preisgünstigen „Kinotag" unter der Woche bevorzugt wird. ■ Von **räumlicher Präferenz** spricht man z. B., wenn die räumliche Nähe des Marktpartners zu Bevorzugungen führt. Besuch des teuren Restaurants an der Skipiste statt einer günstigeren Gaststätte im Tal. ■ **Persönliche Präferenzen** bestehen z. B. dann, wenn ein Kunde eine Autowerkstatt bevorzugt, weil er dort eine Angestellte persönlich kennt.

Fehlt nur eine der genannten Bedingungen, spricht man von einem **unvollkommenen Markt.** Annähernd vollkommene Märkte sind die Ausnahme, unvollkommene Märkte sind die Regel.

Das äußere Merkmal des unvollkommenen Marktes ist, dass es für eine Güterart **unterschiedliche Preise** gibt.

5.4.4 Funktionen[1] des Preises im Modell des vollkommenen polypolistischen Marktes

Ausgleichsfunktion 	Der Gleichgewichtspreis ist der Preis, bei dem der höchstmögliche Umsatz erzielt wird. Alle Nachfrager, die den Gleichgewichtspreis bezahlen wollen (oder können), und alle Anbieter, die zum Gleichgewichtspreis verkaufen wollen (oder können), kommen zum Zuge. „Der freie Preis räumt den Markt".
Signalfunktion 	Sie äußert sich darin, dass der freie Marktpreis den Knappheitsgrad eines Gutes anzeigt (signalisiert). Steigt der Preis, so wird erkennbar, dass ■ sich entweder das Güterangebot bei gleichbleibender Nachfrage verknappt hat, ■ sich die Nachfrage bei gleichbleibendem Güterangebot erhöht hat oder ■ die Nachfrage schneller als das Güterangebot gestiegen ist. Der fallende Preis zeigt die gegenteilige Marktsituation an.
Lenkungsfunktion 	Der freie Marktpreis steuert das Angebot und damit die Produktion auf diejenigen Märkte hin, auf denen die größte Nachfrage herrscht und folglich die höchsten Preise (und damit Gewinne) erzielt werden können. **Beispiel:** Sinkt die Nachfrage nach Rindfleisch zugunsten der Nachfrage nach Geflügelfleisch, werden die Rindfleischpreise sinken und die Geflügelpreise steigen. Die Landwirte stellen sich auf die Produktion von Geflügelfleisch um und schränken die Produktion von Rindfleisch ein.
Erziehungsfunktion 	Da der Preis bei vollkommener polypolistischer Konkurrenz vom einzelnen Nachfrager nicht beeinflussbar ist, zwingt er die Produzenten, ihre Kosten zu senken, wenn sie rentabel anbieten wollen. Die Verbraucher werden dazu erzogen, möglichst sparsam (möglichst preisgünstig) einzukaufen, wenn sie ihren Nutzen maximieren wollen.

5.5 Wirtschaftspolitische Eingriffe des Staates in die Marktpreisbildung

Der Marktpreis kann nicht „sozial", nicht „gerecht" sein. Er ist eine **objektive** Größe. Deswegen greift in der Sozialen Marktwirtschaft der Staat indirekt oder direkt in das Marktgeschehen ein, um Nachfrager und/oder Anbieter zu schützen.

1 **Funktionen**: hier im Sinne von Aufgaben.

5.5.1 Marktkonforme Staatseingriffe

Staatseingriffe, die den **Preismechanismus nicht außer Kraft setzen,** bezeichnet man als **marktkonform** (systemkonform).[1]

Marktkonforme Eingriffe liegen vor, wenn der Staat die Nachfrage und/oder das Angebot erhöht oder senkt, die Preisbildung aber dem Markt überlässt. Man spricht daher auch von **indirekter Marktlenkung.**

5.5.1.1 Erhöhung der Nachfrage

Der Staat kann selbst als **Nachfrager** auftreten, wenn er z.B. eine unterbeschäftigte Wirtschaft aus der Depression[2] herausführen möchte. Zahlreiche Möglichkeiten sind gegeben: Erteilung zusätzlicher Forschungsaufträge, Aufträge an die Bauwirtschaft (Bau von Straßen, Krankenhäusern, Schulen, Kindergärten, Ausgaben für Kanalisation, für militärische Zwecke usw.) oder auch zusätzliche Einstellungen von Personal. Die Wirkung wird sein, dass die Beschäftigung zunimmt. Die Gefahr von Preis- und Lohnsteigerungen besteht (vgl. nebenstehende Abbildung).

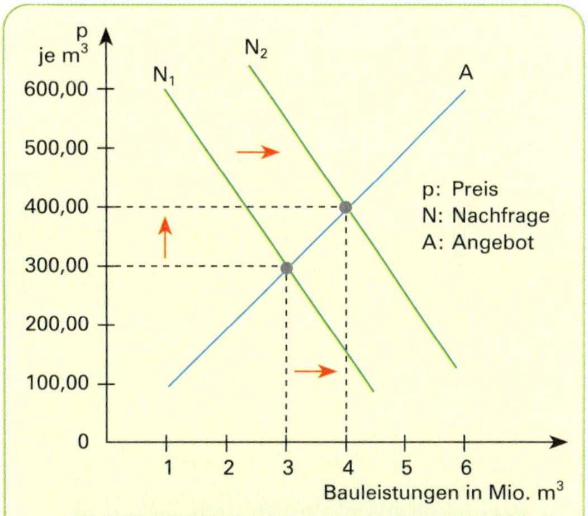

Der Staat erhöht die Nachfrage nach Bauleistungen um 1 Mio. m³ umbauten Raums. Bei normalem Angebot und gleichbleibendem technischem Stand steigen Beschäftigung und Preise.

Wenn der Staat die Nachfrage erhöhen will, selbst aber **nicht** als Nachfrager auftreten möchte (z.B. weil er bestimmte Wirtschaftsgüter gar nicht braucht), kann er die möglichen Nachfrager **subventionieren.**[3] Auch hier gibt es in der Bundesrepublik Deutschland zahlreiche Beispiele: Wohngeld (Erhöhung der Nachfrage nach Neubauwohnungen), Zinssubventionen für energetische Sanierungen,[4] Steuerermäßigungen (Abschreibungsmöglichkeiten für Unternehmer), Förderung der Klein- und Mittelbetriebe (Mittelstandsförderung).

1 **Konform** sein: in Einklang stehen mit etwas; marktkonforme Maßnahmen sind also solche, die mit der Idee der Marktwirtschaft in Einklang stehen.

2 **Depression**: wörtl. Niedergeschlagenheit; hier: eine Wirtschaft, die unterbeschäftigt ist, z.B. Arbeitslosigkeit aufweist.

3 **Subvention**: Zuschuss (von staatlichen Geldern).

4 **Energetische Sanierung**: Modernisierung eines Gebäudes zur Verringerung des Energieverbrauchs.

5.5.1.2 Senkung der Nachfrage

Will der Staat die Nachfrage (und damit die Preisentwicklung) dämpfen, kann er die Staatsnachfrage einschränken, indem er geplante Staatsaufträge streicht oder aufschiebt. Auch **Steuererhöhungen** wirken in die gleiche Richtung, weil in der Regel weniger gekauft wird, wenn die Nettoeinkommen sinken (vgl. nebenstehende Abbildung).

Weitere Möglichkeiten zur Verringerung der Nachfrage sind die Streichung von Subventionen und von Abschreibungsvergünstigungen.

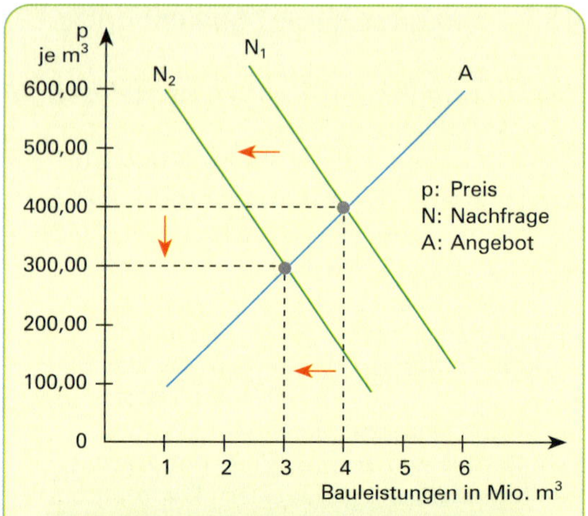

Der Staat verringert seine Nachfrage nach Bauleistungen um 1 Mio. m³ umbauten Raums. Bei normalem Angebot gehen Preise und Beschäftigung zurück.

5.5.1.3 Erhöhung des Angebots

In seltenen Fällen hat der Staat die Möglichkeit, das Angebot unmittelbar zu erhöhen, dann nämlich, wenn er selbst Eigentümer wirtschaftlicher Betriebe ist. Hierher gehören z. B. erhöhte Leistungen öffentlicher Verkehrsbetriebe, staatlicher Forschungsanstalten oder städtischer Wohnungsbaugesellschaften. Der indirekten Einflussnahme auf das Angebot kommt jedoch größere Bedeutung zu. Beispiele sind: **Zollsenkungen,** um das Angebot ausländischer Waren auf dem Inlandsmarkt zu erhöhen, oder **Subventionen** an die Produzenten (z. B. an die Landwirte), damit diese in die Lage versetzt werden, Kostensteigerungen aufzufangen, d. h. zum gleichen Preis mehr anzubieten.

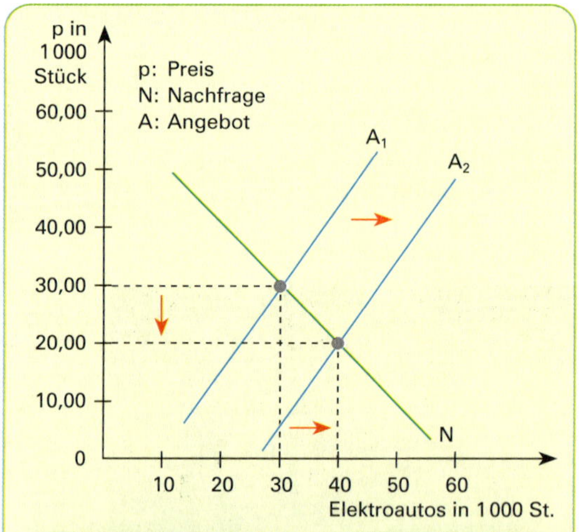

Das Angebot an Elektroautos nimmt um 10 000 Stück zu, weil die Elektromobilität vom Staat subventioniert wird. Die Versorgung der Bevölkerung nimmt bei sinkenden Preisen zu.

5.5.1.4 Senkung des Angebots

Die Verringerung des staatlichen Angebots an Sachgütern und Dienstleistungen ist nur bei Staatsbetrieben möglich (z. B. Schließung von staatlichen Krankenhäusern, Beratungsstellen und Forschungsanstalten). Mittelbare Maßnahmen sind häufiger. Beispiele sind: **Zollerhöhungen,** um das Güterangebot im Inland zu verringern, **Streichung von Subventionen** an Produzenten oder **Erhöhung von Kostensteuern** (z. B. Gewerbesteuer, Verbrauchsteuern, vgl. nebenstehende Abbildung).

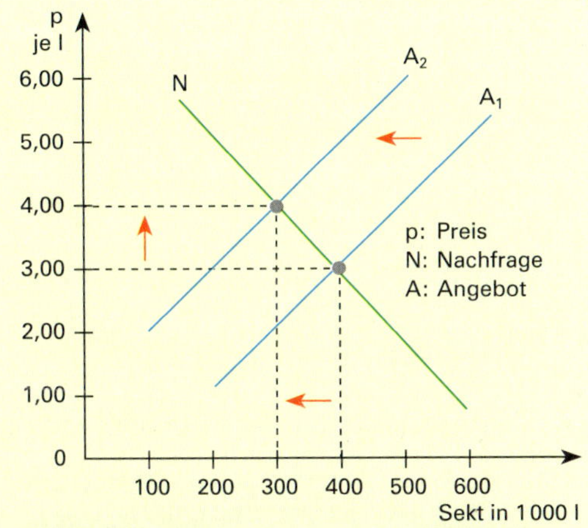

Der Staat erhöht die Sektsteuer um 1,00 GE. Der Absatz nimmt bei steigenden Preisen ab.

Die genannten Maßnahmen stellen lediglich Beispiele für marktkonforme Maßnahmen in der Sozialen Marktwirtschaft dar. In den Arbeitsmarkt wird z. B. indirekt eingegriffen, wenn der Staat die Schulpflicht verlängert und/oder das Rentenalter herabsetzt (Verknappung des Arbeitsangebots). Die Vergabe von Forschungsaufträgen durch den Staat erhöht langfristig die Produktivität. Die **Sonderbesteuerung umweltschädlicher Produkte** und die **Steuerbegünstigung umweltfreundlicher Erzeugnisse** verändern das Angebot. Darüber hinaus beeinflussen die Maßnahmen der Europäischen Zentralbank das Verhalten der Wirtschaftssubjekte. Gemeinsam ist allen marktkonformen Maßnahmen, dass sie die Wirtschaftssubjekte nicht zu bestimmten Verhalten zwingen, sondern lediglich **Anreize** geben.

5.5.2 Marktkonträre Staatseingriffe

5.5.2.1 Begriff marktkonträre Staatseingriffe

Der Preismechanismus wird dann außer Kraft gesetzt, wenn der Staat entweder die Produktions- bzw. Verbrauchsmengen durch Gesetz festlegt oder den Preis unmittelbar vorschreibt. Derartige Eingriffe **widersprechen** dem **Wesen einer Marktwirtschaft.**

> Staatseingriffe, die den **Preismechanimus außer Kraft setzen,** bezeichnet man als marktkonträr[1] (systeminkonform).

1 **Konträr:** entgegengesetzt.

5.5.2.2 Festsetzung von Produktions- und Verbrauchsmengen

(1) Festsetzung von Produktionsmengen[1]

Die staatliche Festsetzung von Produktionsmengen kann den Zweck haben, die **Mindestversorgung der Bevölkerung** zu sichern. Hierbei geht es der Regierung darum, die bisherigen Produktionsmengen möglichst zu erhalten oder zu erhöhen. Die Produzenten werden unter Strafandrohung gezwungen, ihre Produktionsmengen den entsprechenden staatlichen Behörden zu melden und an diese bzw. an die gesetzlich vorgeschriebenen Stellen abzuliefern.

Die staatliche Mengenpolitik kann auch zum Ziel haben, die **Produktionsmengen zu verringern.** Der Zweck ist, das Preisniveau zu erhöhen. Es sollen die Produzenten vor Überproduktion und damit vor einem Preisverfall geschützt werden.

(2) Festsetzung von Verbrauchsmengen[1]

Setzt der Staat die Verbrauchsmengen fest, will er eine gleichmäßige Versorgung der Wiederverwender und/oder der Letztverbraucher sichern. Die Festsetzung von Verbrauchsmengen ist – wie die Festsetzung von Produktionsmengen auch – vor allem in **Kriegswirtschaften** zu finden.

5.5.2.3 Staatliche Preisfestsetzung

Die vom Staat vorgeschriebenen Preise können **Höchstpreise, Mindestpreise** oder **Festpreise** sein.

(1) Höchstpreise

Sollen die **Nachfrager** bessergestellt werden, kann der Staat so genannte Höchstpreise anordnen. Der Höchstpreis liegt **unter** dem Gleichgewichtspreis. Er soll die zum Gleichgewicht drängenden Marktkräfte aufhalten und somit einen höheren Preis verhindern. Der Höchstpreis wird besonders in Kriegs- bzw. Krisengebieten für lebensnotwendige Güter angeordnet.

Wie allerdings aus der nebenstehenden Grafik ersichtlich, führt der Höchstpreis regelmäßig zu einem **Nachfrageüberschuss,** sodass viele Nachfrager leer ausgehen.

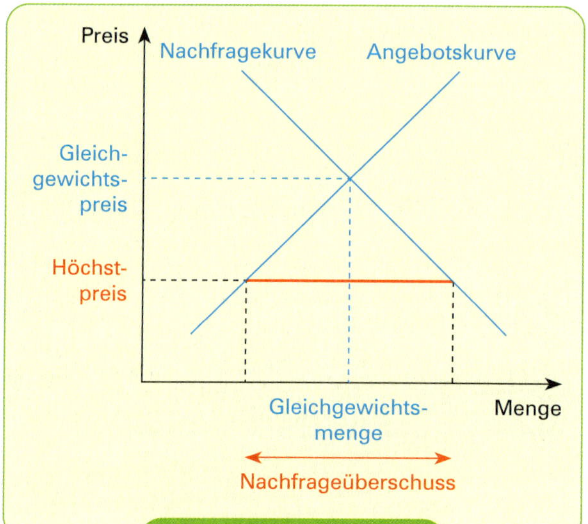

Höchstpreise

1 Die Festsetzung von Produktions- und Verbrauchsmengen bezeichnet man als Kontingentierung.

Dies zwingt den Staat zu einer Reihe weiterer Maßnahmen zur Beeinflussung der Güterverteilung, wie beispielsweise die Einführung eines **administrativen Zuteilungssystems** (z. B. durch Bezugsscheine, Wartelisten). Des Weiteren muss der Staat versuchen, die aus der Unterversorgung der Nachfrager typischerweise resultierende Gefahr des **Schwarzmarkthandels** einzudämmen.

Bei dem **Schwarzmarkt** handelt es sich um einen **ungesetzlichen** Markt, der dann entstehen kann, wenn vorhandene Nachfrage nach Gütern auf legalen Märkten durch **Rationierungen oder staatlich festgelegte Höchstpreise** nicht befriedigt wird (z. B. Benzinrationierung, Rationierung von Wohnraum). Bei Höchstpreisen sind viele Käufer aufgrund des entstandenen Nachfrageüberhangs bereit, solche Waren und Erzeugnisse zu einem **höheren** Preis als dem staatlich festgesetzten Preis zu kaufen.

(2) Mindestpreise

Mit der Einführung von Mindestpreisen sollen hingegen die **Anbieter** bessergestellt werden. Der Mindestpreis liegt **über** dem Gleichgewichtspreis und soll die zum Gleichgewicht drängenden Marktkräfte blockieren, um so einen niedrigeren Marktpreis zu verhindern.

Eingesetzt wird der Mindestpreis vorzugsweise dort, wo sich für ganze **Branchen** – beispielsweise durch Nachfragerückgang bedingt – **Absatzschwierigkeiten** ergeben und mit einem **gravierenden Preisverfall** zu rechnen ist (z. B. Landwirtschaft, Kohlebergbau).

Wie aus der Grafik ersichtlich, führt der Mindestpreis regelmäßig zu einem **Angebotsüberschuss,** da viele Anbieter aufgrund der durch die über dem Gleichgewichtspreis liegenden Preise angeregt werden, mehr zu produzieren.

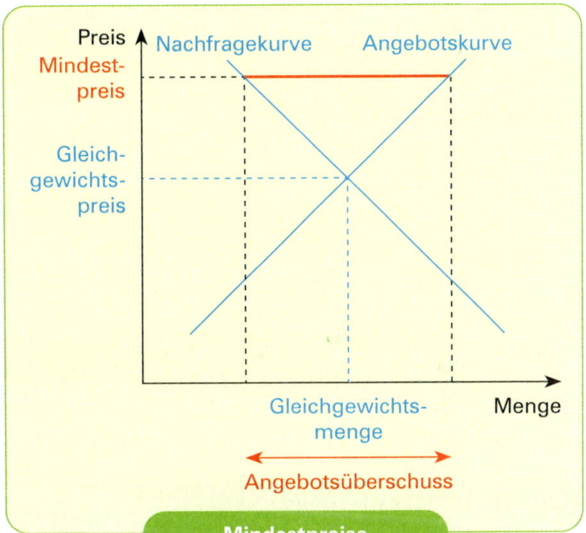

Mindestpreise

Auch bei den Mindestpreisen ist der Staat zu einer Reihe weiterer Maßnahmen zur Verringerung der überschüssigen Güterproduktion gezwungen. So kann er beispielsweise bei lagerfähigen Gütern den **Angebotsüberschuss aufkaufen und einlagern.** Hierdurch entstehen allerdings **Güterberge** (z. B. Milchberg, Butterberg, Kohleberg), die zudem wegen der Lagerung weitere Kosten verursachen. Des Weiteren könnte der Staat aufgekaufte **Angebotsüberschüsse** – insbesondere von verderblicher Ware – **vernichten** oder die **Überproduktion durch Prämien** (z. B. Stilllegungs- oder Abschlachtprämien) bzw. die Einführung von **Mengenkontingenten** im Sinne einer maximalen Abgabemenge pro Anbieter **drosseln.** Bei der letztgenannten Maßnahme besteht allerdings die Gefahr, dass sich ein **grauer Markt** bildet, auf dem die Mehr- bzw. Überschussproduktion angeboten wird. So könnten illegale Marktanbieter auftreten, die bereit wären, das zu Mindestpreisen und Mengenkontingenten gehandelte Produkt zu einem verbotenen **niedrigeren** Preis abzugeben (z. B. der Verkauf von Milch ab Hof unterhalb des üblichen Handelspreises).

(3) Festpreise

Festpreise können über oder unter dem Preis liegen, der sich bei freier Preisentwicklung ergeben würde. Liegt der **Festpreis über dem Gleichgewichtspreis,** wirkt er wie ein **Mindestpreis; liegt er darunter,** wirkt er wie ein **Höchstpreis.**

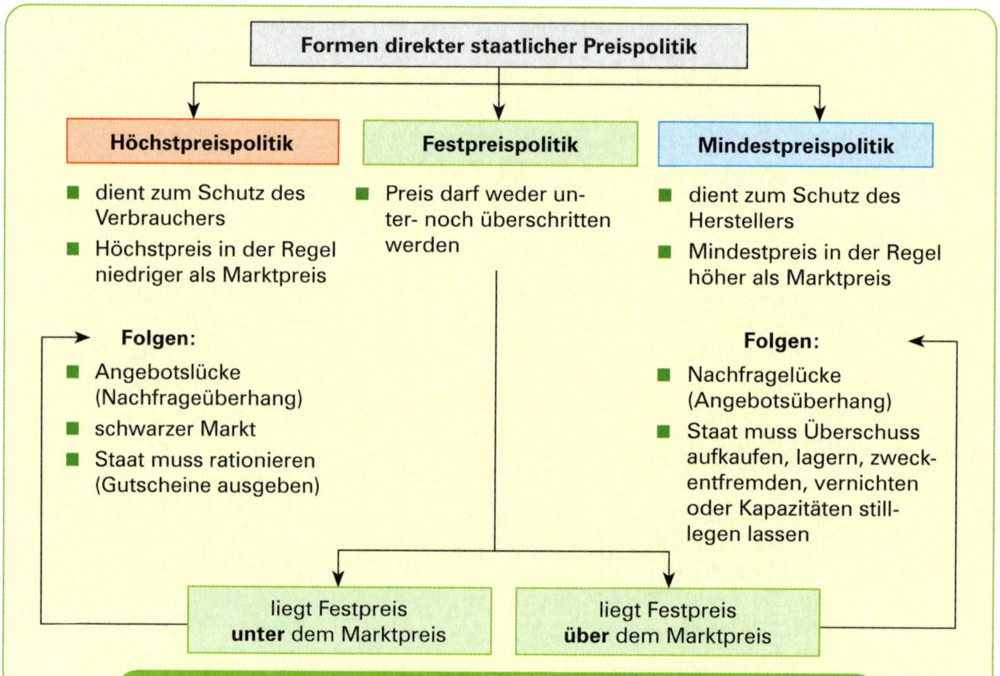

Überblick über mögliche marktkonträre Maßnahmen des Staates

Kompetenztraining

17 1. Ordnen Sie die Marktart bzw. die Marktarten folgenden Märkten zu!

1.1 In der Europäischen Union (EU) gibt es unzählige Landwirte, die Getreide verschiedener Sorten und Qualitäten anbauen und zahlreichen Käufern anbieten.

1.2 Auf dem Schuhmarkt konkurrieren sehr viele Einzelhandelsunternehmen. Sie bieten ihre Waren einer unübersehbar großen Zahl von möglichen Kunden an.

1.3 Auf diesem Markt (z. B. der Frankfurter Börse) werden u. a. Aktien gehandelt. Der Kurs (der Preis) der Aktien wird von Skontroführern[1] festgelegt.

1.4 In der Zeitung finden Sie die Rubriken „Zu vermieten" bzw. „Mietgesuche".

1.5 Auf diesem Markt treten zahlreiche Leute, die einen Pkw auf Raten kaufen wollen, als Nachfrager auf, um ihren Autokauf finanzieren zu können.

1 Skontro (it.) bedeutet weiterführen, fortschreiben. Das „Skontrobuch" ist das Auftragsbuch eines Maklers. Skontroführer sind Unternehmen, die zur Feststellung des Börsenpreises (des Kurses) an einer Wertpapierbörse zugelassen sind [§ 25 BörsG]. Die Skontroführer haben die Funktion eines Maklers.

1.6 Überall im Land bieten die Bäckereien ihre frischen Backwaren an.

1.7 Außer dem Bund darf kein Unternehmen gewerbsmäßig Euromünzen prägen lassen.

2. Legen Sie mit eigenen Worten dar, wie der Preis im vollkommenen Polypol den Markt zum Ausgleich bringt!

3. Angenommen, auf einem Wochenmarkt treten folgende Anbieter frischer und absolut gleichwertiger Pfifferlinge auf, wobei jeder Anbieter 10 kg auf den Markt bringt:

   Die Mindestpreisvorstellungen der Anbieter sind:

Anbieter	A	B	C	D	E	F
Preis je kg in €	10,00	11,00	12,00	13,00	14,00	15,00

   Als Nachfrager treten 50 Einkäufer auf, die höchstens Folgendes ausgeben und je 1 kg kaufen wollen:

Einkäufer	1–10	11–20	21–30	31–40	41–50
Preisvorstellungen je kg in €	13,00	12,50	12,00	11,50	11,00

   Aufgabe:

   Bestimmen Sie den Gleichgewichtspreis, indem Sie eine Tabelle mit nachfolgend dargestelltem Aufbau zu Angebot und Nachfrage anfertigen! Ermitteln Sie bei den jeweiligen Preisen auch den jeweiligen Angebots- und Nachfrageüberhang!

Preis (€ je kg)	Angebotsmenge (in kg)	Nachfragemenge (in kg)	Angebotsüberhang (in kg)	Nachfrageüberhang (in kg)

4. In Aufgabe 3 haben wir zwar so getan, als ob es sich um einen vollkommenen polypolistischen Markt handle. In Wirklichkeit ist dies jedoch nicht der Fall. Begründen Sie, warum!

5. Erläutern Sie, warum die Börse dem Modell des vollkommenen polypolistischen Marktes ziemlich nahe kommt!

6. Auf einem Markt besteht für ein Gut folgende Gesamtnachfrage und folgendes Gesamtangebot:

Preis je Stück in €	Gesamte Nachfragemenge	Gesamte Angebotsmenge
5,00	2500	1500
5,20	2250	1750
5,40	2000	2000
5,60	1750	2250
5,80	1500	2500

   Aufgaben:

   Entscheiden Sie, welche der folgenden Aussagen durch das obige Zahlenbeispiel bestätigt werden kann!

   (1) Bei einem Preis von 5,80 € besteht ein Nachfrageüberhang von 1000 Stück.

   (2) Der Gleichgewichtspreis bildet sich bei einer Nachfragemenge von 2250 Stück.

   (3) Bei einem Preis von 5,00 € ergibt sich ein Angebotsüberhang von 1000 Stück.

   (4) Bei einem Preis von 5,60 € ergibt sich eine Gleichgewichtsmenge von 1750 Stück.

   (5) Bei einem Preis von 5,20 € ergibt sich ein Nachfrageüberhang von 500 Stück.

7. Ordnen Sie den nachfolgenden Begriffen die im Schaubild aufgeführten Ziffern zu!

a) Preis	
b) Menge	
c) Nachfragekurve	
d) Angebotskurve	
e) Angebotsdefizit	
f) Nachfragedefizit	
g) Gleichgewichtspreis	
h) Gleichgewichtsmenge	
i) Produzentenrente	

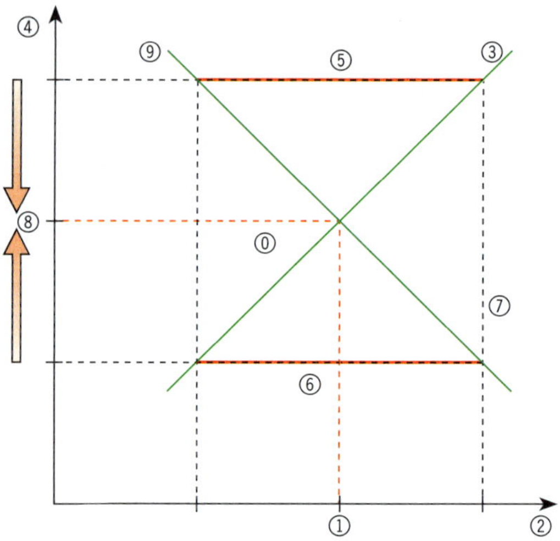

18 1. Auf dem Markt für Vitamine herrscht bezüglich einer bestimmten Vitaminart folgende Nachfrage- und Angebotssituation, die nur auszugsweise dokumentiert ist:

Preis der Vitaminart in €	40,00	35,00	30,00	25,00	20,00	5,00
Nachgefragte Menge in 100	0	0	0	1	2	5
Angebotene Menge in 100	10,5	9,5	7,5	6	4,5	0

Aufgabe:

Zeichnen Sie die Angebots- und Nachfragekurve je 5,00 € bzw. je 100 Stück ≙ 1 cm und bestimmen Sie den Gleichgewichtspreis und die zu diesem Preis umsetzbaren Stückzahlen.

Zeichnen Sie zunächst nur die angegebenen Daten in das Koordinatensystem ein. Unterstellen Sie die beliebige Teilbarkeit von Menge und Preis, sodass Sie nunmehr die eingezeichneten Punkte miteinander zu einer Angebots- bzw. Nachfragekurve verbinden können!

2. Die Polypolpreisbildung stellt einen Ausgleichsmechanismus zwischen den gegensätzlichen Interessen der Anbieter und Nachfrager dar.

Aufgaben:

2.1 Nennen Sie die gegensätzlichen Interessen der Anbieter und Nachfrager!

2.2 Begründen Sie, warum es sich bei der Polypolpreisbildung um einen Mechanismus, d. h. um ein sich selbstständig regelndes System, handelt!

3. Bei einem Makler an einer Warenbörse gehen folgende Kauf- und Verkaufsaufträge ein:

Kaufaufträge	Verkaufsaufträge
10 t billigst	15 t bestens
15 t zu 80,00 € höchstens	10 t zu 81,00 € mindestens
5 t zu 81,00 € höchstens	20 t zu 82,00 € mindestens
20 t zu 82,00 € höchstens	5 t zu 83,00 € mindestens
30 t zu 83,00 € höchstens	25 t zu 84,00 € mindestens
25 t zu 84,00 € höchstens	30 t zu 85,00 € mindestens

Aufgabe:

Ermitteln Sie, welchen Kurs der Warenmakler festlegt!

4. Angenommen, in dem Beispiel auf S. 125 f. würden alle Anbieter „bestens" verkaufen wollen.

   Aufgabe:

   Ermitteln Sie, wie hoch dann der Gleichgewichtspreis (Kurs) ist!

5. Erläutern Sie, welche Aussagen sich treffen lassen, wenn das Angebot und die Nachfrage gleichzeitig zu- oder abnehmen! (Begründen Sie Ihre Antworten zeichnerisch, d. h. mithilfe der Angebots- und Nachfragekurven!)

19

1. Für ein bestimmtes Gut gelten am Markt folgende Angebots- und Nachfragebedingungen (x = Menge; p = Preis):

   Nachfrage: $x(p) = 28 - 4p$; Angebot: $x(p) = 4 + 2p$;

   Aufgabe:

   Ermitteln Sie den Gleichgewichtspreis und die Gleichgewichtsmenge!

2. Gegeben sei ein freier Markt in Form eines zweiseitigen Polypols, der sich im Gleichgewicht befindet. Entscheiden Sie, welche der folgenden Aussagen auf diesen Markt zutrifft!

   2.1 Das Güterangebot wird jenen Käufern zugeteilt, die es – gemessen an der Zahlungsbereitschaft – am niedrigsten bewerten.

   2.2 Die Güternachfrage wird jenen Verkäufern zugeteilt, welche die Güter zu den höchsten Kosten produzieren können.

   2.3 Es wird diejenige Gütermenge produziert, die zu einem Maximum an Produzenten- und Konsumentenrente führt.

   2.4 Es wird diejenige Gütermenge produziert, die zu einem Maximum an Konsumentenrente führt.

   2.5 Es wird diejenige Gütermenge produziert, die zu einem Maximum an Produzentenrente führt.

3. Entscheiden Sie, welche der folgenden Aussagen zur Konsumentenrente richtig ist!

   Die Konsumentenrente

   3.1 ist gleich der Zahlungsbereitschaft der Käufer minus der Summe der Kaufpreiszahlungen.

   3.2 misst den Nutzen der Verkäufer aus der Marktteilnahme.

   3.3 entspricht dem Nutzen, den Produzenten aus der Teilnahme am Marktgeschehen ziehen.

   3.4 entspricht dem Nutzen, den Produzenten und Konsumenten aus der Teilnahme am Marktgeschehen ziehen.

   3.5 ist die Fläche unter der Nachfragekurve und unter dem Preis.

   3.6 ist die Fläche über der Angebotskurve und über dem Preis.

4. Auf dem Markt für den nachwachsenden Rohstoff A liegen dem Makler die nachfolgend in Tabellenform dargestellten Nachfrage- und Angebotsmengen vor. Bei den einzelnen Preisen ist die jeweils insgesamt am Markt wirksam werdende Menge angegeben.

Preis in € pro Tonne	Gesamtnachfragemenge in Tonnen	Gesamtangebotsmenge in Tonnen
300,00	60	180
290,00	140	170
280,00	160	160
270,00	205	80
260,00	217	30

Aufgaben:

4.1 Ermitteln Sie die auf diesem Markt insgesamt erzielbare Produzentenrente!

4.2 Berechnen Sie die auf diesem Markt insgesamt erzielbare Konsumentenrente!

5. Auf dem Markt für einen bestimmten Rohstoff liegen dem Makler folgende Kauf- und Verkaufsaufträge vor:

Käufer	**Jeweils akzeptierte Preisobergrenze**
Kunde A möchte 480 t kaufen	240,00 € pro t
Kunde B möchte 192 t kaufen	288,00 € pro t
Kunde C möchte 288 t kaufen	324,00 € pro t
Kunde D möchte 144 t kaufen	360,00 € pro t
Verkäufer	**Jeweils akzeptierte Preisuntergrenze**
Kunde E möchte 480 t verkaufen	360,00 € pro t
Kunde F möchte 288 t verkaufen	324,00 € pro t
Kunde G möchte 432 t verkaufen	288,00 € pro t
Kunde H möchte 192 t verkaufen	240,00 € pro t

Aufgaben:

5.1 Ermitteln Sie den vom Makler festzusetzenden Marktpreis!

5.2 Ermitteln Sie, wie hoch der bei dem vom Makler festzusetzenden Marktpreis erzielbare Gesamtumsatz auf dem Markt ist!

5.3 Berechnen Sie den Angebotsüberhang bei einem Preis von 324,00 € je Tonne!

6. Auf einem Gemüsemarkt werden bei einem Preis von 9,00 € je kg insgesamt 800 kg Spargel nachgefragt und 250 kg Spargel angeboten. Nennen Sie die Zeile, in der die Marktsituation richtig beschrieben wird!

Zeile	Marktlage	Marktumsatz in €	Preisentwicklung
①	Angebotsüberhang	7 200,00	fallend
②	Nachfrageüberhang	7 200,00	steigend
③	Angebotsüberhang	2 250,00	fallend
④	Nachfrageüberhang	2 250,00	steigend
⑤	Angebotsüberhang	2 250,00	steigend

20

1. Beschreiben Sie, in welchem Fall marktkonforme Staatseingriffe auf einem Gütermarkt vorliegen!

2. Nennen Sie mindestens drei Möglichkeiten, wie der Staat auf einem Gütermarkt systemkonform eingreifen kann! Beschreiben Sie die Wirkungsrichtung dieser Eingriffe!

3. In nebenstehender Abbildung wird der Markt für Getreide dargestellt. Der Preis p_0 darf nicht unterschritten, wohl aber überschritten werden.

Aufgaben:

3.1 Begründen Sie, ob es sich um eine marktkonforme oder marktkonträre Maßnahme des Staates handelt!

3.2 Erläutern Sie, welcher Art der Preis p_0 ist!

3.3 Erklären Sie, welche Marktsituation vorliegt und welche Konsequenzen sich langfristig ergeben!

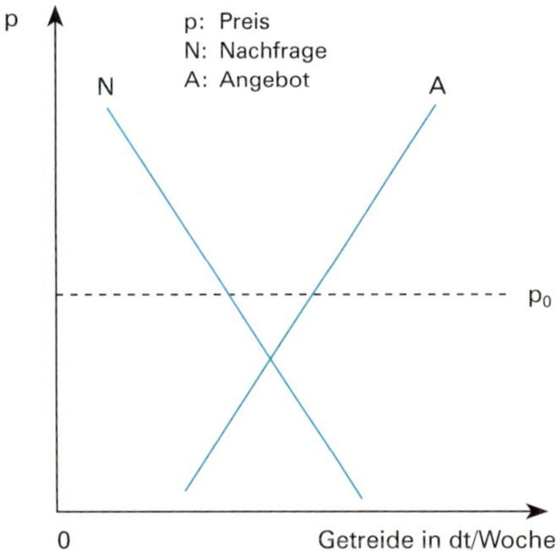

4. In nebenstehender Abbildung wird der Markt für Sozialwohnungen dargestellt. Der Mietsatz p_0 darf nicht überschritten, wohl aber unterschritten werden.

Aufgaben:

4.1 Begründen Sie, ob es sich um eine marktkonforme oder marktkonträre Maßnahme des Staates handelt!

4.2 Erklären Sie, welcher Art der Preis p_0 ist!

4.3 Begründen Sie, welche Marktsituation vorliegt und welche Konsequenzen sich langfristig ergeben!

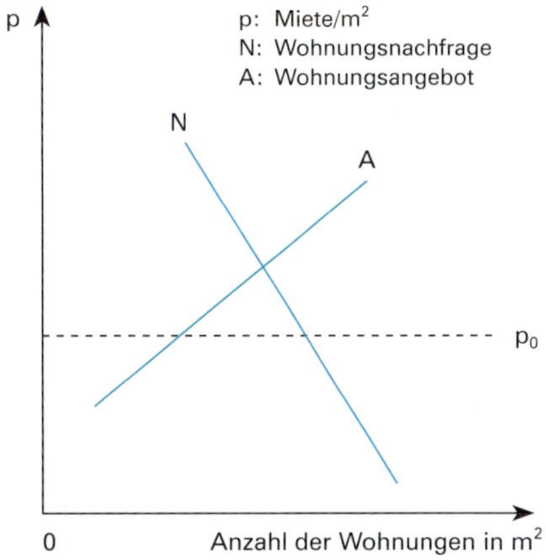

5. Entscheiden Sie in den nachfolgenden Fällen, ob sich die Aussagen: (1) nur auf Mindestpreise, (2) nur auf Höchstpreise, (3) sowohl auf Mindest- als auf Höchstpreise, (4) weder auf Mindest- noch auf Höchstpreise beziehen!

5.1	Die Preise werden staatlich fixiert.	
5.2	Es entsteht ein Angebotsüberhang.	
5.3	Es handelt sich um einen marktinkonformen Eingriff des Staates.	
5.4	Der Marktmechanismus wird außer Kraft gesetzt.	
5.5	Der Preis liegt unterhalb des Gleichgewichtspreises.	
5.6	Die Festlegung dieses Preises soll verhindern, dass sich ein niedrigerer Gleichgewichtspreis bildet.	
5.7	Die Festsetzung dieses Preises geschieht im Interesse des Staates.	
5.8	Bei dieser Form der Preisfixierung wird seitens des Staates der sich ohnehin durch den Preismechamismus einstellende Gleichgewichtspreis nur vorweggenommen.	
5.9	Der Staat muss weitere Eingriffe zur Mengenregulierung vornehmen.	

6 Preisbildung im Angebotsmonopol und -oligopol darstellen und beurteilen

Lernsituation 6:

Mehrere Auszubildende zum Industriekaufmann stehen an einem Montag in der ersten Pause gemeinsam auf dem Schulhof und unterhalten sich über die gerade geschriebene Klassenarbeit. Aus dem Hintergrund nähert sich Kevin, den man von Weitem bereits lauthals vor sich hin schimpfen hört. Als er bei der Gruppe angekommen ist, lässt er seinem Ärger freien Lauf. Kevin erzählt, dass er sich gerade in der Schulkantine ein Schnitzelbrötchen gekauft hat und im Vergleich zur Vorwoche 0,50 € mehr zahlen musste. Dies sei aus seiner Sicht eine totale Abzocke; aber was bleibe einem Schüler in der 15-minütigen Pause auch anderes übrig, als in der Schulkantine etwas zu kaufen, wenn man sein Frühstück mal wieder zu Hause hat liegen lassen.

Der im Klassenverband stets besonnene Hendrik hält die Aufregung von Kevin für vollkommen übertrieben und führt an, Kevin solle sich bloß nicht so aufregen. Schließlich habe er ständig mit einer solchen Abzockerei zu tun. Seit ihm seine Eltern einen gebrauchten Kleinwagen vorfinanziert haben, müsste er beim Tanken aufpassen wie ein Luchs. In der näheren Umgebung seines Wohnortes gäbe es drei unterschiedliche Tankstellen, die täglich mehrfach ihre Preise ändern – teilweise um bis zu 0,10 € pro Liter, was insgesamt verhältnismäßig mehr ausmacht als die Preiserhöhung beim Schnitzelbrötchen. Was ihn besonders ärgert, ist die Tatsache, dass die unterschiedlichen Tankstellenbetreiber die Preise immer nahezu zeitgleich ändern; danach könne man quasi die Uhr stellen.

Sarah-Marie, die Klassenbeste, mischt sich in das Gespräch ein. Sie sagt, dass sie das Ganze nicht verstehen kann. Schließlich wäre Benzin doch gleich Benzin, so wie beim Telefonieren die verkaufte Leistung doch auch die gleiche sei. In diesem Markt allerdings würden sich die Anbieter bei den Preisen schon seit Langem gegenseitig ständig unterbieten. Erst diese Woche sei sie deshalb mit ihrem Smartphone zu einem wesentlich günstigeren Anbieter gewechselt. Dadurch würde sie jetzt monatlich mehr als 10,00 € einsparen und das, obwohl sie nunmehr sogar noch mehr SMS verschicken könne als bei dem vorherigen Anbieter.

Kevin erwidert daraufhin, dass er sich ja genau aus diesem Grund so aufregt. In der Stadt gäbe es viele Bäckereien und dort würden die Schnitzelbrötchen teilweise viel günstiger angeboten als in der Schulkantine.

Kevins Nachfrage nach Schnitzelbrötchen[1]

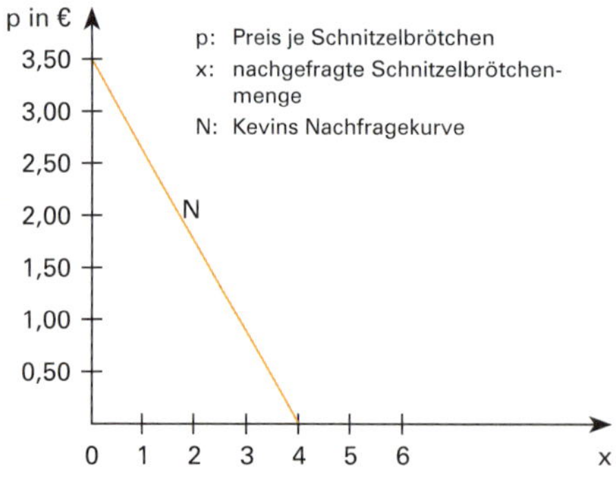

1 Der Verlauf der Nachfragekurve unterstellt eine „beliebige Teilbarkeit" der Schnitzelbrötchen.

Kompetenzorientierte Arbeitsaufträge:

1. Betrachten Sie zunächst Kevins Nachfragekurve nach Schnitzelbrötchen und interpretieren Sie deren Verlauf!
2. Vergleichen Sie die hier angesprochenen Marktformen und untersuchen Sie diese unter dem Aspekt der Verteilung von Marktmacht und Wettbewerb!
3. Finden Sie heraus, welche Präferenzen in der vorangestellten Lernsituation beim Benzin und den Schnitzelbrötchen eine Rolle spielen könnten!
4. Nennen Sie jeweils zwei weitere Beispiele für Märkte, auf denen der Wettbewerb aufgrund des „Preiskampfes" scheinbar funktioniert, und solche, auf denen mangels Preiskampf augenscheinlich kein Wettbewerb herrscht!
5. Erläutern Sie, was Unternehmen dazu veranlassen könnte bezüglich der Preise „zu kooperieren", statt sich auf einen Preiskampf einzulassen!
6. Beurteilen Sie die Notwendigkeit, inwiefern der Staat Regelungen zum Schutz des Wettbewerbs einführen sollte!

6.1 Preisbildung des vollkommenen Angebotsmonopols

6.1.1 Grundlagen

Im Sprachgebrauch werden alle marktbeherrschenden Unternehmen bzw. staatlichen Betriebe als „Monopole" bezeichnet. Theoretisch liegt ein **Monopol**[1] jedoch nur dann vor, wenn ein einziger Anbieter oder Nachfrager auf dem Markt ist.[2] Im Folgenden wollen wir uns auf das **Angebotsmonopol beschränken**.

Ein **Angebotsmonopol** liegt vor, wenn einem einzigen Anbieter eine Vielzahl von Nachfragern gegenübersteht.

Ein **vollkommenes Angebotsmonopol** ist gegeben, wenn der Monopolist nur ein **homogenes** Gut anbietet und darüber hinaus alle sonstigen Bedingungen des vollkommenen Marktes gegeben sind. Das vollkommene Monopol ist somit ein theoretischer Grenzfall. Unter den Bedingungen des vollkommenen Marktes kann es nur **einen einheitlichen** Monopolpreis geben, ein Fall, der in Wirklichkeit nur äußerst selten anzutreffen sein wird.

In der Regel sind nämlich die Angebotsmonopolisten in der Lage, **Preisdifferenzierung** zu treiben, d. h. für ein und dasselbe Gut **unterschiedliche** Preise zu verlangen **(unvollkommenes Monopol)**.

Beispiel:

Ein Elektrizitätswerk räumt Tag- und Nachtstromtarife ein. Darüber hinaus werden von Klein- und Großverbrauchern unterschiedliche Tarife verlangt.

Obwohl also das vollkommene (homogene) Angebotsmonopol in der Wirklichkeit kaum in reiner Form vorkommen dürfte, ist das Modell des vollkommenen Monopols geeignet, die mögliche **Absatzpolitik** eines marktstarken Anbieters zu veranschaulichen.

1 Zu den Ursachen für die Entstehung von Monopolen vgl. Kapitel 4.2.

2 Bei einem Nachfragemonopol sieht sich ein Nachfrager zahlreichen Anbietern gegenüber (z. B. Bundeswehr – Zuliefererbetriebe). Ein zweiseitiges Monopol (bilaterales Monopol) weist nur einen Anbieter und einen Nachfrager auf (z. B. näherungsweise Arbeitgeber einerseits und Gewerkschaften andererseits).

6.1.2 Preis-Absatz-Kurve des Monopolisten

Da der Angebotsmonopolist definitionsgemäß der alleinige Anbieter eines Gutes ist, vereinigt er die **Gesamtnachfrage** für ein Gut auf sich. Dies bedeutet, dass er sich der Gesamtnachfrage gegenübersieht.[1] Diese Gesamtnachfragekurve wird auch als **Preis-Absatz-Kurve** bezeichnet, weil aus ihr ablesbar ist, welche **Gütermengen** die Käufer bei alternativen Monopolpreisen zu kaufen beabsichtigen.

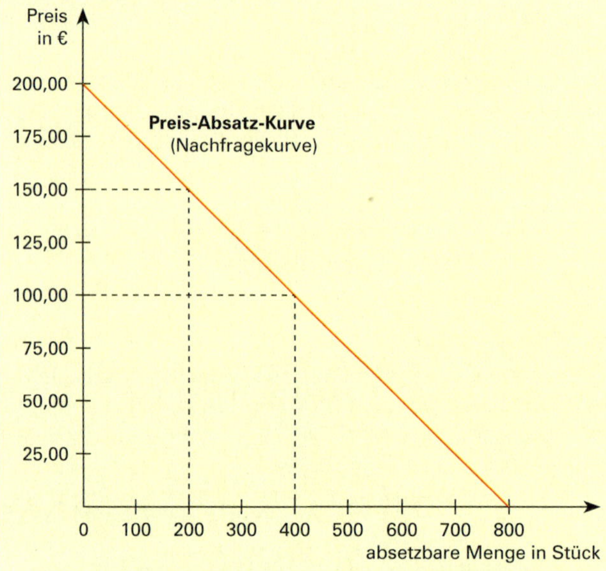

Preis-Absatz-Kurve eines Monopolisten

Beziehungen zwischen Absatzpreis und Absatzmenge

Preis in €	Absetzbare Menge in Stück
0,00	800
25,00	700
50,00	600
75,00	500
100,00	400
125,00	300
150,00	200
175,00	100
200,00	–

Bei einem Preis von z. B. 150,00 € kann der Monopolist 200 Stück absetzen; bei einem Preis von z. B. 100,00 € kann er 400 Stück absetzen (normale Nachfrage).

In der Realität kennt der Monopolist das Nachfrageverhalten seiner Kunden nicht genau, wenngleich mithilfe der heutigen Marktforschungsmethoden Aussagen darüber gemacht werden können, wie die Nachfrager auf geplante Preis- oder Angebotsmengenänderungen eines Monopolisten voraussichtlich reagieren werden. Die Preis-Absatz-Kurve des Monopolisten heißt daher auch „konjekturale[2] Preis-Absatz-Kurve".

Im Gegensatz zum polypolistischen Anbieter, der aufgrund seiner verschwindend geringen Marktmacht den Absatzpreis als gegeben, d. h. als „Datum" hinnehmen muss, kann der Angebotsmonopolist den Absatzpreis für das von ihm angebotene Gut frei **(autonom)** bestimmen: Er kann **Preispolitik** betreiben.[3]

1 In den folgenden Überlegungen unterstellen wir, dass sich die Gesamtnachfrage für ein Gut „normal" verhält.

2 **Konjektural:** vermutet.

3 Der Anbieter auf einem vollkommenen polypolistischen Markt kann keine Preispolitik betreiben. Er muss sich vielmehr mit seiner Absatzmenge so an den Preis anpassen, dass er einen möglichst hohen Gewinn (bzw. einen möglichst geringen Verlust) erzielt. Er ist **„Mengenanpasser"**, kann also nur Mengenpolitik betreiben.

6.1.3 Monopolistische Mengenpolitik

Für den Monopolisten ist eine Mengenpolitik möglich, d. h., der Monopolist setzt die **Absatzmenge** fest und überlässt die **Preisbildung** dem **Markt**. Der Monopolist ist – so sagt man – „Preisnehmer". Die Festsetzung von Preis **und** Angebotsmenge zugleich ist nicht möglich.

Beispiel:

Angenommen, die Erdöl exportierenden Staaten (OPEC) setzen den Preis für Erdöl fest. Dann müssen sie abwarten, welche Mengen bei diesem Preis auf dem Weltmarkt absetzbar sind. Vereinbaren sie hingegen bestimmte Fördermengen, müssen sie die Preisbildung dem Weltmarkt überlassen. Unterstellt, sie würden Preis **und** Fördermengen (Angebotsmengen) festlegen, dann ergeben sich zwei Möglichkeiten, wenn man von dem unwahrscheinlichen Fall absieht, dass sie den Preis getroffen haben, zu dem die Käufer genau die geförderten Mengen zu kaufen bereit sind.

Fall 1: Der autonom festgelegte Monopolpreis ist in Bezug auf die geförderten (angebotenen) Mengen zu **hoch:** Die Erdölproduzenten bleiben auf einem Teil ihrer Fördermengen „sitzen". Wollen sie diese absetzen, müssen sie die überschüssigen Mengen auf freien Märkten (den „Spot-Märkten") zu niedrigeren Preisen verkaufen.

Fall 2: Der gewählte Preis ist in Bezug auf die geförderten (angebotenen) Mengen zu **niedrig.** Es entsteht eine Angebotslücke, sodass der Weltmarktpreis auch ohne Zutun der Produzenten steigt. Soll eine Preissteigerung vermieden werden, muss die Fördermenge gesteigert werden.

6.1.4 Monopolistische Preispolitik

Um feststellen zu können, welchen Preis ein Monopolist festlegen muss, um seinen Gewinn zu maximieren bzw. seinen Verlust zu minimieren, greifen wir zu einem vereinfachenden Beispiel. Folgende Voraussetzungen sollen gelten:

- Es gelten die Bedingungen des vollkommenen Marktes.
- Dem Monopolisten ist die Preis-Absatz-Kurve bekannt. Sie verläuft „normal" und linear.
- Der Monopolist hat fixe und proportional-variable Kosten.
- Der Monopolist richtet sich nach dem (kurzfristigen) Gewinnmaximierungsprinzip (Gewinnmaximierungsmonopol).
- Der Monopolist bildet keine Lager (Produktionsmenge entspricht der Angebotsmenge).
- Die Faktorpreise (die Kosten) sind konstant.

Beispiel:

Angenommen, ein Industriebetrieb mit Alleinvertriebsrecht stellt Spezialwerkzeuge her. Die fixen Kosten je Tag belaufen sich auf 20 000,00 €, die proportional-variablen Kosten je Stück auf 40,00 €. Die Beziehungen zwischen Absatzpreis und Absatzmenge seien die gleichen, wie sie in der Abbildung auf S. 144 dargestellt wurden.

Aus der nachfolgenden Tabelle ist ersichtlich, dass der Monopolist sein **Gewinnmaximum** bei einer Absatzmenge von 300 Stück bzw. bei einem Absatzpreis von 125,00 € je Stück erzielt. Hier ist der Unterschied zwischen Umsatz einerseits und Kosten andererseits am größten (siehe auch Abb. auf S. 144). Ist die Gewinnmaximierung oberstes Unternehmensziel, wird der Monopolist also einen Preis von 125,00 € je Stück festlegen **oder** 300 Stück je Periode anbieten.

Das **Umsatzmaximum** beträgt 40 000,00 €. Es wird bei einem Absatzpreis von 100,00 € je Stück bzw. bei einer Absatzmenge von 400 Stück erreicht. Das **Gewinnmaximum** liegt bei einer geringeren Absatzmenge als das Umsatzmaximum, weil das Unternehmen variable Kosten aufweist. Vom Gewinnmaximum an steigen bei zunehmendem Absatz die Gesamtkosten schneller als der Umsatz.

Preis je Stück (p)	Absetzbare Menge (x)	Umsatz (Menge · Kosten) (U = x · p)	Gesamtkosten (fixe + variable Kosten) (K)	Verlust bzw. Gewinn (U – K)	Stückkosten $\left(\frac{K}{x}\right)$
200,00	–	–	20 000,00	–20 000,00	–
175,00	100	17 500,00	24 000,00	– 6 500,00	240,00
150,00	200	30 000,00	28 000,00	2 000,00	140,00
125,00	300	37 500,00	32 000,00	5 500,00	107,00
100,00	400	40 000,00	36 000,00	4 000,00	90,00
75,00	500	37 500,00	40 000,00	– 2 500,00	80,00
50,00	600	30 000,00	44 000,00	–14 000,00	73,00
25,00	700	17 500,00	48 000,00	–30 500,00	69,00
–	800	–	52 000,00	–52 000,00	65,00

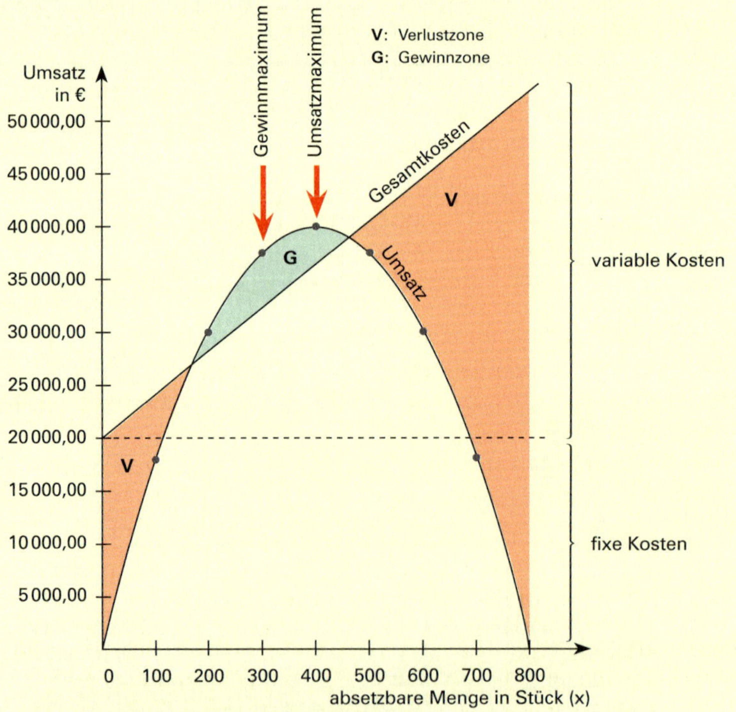

Gewinn- und Umsatzmaximum eines Monopolisten

Die Tatsache, dass bei sinkendem Preis der Umsatz des Monopolisten zunächst steigt, bei weiteren Preissenkungen unter 100,00 € jedoch sinkt, hängt mit der **Elastizität der Nachfrage** zusammen. Hierunter versteht man das Verhältnis einer prozentualen Nachfragemengenänderung zu einer prozentualen Preisänderung. Senkt der Monopolist z. B. seinen Preis von 150,00 € um $16\,^2/_3$ % auf 125,00 €, so steigt die mengenmäßige Nachfrage von 200 auf 300 Stück, also um 50 %. Dies entspricht einer **Elastizitätskennziffer** von **3** (50 % : $16\,^2/_3$ %). Die Nachfrage ist **elastisch.**

Senkt jedoch der Monopolist seinen Absatzpreis von z. B. 75,00 € auf 50,00 €, also um $33\,^1/_3$ %, so steigt die mengenmäßige Nachfrage von bisher 500 auf 600 Stück, d. h. um 20 %. Die **Elastizitätskennziffer** beträgt **0,6** (20 % : $33\,^1/_3$ %). Die Nachfrage ist **unelastisch.**

Allgemein gilt:

- Ist die Elastizitätskennziffer **größer als 1,** spricht man von **elastischer** Nachfrage.
- Ist die Elastizitätskennziffer **kleiner als 1,** spricht man von **unelastischer** Nachfrage.
- Beträgt die Elastizitätskennziffer **1,** spricht man von **proportional-elastischer** Nachfrage.

Wie das **Gesetz der Massenproduktion** lehrt, nehmen die Stückkosten bei zunehmender Beschäftigung ab, während sie bei rückläufiger Beschäftigung steigen. Kalkuliert ein Anbieter mit Stückkosten, so ist dies eine Erklärung dafür, dass in den modernen Volkswirtschaften auf den Märkten, die nur von einem oder wenigen Anbietern beherrscht werden, bei Nachfragerückgängen die Preise nicht sinken, sondern sogar steigen.

Umgekehrt erklärt sich auch, dass bei steigender Nachfrage die Preise bestimmter Massengüter im Lauf der Jahre absolut gesunken sind (z. B. Preise für Smartphones, Laptops, Drucker, TV-Geräte).

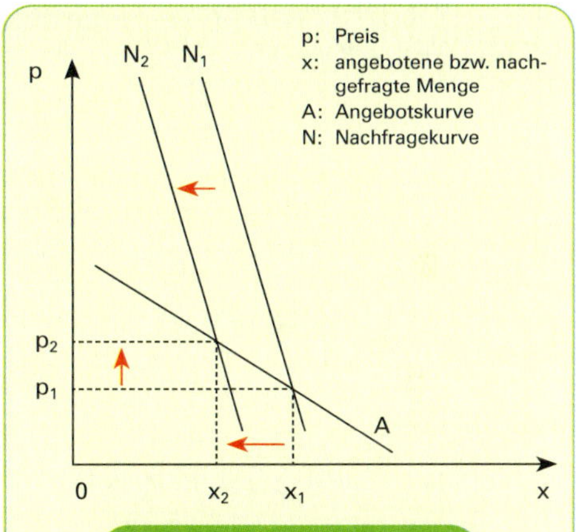

Nachfragerückgang führt zu steigenden Preisen

6.2 Preisbildung des vollkommenen Angebotsoligopols

Ebenso wie beim Monopol beschränken wir unsere Überlegungen auf das Angebotsoligopol.[1]

Ein **Angebotsoligopol** liegt vor, wenn wenigen Anbietern (mindestens zwei) eine Vielzahl von Nachfragern gegenübersteht.

1 Bei einem **Nachfrageoligopol** sieht sich eine kleine Zahl von Nachfragern (mindestens zwei) einer Vielzahl von Anbietern gegenüber (z. B. wenige Lebensmittelfabriken, viele Landwirte). Ein zweiseitiges Oligopol (bilaterales Oligopol) weist auf beiden Marktseiten nur wenige Teilnehmer (mindestens je zwei) auf (z. B. fünf Erzgruben und drei Hüttenwerke).

6.2.1 Preisbildung bei kooperativem[1] Verhalten

Das Wesen des Angebotsoligopols besteht darin, dass wenige Anbieter den Markt beherrschen. Im Unterschied zum Polypol und Monopol müssen die Oligopolisten mit **Gegenmaßnahmen der Konkurrenten** rechnen, wenn sie am Markt absatzpolitische Maßnahmen (z.B. Preisänderungen) vornehmen. Deshalb bezeichnet man den oligopolistischen Wettbewerb auch als **zirkulare Konkurrenz:** Die Handlungen eines Oligopolisten werden einmal von den Aktionen der Konkurrenten bestimmt, zum anderen von den Erwartungen darüber, wie die Konkurrenten auf eigene Aktionen reagieren werden.

Beim vollkommenen Oligopol wird ein homogenes Gut angeboten, ein in Wirklichkeit kaum anzutreffender Fall.

Beispiel:

Drei Braunkohle-Bergwerke befinden sich an einem Ort. Die Qualität der Kohle ist vollkommen gleich. Alle drei Bergwerke haben die gleiche Kapazität. Für die Kunden bestehen daher weder sachliche noch räumliche oder andersartige Präferenzen.

Homogene Märkte können nur einen **einheitlichen** Preis aufweisen. Würde ein Oligopolist versuchen, den **Preis** zu **senken, gewänne** er **alle** Kunden, falls seine Konkurrenten nicht nachzögen. Würde er den **Preis erhöhen, verlöre** er **alle** Kunden, falls die Konkurrenten nicht reagieren.

Diese Tatsache erklärt bereits, dass auf oligopolistischen Märkten relative **Preisstarrheit** herrscht, weil **friedliches** und **kooperatives** Verhalten für alle Anbieter i. d. R. von Vorteil ist. Bei Kostensteigerungen werden die Oligopolisten **gemeinsam** ihre Preise erhöhen (abgestimmtes Verhalten), sei es durch vertragliche Abmachung **(Kartell)** oder stillschweigende Übereinkunft **(Quasikartell).** Möglicherweise wird es auch einem **Preisführer** überlassen, an dessen preispolitischem Verhalten sich die Mitbewerber orientieren.

6.2.2 Preisbildung bei nicht kooperativem Verhalten

Es kann jedoch durchaus die Situation eintreten, dass die Kapitalgeber und/oder die Geschäftsleitungen der Oligopolunternehmen mit ihrer Gewinnsituation nicht zufrieden sind. Unterstellt, die Oligopole haben den Markt aufgeteilt, d.h. ein **Quotenkartell**[2] gebildet. Für jeden einzelnen Oligopolisten wäre es günstiger, seine Produktion zu erhöhen, d.h. die Absprache zu unterlaufen. Der oder die Konkurrenten werden jedoch reagieren, indem sie ihre Produktion ebenfalls erhöhen, sodass sich letztlich jeder der Beteiligten schadet. Der Oligopolist befindet sich also in einer sogenannten **Dilemma-Situation.**[3]

Beim Vorliegen eines Anbieterdilemmas gewinnen die beteiligten Unternehmen meistens nichts, verlieren mitunter sogar, wenn sie ihre Kooperation aufgeben. Gesamtwirtschaftlich kann sich jedoch die Wohlfahrt einer Volkswirtschaft erhöhen, da die Nachfrager durch niedrige Preise und eine bessere Versorgung einen Wohlfahrtsgewinn haben.

1 **Kooperativ** (lat.): zusammenarbeitend, gemeinsam (vor allem auf wirtschaftlichem Gebiet).

2 **Quote** (lat.): Anteil, der beim Aufteilen einer Sache auf den Einzelnen oder einer Gruppe entfällt.

3 **Dilemma** (griech., lat.): Wahl zwischen zwei gleich unangenehmen Folgen einer Entscheidung. Entscheidet sich der Oligopolist für Vertragstreue, ist seine Gewinnlage unbefriedigend. Entscheidet er sich dagegen, kann er nur gewinnen, wenn die anderen nicht nachziehen. Aller Voraussicht nach werden diese sich jedoch anpassen, sodass das Kartell zu aller Schaden „platzt".

Die **staatliche Wettbewerbspolitik** kann die **positive Wohlfahrtswirkung** dadurch fördern, dass sie die **Kartellbildung verbietet.**

Nichtkooperatives Verhalten kann für einen einzelnen Oligopolisten auch dann von Vorteil sein, wenn er kostengünstiger als seine Konkurrenten produziert und/oder die größeren finanziellen Reserven besitzt. Für ihn kann es langfristig von Nutzen sein, mit Niedrigpreisen **(Verdrängungspreisen, Kampfpreisen)** auf dem Markt aufzutreten, sich also gewissermaßen kriegerisch zu verhalten **(Verdrängungswettbewerb).**

Gelingt es dem **stärkeren** Anbieter, seine Konkurrenten aus dem Markt zu drängen, weil diese aufgrund der niedrigen Preise nicht mehr in der Lage sind, ihre Kosten zu decken, vereinigt er die **gesamte** Nachfrage auf sein Produkt, wird also zum **Monopolisten.** Er kann nunmehr den Absatzpreis wieder erhöhen und seinen Gewinn maximieren.

Kompetenztraining

21 1. **Fallstudie:** Ein vollkommenes Angebotsmonopol bietet nur einen Artikel an.

Aufgaben:

1.1 Definieren Sie den Begriff Angebotsmonopol!

1.2 Stellen Sie eine Tabelle entsprechend dem nachstehenden Muster auf! Die variablen Kosten betragen 5,00 € je Stück.

Absetzbare Menge in Stück	Preis je Stück in €	Umsatz in €	Fixe Kosten in €	Variable Kosten in €	Gesamtkosten in €	Verlust bzw. Gewinn in €
5000	10,00	50000,00	10000,00	25000,00	35000,00	+ 15000,00
6000	9,50		10000,00			
7000	9,00		10000,00			
8000	8,50		10000,00			
9000	8,00		10000,00			
10000	7,50		10000,00			
11000	7,00		10000,00			
12000	6,50		10000,00			
13000	6,00		10000,00			
14000	5,50		10000,00			

1.3 Entscheiden Sie, welchen Absatzpreis die Geschäftsleitung festlegen wird, wenn sie

1.3.1 den maximalen Gewinn erzielen möchte oder

1.3.2 den maximalen Umsatz anstrebt.

1.4 Beantworten Sie – nachdem Sie die vorhergehende Tabelle ergänzt haben – folgende Fragen:

1.4.1 Erläutern Sie, welche Tatsache es einem Monopolisten ermöglicht, selbstständige Preispolitik zu betreiben!

1.4.2 Erklären Sie, warum ein Unternehmen, das die Möglichkeit der Preispolitik hat, häufig andere Mittel als die Preispolitik zum Zweck der Umsatzsteigerung einsetzt!

1.4.3 Erläutern Sie, wie sich eine Preissenkung auf den Umsatz auswirken kann!

1.4.4 Stellen Sie dar, wie sich eine Preiserhöhung auf den Umsatz auswirken kann!

1.4.5 Erläutern Sie, warum der Gewinn auch dann abnehmen kann, wenn durch Preissenkungen ein höherer Absatz erzielt wird!

2. **Rechercheauftrag:** Bilden Sie zu jeder Monopolart ein eigenes Beispiel!

Arten der Monopole

nach der Anzahl der dem Monopol angehörenden Unternehmen	nach der Marktseite	nach der Zielsetzung	nach der Entstehung
■ Einzelmonopole (Individualmonopole) ■ Kollektivmonopole (Kartelle, verbundene Unternehmen, Trusts) ■ Teilmonopole (ein starker Anbieter und einige schwache)	■ Angebotsmonopole ■ Nachfragemonopole ■ bilaterale Monopole	■ Gewinnmaximierungsmonopole ■ Bedarfsdeckungsmonopole	■ natürliche Monopole (Rohstoffquellen) ■ Patentmonopole ■ Staatsmonopole ■ Meinungsmonopole

3. Ein Monopolist kann seine Monopolstellung verlieren, wenn er seine Absatzpreise zu hoch ansetzt.

Aufgaben:

3.1 Begründen Sie diese Aussage!

3.2 Definieren Sie den Begriff Angebotsoligopol!

3.3 Erläutern Sie, warum Oligopolisten in ihrer Preispolitik nicht voneinander unabhängig sind!

3.4 Erläutern Sie, warum bei Oligopolisten der Preiswettbewerb verhältnismäßig selten ist!

4. Nur die Stadtwerke Musterhausen bieten im Bereich der Stadt Musterhausen Erdgas zu Heizzwecken an.

Aufgaben:

4.1 Entscheiden Sie, in welcher Marktposition sich in Musterhausen der Anbieter mit seinem Gut Erdgas befindet!

4.2 Hans Niemeyer will in sein Einfamilienhaus eine Gasheizung einbauen lassen. Er muss deshalb bei den Stadtwerken einen Antrag auf Genehmigung einer derartigen Heizungsanlage stellen.

Erläutern Sie, welche Größe ihres Absatzes die Stadtwerke durch den Genehmigungszwang steuern können!

4.3 Die Stadtwerke erhöhen zum 01.01. ihre Abgabepreise für Erdgas um 8 %.

Erläutern Sie, welche Auswirkungen diese Preiserhöhung voraussichtlich auf die Nachfrage nach Erdgas haben wird!

4.4 Erläutern Sie, an welchen Gesichtspunkten die Stadtwerke ihre Abgabepreise für Erdgas orientieren werden!

4.5 Die Stadtwerke entschließen sich, ihre Abgabepreise für Erdgas nach drei Tarifgruppen zu differenzieren:

Tarif I:	Gewerbliche Großabnehmer,
Tarif II:	Private Großabnehmer (Heizungen),
Tarif III:	Private Kleinabnehmer.

4.5.1 Erläutern Sie, warum eine derartige Preisdifferenzierung möglich ist!

4.5.2 Entscheiden Sie, welchen Abgabepreis für einen m^3 Erdgas Sie bei den drei Tarifen am niedrigsten ansetzen würden!

5. Der europaweit agierende Tabakkonzern „Flavour Tobacco Limited" hat nach langjähriger Forschungs- und Entwicklungsarbeit eine „gesundheitsunschädliche" Zigarette entwickelt und diese durch ein weltweit gültiges Patent vor Nachahmung schützen lassen. Dieses Produkt – so zeigen unabhängige Studien verschiedener Unikliniken – setzt beim Konsum keine für die Gesundheit bedenklichen Stoffe frei und garantiert einen nahezu unverfälschten Tabakgenuss für „gesundheitsbewusste" Raucher. Der Tabakkonzern „Flavour Tobacco Limited" verfügt somit über ein Monopol für ein Produkt, dass zwei wichtige und bisher scheinbar unvereinbare Eigenschaften zusammenführt: Diese Zigarette ermöglicht den Genuss am Rauchen, ohne dass sich hierbei erkennbare Schäden für die Gesundheit des Konsumenten ergeben.

Eine in Auftrag gegebene Marktforschungsstudie kommt zu dem Ergebnis, dass nachfolgende Absatzmengen in Abhängigkeit vom gewählten Preis am Zigarettenmarkt erzielt werden könnten.

Absetzbare Menge in Mio. Packungen	Preis je Packung in €	Umsatz in Mio. €	Fixe Kosten in Mio. €	Variable Kosten in Mio. €	Gesamtkosten in Mio. €	Verlust bzw. Gewinn in Mio. €
50	10,00	500	200	250	450	50
60	9,50		200			
70	9,00		200			
80	8,50		200			
90	8,00		200			
100	7,50		200			
110	7,00		200			
120	6,50		200			
130	6,00		200			
140	5,50		200			

Aufgaben:

5.1 Übertragen Sie die oben stehende Tabelle in Ihr Hausheft und bestimmen Sie die Preis-Absatz-Funktion des Monopolisten! Die variablen Kosten pro Stück (kf) betragen 5,00 €.

5.2 Erläutern Sie kurz, welcher Umstand es der „Flavour Tobacco Limited" ermöglicht, eine eigenständige Preispolitik zu betreiben!

5.3 Stellen Sie kurz dar, wie sich

5.3.1 eine Preissenkung auf den Umsatz auswirkt,

5.3.2 eine Preiserhöhung auf den Umsatz auswirkt!

5.4 Nennen Sie kurz die beiden Möglichkeiten, wie ein Monopolist auf Veränderungen seines Marktes reagieren kann!

Kompetenzbereich III: Wirtschaftspolitische Einflüsse auf den Ausbildungsbetrieb, das Lebensumfeld und die Volkswirtschaft einschätzen

1 Idealtypischen Konjunkturverlauf und die Folgen konjunktureller Schwankungen erläutern

Lernsituation 1:

Jennifer und Nils besuchen zurzeit die Berufsschule. Vor Unterrichtsbeginn treffen sich beide zufällig in der Cafeteria der Schule. Nach einem kurzen Gespräch kommen sie auf den gestrigen Unterrichtstag zu sprechen. Nils ist immer noch stocksauer auf einen Lehrer, der nach einer Auseinandersetzung mit der Klasse wegen des – aus seiner Sicht mal wieder unerträglichen – Lärmpegels auf die wenig erfreulichen Aussichten der Schüler hingewiesen hat. Konkret führte der Lehrer an, dass mit Blick auf die Konjunkturprognosen die Anzahl der Übernahmen von Auszubildenden zukünftig wohl stark zurückgehen würde. Die meisten hier in der Klasse würden bei den bisher gezeigten Leistungen wohl eher Stammkunden bei der Agentur für Arbeit.

In diesem Moment setzt sich ihr Mitschüler Arne zu Jennifer und Nils an den Tisch. Er grinst über das ganze Gesicht und deutet an, dass die Äußerungen ihres Lehrers von gestern alles nur hohles Gequatsche seien. Vor allem die Sache mit den besagten Konjunkturprognosen wäre nichts als heiße Luft. Da müsse man nur mal ein wenig im Internet stöbern und schon hätte man in der Beziehung Klarheit. Um seine Äußerung zu untermauern, legt Arne demonstrativ ein Papier mit folgendem Text auf den Tisch:

Das zarte Pflänzchen Konjunktur

Kaum ein Wort beflügelt die Fantasie von Wirtschaftstreibenden und Politikern mehr als **„Konjunktur“**. Gebannt starren sie auf die prognostizierten Vorzeichen des Auf- und Abschwungs der Welle der wirtschaftlichen Entwicklung. Die Stimmung hellt sich auf, wenn es nach oben geht, oder verfinstert sich, wenn die Gegenrichtung eingeschlagen wird. Es ist ein permanentes Auf und Ab der Gefühle, die in der Ökonomie über Investitionen, Stellenabbau oder Aufbruch in neue Märkte entscheiden. [. . .]

Dabei ist die Sache längst nicht so klar, wie es den Anschein hat, nur weil alle Welt davon redet. Unbestritten ist, dass es **Konjunkturzyklen** gibt. Aber wie lange dauern sie? Und wann ist welche Stufe erreicht? [. . .]

Konjunkturforschungsinstitute wurden gegründet, die, staatlich finanziert, den Blick in die Glaskugel der Zukunft der Volkswirtschaften werfen. Dabei bedient man sich aus dem Vergleich von Daten aus der Vergangenheit über die Zinsentwicklung und daraus resultierenden Investitionen bzw. dem Zusammenhang von Steuern und dem privaten Konsum. Daraus werden **Konjunkturindikatoren** abgeleitet. [. . .]

Am Ende steht das erwartete Bruttoinlandsprodukt (BIP). Und das ist meistens falsch, wie einschlägige Untersuchungen über die Treffsicherheit von Konjunkturprognosen feststellen. [. . .]

Quelle: www.wianet.at (Autor: Oliver Pohl), Zugriff vom 16.12.2012 (Auszüge).

Kompetenzorientierte Arbeitsaufträge:

1. Erklären Sie die hervorgehobenen Begriffe!
2. Beschreiben Sie einen idealtypischen Konjunkturzyklus und unterscheiden Sie dabei die Konjunkturphasen!
3. Erläutern Sie, was konkret aus den Konjunkturindikatoren abgeleitet werden kann und welchen Stellenwert sie für Unternehmen wie für die Politik haben!
4. **Projekt mit regionalem Bezug:**
   Durch die örtlichen Industrie- und Handelskammern sowie lokalen Verbände werden regionale Konjunkturdaten und Konjunkturerwartungen ermittelt und veröffentlicht. Recherchieren Sie zunächst, welche Institutionen in Ihrer Region derartige Konjunkturdaten erheben und veröffentlichen. Informieren Sie sich anschließend bei diesen Stellen über die aktuellsten Datensätze und stellen Sie diese für eine Präsentation vor Ihrer Klasse zusammen!

1.1 Idealtypischer[1] Konjunkturverlauf

- Die **Konjunktur** gibt Auskunft über die **wirtschaftliche Lage** eines Landes.
- Die Entwicklung der Wirtschaft (das Wachstum des **realen Bruttoinlandsprodukts**) verläuft nicht gradlinig, sondern in Wellenbewegungen, die als **Konjunkturschwankungen** bezeichnet werden.
- **Konjunkturschwankungen** sind **politisch unerwünscht,** weil Rezessionen z. B. zu sinkenden Steuereinnahmen führen, weniger finanzstarke Unternehmen zum Aufgeben zwingen und zu konjunktureller Arbeitslosigkeit führen. Die **Wirtschaftspolitik** versucht daher, **Konjunkturschwankungen abzuflachen.**

Die nachfolgende Grafik stellt einen **idealtypischen Konjunkturzyklus**[2] dar:

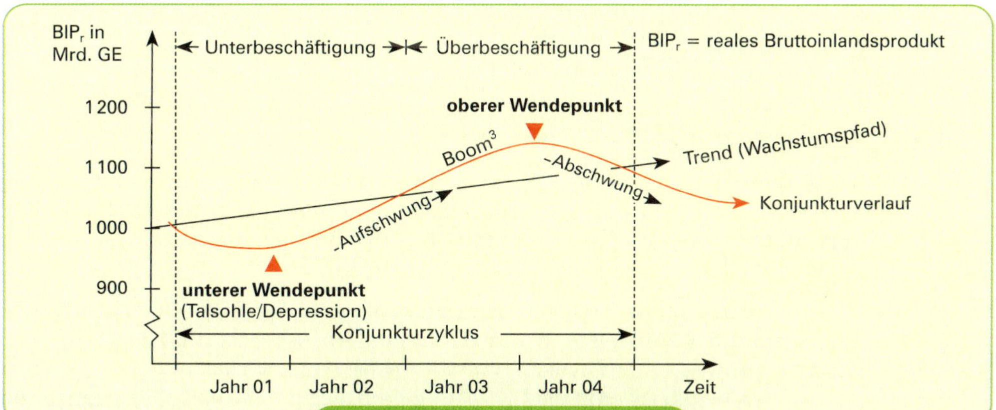

Idealtypischer Konjunkturzyklus

---

1 **Idealtypisch** (griech.-lat.): ein nur in der Vorstellung vorkommendes Modell bestimmter sich ähnelnder oder sich wiederholender Ereignisse oder Merkmale. So gab es z. B. bei den verschiedenen Konjunkturzyklen der Bundesrepublik Deutschland stets Aufschwünge, Hochkonjunkturen, Abschwünge (Rezessionen) und Tiefpunkte (untere Wendepunkte), die sich jedoch im Hinblick auf ihre Verläufe (Stärke, Dauer) unterschieden.

2 **Zyklus** (lat.): regelmäßig wiederkehrende Erscheinung, regelmäßige Folge. Zyklisch: regelmäßig wiederkehrend.

3 **Boom** (engl.): kräftiger Aufschwung.

Erläuterungen:

Überblick über die Konjunkturphasen

Konjunkturphasen	Auftragsbestände/ Produktion	konjunkturelle Arbeitslosigkeit	Lohnentwicklung	Zinsen	Wertpapierkurse	Preisentwicklung	Sparneigung	Zukunftserwartungen
unterer Wendepunkt (Talsohle)[1]	auf niedrigem Niveau verharrend	hoch	mäßige Lohnerhöhungen; geringe übertarifliche Leistungen	niedrig	hoch	geringere Preissteigerungsraten; Kosteninflation (Stagflation) jedoch möglich	hoch	abwartend oder vorsichtiger Optimismus
Aufschwung	steigend	noch hoch	mäßige Lohnerhöhungen	noch niedrig	hoch	geringe Preissteigerungsraten	sinkend	optimistisch
Boom (Hochkonjunktur, Überkonjunktur, Überbeschäftigung)	bei Konsumgütern noch steigend; bei Investitionsgütern stagnierend oder sinkend	sinkend	kräftige Lohnerhöhungen	steigend	sinkend	hohe Preissteigerungsraten	niedrig	optimistisch
oberer Wendepunkt (Konjunkturgipfel)	bei Konsumgütern stagnierend; bei Investitionsgütern sinkend	gleichbleibend	kräftige Lohnerhöhungen („Lohnlag")[2]	hoch	niedrig	hohe Preissteigerungsraten	niedrig	abwartend bis pessimistisch
Abschwung (Rezession, Niedergang)	sinkend	steigend	mäßige Lohnerhöhungen (Inflationsausgleich); u. U. Abbau übertariflicher Leistungen	langsam sinkend	langsam steigend	abnehmende Preissteigerungsraten (auf polypolistischen Märkten u. U. sinkende, auf oligopolistischen und monopolistischen Märkten weiter steigende Preise)	steigend	pessimistisch

Wie die Grafik auf S. 155 zeigt, ist die wirtschaftliche Entwicklung in Deutschland durch zyklische Schwankungen gekennzeichnet, deren Abfolge und Intensität sich an der **realen** (d.h. von Preiseinflüssen bereinigten) Veränderung des Bruttoinlandsprodukts ablesen lässt.

Langfristig folgte die Wirtschaftsentwicklung in Deutschland einem **aufsteigenden Trend**: Durch alle Zyklen hindurch setzte sich das reale Wachstum der Wirtschaftsleistung fort. Allerdings wurden die Wachstumswellen immer flacher, die wirtschaftliche Dynamik immer schwächer. Auch gab es von Mal zu Mal tiefere Konjunktureinbrüche am Ende eines Zyklus.

1 Ein lang anhaltender wirtschaftlicher Tiefstand wird als **Depression** (wörtl. Niedergeschlagenheit, traurige Stimmung) bezeichnet. Die Depression ist keine konjunkturelle Erscheinung, sondern Ausdruck einer tief greifenden strukturellen **Krise**.

2 **Lag** (engl.): Verschiebung, Verzögerung.

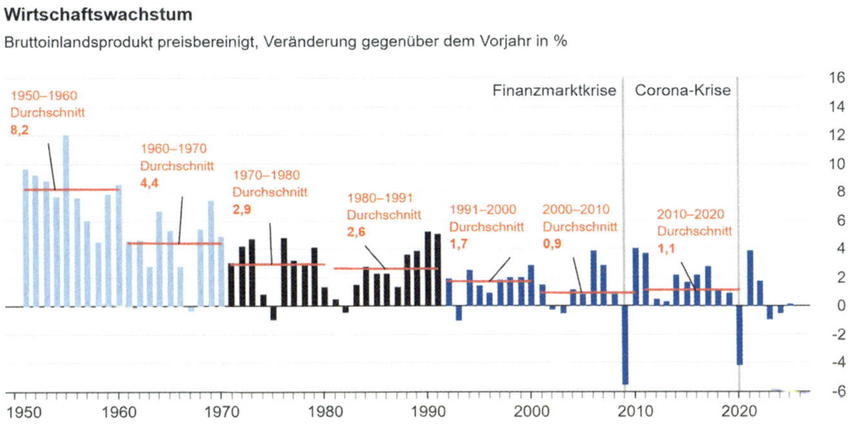

Konjunkturzyklen in der Wirklichkeit

Quelle: https://www.destatis.de/DE/Themen/Wirtschaft/Volkswirtschaftliche-Gesamtrechnungen-Inlandsprodukt/BIP-Langfristig.html [Zugriff vom 15.01.2026].

1.2 Ursachen für Wirtschaftsschwankungen

Das Phänomen[1] ist dem Menschen seit jeher bekannt: Die wirtschaftliche Entwicklung vollzieht sich nicht regelmäßig, sondern in „Schwankungen". Selbst die Bibel berichtet von den „sieben fetten und den sieben mageren Jahren".

Die heutige Volkswirtschaftslehre weiß, dass die wirtschaftlichen Wellenbewegungen **nicht** auf **eine Ursache allein** zurückgeführt werden können. Es gibt zahlreiche „Auslöser" für den Konjunkturauf- bzw. -abschwung.

Einen Überblick über die **wichtigsten Ursachen für Konjunkturschwankungen** gibt nachfolgende Übersicht.

Determinanten[2] des Konjunkturverlaufs	
Faktoren, die den **Konjunkturaufschwung** auslösen können:	Faktoren, die den **Konjunkturabschwung** auslösen können:
■ Ausweitung des Geldangebots (Kreditangebots) durch die Zentralbank: sinkende Zinssätze – steigende Kreditnachfrage. ■ Steigende private und staatliche Investitionsgüternachfrage. ■ Steigende private und staatliche Konsumgüternachfrage. ■ Steigender Außenbeitrag (Export > Import). ■ Zahlungsbilanzüberschüsse.	■ Verknappung des Geldangebots (Kreditangebots) durch die Notenbank: steigende Zinssätze – sinkende Kreditnachfrage. ■ Sinkende private und staatliche Investitionsgüternachfrage. ■ Sinkende private und staatliche Konsumgüternachfrage. ■ Sinkender Außenbeitrag (Export < Import). ■ Zahlungsbilanzdefizite.

1 **Phänomen** (lat.): Erscheinung.

2 **Determinanten**: Ursachen, (Bestimmungs-)Gründe.

Determinanten des Konjunkturverlaufs	
Faktoren, die den **Konjunkturaufschwung** auslösen können:	Faktoren, die den **Konjunkturabschwung** auslösen können:
■ Optimistische Zukunftserwartungen der Wirtschaftssubjekte. ■ Positive politische Ereignisse (z. B. Beendigung von Kriegen, Abschluss wichtiger Friedensverträge).	■ Pessimistische Zukunftserwartungen der Wirtschaftssubjekte. ■ Negative politische Ereignisse (z. B. Kriegsausbrüche, Aufstände, Generalstreiks, Terroranschläge).

1.3 Konjunkturindikatoren zur Prognose der wirtschaftlichen Entwicklung

Konjunkturindikatoren[1] sind Daten, die den Konjunkturverlauf messen und/oder Voraussagen (Prognosen) für künftige Entwicklungen zulassen.

Das wirtschaftliche Auf und Ab lässt sich mithilfe unterschiedlicher Größen messen. Bestimmte wirtschaftliche Erscheinungen lassen sogar Rückschlüsse auf die künftige Entwicklung zu, dienen also der Konjunkturprognose.[2]

1.3.1 Realwirtschaftliche Konjunkturindikatoren

Realwirtschaftliche Konjunkturindikatoren beziehen sich vor allem auf die Entwicklung der volkswirtschaftlichen Gesamtnachfrage (Inlandsnachfrage nach Konsum- und Investitionsgütern, Exportgüternachfrage) sowie auf den Arbeitsmarkt:

Entwicklung der Arbeitslosenzahlen und offenen Stellen	■ **Steigende Arbeitslosenzahlen** und **sinkende offene Stellen** zeigen an, dass die Wirtschaft unterbeschäftigt ist. Die Unternehmen werden sich bei den **Investitionen zurückhalten,** weil sie eine stagnierende oder gar zurückgehende Konsumgüternachfrage erwarten. ■ Die umgekehrte Reaktion tritt ein, wenn die Bundesagentur für Arbeit eine steigende Zahl offener Stellen meldet und wenn die Arbeitslosenzahlen zurückgehen.
Entwicklung der Konsumgüternachfrage	■ **Steigt** der private **Konsum** (angezeigt durch steigende Einzelhandelsumsätze), ist eine **positive** Entwicklung des wirtschaftlichen Geschehens zu erwarten, weil in der Folge die Großhandelsumsätze und schließlich die Umsätze der Herstellerbetriebe steigen werden. Ist die Wirtschaft vollbeschäftigt, werden Preissteigerungen eintreten. ■ Stagnierende oder sinkende Einzelhandelsumsätze bewirken das Gegenteil.

1 **Indikator:** Anzeiger.

2 **Prognose:** Voraussage, Vorausschau.

Entwicklung der Investitionsgüternachfrage	■ Steigt die Investitionsgüternachfrage (angezeigt durch steigende Umsätze und/oder Auftragsbestände in der Investitionsgüterindustrie), kann eine Erhöhung der Beschäftigung erwartet werden, die auch nicht ohne Einfluss auf die Arbeitsnachfrage bleiben wird. Bei Vollbeschäftigung können steigende Preise (zunächst in der Investitionsgüterindustrie) und steigende Löhne vorausgesagt werden. ■ Sinkende Investitionsgüternachfrage lässt den gegenteiligen Schluss zu.
Entwicklung des Außenhandels	■ Nimmt der Export schneller als der Import zu, ist auf eine Belebung der Konjunktur zu schließen. Eine vollbeschäftigte Wirtschaft muss mit Preissteigerungen rechnen, weil die Gesamtnachfrage (Auslands- und Inlandsnachfrage) das Gesamtangebot der Volkswirtschaft übersteigt. ■ Steigen die Importe indessen schneller als die Exporte, ist der gegenteilige Effekt wahrscheinlich.
Kapazitätsauslastung und Auftragsbestände	■ Steigende Auftragsbestände kündigen einen Konjunkturaufschwung an. Die Auslastung der Kapazität folgt der Entwicklung der Auftragsbestände. ■ Rückläufige Auftragsbestände kündigen einen Konjunkturabschwung an.
Entwicklung der Staatsausgaben und -einnahmen	■ Aus dem Staatshaushaltsplan kann entnommen werden, in welchem Verhältnis die Staatsausgaben zu den Staatseinnahmen stehen werden. Strebt der Staat große zusätzliche Konsum- oder Investitionsvorhaben an, ohne die Steuern zu erhöhen, ist eine Belebung der Wirtschaftstätigkeit wahrscheinlich. Auch in diesem Fall sind Preiserhöhungen zu erwarten, wenn die Wirtschaft vollbeschäftigt ist. ■ Voraussichtliche Steuererhöhungen indessen können die Investitionstätigkeit der Unternehmen vermindern.
Entwicklung der Lagerbestände	■ Steigen die Lagerbestände der Unternehmen über das saisonal übliche Maß, so liegt offenbar Überproduktion vor. Es kann der Schluss gezogen werden, dass die Unternehmen ihre Produktion drosseln werden, was einen Konjunkturabschwung bewirken kann. ■ Nehmen die Lagerbestände ab, ist das Gegenteil der Fall. Diese Aussage gilt jedoch nicht uneingeschränkt. Es mag nämlich sein, dass die Unternehmen ihre Lagerbestände bewusst abbauen, weil sie sinkende Umsatzzahlen erwarten, und ihre Lagerbestände aufstocken, weil ein Konjunkturanstieg eingesetzt hat.
Vertrauensindikatoren	■ Für die Beurteilung zukünftiger Entwicklungen spielen die Erwartungen der Unternehmen und der Verbraucher eine große Rolle. Nimmt das Vertrauen in eine (positive) wirtschaftliche Entwicklung zu, ist mit einer steigenden Konsum- und Investitionsgüternachfrage zu rechnen. ■ Nimmt das Vertrauen der Unternehmer und der Verbraucher ab, ist mit einer fallenden Investitions- und Konsumnachfrage zu rechnen.

1.3.2 Finanzwirtschaftliche Konjunkturindikatoren

Geldpolitik	■ Als Konjunkturindikator zählt auch die (vermutete) künftige Geldpolitik einer Zentralbank. Aufgrund von Zinssenkungen kann die Konjunktur belebt werden. ■ Aufgrund von Zinserhöhungen wird ein „Überschäumen" der Konjunktur verhindert.
Wechselkurse	■ Steigende Wechselkurse verteuern die Binnenwährung. Der Export in Fremdwährungsländer wird gebremst, die Konjunktur wird negativ beeinflusst. ■ Sinken die Wechselkurse, wird die Binnenwährung für die Devisenausländer billiger. Es ist zu erwarten, dass die Exporte steigen und die Konjunktur angekurbelt wird.

1.3.3 Früh-, Präsenz- und Spätindikatoren

Die Indikatoren lassen sich auch hinsichtlich der zeitlichen Erkennbarkeit der jeweiligen Konjunkturphase unterscheiden.

Indikator	Erläuterungen	Beispiele
Früh-indikatoren	Sie sollen anzeigen, wie sich die Konjunktur in den **kommenden Monaten** entwickeln wird.	■ Entwicklung der Aktienmärkte ■ Auftragseingänge der verarbeitenden Industrie ■ Baugenehmigungen im Hochbau ■ Investitionsabsichten ■ Geschäftsklimaindex ■ Konsumklimaindex
Präsenz-indikatoren	Sie beschreiben den **augenblicklichen** Stand der Konjunktur.	■ Kapazitätsauslastung ■ aktuelle Konsumdaten ■ Kurzarbeit ■ Lagerbestände ■ Zinsen
Spät-indikatoren	Sie hinken dem eigentlichen Konjunkturverlauf **hinterher.**	■ Steuereinnahmen des Staates ■ Insolvenzen ■ Arbeitslosenquote ■ Preisindizes ■ Zinsniveauentwicklung

Kompetenztraining

22 **Textauszug:**

Aktienkurse und Konjunktur

Während eines Börsenbooms, wenn die Aktienpreise durch das starke Vertrauen der Investoren hoch getrieben werden, hilft die Börse mit, einen wirtschaftlichen **Boom** zu erzeugen. Verbraucher, die Aktien besitzen, fühlen sich reicher und kaufen mehr. Auch nehmen sie Kredite auf, um neue Wohnungen, Autos, und andere teure Güter zu kaufen.

Zudem ist es für Unternehmen einfach, Anleihen aufzunehmen oder neue Aktien auszugeben. Sie lösen damit einen Investitionsboom in der Wirtschaft aus. Die Banken gewähren Haushalten und Unternehmen zu günstigen Bedingungen Kredite, wenn sie hoch bewertete Aktien besitzen. Sie halten den Wertpapier-Reichtum für ausreichende Sicherheiten. Und ausländische Investoren bringen Geld ins Land, um sich ihren Anteil am Geschehen zu sichern.

Wenn ein Börsenboom zu Ende geht und die Preise einbrechen, kehren sich diese Verhaltensmuster um. Konsum und Investitionen sinken, ausländische Investoren ziehen sich zurück. Bankdarlehen werden knapper. Diese Faktoren bremsen die Wirtschaft ab.

Allerdings kann eine wirtschaftliche Beruhigung auch zu einer **Rezession** oder gar **Depression** werden: Zum einen kann der Einbruch der Aktienpreise [. . .] zu einer Bankenkrise führen. Zum anderen können Banken merken, dass sie während eines Börsensturzes ihre Forderungen nicht realisieren können. Sie dürften dann vor Zahlungsschwierigkeiten stehen und daher neue Kredite stark einschränken. In extremen Fällen bangen die Kontoinhaber um ihre Einlagen und ziehen ihr Geld ab. Dadurch wird eine Bankenkrise verschärft. Auch ausländische Investoren können sich zurückziehen. Das Land kann in eine Zahlungsbilanzkrise geraten, in der es ausländische Schulden nicht bedienen kann. Handel und Produktion werden unterbrochen. [. . .]

Quelle: Sachs, J.: Der Einbruch an den Börsen führt zu keiner Depression, in: Die Welt vom 1. August 2002.

Aufgaben:

1. Erklären Sie die hervorgehobenen Begriffe!
2. Stellen Sie dar, welchen Einfluss die Aktienkurse auf die Konjunktur haben können!
3. Erklären Sie, welchen Einfluss die Konjunkturentwicklung auf die Aktienkurse haben kann!
4. Beschreiben Sie mögliche Zusammenhänge zwischen einer von Ihnen genannten Rezessionsursache und den Folgen, die die Rezession weiter verstärken!
5. Nennen Sie Beispiele für „konjunkturelle Rahmenbedingungen"!
6. Begründen Sie, warum die Kfz-Zulassungszahlen ein Indikator für Konjunkturbewegungen sein können!
7. Nennen Sie mindestens vier wichtige Konjunkturindikatoren! Prüfen Sie, welche Rückschlüsse sich aus den von Ihnen genannten Indikatoren ziehen lassen! Begründen Sie Ihre Antworten!

23 1. Betrachten Sie zunächst die beiden folgenden Konjunkturindikatoren:

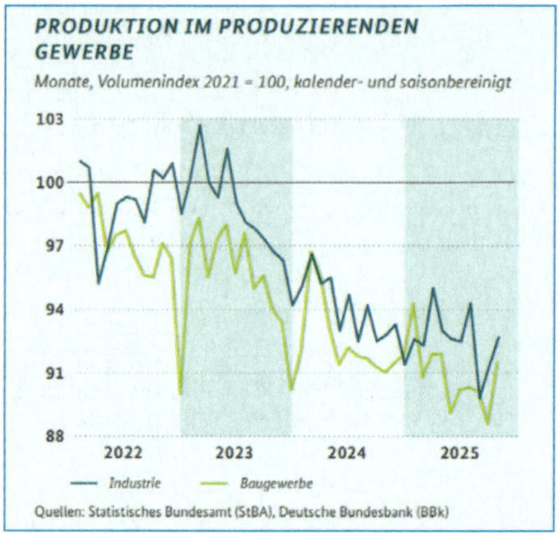

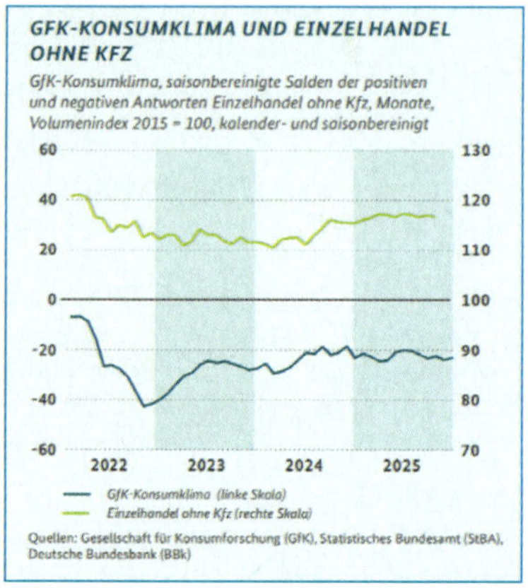

Quelle: Schlaglichter der Wirtschaftspolitik, Bundesministerium für Wirtschaft und Klimaschutz, Monatsbericht Januar 2026, S. 4.

Aufgaben:

1.1 Bestimmen Sie, ob es sich bei den dargestellten Konjunkturindikatoren um real- oder finanzpolitische Konjunkturindikatoren handelt!

1.2 Entscheiden Sie, ob es sich bei den dargestellten Konjunkturindikatoren um Frühindikatoren, Präsenzindikatoren oder um Spätindikatoren handelt!

2. In den folgenden Situationen sind mithilfe wichtiger Konjunkturindikatoren bestimmte konjunkturelle Situationen beschrieben.

2.1 „Der Preisindex für die Lebenshaltung ist im vergangenen Halbjahr gesunken. Das reale Bruttoinlandsprodukt nahm um 0,5 % ab. Zugleich stieg die Arbeitslosenquote von 9,5 auf 9,8 % an. Die Kreditinstitute waren flüssig, das Zinsniveau war demzufolge niedriger als zuletzt. […]"

2.2 „Aufgrund zunehmender Exportüberschüsse stieg im vergangenen Halbjahr das reale Bruttoinlandsprodukt um 2 %, während sich die Zahl der Arbeitslosen kaum veränderte. Die Löhne und Gehälter stiegen leicht an. Die Preissteigerungsraten hielten sich in Grenzen (+ 1,8 %). Die Zinsen sind nach wie vor vergleichsweise niedrig. […]"

2.3 „Die Europäische Zentralbank erhöhte den Leitzinssatz von 3 auf 3,5 %. Die Inflationsrate hat die 3 %-Grenze überschritten. Das Arbeitnehmerentgelt nahm brutto um 8 %, die Gewinne um 5 % zu. Die Zinssätze für Kredite sind deutlich gestiegen. […]"

Aufgabe:

Ordnen Sie diese Situationen den entsprechenden Konjunkturphasen zu!

2 Konjunkturpolitische Maßnahmen im Hinblick auf die jeweilige Konjunkturphase ableiten

Lernsituation 2:

Die 17-jährige Auszubildende Lea hat nach einer Geburtstagsparty am Sonntagmorgen mal wieder länger geschlafen. Trotz einer gewissen Restmüdigkeit steht sie pünktlich zum Mittagessen auf, da es in ihrer Familie seit vielen Jahren üblich ist, zumindest an einem Sonntag gemeinsam zu Mittag zu essen. Als sie gut gelaunt und relativ ausgeschlafen das Esszimmer betritt, spürt sie sofort die leicht angespannte Stimmung zwischen ihren Eltern und ihrem Bruder. Anlass der wohl eher schlechten Laune der restlichen Familie ist ihr Bruder Dennis, der sich mal wieder ziemlich aufregt.

Dennis steckt gerade mitten in der Prüfungsvorbereitung zum Mechatroniker, hat aber vor zwei Wochen von seinem Ausbildungsbetrieb erfahren, dass er nach der Ausbildung nicht übernommen wird. Seither stellt er sich unentwegt die Frage, was die ganze Prüfungsvorbereitung überhaupt für einen Sinn hat, wenn er anschließend sowieso arbeitslos ist. Leas Mutter spricht Dennis seit dieser schlechten Nachricht vor zwei Wochen immer wieder Mut zu, indem sie versucht, ihn positiv zu stimmen und ihn ermuntert, nicht so negativ in die Zukunft zu blicken. Auch der Vater macht ihm immer wieder klar, dass er sich nun erst einmal auf die Prüfung konzentrieren soll. Danach könne er sich dann in aller Ruhe bei umliegenden Autohäusern als Mechatroniker bewerben. Er ist der Ansicht, dass eine gute Prüfung auch in wirtschaftlich schwierigen Zeiten eine sichere Eintrittskarte für das zukünftige Berufsleben ist. Dennis hingegen sieht das natürlich alles ganz anders. Sein Ausbilder habe ihm klar zu verstehen gegeben, dass es allen Autohäusern in Deutschland zurzeit eher schlecht ginge und immer mehr Betriebe sogar ganz schließen müssten. Die Absatzzahlen für Neufahrzeuge seien seit Monaten – unabhängig von der Automarke – im Sinkflug, da sich die Haushalte in Deutschland wegen der rückläufigen Konjunktur beim Kauf von Neufahrzeugen sehr zurückhielten.

Um die Stimmung an diesem Sonntagmittag zu verbessern, versucht nun auch Lea ihrem Bruder gut zuzureden. Sie erinnert Dennis an Oma, die bei größeren Problemen in der Familie immer sagte, dass nach jedem Tal auch wieder ein Berg komme. Lea fügt an, dass Oma zwar nicht ausdrücklich von der Konjunktur gesprochen habe, aber im übertragenen Sinne sei sie fest davon überzeugt, dass es mit der Wirtschaft sicher bald wieder bergauf gehen werde und es bis zum Ausbildungsende in vier Monaten für Dennis wieder besser aussieht. Außerdem solle er doch nur mal an eine ähnliche Situation vor ein paar Jahren denken, als der Staat der Autoindustrie mit der Zahlung einer Abwrackprämie in Höhe von 2500,00 € schon einmal massiv geholfen hätte.

Leider hat Lea mit dieser Äußerung genau das Gegenteil bei ihrem Bruder bewirkt. Dennis explodiert förmlich. Er wirft Lea vor, dass sie sich seit dem Beginn ihrer Ausbildung zur Bankkauffrau wohl für besonders klug hält. Vor allem regt er sich darüber auf, dass sie gut reden hätte. Schließlich würde der Staat Milliarden ausgeben, um marode Banken und Sparkassen vor dem finanziellen Kollaps zu retten. Und das Beste daran: Hauptsache seine kluge Schwester bekäme im Anschluss an die Ausbildung den gewünschten Arbeitsplatz bei einer Bank. Und danach müsse sie sich wohl bis an ihr Lebensende keine Sorgen mehr um ihren Job machen, da der Staat ja, was Bankenrettung anbelangt, wohl eine Art unbegrenzten Freifahrtschein ausgestellt hätte. Da sei dann wohl leider kein Cent mehr für irgendwelche Autohäuser übrig.

Kompetenzorientierte Arbeitsaufträge:

1. Entwickeln Sie auf der Grundlage der Lernsituation drei mögliche Maßnahmen des Staates, die zur Belebung der Nachfrage nach Neuwagen beitragen könnten!
2. Wie in der Lernsituation dargelegt, hat der deutsche Staat die Automobilindustrie vor einigen Jahren schon einmal durch Zahlung einer Abwrackprämie unterstützt. Erläutern Sie kurz, welchen Beweggrund der Staat seinerzeit gehabt haben könnte, in konjunkturell schwierigen Zeiten ausgerechnet die Automobilindustrie hierzulande zu fördern!
3. In der Lernsituation wird darauf hingewiesen, dass der Staat in der jüngeren Vergangenheit Banken durch entsprechende Finanzspritzen gerettet hat. Nennen Sie drei mögliche Ursachen, die den Staat dazu bewegt haben könnten, ausgerechnet diese Branche in Krisenzeiten zu stützen!
4. Erläutern Sie kurz und anhand eines selbst gewählten Beispiels, was man unter Konjunkturpolitik versteht! Gehen Sie dabei auch auf den Begriff „Konjunkturpaket" ein!
5. Angenommen der Staat würde die Automobilindustrie mit einem wirtschaftspolitischen Maßnahmenbündel stützen! Beurteilen Sie, welche positiven Wirkungen mit solchen Maßnahmen verbunden sein könnten. Gehen Sie dabei insbesondere auf Aspekte wie Beschäftigung, Sozialversicherung und Bundeshaushalt ein!
6. **Projektvorschlag:**

   Analysieren Sie die aktuelle wirtschaftliche Situation Deutschlands und stellen Sie die wichtigsten Eckdaten für eine Präsentation zusammen.

   Entwickeln Sie anschließend gemeinsam ein Maßnahmenbündel staatlicher Wirtschaftspolitik für die aktuelle Konjunkturphase!

2.1 Konjunkturpolitische Maßnahmen zur Vermeidung von Konjunkturschwankungen

Bei der Darstellung des idealtypischen Konjunkturverlauf wurde festgestellt, dass dieser ständigen Schwankungen unterliegt.

Die **Konjunkturpolitik** hat die Aufgabe, die Konjunkturausschläge so gering wie möglich zu halten, d.h. für ein **stetiges und angemessenes Wirtschaftswachstum** bei gleichzeitiger **Stabilität des Preisniveaus, hohem Beschäftigungsgrad** und **außenwirtschaftlichem Gleichgewicht** zu sorgen [§ 1 StabG].

Da die Haushaltspolitik des Staates erheblichen Einfluss auf die Gesamtwirtschaft ausübt, liegt es nahe, dass der Staat seine Einnahmen- und Ausgabenpolitik (Finanzpolitik) bewusst in den Dienst der Wirtschaftspolitik stellt. Die staatliche Konjunkturpolitik mithilfe der Einnahmen- und Ausgabenpolitik wird auch als **Fiskalpolitik**[1] bezeichnet.

1 Unter **„Fiskus"** versteht man heute den Staat schlechthin, insoweit er es mit den Staatseinnahmen (vor allem Steuern), den Staatsausgaben oder dem Staatsvermögen zu tun hat („Einheit von Fiskus und Staat"). Das Wort „Fiskus" kommt aus dem Lateinischen und bedeutet Korb, Geldkorb, Kasse. Fiskalpolitik ist somit Wirtschaftspolitik mit Geldmitteln aus der „Staatskasse".

Unter **Fiskalpolitik** versteht man **alle finanzpolitischen** Maßnahmen des Staates, die zur **Stabilisierung der Konjunktur und des Wachstums** beitragen.

Geht man davon aus, dass die nachfragewirksame Geldmenge[1] tatsächlich die Entwicklung des Preisniveaus wesentlich beeinflusst, hat der Staat die Möglichkeit, Stabilitäts- und Beschäftigungspolitik zu betreiben.

Erhöhung der Staatseinnahmen ↗ Senkung der Staatsausgaben ↙	▪ Besteht Inflationsgefahr, kann der Staat die Steuern erhöhen **(Steuerpolitik)** und die zusätzlichen Einnahmen bei der Deutschen Bundesbank stilllegen **(Konjunkturausgleichsrücklage)**. Dem Wirtschaftskreislauf wird Geld entzogen, die Inflation wird gebremst. ▪ Die Kürzung von Staatsausgaben (z. B. Einstellungs- und Beförderungsstopp im öffentlichen Dienst, Verringerung der Staatsausgaben für öffentliche Investitionen) wirkt in die gleiche Richtung: Die nachfragewirksame Geldmenge wird geringer, der Preisauftrieb wird gedämpft.
Senkung der Staatseinnahmen ↗ Erhöhung der Staatsausgaben ↙	▪ Ist die Wirtschaft unterbeschäftigt, kann der Staat die Steuern senken und den Einnahmeausfall durch **Auflösung der Konjunkturausgleichsrücklage** und/oder durch **Kreditaufnahmen** decken. Dem Wirtschaftskreislauf wird zusätzliches Geld zugeführt. Der Staat erwartet, dass aufgrund dieser Maßnahme die Nachfrage nach Konsum- und Investitionsgütern steigt und so die Arbeitslosigkeit abgebaut wird. Die **Politik bewussten Schuldenmachens** durch den Staat zum Zweck der Konjunkturförderung wird als **„Deficit-Spending"** bezeichnet.[2] ▪ In die gleiche Richtung wirkt die **Ausweitung der Staatsausgaben,** die der Staat mit Krediten finanziert. Fragt der Staat z. B. mehr Bauleistungen nach, erhöht sich die Beschäftigung in der Bauindustrie. Diese wiederum kann mehr Baumaterialien, mehr Maschinen, mehr Kraftfahrzeuge und mehr Arbeitskräfte nachfragen (Multiplikatorwirkung[3] zusätzlicher Staatsausgaben).

Diese Form der Einnahme- und Ausgabepolitik des Staates zur Beeinflussung der gesamtwirtschaftlichen Entwicklung bezeichnet man als **antizyklische Finanzpolitik.**

Das **Konzept der antizyklischen Fiskalpolitik** basiert auf der Forderung, dass der Staat (Fiskus) **seine Einnahmen- und Ausgabenpolitik** in den jeweiligen Konjunkturphasen genau **entgegengesetzt zum Verhalten der übrigen Wirtschaftssubjekte** gestaltet.

1 Die nachfragewirksame Geldmenge setzt sich aus dem für Kaufzwecke bereitgestellten Bar- und Giralgeld, multipliziert mit seiner Umlaufgeschwindigkeit, zusammen:

Nachfragewirksame Geldmenge = Geldmenge (G) · Umlaufgeschwindigkeit (U)

2 **Deficit** (engl.): Defizit, Fehlbestand.

3 **Multiplikator** (lat.): Vervielfältiger.

2.2 Nachfrageorientierte Wirtschaftspolitik (Fiskalismus)

(1) Theorie des Fiskalismus

Die zuvor dargestellte „antizyklische Finanzpolitik" ist die konsequente Anwendung des von JOHN MAYNARD KEYNES[1] verbreiteten Gedankenguts. Nach KEYNES und seinen Anhängern ist die **Einnahmen- und Ausgabenpolitik** der Regierung das **Hauptmittel,** mit dem man erfolgreich lenkend in den Konjunkturverlauf eingreifen kann **(Fiskalismus).**

- Durch die **Steigerung der Staatsausgaben** und/oder durch **Steuersenkungen** ist der Staat in der Lage, die Wirtschaft aus einem konjunkturellen Tal herauszuführen und die **Arbeitslosigkeit** zu **bekämpfen.**
- Auf der anderen Seite sehen die Fiskalisten in einer **Verringerung der Staatsausgaben** und/oder in **Steuererhöhungen** Möglichkeiten, **inflationäre Tendenzen** zurückzudrängen.

Da sich die so angewandte Fiskalpolitik hauptsächlich auf die gesamtwirtschaftliche Nachfrage auswirkt, spricht man auch von einer **nachfrageorientierten Wirtschaftspolitik.**

Die (erhofften) **Wirkungen der nachfrageorientierten Wirtschaftspolitik** lassen sich wie folgt darstellen:

- Es wird unterstellt, dass sich das gesamtwirtschaftliche **Güterangebot normal verhält:** Mit steigendem Preisniveau werden mehr Güter, mit sinkendem Preisniveau weniger Güter angeboten. In diesem Fall wirkt die Zunahme der gesamtwirtschaftlichen Güternachfrage **beschäftigungssteigernd,** aber auch **inflationär.** Das gesamtwirtschaftliche Güterangebot setzt sich aus der Produktion von Konsum-, Investitions- und Exportgütern zusammen. Volkswirtschaftliches Gleichgewicht herrscht, wenn die gesamtwirtschaftliche Nachfrage dem gesamtwirtschaftlichen Angebot entspricht.

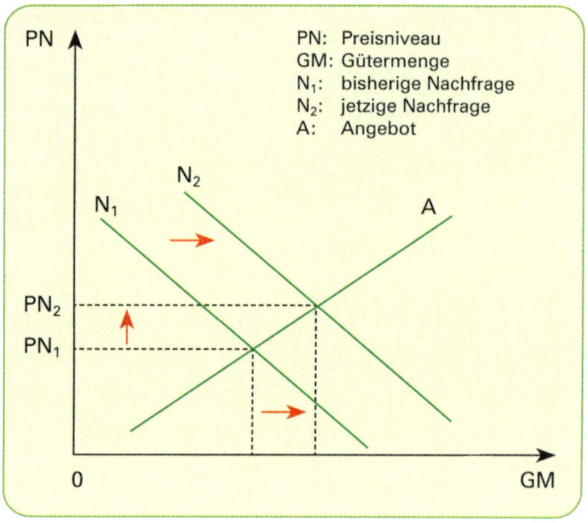

1 John Maynard Keynes, britischer Volkswirtschaftler (1883–1946), legte in seinem Hauptwerk „Die allgemeine Theorie der Beschäftigung, des Zinses und des Geldes" die Grundlagen der Fiskalpolitik.

- Es wird unterstellt, dass sich das gesamtwirtschaftliche Güterangebot **anomal** verhält. In diesem Fall wirkt die Zunahme der gesamtwirtschaftlichen Güternachfrage **beschäftigungssteigernd** und **preisdämpfend,** falls sich das Angebot nicht verändert.

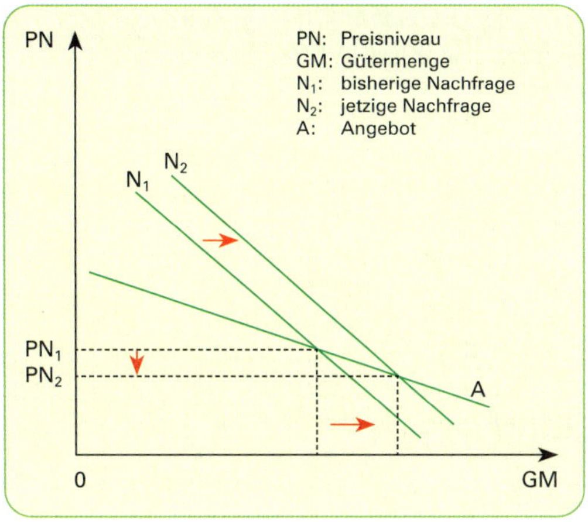

(2) Rolle der Zentralbank im Fiskalismus

Die **Geldpolitik der Zentralbank** spielt in der fiskalistischen Theorie nur eine untergeordnete Rolle.

Die Zentralbank soll lediglich die **Wirtschaftspolitik** des Staates **unterstützen,** indem sie durch eine entsprechende **Gestaltung des Zinsniveaus** (z. B. über die Offenmarktpolitik) die Kreditaufnahmebereitschaft der Wirtschaftssubjekte anregen (stimulieren) oder zurückdrängen soll. Zum anderen hat die Zentralbank die Aufgabe, die Überschussreserven und damit den Geldschöpfungsspielraum der Kreditinstitute zu beeinflussen (z. B. mithilfe der Mindestreservepolitik), um die Verwirklichung staatlicher Ziele zu erleichtern.

(3) Grenzen der nachfrageorientierten Wirtschaftspolitik

Eine wirkungsvolle staatliche Konjunkturpolitik setzt auch die Bewältigung einer Reihe von **Abstimmungsproblemen** voraus.

Beispiele für Abstimmungsprobleme:

- Bund, Länder und – wenn möglich – die Gemeinden müssen „am gleichen Strang" ziehen, d. h. die der jeweiligen konjunkturellen Situation entsprechenden Maßnahmen ergreifen.
- **Zeitliche** Abstimmungsprobleme müssen gelöst werden: Konjunkturförderungs- bzw. -dämpfungsmaßnahmen dürfen nicht zu spät erfolgen. Häufig ist es in der Praxis jedoch so, dass von der Beschlussfassung bis zur Verwirklichung geraume Zeit verstreicht, sodass konjunkturfördernde Maßnahmen erst dann wirksam werden, wenn man sie eigentlich nicht mehr bräuchte oder konjunkturdämpfende Maßnahmen erst dann greifen, wenn sich die Konjunktur bereits im Abschwung befindet.

Die Möglichkeiten der staatlichen Konjunkturförderung sind von der **Ausgabenseite** her **begrenzt**, weil die meisten Staatsausgaben gesetzlich oder durch internationale Vereinbarungen festgelegt sind (z. B. Ausgaben für Löhne und Gehälter der Staatsbediensteten, für die soziale Sicherung, für die Verteidigung). Werden in Zeiten der Hochkonjunktur bestehende Schulden nicht ausreichend abgebaut und keine Konjunkturrücklagen gebildet, nehmen die Staatsschulden von Konjunkturrückgang zu Konjunkturrückgang zu. Die staatliche Konjunkturpolitik besteht dann nur noch aus einem immer umfangreicher werdenden **Deficit-Spending.** Der **wachsende Schuldendienst** (Zins- und Tilgungszahlungen) verkleinert dann zunehmend die finanzielle Manövriermasse,[1] die zur Konjunkturförderung eingesetzt werden könnte.

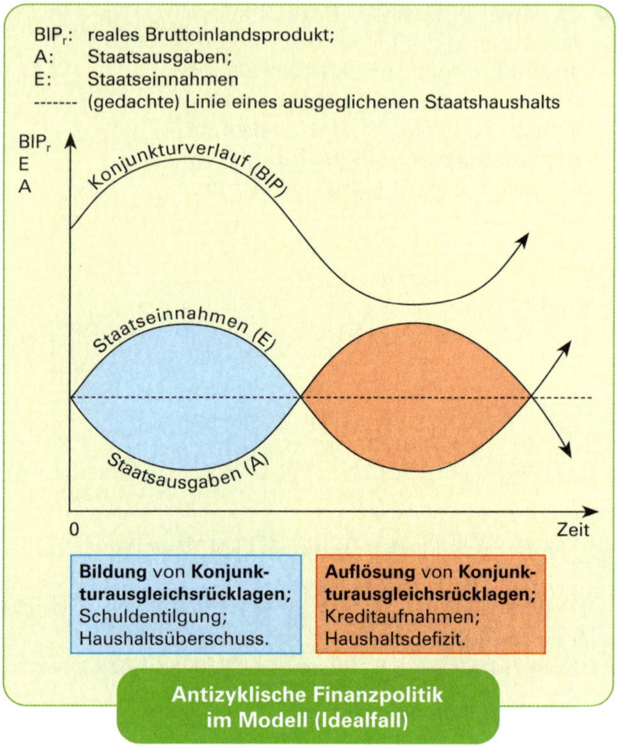

Anfang des Jahres 2026 zeigte die **„Schuldenuhr"** des Bundes mehr als 2,6 Billionen € an – je Einwohner ca. 31 700,00 €. Die Schulden müssen zurückgezahlt werden, und bis dahin fallen Jahr für Jahr Milliarden Euro Zinsen an. Dieses Geld fehlt an anderer Stelle des Bundeshaushalts, beispielsweise für Bildung und Investitionen. Die Arbeitnehmer tragen über ihre Steuern die Hauptlast der Zinsen und einer eventuellen Tilgung. Je Erwerbstätigen gerechnet hat der Bund über 57 000,00 € Schulden. Und weil die heute Erwachsenen den Schuldenberg aller Voraussicht nach nicht abtragen werden, bleibt er als Hypothek für die nächste Generation.

Quelle: www.steuerzahler.de (aktualisiert).

1 **Manövrieren** (frz.): geschickt zu Werke gehen; finanzielle Manövriermasse sind Geldmittel, die der Staat frei je nach Bedarf einsetzen kann.

(4) Kritik am Fiskalismus

Am Fiskalismus wird aus mehreren Gründen Kritik geübt:

- Konjunktursteuerungsmaßnahmen der Regierungen erfolgen in aller Regel zu spät. Wird im **Aufschwung** gebremst, tritt die dämpfende Wirkung erst ein, wenn der Abschwung bereits im Gang ist. Die Konjunkturdämpfungsmaßnahmen verschärfen somit noch die Rezession. Wird im **Abschwung** die Konjunktur gefördert, treten die anregenden Wirkungen erst dann ein, wenn der Aufschwung bereits eingesetzt hat. Die Konjunkturförderungsmaßnahmen verstärken somit den Boom und die Inflation.
- Die **„Stop-and-go-Politik"** der Fiskalisten richtet auch deswegen mehr Schaden an, als sie Gutes bewirkt, weil die bei jedem Konjunkturzyklus erforderlichen Bremsmaßnahmen Unternehmen zum Aufgeben zwingen, also volkswirtschaftliche Kapazitäten und damit Arbeitsplätze vernichten.
- Für die Regierungen ist es leichter, die öffentlichen Ausgaben zu erhöhen, als sie einzuschränken. Die Folge ist, dass die im Abschwung entstandene **Staatsverschuldung** nicht mehr oder nicht in vollem Umfang abgebaut wird. Auf diese Weise steigt die Staatsverschuldung von Konjunkturzyklus zu Konjunkturzyklus. Die Staatshaushalte werden immer mehr durch steigende Tilgungs- und Zinsleistungen belastet, sodass der Spielraum der Regierungen für fiskalpolitische Maßnahmen immer enger wird.
- Die erforderlichen Kreditaufnahmen durch die verschuldeten öffentlichen Haushalte erhöhen die Gesamtkreditnachfrage und damit das **Zinsniveau.** Die Investitionsneigung der Unternehmen nimmt ab, die Arbeitslosigkeit nimmt zu.

Die fiskalistische Theorie beeinflusste nach 1949 stark die wirtschaftspolitische Praxis der Bundesrepublik Deutschland. Auch die Inhalte des „Stabilitätsgesetzes" (Gesetz zur Förderung der Stabilität und des Wachstums [StabG])[1] fußen weitgehend auf dem Gedankengut der Fiskalisten.

2.3 Exemplarische wachstums- und strukturpolitische Maßnahmen

Eine Wirtschaft, in der die gesamte Erzeugung verbraucht wird, kann nicht wachsen (**stationäre** Wirtschaft).

Der Staat kann das Wachstum einmal dadurch fördern, dass er den **Sparwillen** der Bevölkerung stärkt. Dies kann durch die Steuergesetzgebung (z. B. Abzugsfähigkeit von Lebensversicherungsbeiträgen als Sonderausgaben) oder durch Vermögensbildungsgesetze geschehen. Ferner ist auch die Politik der Preisstabilisierung geeignet, die Sparneigung der Bevölkerung zu erhalten, weil die Ersparnisse nicht durch Inflationsverluste aufgezehrt werden.

Eine **hohe Sparrate** allein vermag jedoch die **Investitionen** nicht zu sichern, denn die Unternehmen müssen die Ersparnisse auch investieren **wollen.**

1 Vgl. S. 174ff.

Investitionswille ist nur vorhanden, wenn **Gewinnaussichten** bestehen. Voraussetzung hierzu ist **politische Stabilität** nach innen und außen. Eine **maßvolle Steuerpolitik** und – falls Investitionsrückgänge drohen – die Einräumung von Vergünstigungen (z. B. direkte Subventionen, Sonderabschreibungen) beeinflussen ebenfalls die Investitionsbereitschaft der Wirtschaft positiv.

privatwirtschaftliche Investitionen

Beispiele:

Anschaffung von Maschinen, Lkws, Betriebsausstattung, Lizenzen/Patenten

Bau von Gebäuden (z. B. Fabriken, Lagerhallen), Kauf von Grundstücken

öffentliche Investitionen

Beispiele:

Ausbau der Infrastruktur (z. B. Verkehrswege, Sportstätten)

Investitionen in Bildung, Forschung und Gesundheit

Wirtschaftswachstum ist nur über zusätzliche Investitionen möglich!

Bedeutung von Investitionen in einer Volkswirtschaft

Die **Bedeutung der Investitionen** für das wirtschaftliche Wachstum ist deswegen so groß, weil zusätzliche Investitionen

- zusätzliches Einkommen schaffen (Einkommenseffekt) und
- die Kapazität der Volkswirtschaft erweitert wird (Kapazitätseffekt).

- Investitionsförderung
- Sparförderung
- Bildungspolitik
- Infrastrukturpolitik
- sektorale und regionale Strukturpolitik
- Gesundheitspolitik
- Forschungspolitik
- Bevölkerungspolitik

Ziel: stetiges Wirtschaftswachstum bei ausgeglichener Wirtschaftsstruktur

Wachstums- und strukturpolitische Maßnahmen

Kompetenztraining

24

1. Stellen Sie dar, welche Möglichkeit staatlicher Konjunkturpolitik in nebenstehender Abbildung veranschaulicht wird!

   Begründen Sie Ihre Feststellung!

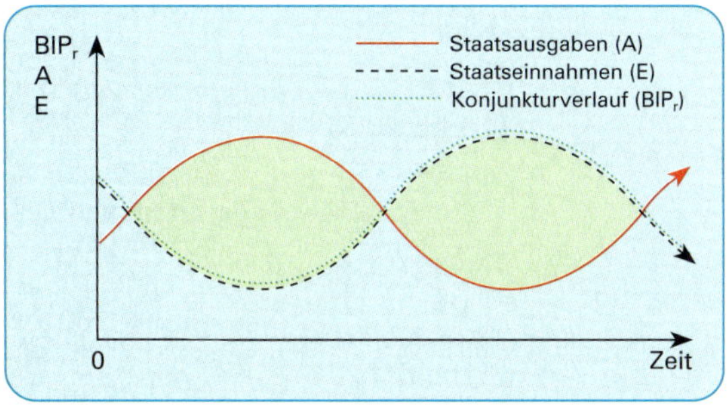

2. Der Versuch des Staates (der Regierung), durch Steuer- und Ausgabenpolitik den Konjunkturverlauf zu beeinflussen, wird als Fiskalpolitik bezeichnet. Die Fiskalpolitik sollte „antizyklisch" sein.

   Aufgaben:

   2.1 Begründen Sie die Forderung nach einer antizyklischen Fiskalpolitik (Finanzpolitik)!

   2.2 Die antizyklische Finanzpolitik setzt i. d. R. voraus, dass der Staat „Deficit-Spending" betreibt, wenn er die Konjunktur ankurbeln möchte. Begründen Sie diese Aussage!

   2.3 Während der Hochkonjunktur soll der Staat Konjunkturausgleichsrücklagen bilden oder Staatsschulden vorzeitig tilgen (zurückzahlen). Stellen Sie dar, welche Auswirkungen auf den Konjunkturverlauf diese Rücklagenpolitik haben kann! Begründen Sie Ihre Feststellungen!

3. Stellen Sie kurz dar, wie der Staat und die Zentralbank zusammenwirken müssten, wenn

   3.1 die Konjunktur gefördert und

   3.2 die Konjunktur gebremst werden soll!

4. Angenommen, die Regierung senkt im Rahmen ihrer antizyklischen Finanzpolitik die Staatsausgaben. Die Staatseinnahmen sollen unverändert bleiben.

   Aufgaben:

   4.1 Entscheiden Sie, wie sich die Ausgabenkürzung auf Beschäftigung und Preisniveau auswirkt, wenn unterstellt wird, dass sich das gesamtwirtschaftliche Angebot normal verhält! Begründen Sie Ihre Aussage!

   4.2 Entscheiden Sie, wie sich die Ausgabenkürzung auf Beschäftigung und Preisniveau auswirkt, wenn unterstellt wird, dass sich das gesamtwirtschaftliche Angebot anomal verhält! Begründen Sie Ihre Aussage!

   4.3 Nennen Sie Gründe, die für die Annahme sprechen, dass sich das gesamtwirtschaftliche Angebot normal verhält, und welche für ein anomales gesamtwirtschaftliches Angebot!

5. In einem Industrieland herrscht hohe Arbeitslosigkeit. Die Regierung möchte das Wirtschaftswachstum anregen und die Arbeitslosigkeit verringern. Sie beschließt daher, die Ausgaben für Bildung, Forschung und Entwicklung erheblich aufzustocken. Um die zusätzlichen Ausgaben zu finanzieren, erhöht sie die Umsatzsteuer um 18,75 %. Der bisherige Umsatzsteuersatz betrug 16 %.

   Aufgaben:

   5.1 Prüfen Sie, ob die genannten Maßnahmen der Regierung ziel- und systemkonform sind!

   5.2 Berechnen Sie, um wie viel Prozentpunkte der Umsatzsteuersatz erhöht wurde!

6. Im Land A wurde seit Jahren eine Defizitpolitik betrieben, d. h., die Staatsschulden stiegen von Haushaltsperiode zu Haushaltsperiode. Inzwischen befindet sich das Land in finanziellen Schwierigkeiten, sodass es weitere Kredite nur noch zu hohen Zinsen erhalten kann.

   Aufgaben:

   6.1 Erläutern Sie, warum es für die Regierung schwierig ist, die Staatsverschuldung wieder abzubauen!

   6.2 Erläutern Sie, gegen welche finanzwirtschaftliche Grundregel, die sich auch im deutschen Stabilitätsgesetz findet, das Land A verstoßen hat!

   6.3 Die Regierung beschließt, zunächst einmal das Staatsdefizit von 10 % auf 6 % abzubauen.

      6.3.1 Erklären Sie die Begriffe Defizit und Staatsverschuldung!

      6.3.2 Erläutern Sie, wie sich die Senkung des Defizits auf den Schuldenstand des Landes auswirkt!

   6.4 Die Regierung beschließt ein drastisches Sparprogramm, das z. B. Lohnkürzungen im öffentlichen Dienst, Rentenkürzungen, Erhöhung des Rentenalters, Steuererhöhungen und die Verschiebung staatlicher Investitionsvorhaben umfasst. Stellen Sie dar, welche Folgen das Sparprogramm auf die Konjunktur hat! Begründen Sie Ihre Antwort!

   6.5 Eine Tageszeitung schreibt: „Die Regierung des Landes A befindet sich in einem Dilemma: Entweder verfolgt sie ihre Sparpolitik weiter und das Land steht vor Streiks, Protestaktionen und vor einer schweren Rezession. Oder sie nimmt weiterhin teure Kredite auf, um die alten Schulden zu bezahlen." Beschreiben Sie, in welchem wirtschaftspolitischen Zielkonflikt sich das Land A befindet! Begründen Sie Ihre Aussage!

   6.6 Das Land B hat hingegen einen ausgeglichenen Staatshaushalt. Während der vergangenen Hochkonjunktur hat es eine Konjunkturausgleichsrücklage angelegt.

      6.6.1 Nennen Sie drei mögliche Maßnahmen, wie die Konjunktur „angekurbelt" werden kann!

      6.6.2 Prüfen Sie, mit welchem weiteren wirtschaftspolitischen Ziel Zielharmonie besteht! Begründung!

7. **Projekt**

   Sammeln Sie über einen längeren Zeitraum Zeitungsartikel oder Artikel aus dem Internet zu aktuellen wirtschaftspolitischen Entscheidungen der Bundesregierung mit folgender Aufgabenstellung:

   7.1 Beurteilen Sie, inwieweit die getroffenen Entscheidungen der Bundesregierung den Zielen nachhaltigen Wachstums und der Sicherung des Marktmechanismus Rechnung tragen.

   7.2 Analysieren Sie die möglichen Auswirkungen der getroffenen Entscheidungen auf Konjunktur und Wachstum.

   Die Ergebnisse dieses Projektes sollten in Form einer Präsentation vor der Lerngruppe vorgestellt werden.

8. **Pro- und Kontra-Diskussion**

   Diskutieren Sie, ob eine Senkung der Einkommensteuer aus Sicht des Staates sinnvoll ist! Ziehen Sie abschließend ein eigenes Fazit!

9. Beurteilen Sie die nachfolgenden fiskalpolitischen Maßnahmen im Hinblick auf ihre Eignung zur Stabilisierung von Konjunktur und Wachstum! Tragen Sie bitte eine

   ① ein, wenn diese Maßnahme in einer Aufschwungphase eingesetzt werden sollte,

   ② ein, wenn diese Maßnahme in einer Abschwungphase eingesetzt werden sollte!

   Sollte keine eindeutige Zuordnung möglich sein, tragen Sie eine ⑨ ein!

9.1	Erhöhung des steuerfreien Grundfreibetrages und der Kinderfreibeträge	
9.2	Senkung der Einkommen- und Körperschaftsteuer	
9.3	Aufhebung der degressiven Abschreibungsmöglichkeit	
9.4	Streichung von Investitionszulagen	
9.5	Reduzierung von Bürgergeld und Sozialgeld	
9.6	Erstellen eines Jahreswirtschaftsberichts	
9.7	Steuerfinanzierte Abwrackprämie für Altautos	
9.8	Gewährung von Exportsubventionen	

10. Entscheiden Sie, welches der nachfolgenden fiskalpolitischen Maßnahmebündel in einer Abschwungphase am ehesten zur Stabilität von Konjunktur und Wachstum beitragen kann!

    ① Ausweitung der Staatsausgaben bei gleichzeitiger Erhöhung der Steuersätze zur Finanzierung der Mehrausgaben.

    ② Senkung der Einkommen- und Körperschaftsteuer bei gleichzeitiger Einschränkung der steuerlichen Abschreibungsmöglichkeiten zur Schaffung von mehr Steuergerechtigkeit.

    ③ Einführung von Investitionsprämien, deren Finanzierung durch entsprechende Kürzung bei den Sozialtransfers sichergestellt wird.

    ④ Senkung der Abschreibungs- und Steuersätze.

    ⑤ Ausweitung der öffentlichen Aufträge und gleichzeitige Absenkung der Steuersätze.

11. Entscheiden Sie, welches der nachfolgenden fiskalpolitischen Maßnahmebündel in einer Aufschwungphase am ehesten zur Stabilität von Konjunktur und Wachstum beitragen kann!

    ① Reduzierung von Straßenbaumaßnahmen, Verringerung von Abschreibungsmöglichkeiten und Erhöhung von Verbrauchsteuern.

    ② Senkung der Staatsausgaben bei gleichzeitiger Senkung der Einkommen- und Körperschaftsteuer.

    ③ Abschaffung von Sonderabschreibungsmöglichkeiten und Auflösen der Konjunkturausgleichsrücklage.

    ④ Kürzung von Sozialtransfers und Investition der hierdurch eingesparten Gelder in den Ausbau der Infrastruktur.

    ⑤ Kreditaufnahme zur Ausweitung der Staatsausgaben, um somit die private Nachfrage vom Markt zu verdrängen.

3 Wirtschaftspolitische Ziele charakterisieren und mögliche Zielkonflikte begründen

Lernsituation 3:

Nadine, Jennifer, Sarah und Meike – allesamt Auszubildende – sind seit vielen Jahren eine typische Mädchenclique, die viel Zeit miteinander verbringt. Alle vier sind in den letzten acht Monaten volljährig geworden und dürfen nun erstmals bei der in Kürze stattfindenden Bundestagswahl wählen. Als sogenannte Erstwählerinnen wollen sie auf jeden Fall an der Wahl teilnehmen und außerdem nicht irgendeiner Partei ihre Stimme geben, nur weil deren Kandidat oder Kandidatin sympathisch wirkt. Vielmehr haben sie sich fest vorgenommen, sich genauer darüber zu informieren, wofür die einzelnen Parteien wirklich stehen und welche Ziele sie konkret verfolgen. Vor diesem Hintergrund haben sich alle vier in den letzten Wochen mehr oder weniger intensiv für die Ziele der Parteien interessiert und öfter als früher Nachrichten und politische Diskussionsrunden angeschaut.

An einem Wochenende treffen sich die vier Freundinnen mal wieder nach einer ausgiebigen Shoppingtour in ihrem Lieblingscafe, um den Tag in gemütlicher Runde langsam ausklingen zu lassen. Im Laufe der schon länger andauernden Unterhaltung werden auch die in Kürze anstehenden Wahlen zum Gesprächsthema. Jennifer, die seit einem Jahr eine Ausbildung zur Kauffrau für Büromanagement absolviert, führt an, dass ihr heute beim Shoppen mal wieder aufgefallen sei, dass in letzter Zeit doch alles recht teuer geworden ist. Auch ihre Eltern würden sich schon länger über diese Entwicklung total aufregen. Gestern habe sie dann in einer Talkshow einen Politiker gehört, der sich im Falle eines Wahlsieges seiner Partei vor allem für einen stabileren Euro und somit auch für eine Eindämmung des spürbaren Preisanstiegs einsetzen möchte. Er habe sogar ausdrücklich darauf hingewiesen, dass dem Großteil der arbeitenden Bevölkerung diese Entwicklung dauerhaft nicht mehr zuzumuten sei und deshalb dringend politischer Handlungsbedarf bestehe. Das habe ihr sehr imponiert und sie würde deshalb wahrscheinlich dieser Partei ihre Stimme geben.

Meike erklärt, dass ihr aufgefallen sei, dass die einzelnen Parteien recht unterschiedliche Ziele formuliert hätten, wobei ihr die Sache mit dem Euro noch nicht begegnet sei. Vielmehr ist ihr ein Werbespot in Erinnerung, wo die betreffende Partei sich im Falle einer Regierungsbeteiligung für mehr Wachstum und somit auch für mehr Ausbildungs- und Arbeitsplätze einsetzen möchte. Da sie nach Beendigung der Ausbildung im kommenden Jahr eine Anstellung bei einem Kreditinstiut anstrebt und von Bekannten weiß, wie schwierig es zurzeit ist, einen solchen Arbeitsplatz bei einer Bank oder Sparkasse zu bekommen, hält sie diese Zielsetzung aus ihrer Sicht für besonders wichtig, sodass sie sich durchaus vorstellen könnte, genau diese Partei zu wählen.

Jetzt schaltet sich auch Sarah in das Gespräch ein und ist spürbar verärgert über Meike. Sie

Meike:
„... mehr Wachstum und somit auch mehr Ausbildungs- und Arbeitsplätze ...“

Jennifer:
„... vor allem ein stabilerer Euro ...“

Sarah:
„... total begeistert, wie die Zukunft unseres Planeten in den Mittelpunkt gestellt wird ...“

kann nicht verstehen, wie man eine Partei wählen kann, die ganz offensichtlich die Industrie noch stärker fördern möchte und damit wahrscheinlich auch noch mehr Industriegebiete entstehen ließe. Und mehr Industriegebiete bedeuten auch mehr Straßen und Autobahnen, mehr Lkw-Verkehr, mehr Lärm und mehr Abgase. Dies würde doch die Natur und somit die Umwelt noch weiter zerstören und die Zukunft der jungen Menschen stark gefährden. Eine solche Partei würde sie niemals wählen. Vielmehr habe sie in letzter Zeit immer wieder Politiker einer bestimmten Partei darüber sprechen hören, dass sie im Falle eines Wahlsieges genau das nicht mehr weiter zulassen werden. Daraufhin habe sie sich im Internet deren Parteiprogramm angesehen und sei total begeistert, wie die Politiker dieser Partei die Zukunft unseres Planeten in den Mittelpunkt ihrer Politik stellen – das sei eine Partei, die man als junger Mensch wählen müsse.

Nadine:
„... Diskussion erübrigt sich. Fast alle Parteien sind für soziale Gerechtigkeit ...“

Nadine kann die ganze Aufregung ihrer Freundinnen überhaupt nicht verstehen und sagt, dass sie sich doch gar nicht streiten müssten, schließlich wäre es doch letztlich völlig egal, welcher Partei man seine Stimme gibt. Auf die Frage, wie sie denn darauf kommt, antwortet Nadine, dass ihr aufgefallen sei, dass auf den Wahlplakaten fast aller Parteien immer das Gleiche steht: „Für mehr soziale Gerechtigkeit“. Und wenn doch alle Parteien ganz offensichtlich das gleiche Ziel verfolgen, erübrige sich wohl jegliche Diskussion.

Kompetenzorientierte Arbeitsaufträge:

1. Formulieren Sie, welche Ziele die Parteien in der vorangestellten Lernsituation konkret verfolgen. Erläutern Sie anschließend, mit welchen Messgrößen das Erreichen dieser jeweiligen Ziele überprüft werden kann!
2. In der Lernsituation wird erkennbar, dass zumindest zwei der angesprochenen Ziele miteinander in Konflikt stehen. Erklären Sie, um welche Ziele es sich handelt, und beschreiben Sie anschießend anhand eines eigenständig gewählten Beispiels diesen Zielkonflikt!
3. Erläutern Sie, was man unter „sozialer Gerechtigkeit“ versteht! Überprüfen Sie dabei auch kritisch die Frage, inwiefern tatsächlich alle Parteien das Gleiche meinen, wenn sie von mehr sozialer Gerechtigkeit sprechen!
4. Nennen Sie die vier Ziele nach dem Stabilitätsgesetz und erläutern Sie jeweils deren politisch akzeptierten Zielerreichungsgrad!
5. Zeichnen Sie das „magische Sechseck der Wirtschaftspolitik“ und entwickeln Sie für jedes einzelne Ziel des „magischen Sechsecks“ jeweils zwei mögliche wirtschaftspolitische Maßnahmen, die zu einem höheren Zielerreichungsgrad beitragen könnten!

3.1 Begriff Wirtschaftspolitik

Die Wirtschaftspolitik versucht Antworten auf die Fragen zu finden:

- **Welche** Ziele sind realisierbar und
- **wie** lassen sich die festgelegten Ziele erreichen?

Am Anfang der Wirtschaftspolitik steht ein **Ziel,** das realisiert werden soll. Die Festlegung solcher Ziele und Normen, also dessen, was sein sollte, lässt sich wissenschaftlich allgemeingültig nicht vornehmen.

Da man folglich über die Ziele der Wirtschaftspolitik **unterschiedlicher Meinung** sein kann, sollte deren Festlegung bzw. Formulierung letztlich über politisch legitimierte Organe im Sinne eines gesamtgesellschaftlichen Konsenses[1] erfolgen. Die anzustrebenden Ziele sind im Wesentlichen politisch durch die **Träger der Wirtschaftspolitik,** etwa durch das Parlament, zu bestimmen.

Unter **Wirtschaftspolitik** versteht man die Beeinflussung der Wirtschaft durch politische Maßnahmen, mit denen der **Staat regelnd** und **gestaltend** in die Wirtschaft eingreift.

Wirtschaftspolitik umfasst alle Maßnahmen staatlicher Instanzen

- zur Gestaltung der Wirtschaftsordnung (**Ordnungspolitik).**

  Beispiele: Wettbewerbsordnung, Gewerbeordnung, Eigentumsordnung.
- zur Beeinflussung der Struktur **(Strukturpolitik).**

  Beispiele: Steuererleichterungen und Subventionen zur Modernisierung bzw. Anpassung einzelner Industrien oder Branchen, finanzielle Förderung von Forschung, Verbesserung der Infrastruktur.
- zum Ablauf des arbeitsteiligen Wirtschaftsprozesses **(Prozesspolitik).**

  Beispiele: Arbeitsmarktpolitik,[2] Konjunkturpolitik (Fiskalpolitik) und Geldpolitik.[3]

Die Wirtschaftspolitik kann sich auf die gesamte Volkswirtschaft **(allgemeine Wirtschaftspolitik)** oder auf Teilbereiche **(spezielle Wirtschaftspolitik)** erstrecken.

3.2 Wirtschaftspolitische Ziele und ihre Zielbeziehungen

3.2.1 Ziele des Stabilitätsgesetzes sowie deren Messgrößen und Zielerreichungsgrade

(1) Überblick

- **Politik** ist **zielgerichtetes** Handeln. Der Staat muss sich also Ziele setzen, nach denen er seine Wirtschaftspolitik ausrichtet.
- Das **Grundgesetz** mit seinen Forderungen nach **größtmöglicher Freiheit** und **sozialer Gerechtigkeit** setzt hierzu nur „Eckpfeiler". In diesem weit gespannten Rahmen ist der Staat in seinen Zielsetzungen und Maßnahmen frei.

1 **Konsens:** Zustimmung, Einwilligung, Übereinstimmungen der Meinungen.

2 Vgl. hierzu Kapitel 4.3, S. 188 f.

3 Vgl. hierzu Kapitel 6.5, S. 211 ff.

Nach § 1 des Gesetzes zur Förderung der Stabilität und des Wachstums der Wirtschaft vom 8. Juni 1967 **(„Stabilitätsgesetz")** haben Bund und Länder bei ihren wirtschafts- und finanzpolitischen Maßnahmen die Erfordernisse des gesamtwirtschaftlichen Gleichgewichts zu beachten.

Gesamtwirtschaftliches Gleichgewicht liegt vor, wenn **alle** Produktionsfaktoren vollbeschäftigt sind und sich **alle** Märkte (z. B. Arbeits-, Kredit-, Gütermärkte) ausgleichen.

Aus diesem **Oberziel** leitet das Stabilitätsgesetz **vier Unterziele (magisches Viereck)** ab:

- Stabilität des Preisniveaus,
- hoher Beschäftigungsstand,
- außenwirtschaftliches Gleichgewicht und
- stetiges und angemessenes Wirtschaftswachstum.

Die vier genannten Ziele sind **quantitative Ziele,** weil sie sich in Zahlen erfassen lassen. Zwei weitere wichtige, nicht ausdrücklich im Stabilitätsgesetz erwähnte **qualitative Ziele** sind:

- sozial verträgliche Einkommens- und Vermögensverteilung und
- Erhaltung der natürlichen Lebensgrundlagen (Umweltschutz).

Werden die **quantitativen** und **qualitativen** Ziele gleichzeitig verfolgt, so spricht man von einem **magischen Sechseck.**

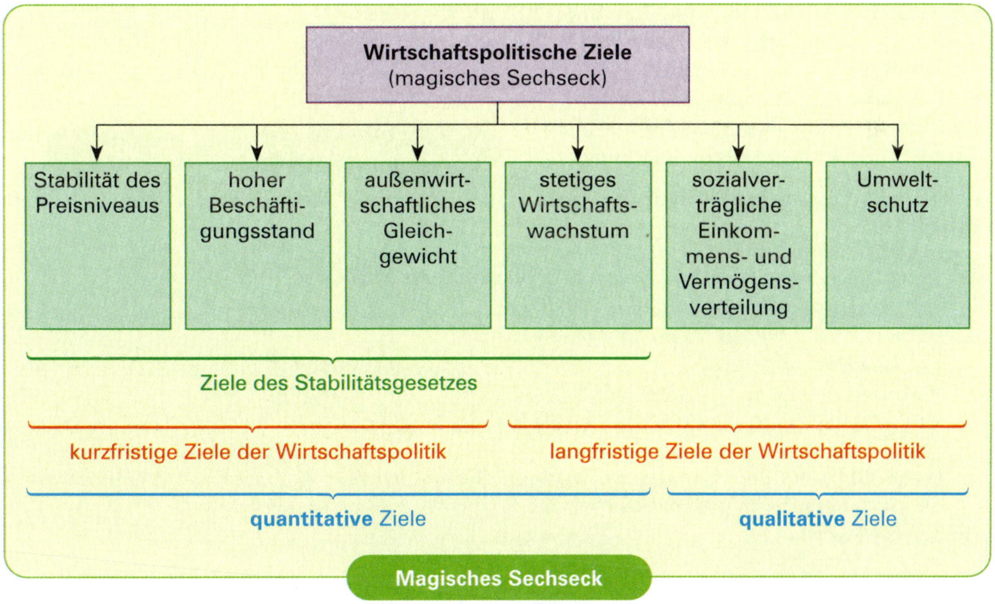

(2) Hoher Beschäftigungsstand

Die **Beschäftigung** zeigt den Grad der **Kapazitätsausnutzung** einer Volkswirtschaft an.

Die Beschäftigungslage in einer Volkswirtschaft beurteilt man meist an den Arbeitslosenzahlen und den offenen Stellen.

Vollbeschäftigung	Sie ist gegeben, wenn die **Arbeitslosenquote** (Anteil der Arbeitslosen an den beschäftigten Erwerbspersonen) **nicht mehr als rund 2 %** beträgt.
Überbeschäftigung	Sie liegt vor, wenn die Zahl der offenen Stellen erheblich über der Zahl der Arbeitslosen liegt.
Unterbeschäftigung	Sie ist gegeben, wenn die Arbeitslosenquote höher als rund 2 % ist und die Zahl der offenen Stellen niedriger als die Arbeitslosenzahl ist.

Eine einheitliche Berechnungsformel für die **Arbeitslosenquote** gibt es nicht. Die Bundesagentur für Arbeit verwendet in Anlehnung an die Berechnung der EU-Arbeitslosenquote folgende Berechnungsmethode:

$$\text{ALQ} = \frac{\text{Arbeitslosenzahl} \cdot 100}{\text{Anzahl der Erwerbspersonen}}$$

Unter **Erwerbspersonen** sind die selbstständigen und die unselbstständigen Erwerbspersonen **zuzüglich der Arbeitslosen** zu verstehen. Demnach besteht die Zahl der abhängigen Erwerbspersonen aus den abhängig Beschäftigten **und** den Arbeitslosen.

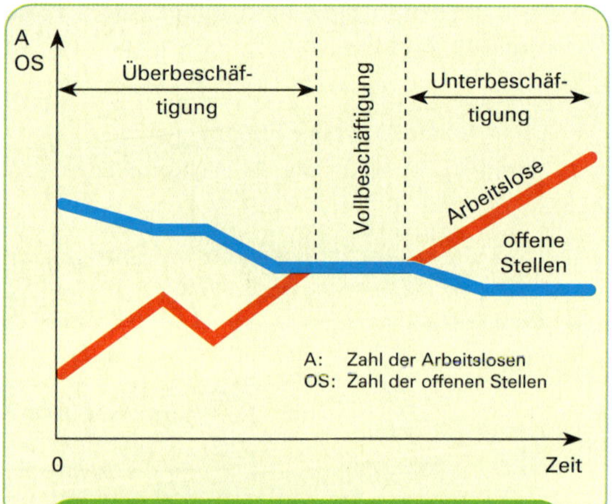

Unter-, Über- und Vollbeschäftigung

Zu den wichtigsten **Problemen der Unterbeschäftigung** innerhalb einer Volkswirtschaft zählen:

- Drohende Arbeitslosigkeit bewirkt einen **Rückgang der Nachfrage.**
- Die **Steuereinnahmen** des Staates **gehen zurück**, sodass dieser seine Aufgaben nicht mehr in vollem Umfang erfüllen kann.
- Die **Familien** der Arbeitslosen kommen in **finanzielle Schwierigkeiten,** sodass die sozialen Probleme zunehmen.
- Sinkende Beitragseinnahmen der **Sozialversicherungsträger** und zugleich steigende Ausgaben (z. B. der Arbeitslosenversicherung), steigende Lohnnebenkosten der Unternehmen durch Erhöhung der Beitragssätze, dadurch Gefährdung der internationalen Wettbewerbsfähigkeit, Verschärfung einer bestehenden Arbeitslosigkeit.
- **Soziale Konflikte** können sich verstärken (z. B. Radikalisierung).

Eine der wichtigsten Aufgaben der Wirtschaftspolitik ist die Sicherung eines **hohen Beschäftigungsstands.**

(3) Stabilität des Preisniveaus

> Eine (absolute) **Stabilität des Preisniveaus** (Geldwertstabilität) liegt vor, wenn sich das Preisniveau[1] überhaupt nicht verändert.

Auch bei absoluter Preisstabilität können sich die Preise der einzelnen Güter verändern. Bedingung ist jedoch, dass Preissteigerungen einzelner Wirtschaftsgüter durch die Preissenkungen anderer Wirtschaftsgüter ausgeglichen werden.

Die Wirtschaftspolitik konnte oder wollte bisher nur in seltenen Fällen eine absolute Preisstabilität erreichen. Aus diesem Grund wird heute eine relative Preisstabilität gefordert. Nach der **Definition der Europäischen Zentralbank (EZB)** ist Preisstabilität gegeben, wenn die jährliche **Preissteigerungsrate** im Durchschnitt mehrerer Jahre **nahe 2 %** liegt.

Inflationsraten,[2] die über der genannten Zielvorstellung liegen, bringen erhebliche Nachteile mit sich. Die Sparer werden dann geschädigt, wenn die Inflationsraten (Preissteigerungsraten) höher als die Sparzinsen sind. Hingegen werden die Schuldner und die Besitzer von Realvermögen (z. B. von Grundstücken, Betriebsvermögen und Anteilsrechten wie z. B. Aktien) bevorzugt. Steigt das inländische Preisniveau schneller als das ausländische, wird der Export beeinträchtigt, sodass die Arbeitsplätze in Gefahr geraten.

(4) Außenwirtschaftliches Gleichgewicht

> Ein **außenwirtschaftliches Gleichgewicht** liegt vor, wenn die Zahlungsbilanz mittelfristig ausgeglichen ist.

Die Zahlungsbilanz ist die Gegenüberstellung aller in Geld messbaren Transaktionen (Bewegungen, Übertragungen) zwischen In- und Ausland. Sind die Zahlungsströme ins Inland größer als die Zahlungsströme ins Ausland, spricht man von Zahlungsbilanzüberschuss. Sind die Zahlungsströme vom Inland ins Ausland größer als die Zahlungsströme vom Ausland ins Inland, handelt es sich um ein Zahlungsbilanzdefizit. Im ersten Fall liegt eine **aktive Zahlungsbilanz,** im zweiten eine **passive Zahlungsbilanz** vor.

Da die Hauptursachen von **Zahlungsbilanzungleichgewichten** meistens in einem anhaltenden **Missverhältnis von Importen und Exporten** liegen, wollen wir uns auf die Wirkungen von Export- bzw. Importüberschüssen beschränken.

Exportüberschüsse 	■ Exportüberschüsse führen zu **Devisenüberschüssen,**[3] weil die Exporteure die eingenommenen Devisen in der Regel bei den Banken in Binnenwährung umtauschen. ■ Der Geldumlauf in der Binnenwirtschaft steigt. Bei bestehender Vollbeschäftigung steigt das Preisniveau **(„importierte Inflation").**[4]

1 **Preisniveau:** gewogener Durchschnitt aller Güterpreise.

2 **Inflationsraten:** Preissteigerungsraten (prozentuale durchschnittliche Preissteigerungen in Bezug auf das Vorjahr). Unter Inflation (lat. Aufblähung) versteht man eine lang anhaltende Steigerung des Preisniveaus.

3 **Devisen:** Zahlungsmittel (z. B. Schecks und Überweisungen) in Fremdwährung.

4 Weil bei Exportüberschüssen der Geldumlauf im eigenen Währungsgebiet steigt und dort zugleich das Güterangebot sinkt, spricht man auch vom **doppelt inflationären Effekt** der **Exportüberschüsse.**

12 Merkur-Nr. 0557

Importüberschüsse

- Die Importeure zahlen die Importe entweder in Binnen- oder in Fremdwährung. Wird in Binnenwährung gezahlt, tauschen die im Devisenausland ansässigen Exporteure ihre Erlöse in ihre eigene Währung um. Wird in Fremdwährung gezahlt, müssen die Importeure die benötigten Devisen im eigenen Währungsgebiet kaufen.
- In beiden Fällen **schrumpft der Devisenvorrat** der Binnenwirtschaft: Die Zahlungsbilanz wird passiv. Die abnehmende Geldmenge bremst zwar den Preisauftrieb, gefährdet aber die Arbeitsplätze.

(5) Stetiges und angemessenes Wirtschaftswachstum

Begriff Wirtschaftswachstum

Ein **stetiges Wirtschaftswachstum** liegt vor, wenn das Wachstum des **realen** Bruttoinlandsprodukts keine oder nur geringe Konjunkturschwankungen[1] aufweist.

Das Wirtschaftswachstum ist in allen Wirtschaftsordnungen ein wesentliches Ziel der Wirtschaftspolitik, denn nur dann, wenn die Produktion wirtschaftlicher Güter schneller als die Bevölkerung wächst, kann der **materielle Lebensstandard** pro Kopf der Bevölkerung **erhöht** werden. Wirtschaftliches Wachstum ist umso wichtiger, je geringer der Entwicklungsstand und damit der Lebensstandard einer Volkswirtschaft ist.

Schwieriger ist der Begriff des **angemessenen Wirtschaftswachstums** zu bestimmen, denn was unter „angemessen" zu verstehen ist, kann nur politisch entschieden werden. Derzeit würde ein jährliches Wirtschaftswachstum von **3 %** im Bundesdurchschnitt als großer wirtschaftspolitischer Erfolg gewertet werden.

Bedingungen des quantitativen Wirtschaftswachstums

Das Wachstum der Wirtschaft – gemessen an der Höhe des **realen Bruttoinlandsprodukts** – ist vor allem auf folgende Faktoren zurückzuführen:

- ausreichend zur Verfügung stehende Rohstoff- und Energiequellen (Ressourcen);
- hohe Sparrate, die hohe Investitionen ermöglicht;
- gute Ausbildung der arbeitenden Bevölkerung („Know-how");
- ausgebaute Infrastruktur;
- optimistische Zukunftserwartungen der Wirtschaftssubjekte;
- sicherer (steigender) Absatz mit angemessenen Unternehmensgewinnen.

Grenzen des Wirtschaftswachstums

Die Bedingungen des Wirtschaftswachstums machen zugleich seine möglichen Grenzen sichtbar: Die **Rohstoff- und Energievorräte** der Erde sind begrenzt, die **Bevölkerungszahl** der hoch industrialisierten Länder stagniert oder schrumpft und die **Umweltbelastung** durch Schadstoffe nimmt zu. Hinzu kommt, dass in den industriellen „Wohlstandsgesellschaften" die materiellen Grundbedürfnisse weitgehend befriedigt sind.

1 **Konjunktur**: Schwankungen der wirtschaftlichen Aktivitäten, vor allem der Beschäftigung (Näheres siehe Kapitel 1).

(6) Mögliche Zielkonflikte[1] (magisches Viereck)

Die Forderung, dass die Wirtschaftspolitik gleichzeitig einen hohen Beschäftigungsstand, Preisstabilität (Geldwertstabilität), außenwirtschaftliches Gleichgewicht sowie stetiges und angemessenes Wirtschaftswachstum anzustreben habe, ist leicht zu erheben, aber schwierig zu erfüllen. Je nach Ausgangslage besteht Zielharmonie[2] oder ein Zielkonflikt.

- Von **Zielharmonie** spricht man, wenn bestimmte wirtschaftspolitische Maßnahmen der Erreichung mehrerer Ziele dienlich sind.
- Ein **Zielkonflikt** liegt vor, wenn die Ergreifung einer bestimmten Maßnahme die Wirtschaft zwar einem Ziel näher bringt, sie dafür aber von anderen Zielen entfernt.
- **Zielindifferenz**[3] ist gegeben, wenn durch die Verfolgung eines wirtschaftspolitischen Ziels die Verfolgung anderer wirtschaftspolitischer Ziele weder gefährdet noch gefördert wird.

Es ist ersichtlich, dass in der Regel die gleichzeitige Verfolgung der genannten Ziele nicht möglich ist. Man spricht daher vom **„magischen Viereck“**. Nur ein Magier, also ein Zauberer, könnte gleichzeitig Vollbeschäftigung, Preisstabilität, außenwirtschaftliches Gleichgewicht sowie stetiges und angemessenes Wirtschaftswachstum erreichen.

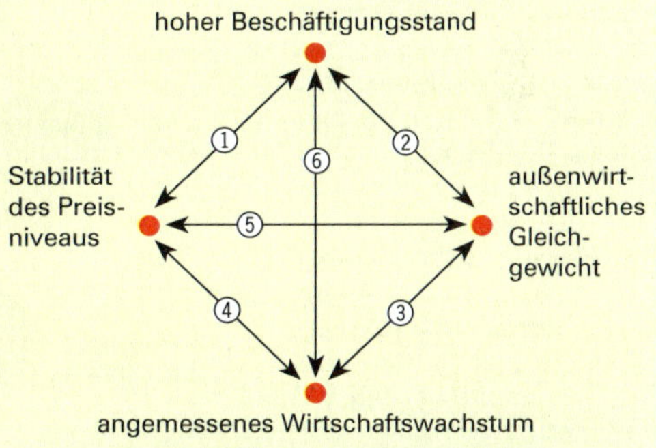

Magisches Viereck der Wirtschaftspolitik

(Die Pfeile bedeuten mögliche Zielkonflikte)

Beispiel für eine mögliche Konfliktsituation:

Ist eine Wirtschaft **unterbeschäftigt,** liegt in der Regel folgende Situation vor: Die Zahl der Arbeitslosen übersteigt die Anzahl der offenen Stellen; der Preisauftrieb ist gedämpft, sofern die Gewerkschaften trotz Unterbeschäftigung keine überhöhten Lohnforderungen durchsetzen. Die Investitionsneigung der Unternehmen ist gering, weil der entsprechende Absatz fehlt. Die Steuereinnahmen des Staates reichen nicht aus, um die Staatsausgaben zu finanzieren. Angenommen nun, die Wirtschaft soll mithilfe von Exportförderungsmaßnahmen (z.B. Exportsubventionen, Abwertung) belebt werden. War die Zahlungsbilanz bisher ausgeglichen, kann somit das Ziel des außenwirtschaftlichen Gleichgewichts *nicht* angestrebt werden. Das Ziel der Preisstabilität hingegen ist in dieser Situation nicht gefährdet, weil die unterbeschäftigte Wirtschaft zunächst zu konstanten Preisen anbieten kann.

1 **Konflikt** (lat.): Zusammenstoß, Widerstreit, Zwiespalt.

2 **Harmonie** (griech.-lat.): Überreinstimmung, Einklang.

3 **Indifferenz** (lat.): "Keinen Unterschied haben"; indifferent: unbestimmt, unentschieden, gleichgültig, teilnahmslos.

3.2.2 Sozial verträgliche Einkommens- und Vermögensverteilung

Das wirtschafts- und sozialpolitische Ziel einer sozial verträglichen Einkommens- und Vermögensverteilung läuft darauf hinaus, die Einkommen und Vermögen in Zukunft **gleichmäßiger** unter die großen sozialen Gruppen der Arbeitnehmer einerseits und der Selbstständigen („Unternehmer") einschließlich der sonstigen Vermögensbesitzer andererseits zu verteilen. Bezüglich der Einkommenspolitik des Staates bedeutet das, die **Lohnquote** (Anteil der Arbeitnehmer am Gesamteinkommen) zu erhöhen.

Wie viel Geld steht einer Haushaltsgemeinschaft, die aus mindestens einer Person besteht, in Deutschland monatlich zur Verfügung? Nach einer Auswertung von GfK GeoMarketing kamen im Jahr 2024 mehr als die Hälfte der Haushalte (rund 56 %) mit Lohn oder Gehalt, Rente, Mieteinnahmen und ähnlichen Einkünften zusammen auf mindestens 2 500,00 € netto. Den höchsten Anteil gab es mit rund 15 % in der Einkommensklasse 3 000,00 bis unter 4 000,00 €. Der Anteil der Spitzenverdienenden mit einem Einkommen von 7 000,00 € und mehr lag bei rund sechs Prozent. Mit weniger als 1 000,00 € im Monat mussten dagegen knapp acht Prozent der Haushalte auskommen.

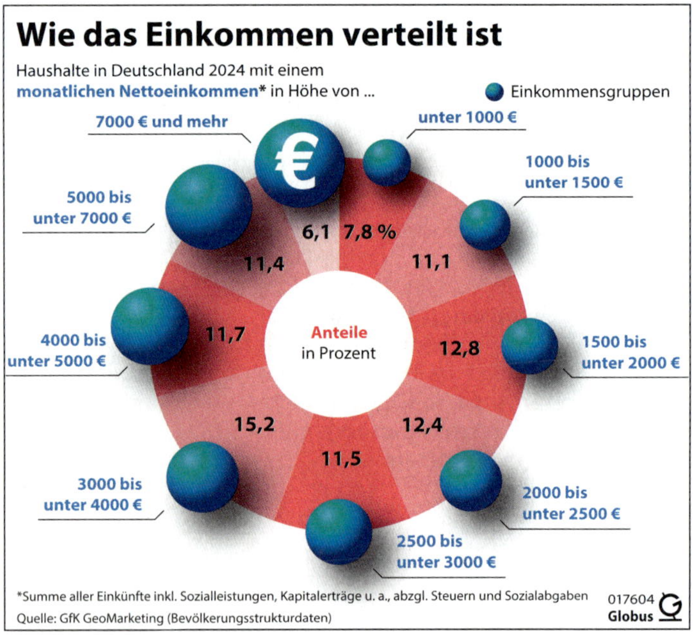

Die Verfolgung des Ziels einer sozial verträglichen Einkommensverteilung ist für die Regierung der Bundesrepublik Deutschland deswegen schwierig, weil Tarifautonomie besteht, d. h., weil die Sozialpartner (Tarifpartner) das Recht haben, die Arbeitsentgelte selbstständig und ohne staatliche Einmischung zu vereinbaren. Dennoch verbleiben dem Staat eine Reihe von **wirtschafts- und sozialpolitischen Maßnahmen** vor allem vermögenspolitischer Art. Hierzu gehören die

- Einführung eines **Investivlohns** (Gewinnausschüttungen an Arbeitnehmer, die im eigenen oder in fremden Unternehmen investiert werden),
- Einführung eines **gesetzlichen Mindestlohns,**
- der **Kombilohn** (bei niedrigen Löhnen stockt der Staat den Lohn auf) und
- **Sparförderungsmaßnahmen.**

Hinzu kommt die **Steuerpolitik,** mit deren Hilfe die **Einkommen umverteilt** werden: Hohe Einkommen werden überproportional hoch, niedrigere Einkommen nur gering oder überhaupt nicht direkt besteuert **(Steuerprogression).**

3.2.3 Erhaltung der natürlichen Lebensgrundlagen

Das wirtschafts- und sozialpolitische Ziel, die Umwelt lebenswert zu erhalten und/oder zu verbessern, ist ein **qualitatives Ziel.**

Wird in den Zielkatalog einer **Sozialen Marktwirtschaft** das Ziel des Umweltschutzes aufgenommen, müssen – ebenso wie dies zur Erreichung sozialer Ziele erforderlich ist – **staatliche Eingriffe** erfolgen, die die Marktbedingungen so verändern, dass **Nachfrage** und **Angebot** in der gewünschten Weise gelenkt werden. **Marktkonforme Maßnahmen** müssen hierbei die Regel, **marktkonträre Maßnahmen** die Ausnahme bilden.

Art der Maßnahme	Erläuterungen	Beispiele
marktkonforme Maßnahmen **Ziel:** **Anreize** zu umweltschonendem Verhalten geben, **ohne den Preismechanismus** des Marktes **außer Kraft zu setzen.**	Hier versucht der Staat umweltschädliche Maßnahmen und Produkte mithilfe von Steuern, Abgaben und Zöllen (**„Ökosteuern“**) so stark zu belasten, dass in absehbarer Zeit sowohl Nachfrage als auch Angebot reagieren werden. Umgekehrt sollen alle als umweltschonend erkannten Maßnahmen und Produkte so stark entlastet (erforderlichenfalls auch subventioniert) werden, sodass sich Nachfrage und Produktion in die gewünschte Richtung bewegen.	▪ Mögliche Einführung von „Öko-Produktsteuern“, z. B. für Batterien, tropisches Holz, Waschmittel und Streusalz. ▪ Erhebung von Müllvermeidungssteuern für Einwegflaschen, Getränkedosen, Kunststoffbehälter und -flaschen, Aluminiumfolien und für Werbezwecke verwendetes Papier. ▪ Rücknahmeverpflichtung für umweltbelastende Produkte, nachdem ihre Nutzungsdauer abgelaufen ist (z. B. Kühlschränke, Autos, Batterien).
marktkonträre Maßnahmen **Ziel:** Zu umweltschonendem Verhalten **zwingen, indem der Preismechanismus** des Marktes **aufgehoben wird**	Marktkonträre Maßnahmen sind **Verbote**[1] (sofern keine technischen Alternativen vorhanden sind) und die Vorgabe von **Grenzwerten.** Das Problem der Vorgabe von Grenzwerten ist, dass sie auch noch unterboten werden können, die Wirtschaftssubjekte aber nicht einsehen, dass sie die Kosten für eine weitere Verringerung von Schadstoffen tragen sollen, wenn dies nicht gesetzlich vorgeschrieben ist.	▪ Umweltschädliche Produkte, auf die vollständig verzichtet werden kann, müssen verboten werden (z. B. umweltschädliche Treibgase in Sprühdosen, Einweg-Plastikbesteck, Plastikstrohhalme). ▪ Einzelschadstoffe, die mit technischen Mitteln auf einen bestimmten Stand reduziert werden können, sind mithilfe von Grenzwerten zu verringern (z. B. Schadstoffe in Autoabgasen).

3.2.4 Wechselwirkungen wirtschaftspolitischer Maßnahmen

Beispiel:

Angenommen, die Regierung eines Landes setzt die Einkommensteuersätze herauf, um die Staatseinnahmen zu erhöhen. Die Rechnung dieses Ursache-Wirkungsdenkens („höhere Steuersätze bringen dem Staat mehr Geld“) geht nicht auf: Die Steuereinnahmen steigen nicht. Sie nehmen sogar ab, weil die Konsumenten weniger Geld zur Verfügung haben, sodass die Konsumausgaben sinken. Die Beschäftigung im Handel in der Konsumgüterindustrie geht zurück. Letztere wiederum stellt ihre Investitionsvorhaben zurück, sodass die Kapazitätsauslastung in der Investitionsgüterindustrie sinkt. Die Steuererhöhung hat das Gegenteil dessen bewirkt, was sie eigentlich wollte.

1 Dies gilt jedoch **nicht** für den Fall, dass **alternative Möglichkeiten** (z. B. Technologien) zur Verfügung stehen.

Das Beispiel zeigt, dass die Wirkungen wirtschaftspolitischer Maßnahmen meistens nicht richtig beurteilt werden können, wenn einfache „lineare“ Denkmuster zugrunde gelegt werden. Das Denken in „Wenn-dann-Beziehungen“ (Ursache-Wirkungsbeziehungen) führt deswegen zu ungenauen, manchmal sogar falschen Ergebnissen, weil neben den **unmittelbaren (direkten) Beziehungen eines Systems**[1] auch die **mittelbaren (indirekten)** Beziehungen, die außerdem **zeitverzögert** eintreten können, berücksichtigt werden müssen. Außerdem sind **Rückkopplungen,** d. h. in diesem Falle also Rückwirkungen bestimmter staatlicher Maßnahmen, zu berücksichtigen.

Darüber hinaus können sich staatliche Eingriffe auf die gesamte Wirtschaft (das In- und Ausland) auswirken. Beispiele sind die Auswirkungen von Zollerhöhungen oder -senkungen auf den Außenhandel und die Beschäftigung, von Umweltschutzmaßnahmen auf die Investitionstätigkeit inländischer und ausländischer Investoren oder der Zulassung oder Nichtzulassung von genmanipulierten[2] Futter- und Nahrungsmitteln auf die in- und ausländische Landwirtschaft und die Gesundheit der Bevölkerung.

Kompetenztraining

25

1. Nennen und beschreiben Sie den Zielkatalog des „magischen Vierecks“!
2. Erläutern Sie, warum diese Zielkombinationen (Frage 1) als „magisch“ bezeichnet werden!
3. Nennen Sie die Anzahl der möglichen Konfliktfelder, die es z. B. bei der gleichzeitigen Verfolgung von z. B. fünf oder sieben wirtschaftspolitischen Zielen gibt!
4. Die im Kapitel 3.2 genannten wirtschaftspolitischen Ziele sind Oberziele. Wählen Sie drei dieser Ziele aus und überlegen Sie sich, welche Zwischen- und Unterziele sich aus diesen Oberzielen ableiten lassen!
5. Bearbeiten Sie folgende Aufgaben:
   - 5.1 Das Oberziel der Wirtschaftspolitik von Deutschland ist nach § 1 StabG das „gesamtwirtschaftliche Gleichgewicht“. Erläutern Sie, was hierunter zu verstehen ist!
   - 5.2 Nennen Sie die quantitativen Ziele des § 1 StabG!
   - 5.3 Erläutern Sie, warum die Vollbeschäftigung ein wichtiges Ziel der Wirtschaftspolitik ist!
   - 5.4 Erläutern Sie, unter welchen Bedingungen Vollbeschäftigung vorliegt!
   - 5.5 Erklären Sie das wirtschaftspolitische Ziel „Preisniveaustabilität“!
   - 5.6 Begründen Sie, warum der Staat für außenwirtschaftliches Gleichgewicht sorgen sollte!
   - 5.7 Erläutern Sie, welche möglichen Zielkonflikte zwischen den Zielen „hoher Beschäftigungsstand“, „Stabilität des Preisniveaus“ und „außenwirtschaftliches Gleichgewicht“ bestehen können!
   - 5.8 Erklären Sie, was unter stetigem Wirtschaftswachstum zu verstehen ist!
   - 5.9 Nennen Sie neben dem Ziel des stetigen Wirtschaftswachstums noch weitere langfristige Ziele der Wirtschaftspolitik!

1 **System** (griech.): ein aus zahlreichen Elementen (Einzelteilen) zusammengesetztes Ganzes, bei dem jedes einzelne Element mit jedem anderen mittelbar oder unmittelbar zusammenhängt. Ein einfaches Beispiel für ein System ist das Mobile. Gleichgültig, welches Einzelteil auch angestoßen wird, es werden sich – oft auf nicht vorhersehbare Weise – alle anderen Elemente bewegen und mit einer gewissen Zeitverzögerung auch auf die Bewegung des ursprünglich angestoßenen Teils Einfluss nehmen.

2 **Gen** (griech.): Erbfaktor. Genmanipulation: künstliche Veränderung der Erbfaktoren.

5.10 Erläutern, Sie welche Zielkonflikte sich zwischen dem Ziel des stetigen Wirtschaftswachstums einerseits und den kurzfristigen Zielen der Stabilität des Preisniveaus, des hohen Beschäftigungsstands und des außenwirtschaftlichen Gleichgewichts andererseits ergeben können!

5.11 Die möglichen Zielkonflikte erfordern, dass der Staat wirtschaftspolitische Kompromisse schließen muss. Erläutern Sie diese Aussage!

5.12 Erläutern Sie, warum in Deutschland trotz Wirtschaftswachstum das Ziel eines möglichst hohen Beschäftigungsstands seit Jahren unerreichbar scheint!

6. Ökosteuern und -abgaben, Verbote und die Vorgabe von Grenzwerten sollen zu einem umweltverträglichen Wirtschaften beitragen.

Beispiele:

a) Erhebung einer Abwasserabgabe, die mit zunehmendem Reinheitsgrad der Abwässer sinkt.
b) Abschaffung der Kraftfahrzeugsteuer und Erhöhung der Mineralölsteuer.
c) Verbot von Flugreisen zu Urlaubszwecken.
d) Begrenzung der zulässigen Rußzahlen bei Ölfeuerungsanlagen.
e) Fahrverbot für Kraftfahrzeuge mit Dieselmotoren.
f) Höhere Stromsteuer auf Atomstrom und Strom aus Gaskraftwerken.
g) Vorgabe von Abgasgrenzwerten (z. B. für Kraftwerke, Autos).
h) Subventionen für den Einbau von Wärmepumpen.
i) Steuererleichterung für Elektrofahrzeuge.
j) Herstellungsverbot von Einfamilienhäusern.
k) Einführung des Dosenpfands für Konservendosen.
l) Importverbot für genmanipulierte Lebensmittel.

Aufgaben:

6.1 Begründen Sie, welche der genannten Maßnahmen als marktkonform und welche als marktkonträr zu bezeichnen sind!

6.2 Angebot und Nachfrage nach einem umweltschädlichen Gut A verhalten sich normal. Das Gut A wird mit einer Ökosteuer belegt. Stellen Sie mithilfe der Angebots- und Nachfragekurve dar, wie sich Preis und Absatzmenge des Gutes A verändern!

6.3 Erklären Sie, wie sich die Ökosteuer auf das Produkt A auf die Nachfrage nach dem Substitutionsgut (Ersatzgut) B auswirken könnte!

6.4 Bilden Sie zwei eigene Beispiele für den unter 6.3 beschriebenen Substitutionseffekt!

7. Beschreiben Sie, welche Zusammenhänge die nachfolgenden Abbildungen ausdrücken!

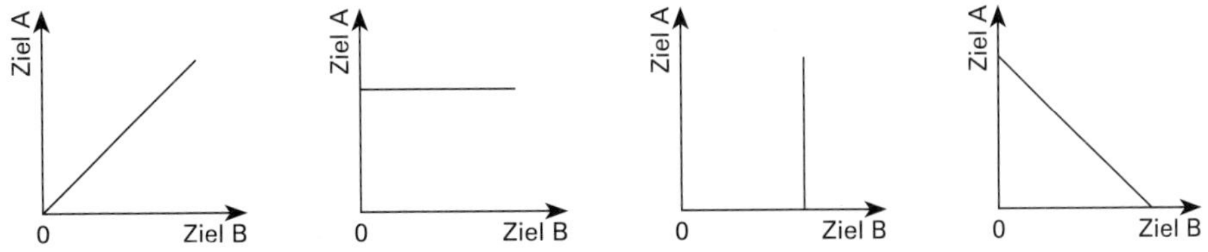

4 Arbeitslosigkeit und deren Ursachen beschreiben sowie beschäftigungspolitische Maßnahmen diskutieren

Lernsituation 4:

Zur einführenden Auseinandersetzung mit dem Thema Arbeitslosigkeit lesen Sie zunächst nachfolgenden Artikel:

Arbeitslosigkeit erhöht die Depressionsgefahr

Die Arbeit ist ein wichtiger Pfeiler des menschlichen Daseins. Bricht dieser Pfeiler weg und man wird arbeitslos, steigt für Betroffene die Gefahr einer psychischen Krankheit wie Depression. Häufig werden die Erkrankungen aber nicht erkannt.

In der EU waren im Februar dieses Jahres 24,55 Millionen Menschen arbeitslos. Die Arbeitslosenquote von 10,2 Prozent ist die höchste seit 1997. In Spanien und Griechenland war jeder zweite Jugendliche unter 25 Jahren ohne Arbeit. Auch in Deutschland waren im März über drei Millionen Menschen von Arbeitslosigkeit betroffen, die Quote betrug 7,2 Prozent. […]

Arbeitslosigkeit: Ein großer Einschnitt ins Leben

Nicht für alle dieser Menschen ist die Arbeitslosigkeit gleich schlimm. Die staatliche Unterstützung ist unterschiedlich und es gibt Menschen, die die Zuversicht nicht verlieren, die in der Arbeitslosigkeit auch die Chance für einen Neuanfang sehen. Für ganz viele Betroffene ist sie aber ein großer Einschnitt. Oft sind psychische Erkrankungen wie eine Depression die Folge.

Arbeit als Mittelpunkt des Lebens

Ein Grund für die Probleme, die Arbeitslosigkeit mit sich bringt, ist in unserer Einstellung zur Arbeit zu suchen. In der Antike war Arbeit noch verpönt. Und auch im Mittelalter wurde Arbeit bis zur Reformation noch als Mühsal, ja eigentliche Strafe aufgefasst. Erst viel später entwickelte sich die sogenannte protestantische Arbeitsethik. Sie ist gekennzeichnet durch die Vorstellung von Arbeit als Pflicht und von der Arbeit als Mittelpunkt des Lebens, um den herum die Freizeit gestaltet wird.

Als Grundmodell dienen diese Vorstellungen heute noch, aber natürlich ist die Entwicklung fortgeschritten. Arbeit muss heute nicht Pflicht sein und einzig dem Broterwerb dienen. Sie kann mit Leidenschaft erfüllt werden, sie kann Spaß und Freude machen. Sie kann spannend und herausfordernd sein. Arbeitszeitmodelle ermöglichen heute mehr Flexibilität. Und Unternehmen sind heute sehr oft auch ein Teil des sozialen Lebens der Beschäftigten. […]

Arbeitslose häufiger von einer Depression betroffen

Die Arbeit ist also ein Hauptpfeiler des menschlichen Daseins. Und entsprechend dramatisch können die Folgen sein, wenn dieser Pfeiler wegbricht, oft von einem Tag auf den anderen. So haben Studien ergeben, dass Arbeitslose häufiger von psychischen Krankheiten wie einer Depression betroffen sind als Erwerbstätige. […]

Laut der Psychologin Gisela Mohr von der Universität Leipzig belastet viele Arbeitslose der Zwang, möglichst schnell wieder eine Arbeit und zurück zur oben erwähnten protestantischen Arbeitsethik zu finden. „Je höher die Arbeitsorientierung bei einem Menschen ist, umso stärker sind die Auswirkungen auf die psychische Gesundheit in der Situation der aussichtslosen Arbeitslosigkeit." […]

Wenn das soziale Umfeld wegbricht

Auch die Anforderung, dass Betroffene für eine neue Stelle bereit sein sollten, ihren Wohnort zu wechseln, wirkt sich nach Mohrs Einschätzung negativ auf die psychische Gesundheit aus. „Vor allem, wenn man eine Familie hat, ist das ein großes Problem", schätzt Mohr. „Bei jedem Umzug verliert man sein soziales Umfeld und muss sich ein neues aufbauen", warnt sie. Dabei sei ein gutes soziales Netz wichtig für Arbeitslose. Es könne ihnen helfen, eine neue Arbeit zu finden.

Ablehnung schwächt das Selbstwertgefühl

Der psychischen Gesundheit ebenfalls nicht förderlich ist nach Ansicht Mohrs die Anforderung, möglichst viele Bewerbungen in einem definierten Zeitraum zu verschicken. Werden die Vorgaben nicht eingehalten, droht eine Leistungskürzung. Dabei ist gemäß der Psychologin kein Zusammenhang feststellbar, dass viele Bewerbungen die Erfolgsaussichten verbessern würden. Hingegen würden viele erfolglose Bewerbungen die psychische Gesundheit gefährden. Jede Ablehnung oder Absage gelte als Misserfolg und schwäche das Selbstwertgefühl. […]

Textquelle: Myhandicap.de, Text: Patrick Gunti – 04/2012 (Auszug).

Kompetenzorientierte Arbeitsaufträge:

1. Markieren Sie zunächst die Begriffe, deren Verständnis Ihnen Probleme bereitet. Recherchieren Sie – eventuell unter Zuhilfenahme des Internets – anschließend die Bedeutung dieser Begriffe!
2. Erläutern Sie die Gefahr der Arbeitslosigkeit, die im Mittelpunkt des vorangestellten Artikels steht!
3. Erläutern Sie den Stellenwert der Arbeit in unserer modernen Gesellschaft! Gehen Sie anschließend auch darauf ein, welchen Stellenwert Arbeit in Ihrem künftigen Leben einnehmen soll!
4. Führen Sie an, welche Kriterien eine Arbeitsstelle nach Ihren Vorstellungen erfüllen müsste, damit Sie Ihren künftigen Beruf über viele Jahre hinweg mit Spaß und Freude ausüben könnten!
5. Analysieren Sie für sich persönlich, wie sich die Ausübung eines Berufes, mit dem Sie nicht glücklich wären, auf Ihr persönliches Leben auswirken würde!
6. Erläutern Sie kurz drei Entstehungsarten der Arbeitslosigkeit!
7. **Arbeitsvorschlag mit regionalem Bezug:**

   Eine kleine Gruppe aus der Klasse sollte in Form eines Referates die wichtigsten Informationen über den Arbeitsmarkt in Ihrer Region vorbereiten! Im Fokus der Präsentation sollte neben den üblichen Arbeitsmarktdaten (Anzahl der Arbeitslosen, Arbeitslosenquote, Entwicklung des Arbeitsmarktes in den vergangenen Jahren/Monaten) vor allem stehen, welcher Personenkreis und welche Berufsgruppen besonders von der Arbeitslosigkeit in Ihrer Region betroffen sind. Hilfreich bei der Vorbereitung wären nicht nur Informationsunterlagen der örtlichen Agentur für Arbeit, auch andere Institutionen (z.B.: IHK, Gewerkschaften, Verbände) könnten Ihre Arbeit unterstützen.

   Diskutieren Sie im Anschluss an die Präsentation als Klassengemeinschaft darüber, welche Maßnahmen konkret dazu beitragen könnten, die Arbeitslosigkeit in Ihrer Region zu verringern!

4.1 Grundlegendes

(1) Begriff Arbeitslosigkeit

Als **arbeitslos** gilt, wer trotz **Arbeitsfähigkeit** und **Arbeitswilligkeit** nicht in einem Beschäftigungsverhältnis steht.

Die Bundesagentur für Arbeit rechnet zu den **Arbeitslosen** alle Personen, die das 15., aber noch nicht das 65. Lebensjahr[1] vollendet haben, die beschäftigungslos sind oder nur eine kurzzeitige Beschäftigung (zur Zeit weniger als 15 Stunden je Woche) ausüben und ein versicherungspflichtiges, mindestens 15 Wochenstunden umfassendes Beschäftigungs-

1 In dem Gesetz zur Anpassung der Regelaltersgrenze an die demografische Entwicklung und zur Stärkung der Finanzierung der gesetzlichen Rentenversicherung wurde eine sukzessive Anhebung der Regelaltersgrenze von 65 auf 67 Jahre beschlossen. Beginnend im Jahr **2012** wird die Altersgrenze zunächst sukzessive um **einen** Monat pro Geburtsjahrgang und dann ab **2024** sukzessive um **zwei** Monate pro Geburtsjahrgang bis zur Regelaltersgrenze von 67 Jahren angehoben. Für alle ab 1964 Geborenen gilt die Regelaltersgrenze von 67 Jahren.

Die Datenaufbereitungsverfahren und Veröffentlichungen der Statistik sind auf die feste Altersgrenze von 65 Jahren ausgelegt und werden – wo nötig – an die oben beschriebene flexible Altersgrenze angepasst. In allen betroffenen Statistiken werden Personen bis zur neuen flexiblen Regelaltersgrenze erfasst. Anpassungen sind insbesondere für die Arbeitslosenstatistik notwendig.

verhältnis suchen. Als arbeitslos gilt außerdem nur, wer sich persönlich bei der Bundesagentur für Arbeit oder einem Jobcenter arbeitslos gemeldet hat, der Arbeitsvermittlung zur Verfügung steht und nicht arbeitsunfähig erkrankt ist.

Arbeitslosigkeit ist **nicht** gleichbedeutend mit dem Begriff **„Unterbeschäftigung"**. Misst man nämlich die Beschäftigung an der Ausnutzung der in einer Volkswirtschaft zur Verfügung stehenden Produktionsmittel, so ist eine Wirtschaft unterbeschäftigt, wenn Kapazitäten brachliegen. Eine Wirtschaft kann dann vollbeschäftigt sein, obwohl es Arbeitslose gibt, ganz einfach deshalb, weil im Verhältnis zu den gegebenen Arbeitsplätzen zu viel Arbeitskräfte vorhanden sind. Umgekehrt ist es möglich, dass eine Wirtschaft alle Arbeitskräfte beschäftigt und außerdem noch offene Stellen besitzt. In diesem Fall sind die sachlichen Produktionsfaktoren unterbeschäftigt. Die vollständige Ausnutzung ist nur durch die Einstellung ausländischer Arbeitskräfte möglich.

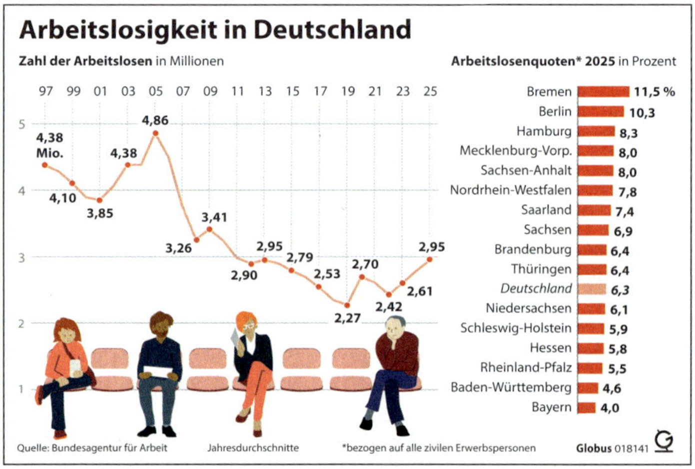

Im Allgemeinen misst man die Beschäftigungslage in einer Volkswirtschaft an der **Zahl der Arbeitslosen und** den **offenen Stellen.**

(2) Erwerbsquote

> Die **Erwerbsquote** zeigt den prozentualen Anteil der Erwerbspersonen an der Gesamtbevölkerung.

Eine steigende (sinkende) Erwerbsquote ist ein möglicher Hinweis auf eine zunehmende (abnehmende) Beschäftigung. Sie sagt jedoch nicht unbedingt etwas über eine abnehmende (zunehmende) Arbeitslosigkeit aus.

Ein anderer Maßstab, die Beschäftigungslage einer Wirtschaft zu messen, ist der Begriff des **Volkseinkommens.**[1] Eine Erhöhung des Volkseinkommens zu konstanten Preisen bedeutet dann eine Verbesserung der Beschäftigungslage, während die Verminderung des Volkseinkommens auf eine Verschlechterung hinweist.

(3) „Verdeckte" Arbeitslosigkeit

Neben der registrierten Arbeitslosigkeit gibt es auch noch eine **nicht registrierte Arbeitslosigkeit.** Hierbei handelt es sich um das Arbeitskräftepotenzial, das aus unterschiedlichen Gründen **nicht** in der **Arbeitslosenstatistik erfasst wird** (Kurzarbeiter, Vorruheständler, Personen in Umschulungen oder in staatlichen Beschäftigungsprogrammen etc.).

1 Vgl. hierzu S. 86ff.

4.2 Formen der Arbeitslosigkeit

Im Folgenden werden die Formen der Arbeitslosigkeit nach ihren **Ursachen** und nach ihrer **Dauer** unterschieden.

(1) Friktionelle[1] Arbeitslosigkeit

Durch **Wechsel des Arbeitsplatzes,** Umstrukturierungen in den Unternehmen und durch die oft zeitaufwendige Suche nach einer angemessenen Beschäftigung bleibt auch in Zeiten der Vollbeschäftigung eine niedrige Arbeitslosenquote erhalten. Die Tatsache, dass Leute eine Arbeit aufgegeben und eine andere noch nicht aufgenommen haben, führt sozusagen zu „Reibungsverlusten" auf dem Arbeitsmarkt.

(2) Nachfrageschwankungen

Kurz- und mittelfristige Nachfrageschwankungen können die Zahl der Arbeitslosen erhöhen oder verringern. Kurzfristige Nachfrageschwankungen sind i. d. R. saisonal,[2] mittelfristige i. d. R. konjunkturell bedingt. Man unterscheidet deshalb auch zwischen saisonaler (saisoneller) und konjunktureller Arbeitslosigkeit.

saisonale Arbeitslosigkeit	Als saisonale Arbeitslosigkeit werden die durch den Wechsel der Jahreszeiten hervorgerufenen Beschäftigungsrückgänge bezeichnet. Wirtschaftszweige, die unter saisonaler Arbeitslosigkeit leiden, sind z. B. das Baugewerbe, die Landwirtschaft oder das Hotel- und Gaststättengewerbe. Um die wahre Entwicklung auf dem Arbeitsmarkt beurteilen zu können, müssen die Arbeitslosenzahlen um die saisonal bedingten Einflüsse bereinigt werden.
konjunkturelle Arbeitslosigkeit	Die konjunkturelle Arbeitslosigkeit wird durch die Beschäftigungsschwankungen im Verlauf eines Konjunkturzyklus verursacht. Sie ist, soweit sie auf „normale" konjunkturelle Ausschläge zurückzuführen ist, wirtschaftspolitisch verhältnismäßig unproblematisch, weil sie im Laufe eines Konjunkturaufschwungs mehr oder weniger „automatisch" abgebaut wird.

(3) Strukturelle Arbeitslosigkeit

Die auf den wirtschaftlichen und technischen Wandel zurückzuführende Arbeitslosigkeit bezeichnet man als **strukturelle Arbeitslosigkeit.** Betroffen sind vor allem die Beschäftigten solcher Branchen (Wirtschaftszweige), die

- an wirtschaftlicher Bedeutung verlieren,
- die neue und arbeitssparende Techniken einführen und
- die langfristige Anpassungsschwierigkeiten erleiden.

Die strukturelle Arbeitslosigkeit ist im Gegensatz zur saisonalen oder konjunkturellen Arbeitslosigkeit **langfristiger Natur** und wird auch im wirtschaftlichen Aufschwung überhaupt nicht oder nur geringfügig abgebaut **(Sockelarbeitslosigkeit).** Der Arbeitsmarkt

1 **Friktio** (lat.): Reibung.

2 **Saison** (frz.): Hauptbetriebszeit.

befindet sich dauerhaft im Ungleichgewicht. Das Arbeitsangebot ist größer als die Arbeitsnachfrage.

Die Sockelarbeitslosigkeit ist dadurch gekennzeichnet, dass sie sich von Konjunkturrückgang zu Konjunkturrückgang – so jedenfalls die bisherige Entwicklung – verstärkt. Dies ist u. a. damit zu erklären, dass bei hoher Arbeitslosigkeit die Arbeitgeber bei der Einstellung neuer Arbeitskräfte immer anspruchsvoller werden. Die **Wiederbeschäftigungschancen** für **weniger qualifizierte** Personen werden entsprechend geringer. Die Folge ist, dass sich bei diesen Personen die Zeit der Arbeitslosigkeit verlängert **(Langzeitarbeitslosigkeit).**

4.3 Ziel und Träger der Arbeitsmarktpolitik

Die **Arbeitsmarktpolitik** umfasst alle Maßnahmen, die dazu dienen, die strukturelle Arbeitslosigkeit zu beseitigen, neue Arbeitsplätze zu schaffen und vorhandene Arbeitsplätze zu sichern.

Neben der **Bundesagentur für Arbeit** mit Sitz in Nürnberg ist die Bekämpfung des Problems der Arbeitslosigkeit aber unter anderem auch Aufgabe der **Regierung,** der **Arbeitgeber,** der **Arbeitnehmer** und der **Tarifparteien** (Arbeitgeberverbände und Gewerkschaften).

Diesen Beteiligten steht eine Vielzahl möglicher Maßnahmen zur Verfügung, die teilweise bereits umgesetzt sind oder aber diskutiert werden.

Beteiligte	(mögliche) Maßnahmen
Regierung	■ Senkung der Lohnnebenkosten ■ staatliche Beschäftigungsprogramme ■ Förderung von Existenzgründungen (z. B. durch einen Gründungszuschuss) ■ Investitionsförderprogramme ■ Zahlung zeitlich befristeter Lohnzuschüsse für die Neueinstellung von Langzeitarbeitslosen („Kombilohn") ■ Sonderprogramme zur Bekämpfung von Jugendarbeitslosigkeit ■ Organisation von Gesprächsrunden zwischen Regierung, Arbeitgeber- und Gewerkschaftsvertretern (z. B. „Bündnis für Arbeit") ■ Änderung gesetzlicher Regelungen (z. B. Regelungen zum Kündigungsschutz oder zur Entgeltfortzahlung im Krankheitsfalle, Änderung der Rentengesetzgebung: Senkung/Erhöhung des Renteneintrittsalters, Vorruhestands- oder Altersteilzeitregelungen) ■ Erhöhung von Bildungs- und Forschungsinvestitionen ■ staatliche Konjunkturprogramme zur Belebung der Nachfrage
Arbeitgeber	■ Ausweitung der Teilzeitarbeitsmöglichkeiten ■ Neueinstellungen durch Überstundenabbau ■ Durchführung bisher zurückgestellter Investitionen

Beteiligte	(mögliche) Maßnahmen
Arbeitnehmer	■ berufliche Weiterbildung ■ Erhöhung der regionalen Mobilität ■ Bereitschaft zur Annahme einer Beschäftigung mit geringeren Qualifikationsanforderungen und/oder niedrigerer Bezahlung als vorher
Tarifpartner	■ Arbeitszeitverlängerung bei gleichem Lohn ■ moderate Lohnerhöhungen ■ Öffnung von Tarifverträgen

4.4 Maßnahmen und Wirkungen von beschäftigungspolitischen Maßnahmen

4.4.1 Kurzfristig wirksame Instrumente (Beispiele)

Kurzfristige **Maßnahmen des Staates** zur Bekämpfung der Arbeitslosigkeit sind z. B. die **Erhöhung der Staatsausgaben** und die **Senkung der Staatseinnahmen.**[1]

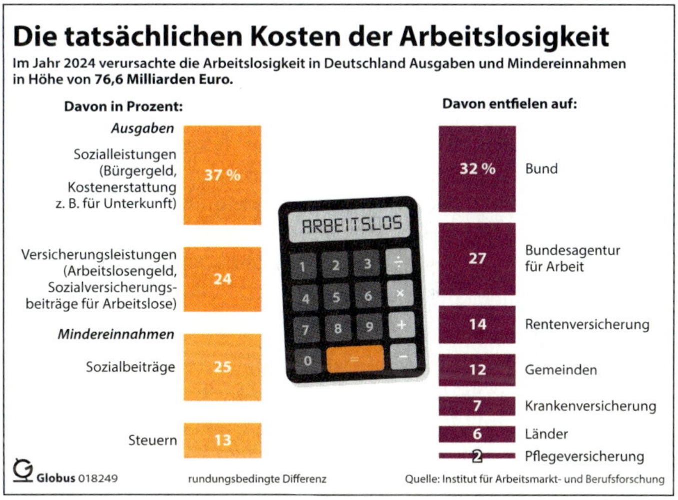

Eine weitere Möglichkeit sind **staatliche Beschäftigungsprogramme**. Hierbei handelt es sich um einmalige Ausgaben für solche Wirtschaftszweige, von denen starke nachfragewirksame Impulse[2] auf die Gesamtwirtschaft ausgehen. Eine solche „Schlüsselindustrie" ist z. B. die Bauwirtschaft. Die Wirkung solcher zusätzlichen „Konjunkturspritzen" ist jedoch zweifelhaft. Kritiker meinen, dass sie allenfalls ein Strohfeuer auslösen. Sie sind sogar von Nachteil, wenn der Staat verschuldet ist.

Die staatliche Wirtschaftspolitik kann durch die **Geld- und Währungspolitik der Zentralbank** unterstützt werden, indem diese z. B. die **Zinssätze senkt** und/oder **Offenmarktkäufe tätigt**.

Die Beschäftigungspolitik wird durch die **Arbeitsmarktpolitik** der Bundesagentur für Arbeit (BA) ergänzt. Dabei wird zwischen **passiver** und **aktiver Arbeitsmarktpolitik** unterschieden. Erstere hat die Aufgabe, die negativen materiellen Folgen der von der Arbeits-

1 Siehe S. 163.

2 **Impuls** (lat.): Anstoß, Anreiz.

losigkeit betroffenen Personen und ihren Familien zu mildern (z. B. durch die Zahlung von Arbeitslosengeld).

Die **aktive Arbeitsmarktpolitik** versucht, durch gezielte Maßnahmen das Entstehen von Arbeitslosigkeit zu verhindern (z. B. durch die Zahlung von Kurzarbeitergeld) oder die bestehende Arbeitslosigkeit zu verringern (z. B. durch Förderung der beruflichen Fortbildung, Umschulungsmaßnahmen, Zahlung eines Gründungszuschusses für arbeitslose Arbeitnehmer, die ihre Arbeitslosigkeit durch Aufnahme einer selbstständigen Tätigkeit beenden wollen).

4.4.2 Langfristig wirksame Instrumente (Beispiele)

(1) Senkung der Lohnnebenkosten (Lohnzusatzkosten)

Der Staat kann dazu beitragen, die Arbeitskosten zu senken, indem er dafür sorgt, dass die **gesetzlichen Lohnnebenkosten** (z. B. die Sozialversicherungsbeiträge der Arbeitgeber) gesenkt werden.

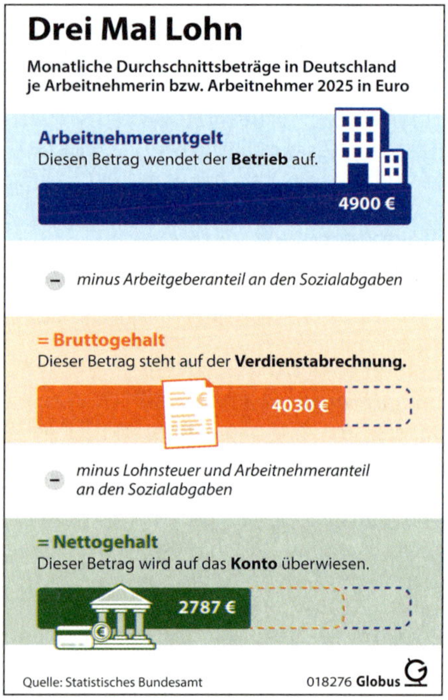

(2) Kombilöhne[1] an Arbeitnehmer

Liegen die Marktlöhne **unter dem Niveau der sozialen Grundsicherung,** können an die Arbeitgeber **Lohnkostenzuschüsse** aus den staatlichen Kassen bezahlt werden. Man erwartet aufgrund der sinkenden Lohnkosten eine Zunahme der Nachfrage nach Arbeitskräften.

Eine weitere Form des Kombilohns ist die unmittelbare **Aufstockung von Niedriglöhnen** mit Mitteln aus öffentlichen Kassen: Wenn das Einkommen von Erwerbstätigen nicht ausreicht, ihren Grundbedarf zu decken, haben sie Anspruch auf Bürgergeld bis zur Höhe der Grundsicherung.[2]

(3) Förderung öffentlicher Beschäftigung

Mit der Förderung öffentlicher Beschäftigung finanziert die Allgemeinheit (durch den Staat) die Einstellung von Arbeitskräften, die ohne diese Hilfe keinen Arbeitsplatz erhalten können. Dazu gehören z. B. die Arbeitsgelegenheiten mit Mehraufwandsentschädigung und Arbeitsverhältnisse, die durch Zuschüsse zum Arbeitsentgelt gefördert werden.

1 **Kombilöhne**: Abkürzung von Kombinationslohn. Kombination (lat.): Zusammenstellung.

2 Die betroffenen Personen werden als „Aufstocker" bezeichnet.

Arbeitsgelegenheiten mit Mehraufwandsentschädigung [§ 16d SGB II]	**Erwerbsfähige Leistungsberechtigte** können zur Erhaltung oder Wiedererlangung ihrer Beschäftigungsfähigkeit, die für eine Eingliederung in Arbeit erforderlich ist, in **Arbeitsgelegenheiten zugewiesen** werden, wenn die darin verrichteten Arbeiten zusätzlich sind, im öffentlichen Interesse liegen und wettbewerbsneutral sind. Arbeiten sind **zusätzlich,** wenn sie ohne Förderung nicht, nicht in dem vorgesehenen Umfang oder erst zu einem späteren Zeitpunkt durchgeführt würden. Arbeiten liegen im **öffentlichen Interesse,** wenn das Arbeitsergebnis der Allgemeinheit dient. Arbeiten sind **wettbewerbsneutral,** wenn durch sie eine Beeinträchtigung der Wirtschaft infolge der Förderung nicht zu befürchten ist. Den erwerbsfähigen Leistungsberechtigten ist während einer solchen Arbeitsgelegenheit zuzüglich zum Bürgergeld von der Agentur für Arbeit eine **angemessene Entschädigung für Mehraufwendungen** zu zahlen.
Arbeitsverhältnisse durch Zuschüsse zum Arbeitsentgelt [§ 16e SGB II]	**Arbeitgeber** können für die Beschäftigung von erwerbsfähigen leistungsberechtigten Langzeitarbeitslosen **durch Zuschüsse zum Arbeitsentgelt gefördert** werden, wenn zwischen dem Arbeitgeber und der erwerbsfähigen leistungsberechtigten Person ein **Arbeitsverhältnis begründet** wird. Der Zuschuss richtet sich nach der Leistungsfähigkeit des erwerbsfähigen Leistungsberechtigten und beträgt **bis zu 75 % des berücksichtigungsfähigen Arbeitsentgelts.** Eine Förderung ist u.a. ausgeschlossen, wenn zu vermuten ist, dass der Arbeitgeber die Beendigung eines anderen Beschäftigungsverhältnisses veranlasst, um eine Förderung im o.g. Sinne zu erhalten.

(4) Investitionen in Bildung zur Vermeidung von Arbeitslosigkeit

Wie Studien mittlerweile belegen, besteht bei Personen mit **geringer Qualifikation** ein wesentlich **höheres Risiko,** arbeitslos zu werden, als bei Personen mit weiterführender Ausbildung. Bei Jugendlichen ist das Risiko der Arbeitslosigkeit aufgrund mangelnder Bildung sogar um ein Vielfaches höher, als bei Erwachsenen. So verwundert es nicht, dass der Bildungspolitik im Zusammenhang mit der Bekämpfung der Arbeitslosigkeit eine besondere Rolle zufällt.

Bildungskosten sind keine Kosten, sondern letztlich eine **Investition** in die Zukunft, die sich für den Einzelnen, für die Unternehmen, für den Staat und die Sozialkassen rechnet.

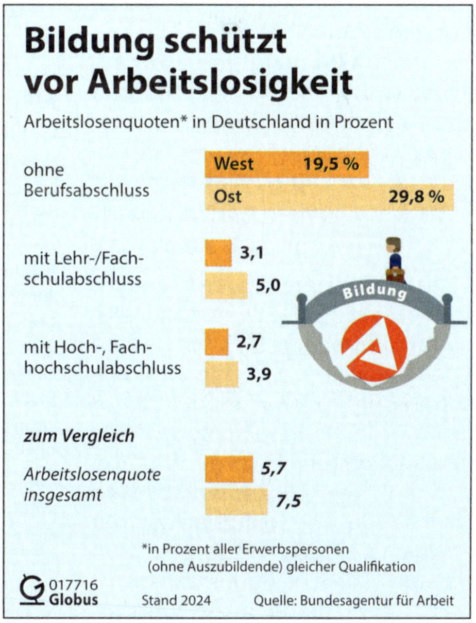

Nicht zuletzt vor diesem Hintergrund sind in Deutschland immer mehr **Eltern** auch bereit, in die **Bildungsqualität** ihrer Kinder Geld zu **investieren** (z. B.: Ausgaben für zusätzliche Bücher, Kurse, Nachhilfestunden). Da aber nicht alle Bürger über die privaten Mittel verfügen, um verstärkt in das **Bildungsvermögen** ihrer Kinder zu investieren, ist vor allem die Verantwortung des Staates gefordert. Viele Länder haben dementsprechend längst umgedacht und ihre Bildungsinvestitionen erhöht, wie auch nebenstehende Abbildung verdeutlicht.

Wenn Deutschland seine Investitionen in Bildung nicht entsprechend erhöht, wird es schwierig, die künftigen Herausforderungen erfolgreich zu bewältigen. Aufgrund des demografischen Wandels tut sich bis zum Jahr 2040 eine eklatante Lücke an qualifizierten Fachkräften auf, die man zur Sicherung des derzeitigen Wachstums- und Wohlstandsniveaus dringend bräuchte. Hinzu kommt, dass eine alternde und demografisch schrumpfende Gesellschaft wie die deutsche künftig über immer weniger Erwerbstätige verfügt, die zugleich aber immer mehr Menschen versorgen muss.

Diesem Dilemma wird man nur dann entkommen, wenn es der Politik gelingt, alle Erwerbsfähigen durch möglichst hohe Qualifikationen zu höherer Wertschöpfung zu befähigen. Zudem müssen bildungspolitische Weichenstellungen vorgenommen werden, die für einen breiten Nachschub an Hochqualifizierten – weit über das heutige Niveau hinaus – sorgen. Andernfalls wird man international **nicht wettbewerbsfähig** sein und weder Inno-

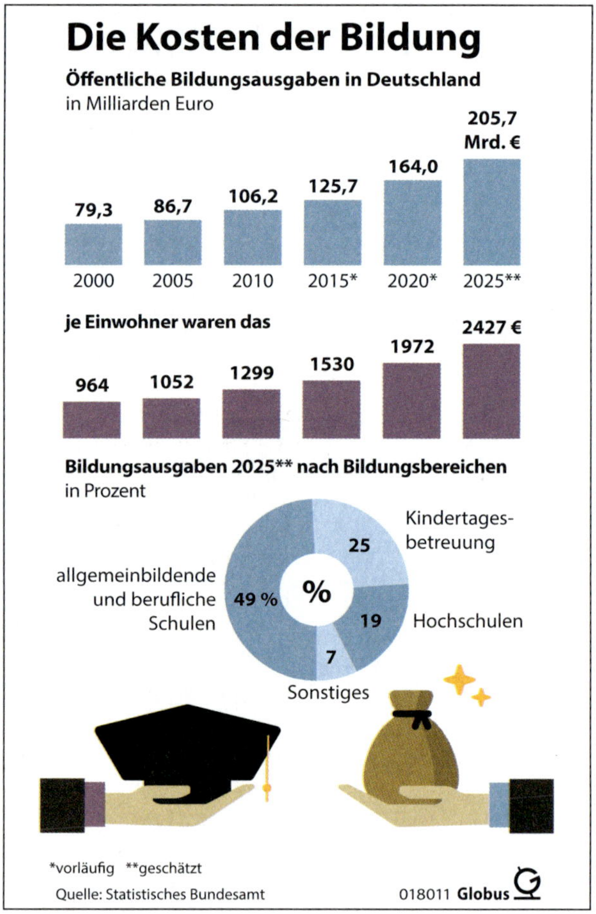

Im Jahr 2025 werden die Bildungsausgaben von Bund, Ländern und Gemeinden voraussichtlich bei 205,7 Mrd. € liegen. So sehen es die Haushaltspläne von Bund, Ländern und Gemeinden laut Bildungsfinanzbericht des Statistischen Bundesamts vor. Umgerechnet auf die Einwohnerinnen und Einwohner wären das 2 427,00 € pro Person. Im Jahr 2024 lag dieser Betrag nach vorläufigen Angaben noch bei 2 374,00 €. Mit rund 101,3 Mrd. € fließt fast die Hälfte des Bildungsbudgets im Jahr 2025 in die Finanzierung der allgemeinbildenden und beruflichen Schulen. An zweiter Stelle folgt die Kindertagesbetreuung mit rund 51 Mrd. €, was einem Anteil von 24,7 % entspricht. Zwar sind die Bildungsausgaben in den vergangenen Jahren deutlich gestiegen (im Jahr 2000 betrugen sie 79,3 Mrd. €). Gemessen am Bruttoinlandsprodukt (BIP) haben sie sich aber weniger stark verändert: 2000 betrugen sie 3,7 % des BIP und 2025 werden es 4,6 % sein. Der Großteil der Bildungsausgaben im Jahr 2025 wird von den Ländern finanziert: Mit geplanten 139,7 Mrd. € tragen sie 67,9 % der Ausgaben. Auf die Gemeinden entfallen 26,2 % und auf den Bund 5,9 %.

vationen hervorbringen noch jenes Wachstum erzielen, das Deutschland zur Finanzierung seiner bisherigen staatlichen Leistungen braucht.

Bildung ist vergleichbar mit einem schweren Tanker, der sich nicht von heute auf morgen in eine andere Richtung manövrieren lässt: Was heute investiert wird, zahlt sich erst Jahre später für die Gesellschaft aus. Nur wenn **arbeitsmarkt- und bildungspolitische Maßnahmen** besser ineinander greifen, wird man das zur Schließung der Lücke benötigte Potenzial an Fachkräften gewinnen und damit zugleich die bildungspolitischen Weichenstellungen vornehmen, die das Bildungswesen zukunftsfähiger machen.

Kompetenztraining

26

1. Erklären Sie die Begriffe friktionelle, konjunkturelle und strukturelle Arbeitslosigkeit!
2. Erläutern Sie, warum die Sockelarbeitslosigkeit von Konjunkturzyklus zu Konjunkturzyklus zunimmt!
3. Zeichnen Sie eine normale Arbeitsangebotskurve und eine normale Arbeitsnachfragekurve nach dem Preisbildungsmodell des vollkommenen Polypols und beantworten Sie folgende Fragen:

   Aufgaben:[1]

   3.1 Erläutern Sie, wie sich eine normale Arbeitsangebotskurve, wie eine normale Arbeitsnachfragekurve erklären lässt!

   3.2 Erläutern Sie, welche Folgen sich ergeben, wenn der Mindestlohn

   3.2.1 unter dem Gleichgewichtslohn (Marktpreis der Arbeit) und

   3.2.2 über dem Gleichgewichtslohn liegt!

   3.3 Stellen Sie grafisch dar, wie sich eine Verkürzung der Arbeitszeit (z. B. der Wochenarbeitszeit) auf den Marktlohn auswirkt!

4. Entscheiden Sie, welcher Beteiligte für die nachfolgenden Maßnahmen zur Bekämpfung von Arbeitslosigkeit zuständig ist! Verwenden Sie für die Zuordnung folgende Ziffern:

   ① Regierung, ③ Arbeitnehmer,

   ② Arbeitgeber, ④ Tarifpartner.

   Tragen Sie eine ⑨ ein, wenn keine eindeutige Zuordnung möglich ist!

4.1	Arbeitszeitverlängerung bei gleichem Lohn.	
4.2	Ausweitung von Teilzeitarbeitsmöglichkeiten.	
4.3	Erhöhung von Forschungs- und Bildungsinvestitionen.	
4.4	Erhöhung der regionalen Mobilität.	
4.5	Senkung der Lohnnebenkosten.	
4.6	Öffnung von Tarifverträgen.	
4.7	Bereitschaft zur Annahme einer Stelle mit geringerer Bezahlung als vorher.	
4.8	Konjunkturprogramme zur Belebung der Nachfrage.	
4.9	Zahlung eines Kombilohnes.	
4.10	Durchführung zurückgestellter Investitionen.	

1 Zur Lösung der Aufgaben wiederholen Sie bitte die Ausführungen in Kompetenzbereich II, S. 132f.

13 Merkur-Nr. 0557

5. Die nachfolgende Tabelle listet eine Auswahl an Berufen mit dem höchsten bzw. niedrigsten Automatisierungsrisiko auf. (Dabei bezeichnet 0 das geringste Automatisierungsrisiko, 1 dagegen das höchstes Risiko.)

Höchstes Automatisierungsrisiko		**Geringstes Automatisierungsrisiko**	
Wahrscheinlichkeit	Beruf	Wahrscheinlichkeit	Beruf
0,99	Telefonverkäufer	0,0031	Sozialarbeiter im Bereich psychische Gesundheit und Substanzmissbrauch
0,99	Steuerberater	0,0040	Choreographen
0,98	Versicherungssachverständiger, Kfz-Schäden	0,0042	Mediziner
0,98	Schiedsrichter und andere Sportoffizielle	0,0043	Psychologen
0,98	Anwaltsgehilfen	0,0055	Personalmanager
0,97	Servicekräfte in Restaurant, Bar und Café	0,0065	Computer-Systemanalytiker
0,97	Immobilienmakler	0,0077	Anthropologen und Archäologen
0,97	Zeitarbeiter im Agrarsektor	0,0100	Schiffs- und Schiffbauingenieure
0,96	Sekretäre und Verwaltungsassistenten, außer in den Bereichen Recht, Medizin und Führungsebene von Unternehmen	0,0130	Vertriebsleiter
0,94	Kuriere und Boten	0,0150	Leitende Angestellte

Quelle: Klaus Schwab, Die Vierte Industrielle Revolution, München, 2016, S. 61 (Auszug).

Aufgaben:

5.1 Geben Sie an, welche persönlichen Entscheidungen und Schlussfolgerungen sich für Sie daraus ergeben!

5.2 Die Diskussion um ein bedingungsloses Grundeinkommen, d. h. ein Einkommen, das eine politische Gemeinschaft bedingungslos jedem ihrer Mitglieder gewährt, dringt mehr und mehr in das Bewusstsein der Gesellschaft. Erstellen Sie zu diesem Thema eine Erörterung mit Pro- und Kontra-Argumenten und entscheiden Sie begründet, ob Sie ein bedingungsloses Grundeinkommen einführen würden oder nicht!

5 Ermittlung des Preisniveaus erläutern sowie den Zusammenhang von Kaufkraft und Preisniveau beschreiben

Lernsituation 5:

Lisa, Auszubildende zur Kauffrau im Groß- und Außenhandel, erwartet den Besuch ihrer besten Freundin Jacqueline, die eine Ausbildung zur Friseurin absolviert. Im Vorfeld des Besuchs hat Jacqueline bereits angedeutet, dass sie dringend mit Lisa über ein Problem sprechen müsse.

Nachdem es sich die beiden Freundinnen bei einer Tasse Latte Macchiato gemütlich gemacht haben, erzählt Jacqueline, was sie so bedrückt. Seit sie vor einem Jahr die Ausbildung zur Friseurin begonnen hat, ist sie zu Hause ausgezogen und wohnt nun in einer Ein-Zimmer-Wohnung zur Miete. Mit der Ausbildungsvergütung, dem Trinkgeld der Kunden sowie dem Kindergeld, das ihre Eltern ihr auszahlen, war der Schritt in die „eigenen vier Wände" damals möglich, was Jacqueline seit dieser Zeit auch sehr genießt.

Doch in den letzten Monaten wächst ihr die finanzielle Belastung mehr und mehr über den Kopf. Jacqueline führt dies vor allem auf die enormen Preissteigerungen beim Strom, Gas, Sprit für ihren Roller und bei den sonstigen Nebenkosten des Lebensunterhalts zurück. Nunmehr habe auch noch ihr Vermieter angekündigt, dass er die Kaltmiete ab nächsten Monat um 20,00 € anheben wird. Jacqueline bestreitet auch nicht, dass sie in den letzten Monaten nicht immer so genau auf ihre Ausgaben beim Shoppen oder Ausgehen geachtet hat. Auch das neue Smartphone und der in diesem Zusammenhang abgeschlossene Vertrag habe sicher mit dazu beigetragen, dass ihr Girokonto mehr und mehr ins Soll geraten sei. Die finanzielle Schieflage hat sich zudem dadurch verschärft, dass bei den meisten Kunden das „Geld nicht mehr so locker sitzt", ihre Einnahmen aus Trinkgeldern somit deutlich zurückgegangen sind.

Jacqueline macht sich nicht nur Gedanken darüber, wie sie die Wohnung während ihrer Ausbildung dauerhaft halten kann, auch die Rückzahlung ihrer Schulden bei der Bank belastet sie stark. Diese hat sich sogar schon schriftlich bei ihr gemeldet und um kurzfristige Rückmeldung gebeten, wie sie sich die Rückführung ihrer Kontoüberziehung konkret vorstellt. Abschließend betont Jacqueline, dass sie sich immer größere Sorgen um ihre Zukunft macht. Als Friseurin ist das monatliche Einkommen auch nach der Ausbildung relativ gering und ihr stellt sich zunehmend die Frage, wie sie sich mit einem solchen Gehalt dauerhaft eine Wohnung oder gar ein Auto leisten kann, zumal in ihren Augen ja alles immer teurer wird. An einen Urlaub oder andere Annehmlichkeiten sei da ja später wohl gar nicht zu denken. Erstmals sei ihr nun richtig

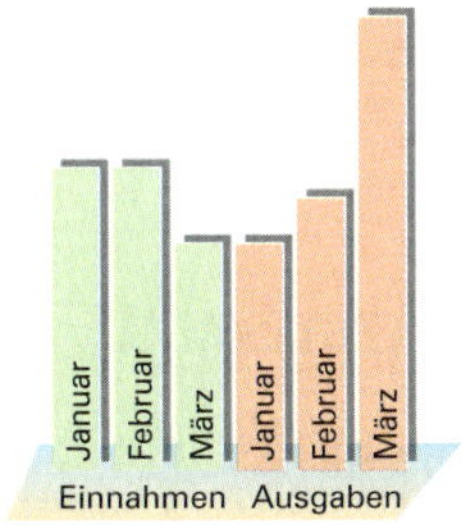

bewusst, wie sehr doch das Einkommen und somit das für die Lebensgestaltung zur Verfügung stehende Geld einem Menschen enorme Sorgen bereiten können und sie frage sich ernsthaft, wie das alles weitergehen soll. Jacqueline geht in ihren Überlegungen sogar so weit, dass sie sich fragt, ob man das Geld nicht ganz einfach abschaffen sollte, zumal man ja in der früheren Menschheitsgeschichte wohl auch ohne Geld ausgekommen sei und damit doch auch ohne derlei Geldsorgen.

Lisa versteht die Probleme ihrer Freundin nur allzu gut und erzählt, dass ihre Eltern auch seit einiger Zeit heftig über das Thema Geld diskutieren. Das Ganze habe nunmehr dazu geführt, dass ihre Eltern sich entschlossen haben, die Stadtwohnung zu kündigen und gemeinsam mit ihr aufs Land zu ziehen, wo man ein Einfamilienhaus kaufen möchte. Der wesentliche Grund hierfür sei – soweit sie es verstanden habe – die Angst davor, dass die Ersparnisse eines Tages nichts mehr wert seien. Ihr Vater habe in den letzten Tagen immer wieder von seinen Großeltern erzählt, deren Geld auch quasi über Nacht für wertlos erklärt wurde. Lisa berichtet, dass sich ihr Vater mehr und mehr darüber aufregt, dass die Menschen in unserer heutigen Zeit trotz dieser Erfahrungen aus der Vergangenheit immer noch der Illusion unterliegen, dass Geld immer seinen Wert behalte. Mit Blick auf die ganze öffentliche Diskussion zur Eurokrise und die in den Euroländern ansteigenden Staatsschulden wollen Lisas Eltern nun das über Jahre angesparte Geld gegen ein bebautes Grundstück eintauschen. Da der Kaufpreis und die anstehende Renovierung der Immobilie die Ersparnisse jedoch übersteigen, wollen Lisas Eltern sogar noch einen entsprechenden Kredit zur Finanzierung des Einfamilienhauses aufnehmen. Ihr Vater würde an der Stelle immer wieder betonen, dass die Verschuldung wegen einer Immobilie für ihn kein allzu großes Problem darstelle, zumal sich der deutsche Staat ja auch seit vielen Jahrzehnten mehr und mehr verschulde. Und was der Staat kann, das könne er schließlich allemal.

Kompetenzorientierte Arbeitsaufträge:

1. Bestimmen Sie die in der Lernsituation genannten Akteure und Betroffenen der Verschuldung!
2. Erläutern Sie mögliche Gründe für die zunehmende Verschuldung von Jacqueline!
3. Erläutern Sie, was man unter der „Geldillusion" versteht!
4. Beschreiben Sie kurz das Verfahren, wie man die Veränderungen des Preisniveaus hierzulande misst! Nehmen Sie anschließend kritisch zu diesem Messverfahren Stellung!
5. Sammeln Sie gemeinsam mit Ihrem Sitzpartner mögliche Ursachen für die über Jahrzehnte zunehmende Verschuldung des deutschen Staates!

5.1 Verbraucherpreisindex zur Ermittlung von Preisniveauveränderungen

(1) Begriff Verbraucherpreisindex[1]

Der **Verbraucherpreisindex** misst die **durchschnittliche Preisentwicklung** aller Waren und Dienstleistungen, die **private Haushalte** für **Konsumzwecke** kaufen.

Bei der Berechnung des Verbraucherpreisindexes geht man von einem **Warenkorb** aus, der sämtliche von privaten Haushalten gekaufte Waren und Dienstleistungen widerspiegelt.

Derzeit umfasst der Warenkorb ca. **700 Sachgüter und Dienstleistungen.** Der Warenkorb wird laufend aktualisiert, damit immer diejenigen Güter in die Preisbeobachtung eingehen, welche von den privaten Haushalten aktuell gekauft werden.

Beispiele für den Warenkorb:

- Nahrungsmittel
- Bekleidung
- Kraftfahrzeuge
- Mieten
- Haarschnitt
- Girokonto
- Getränke
- Strom
- Gas
- Wasser
- Möbel
- Haushaltsgeräte
- Medikamente

Der Verbraucherpreisindex wird vom **Statistischen Bundesamt** in Wiesbaden erstellt.

1 **Indizes:** Mz. von Index; ein Index ist wörtlich ein „Anzeiger". Der Preisindex zeigt also Preisveränderungen an. Wichtige Preisindizes sind z. B.: Index der Einkaufspreise landwirtschaftlicher Betriebsmittel, Index der Grundstoffpreise, Index der Großhandelsverkaufspreise und der Index der Einzelhandelspreise.
Quelle: https://www.destatis.de/DE/ZahlenFakten/GesamtwirtschaftUmwe...

Der **Verbraucherpreisindex** ist der **wichtigste Maßstab zur Beurteilung der Geldwertentwicklung** in Deutschland.

(2) Ermittlung des Verbraucherpreisindexes

Ausgangspunkt für die Ermittlung des Verbraucherpreisindexes ist der Warenkorb. Da **nicht** alle Güter **das gleiche Gewicht** im Warenkorb besitzen, erstellt das Statistische Bundesamt ein **„Wägungsschema"**.

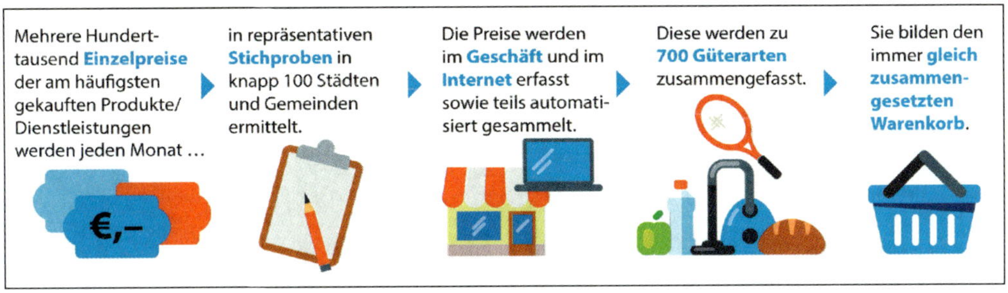

Das **Wägungsschema** legt die **Anteile** (in Prozent) fest, welche die einzelnen Waren und Dienstleistungen an einem Warenkorb (100 %) haben.

Die ermittelten Preise umfassen den Kaufpreis einschließlich Umsatzsteuer und Verbrauchsteuern. Werden z. B. die Nahrungsmittel mit 10 % im Wägungsschema gewichtet, so besagt dies, dass von den Gesamtausgaben der privaten Haushalte 10 % auf den Kauf von Nahrungsmitteln entfallen.

Beispiel:

Um den Vorgang der Preisindexermittlung deutlich zu machen, wird ein sehr vereinfachtes Wägungsschema zugrunde gelegt (5 statt 700 Positionen):

Warenkorb	Wägungsschema Jahr 00		Preise			
			01		02	
1. Nahrungsmittel	615,00 GE	41 %	615,00 GE		615,00 GE	
2. Kleidung	600,00 GE	40 %	600,00 GE		660,00 GE	
3. Wohnung	150,00 GE	10 %	200,00 GE		200,00 GE	
4. Brennstoffe	60,00 GE	4 %	60,00 GE		60,00 GE	
5. Dienstleistungen	75,00 GE	5 %	75,00 GE		75,00 GE	
Gesamtausgaben	1 500,00 GE	100 %	1 550,00 GE	103,3 %	1 610,00 GE	107,3 %

Erläuterungen:

Berechnung des Verbraucherpreisindexes im Jahr 01

Das Basisjahr 00 wird mit 100 Punkten angesetzt. Die angenommene Verteuerung der Wohnungsausgaben um 50,00 GE im Jahr 01 (= $33\frac{1}{3}$ %) bewirkt bei Konstanz aller anderen Preise eine Erhöhung der Lebenshaltungskosten um 3,3 auf 103,3 Punkte.

1 500,00 GE (00) ≙ 100 Punkte
1 550,00 GE (01) ≙ x Punkte

$$x = \frac{100 \cdot 1550}{1500} = \underline{\underline{103{,}3 \text{ Punkte}}}$$

Insgesamt gilt, dass Preissteigerungen bei bestimmten Waren und Dienstleistungen sich auf den Verbraucherpreisindex umso **stärker** auswirken, je **größer** ihr prozentualer Anteil (ihr „Gewicht") an den Gesamtausgaben eines durchschnittlichen Haushalts ist.

Das Wägungsschema für den Verbraucherpreisindex wird nur **alle fünf Jahre aktualisiert.**[1]

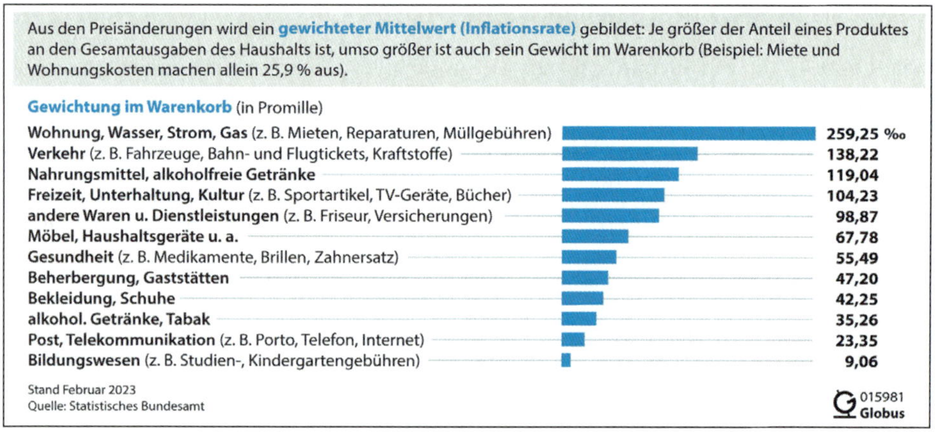

(3) Berechnung der Teuerungsrate und der Veränderung der Kaufkraft des Geldes

Der **Verbraucherpreisindex** bildet die **Grundlage** für die Ermittlung der Veränderung der allgemeinen **Teuerungsrate** (Inflation) und der damit einhergehenden Veränderung der **Kaufkraft** des Geldes.

Beispiel:

Im Jahr 01 lag der Verbraucherpreisindex bei 103,3. Im Folgejahr 02 steigt er auf 105,8. Hieraus ergibt sich folgende Rechnung:

allgemeine Teuerungsrate = (neuer Index : alter Index) · 100 – 100

Allgemeine Teuerungsrate = (105,8 : 103,3) · 100 – 100 = 2,42 %

Im Jahr 02 beträgt die Teuerungsrate gegenüber dem Vorjahr also 2,42 %.

Die **Kaufkraft** gegenüber dem Vorjahr errechnet sich wie folgt:

Veränderung der Kaufkraft = (alter Index : neuer Index) · 100 – 100

Veränderung der Kaufkraft des Geldes = (103,3 : 105,8) · 100 – 100 = –2,36 %.

Die Kaufkraft des Geldes hat also im Beobachtungszeitraum um 2,36 % **abgenommen.**

Fazit: Mit steigendem Preisniveau sinkt die Kaufkraft des Geldes, denn mit einer Geldeinheit kann man jetzt weniger Güter kaufen.

Mit steigendem Preisniveau **sinkt** die Kaufkraft des Geldes, denn mit einer Geldeinheit kann man jetzt **weniger** Güter kaufen als zuvor.

1 Die letzte Umstellung des Wägungsschemas auf neuere Verbrauchsverhältnisse erfolgte im Januar 2023. Basisjahr ist das Jahr 2020. Die Verbraucherpreisindizes werden rückwirkend ab Januar 2020 berechnet.

Der **Veränderungsfaktor** der **Kaufkraft** des Geldes ist der reziproke (umgekehrte) Wert des Veränderungsfaktors des Preisniveaus. Steigen die Preise z. B. um 100 %, beträgt die Kaufkraft einer Geldeinheit nur noch 50 %.

Eine andere Bedeutung hat der Begriff „Kaufkraft", wenn er die Frage beantwortet, wie lange ein Arbeitnehmer arbeiten muss, um eine bestimmte Güterart kaufen zu können. Je kürzer die Arbeitszeit ist, desto höher ist die Kaufkraft des Arbeitsentgelts (die sogenannte **Lohnkaufkraft**).

Beispiele:

1960 war der durchschnittliche Arbeitsaufwand für 1 kg Schweinekotelett 2 Stunden und 37 Minuten, im Jahr 1991 nur noch 37 Minuten; 2022 waren es noch 33 Minuten. Langlebige Haushaltsgeräte, die für einen Arbeitnehmerhaushalt Anfang der sechziger Jahre noch kaum erschwinglich waren, kamen im Zuge der Massenproduktion zu so günstigen Preisen auf den Markt, dass der Arbeitszeitaufwand für den Kauf dieser Waren besonders stark zurückging. Ein Fernseher zum Beispiel, der einen Durchschnittsarbeitnehmer 1960 noch mehr als 21 000 Minuten kostete, war 1991 – technisch stark verbessert – schon nach knapp 4712 Minuten verdient. 2022 reduzierte sich die Arbeitszeit für einen Fernseher schließlich auf 1 325 Minuten.

Im Jahr 2022 konnten sich die Menschen in Deutschland mit ihrem Nettoverdienst mehr Güter leisten als zu Beginn der 1990er-Jahre. Je nach Produkt hat sich die Kaufkraft jedoch unterschiedlich entwickelt. Das geht aus Berechnungen des Instituts der deutschen Wirtschaft Köln (IW Köln) hervor. Im Jahr 2022 mussten Arbeitnehmende rund 60 Minuten länger arbeiten, wenn sie sich ein Monatsabonnement einer Tageszeitung kaufen wollten, als noch 31 Jahre zuvor. Dahingegen müssen sie heute gut 14 Stunden weniger arbeiten, wenn sie sich einen Kühlschrank anschaffen wollen. Das IW Köln ging dabei von einem durchschnittlichen Nettostundenverdienst von 20,80 Euro im Jahr 2022 und 10,23 Euro im Jahr 1991 aus. – Die Angaben für das Jahr 1991 beziehen sich bei diesen Berechnungen nur auf Westdeutschland, die Angaben für 2022 auf Gesamtdeutschland.

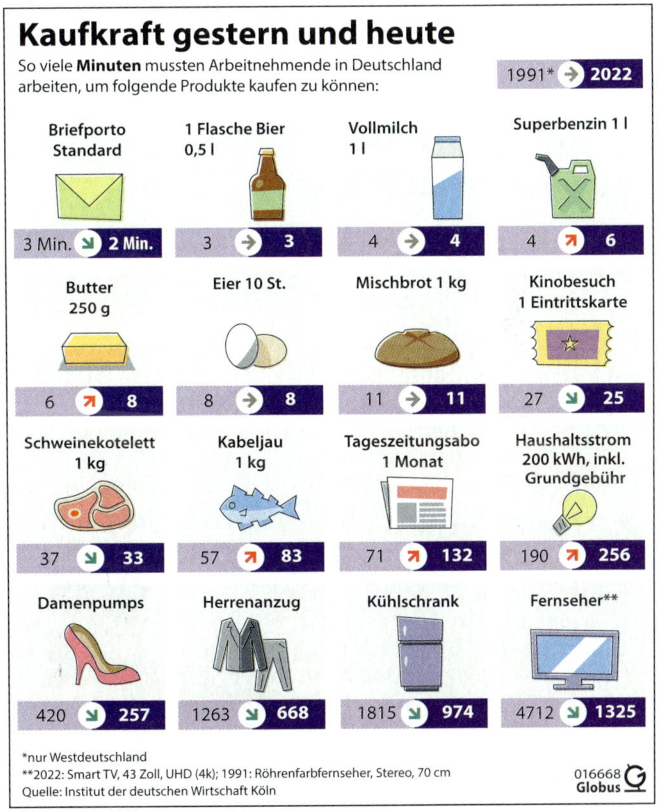

5.2 Kritik am Verfahren zur Messung von Preisniveauveränderungen

Obwohl der Verbraucherpreisindex der am häufigsten gebrauchte Indikator zur Messung der Preisniveaustabilität ist, muss sein Aussagegehalt dennoch relativiert werden.

Zur **Kritik** dieses Messkonzepts können folgende Punkte angeführt werden:

- Bei der Messung findet einzig die **private** Bedürfnisbefriedigung Berücksichtigung. Sie erfasst allerdings nur einen Teil der volkswirtschaftlichen Produktion und spiegelt die Preisniveauänderungen somit nur unzureichend wider.
- Inwiefern jemand von der Geldwertveränderung betroffen ist, hängt im Wesentlichen von seiner **Einkommensverwendung** ab, also davon, ob sein Konsumverhalten tatsächlich durch den Warenkorb repräsentiert wird.
- **Kaufverträge bzw. Transaktionen zwischen Haushalten** finden **keine** Berücksichtigung. Das ist zum Beispiel bei Käufen von gebrauchten Fahrzeugen ebenso von Bedeutung wie bei allen Käufen auf privaten Flohmärkten oder bei Internetauktionen. Da derartige Transaktionen nicht in den Verbraucherpreisindex mit einfließen, führt dies zu Ungenauigkeiten bei der Messung der Preisniveaustabilität.
- Erfasst werden nur die **offiziellen Laden- oder Listenpreise;** Rabatte, Sonderaktionen (z.B. Preisnachlässe für Vereinsmitglieder, Personalkäufe) und Fabrikverkäufe bleiben unberücksichtigt.
- Preiserhöhungen können auf **Qualitätsverbesserungen** eines Produkts zurückzuführen sein. Streng genommen liegt dann keine Inflation vor. Derartige Qualitätsverbesserungen werden jedoch nur bei Gütern mit technischem Fortschritt im Preisindex angemessen berücksichtigt.

5.3 Auswirkungen einer Inflation

(1) Problem der Geldillusion

Unter **Geldillusion** versteht man die Unfähigkeit der Wirtschaftssubjekte, zwischen dem **nominalen** Wert und dem **realen** Wert des Geldes zu unterscheiden.

Im Allgemeinen neigt man dazu, den Wert des Geldes nominal zu bewerten. Dieses ist besonders verheerend in Zeiten hoher Inflation,[1] wo der nominale Wert des Geldes durch die Inflation aufgebläht wird. Dies führt dazu, dass man beispielsweise heutige Rentenansprüche oder Geldvermögen für die **Zukunft** in seiner Vorstellung **viel zu hoch** bewertet.

Beispiele:

- Eine 22-jährige Kundin schließt bei einer Bank bzw. Sparkasse einen Riester-Vertrag für die private Altersvorsorge ab, aus dem ihr ab dem 67. Lebensjahr voraussichtlich 500,00 € Rente monatlich zufließen werden. Unterstellt man eine Inflationsrate von 2 % für den Zeitraum von 45 Jahren, so berechnet sich die Kaufkraft dieser Rente wie folgt: $500 : 1{,}02^{45} = 205{,}10$ €. Der Kundin bleibt also eine Kaufkraft von weniger als der Hälfte des Nominalbetrages.

- Berücksichtigt man noch die Versteuerung dieser Rente mit einem Steuersatz von z.B. nur 20 %, so bleiben ihr netto 400,00 € und die Kaufkraft dieser Rente fällt noch geringer aus, und zwar: $400 : 1{,}02^{45} = 164{,}08$ €. Somit steht ihr weniger als ein Drittel des Nominalwertes der Rente zur Verfügung.
- Bei einer Inflation von durchschnittlich 4 % hat ein Geldbetrag von 10 000,00 € heute in 20 Jahren nur noch einen realen Wert von 4 500,00 €.

1 **Inflation:** wörtlich „das Sichaufblähen"; Geldentwertung durch Erhöhung des Preisniveaus.

(2) Berechnung des Nettolohns

Was der Arbeitnehmer am Monatsende ausbezahlt erhält, nennt man **Nettolohn.** Dieser Nettolohn entspricht längst nicht dem, was der Arbeitgeber für die Arbeitskraft aufzuwenden hat. Zu berücksichtigen ist nämlich, dass der Arbeitgeber i.d.R. die Hälfte der Sozialversicherungsbeiträge zu tragen hat. Zieht man von dem Betrag, den der Arbeitgeber insgesamt für den Arbeitnehmer aufzuwenden hat, den Arbeitgeberanteil ab, erhält man den **Bruttolohn.** Dieser erscheint auf der Lohnabrechnung des Arbeitnehmers. Vom Bruttolohn werden die Sozialversicherungsbeiträge (der sog. Arbeitnehmeranteil) und die Lohn- und Kirchensteuer abgezogen.

Beispiel:[1]

Vom Arbeitgeber aufzubringender Betrag (tatsächliche Lohnkosten)	4000,00 €
– Arbeitgeberanteil an der Sozialversicherung ca.	850,00 €
– sonstige Personalnebenkosten (z.B. 13. Monatsgehalt, Urlaubsgeld, Entgeltfortzahlung im Krankheitsfall)	750,00 €
= **Bruttolohn**	2600,00 €
– Arbeitnehmeranteil an der Sozialversicherung ca.	850,00 €
– Lohnsteuer, Solidaritätszuschlag und ggf. Kirchensteuer	240,00 €
= **Nettolohn**	**1510,00 €**

(3) Nominallohn und Reallohn

Der in der Lohn- und Gehaltsabrechnung genannte Nettolohn ist der **Nominallohn.**[2] Setzt man den Nominallohn im Verhältnis zum Preisniveau, erhält man den **Reallohn.**[3] Der Reallohn ist der Lohn, der der tatsächlichen Kaufkraft entspricht, d.h. der Gütermenge, die mit dem Lohn gekauft werden kann.

Beispiel:

Der **Nominallohn** sagt nichts darüber aus, wie viel sich ein Arbeitnehmer dafür kaufen kann.

- Steigen die Nominallöhne **stärker** als die Preise, nimmt der Lebensstandard zu.

  Der **Reallohn** ist **gestiegen.**

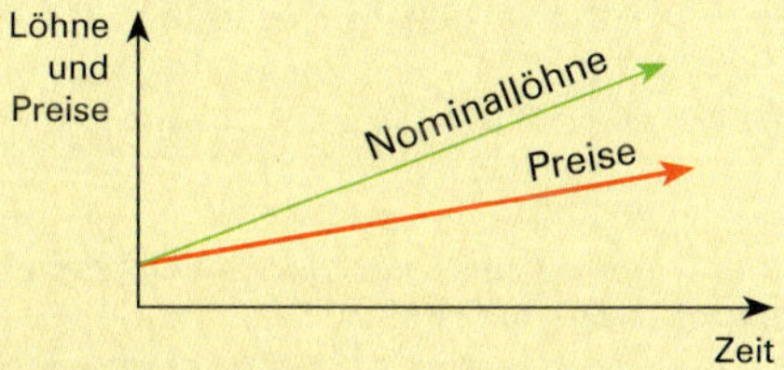

- Steigen die Nominallöhne **schwächer** als die Preise, nimmt der Lebensstandard ab.

  Der **Reallohn** ist **gesunken.**

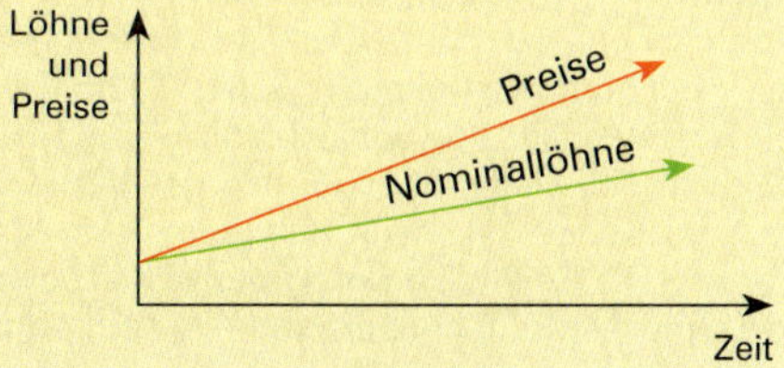

1 Die Zahlen sind gerundet und beziehen sich auf einen ledigen Arbeitnehmer unter 23 Jahren.

2 **„Nominal"** kommt von „nominell", d.h. dem Namen nach, dem Nennwert nach.

3 **Real**: wirklich.

- Steigen die Nominallöhne **genauso** stark wie die Preise, bleibt der Lebensstandard gleich.

  Der **Reallohn** ist **konstant geblieben.**

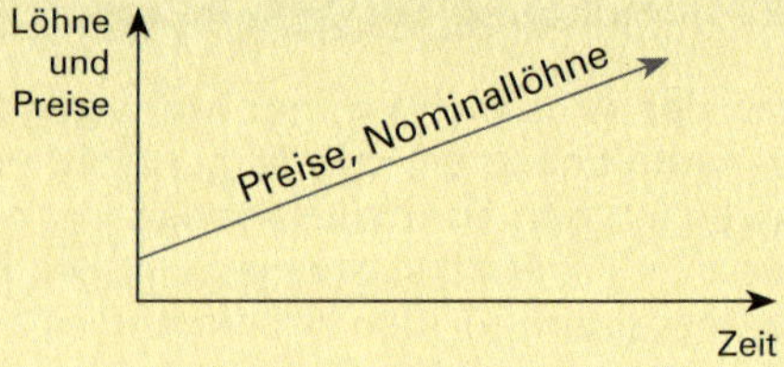

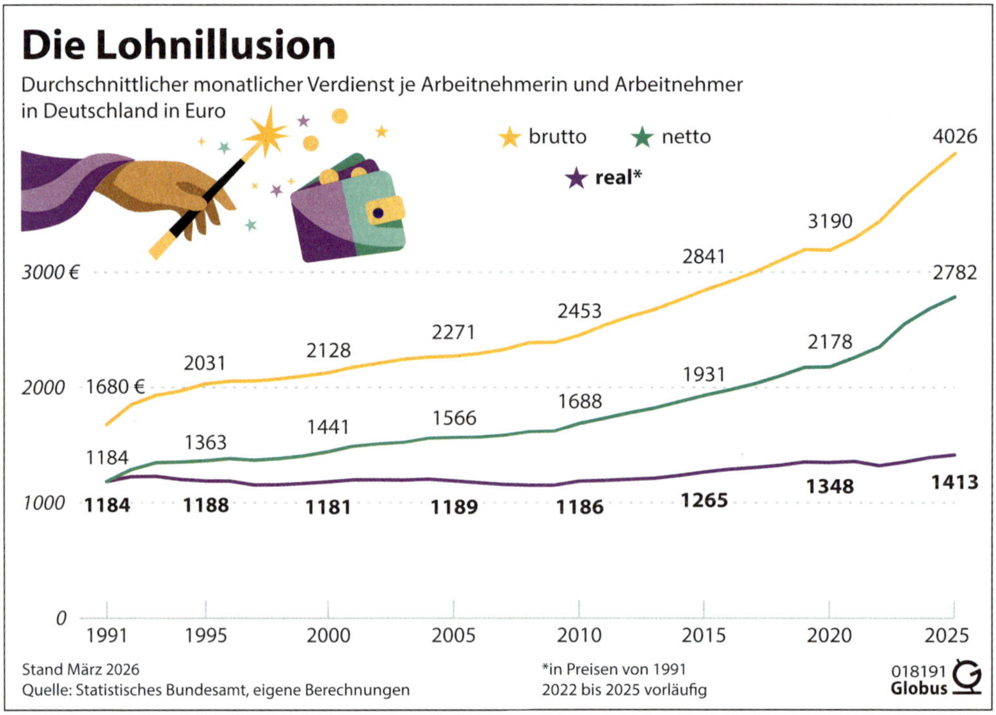

Die Einkommensentwicklung der letzten 35 Jahre in Deutschland sieht auf den ersten Blick weitgehend positiv aus. Der durchschnittliche Bruttomonatsverdienst je Arbeitnehmerin und Arbeitnehmer stieg von 1 680,00 € im Jahr 1991 auf 4 026,00 € im Jahr 2025 – ein Plus von rund 140 %. Und auch netto – also nach Abzug von Steuern und Sozialabgaben – gab es über die Jahre einen ordentlichen Zuwachs: Plus 135 % (von 1 184 auf 2 782,00 €) lautet das Ergebnis im Vergleich zu 1991. Berücksichtigt man allerdings die Geldentwertung durch den Anstieg der Verbraucherpreise, dann schrumpft dieser Zuwachs deutlich – und zwar auf rund 19 %. Denn seit 1991 sind die Verbraucherpreise in Deutschland um 96,9 % gestiegen. Berücksichtigt man diese Entwicklung, dann ist die Kaufkraft der Nettomonatsverdienste im Jahr 2025 nur um 229,00 € höher als im Jahr 1991. Mit anderen Worten: Die Realeinkommen der Arbeitnehmerinnen und Arbeitnehmer sind von 1991 bis 2025 nur im Schneckentempo gestiegen – Arbeitnehmende von heute können sich gerade einmal für 229,00 € (in der Kaufkraft von 1991) mehr leisten als vor 35 Jahren.

Der **Nominallohn** sagt nichts darüber aus, wie viel sich ein Arbeitnehmer dafür kaufen kann.

- Steigt der Nominallohn schneller als das Preisniveau, nimmt der Lebensstandard zu. Der Reallohn ist gestiegen.
- Steigen Preise und Nettolohn in gleichem Maße, hat sich der Reallohn nicht verändert.
- Steigen die Nominallöhne schwächer als die Preise, nimmt der Reallohn ab.

(4) Auswirkungen von Reallohnveränderungen

- **Schuldner werden begünstigt,** weil der reale Wert der Kreditaufnahme im Laufe der Zeit sinkt. Dies gilt insbesondere dann, wenn die Inflationsrate höher als der Kreditzinssatz ist. Umgekehrt werden die Gläubiger (Sparer) geschädigt.
- **Eigentümer von Sachvermögen** (u.U. auch Besitzer von Grundstücken, Unternehmen usw.) **können** im Gegensatz zu den Geldbesitzern **ihr Vermögen erhalten.** Geht man davon aus, dass die Arbeitnehmer i.d.R. ihre Ersparnisse auf Sparbüchern oder in festverzinslichen Wertpapieren anlegen, während die Selbstständigen und die Unternehmen ihr Vermögen in Sachwerten investiert haben, verschiebt sich die Vermögensverteilung zugunsten der Selbstständigen und der Unternehmen. **Soziale Ungleichheit wird also durch die Inflation vergrößert.**
- Inflation löst **„Flucht in die Sachwerte"** aus. Die Angst vor weiterer Geldentwertung führt in der Anfangsphase der Inflation zu steigender Nachfrage, was wiederum die Inflation anheizt („Inflationsmentalität").
- Soziale Gruppen, die nicht von starken **Interessenverbänden** (z.B. Gewerkschaften) vertreten werden, hinken mit ihren Einkommen hinter der allgemeinen Preis- und Lohnentwicklung her.

Kompetenztraining

27 1. Der Verbraucherpreisindex eines Landes entwickelte sich wie folgt:

Jahr	00	01	02	03	04
Preisindex	100	105,1	110,8	117,9	125,7

Aufgaben:

1.1 Analysieren Sie diese Daten und beschreiben Sie, wie sie gewonnen werden!

1.2 Erläutern Sie, warum man aus dem Preisindex allein keine Aussage über die Entwicklung des Lebensstandards machen kann!

2. Professor Theo Rettisch lehrt Volkswirtschaftslehre und ist immer bemüht, die wissenschaftlichen Theorien auch praktisch umzusetzen. Seine Tochter Leonie, die zurzeit noch eine Ausbildung zur Immobilienkauffrau absolviert, ist ebenfalls an ökonomischen Fragen sehr interessiert. Damit die jährlichen Verhandlungen zwischen Vater und Tochter bezüglich der Taschengelderhöhung etwas problemloser verlaufen, haben beide Folgendes vereinbart:

Leonie erhält eine Erhöhung ihres Taschengeldes in der Höhe der gestiegenen Preise der Güter und Dienstleistungen in ihrem „Warenkorb", d. h. der Güter und Dienstleistungen, die sie monatlich konsumiert. Sie erhält diese Erhöhung jedoch nicht automatisch, sondern sie muss jedes Jahr „berichten", um wie viel Prozent ihre Ausgaben gestiegen sind. Dabei bedient sie sich folgenden Schemas:

„Waren-korb" von Leonie	Preis je Einheit im Basisjahr p_0	Menge im Basisjahr Q_0	Wert im Basisjahr $p_0 \cdot Q_0$	Preis je Einheit im Berichts-jahr 1 p_1	Wert im Berichts-jahr 1 $p_1 \cdot Q_0$	Preis je Einheit im Berichts-jahr 2 p_2	Wert im Berichts-jahr 2 $p_2 \cdot Q_0$
Zeitschriften	7,50	2		8,00		8,20	
Schokolade	1,00	20		1,10		1,20	
Handy	1,50	30		1,40		1,60	
Kosmetik	1,00	30		1,10		1,20	
Kino	6,00	2		6,00		6,50	
Wert des „Warenkorbs"							

Verbraucherpreisindex	100		
Preissteigerung/Taschengelderhöhung	–		

Quelle: In Anlehnung an: Geld & Geldpolitik, Deutsche Bundesbank, Frankfurt am Main 2006.

Formel zur Berechnung des Verbraucherpreisindexes: $\frac{\Sigma p_n \cdot Q_0}{\Sigma p_0 \cdot Q_0} \cdot 100$

n = jeweiliges Berichtsjahr

Aufgaben:

2.1 Übertragen Sie die vorangestellten Tabellen in Ihr Hausheft und ermitteln Sie den Wert des „Warenkorbs" von Leonie und somit die Höhe des Taschengeldes im Basisjahr!

2.2 Angenommen, die Mengen in Leonies „Warenkorb" verändern sich nicht, d. h., dass Leonie in den beiden Berichtsjahren die gleiche Menge der Güter und Dienstleistungen konsumiert wie im Basisjahr. Ermitteln Sie den Wert des „Warenkorbs" für Leonies Berichtsjahre 1 und 2!

2.3 Ermitteln Sie den Verbraucherpreisindex für das Berichtsjahr 1!

2.4 Berechnen Sie die Preissteigerung bzw. Taschengelderhöhung für das Berichtsjahr 1 gegenüber dem Basisjahr!

2.5 Ermitteln Sie den Verbraucherpreisindex im Berichtsjahr 2!

2.6 Berechnen Sie die Preissteigerung bzw. Taschengelderhöhung für das Berichtsjahr 2 gegenüber dem Berichtsjahr 1!

28 1. Übertragen Sie die nachfolgende Tabelle in Ihr Hausheft und berechnen Sie die fehlenden Größen:

Veränderungsrate des Preisniveaus (Preissteigerungs- bzw. -senkungsrate)	+4 %		+7 %	−1 %	
Kaufkraftzu- bzw. -abnahme		−5 %			+2 %

2. Geben Sie die Bedingungen an, unter denen die Reallöhne
   2.1 steigen,
   2.2 gleichbleiben oder
   2.3 sinken!

3. Erläutern Sie, warum es falsch ist, den Bruttolohn zur Berechnung der Reallohnentwicklung heranzuziehen!

4. Der vom Statistischen Amt eines Landes ermittelte Preisindex für die Lebenshaltung ist in den Jahren 02, 08, 12 und 20 jeweils auf eine neue Basis (= 100) gestellt worden.

   Vom Jahr 20 bis April 26 stieg der Preisindex für die Lebenshaltung auf 140,6.

   Aufgaben:

   4.1 Erläutern Sie, welche in der Zeit vom Jahr 00 bis 20 eingetretenen Veränderungen das Statistische Amt veranlasst haben können, den dem Index zugrunde liegenden Warenkorb mehrfach neu aufzustellen!

   4.2 Erläutern Sie, in welchem Verhältnis das durch Preisindizes gemessene Preisniveau zum Geldwert steht!

   4.3 Berechnen Sie in Prozenten die Geldwertänderung (Kaufkraftverlust), die vom Basisjahr 20 bis April 26 eingetreten ist!

5. Der Preisindex eines Währungsgebiets entwickelte sich wie folgt:

Jahre	00	01	02	03	04	05	06
Preisindex	92	97	99	100	97,5	101	105

   Aufgaben:

   Berechnen Sie

   5.1 die jährlichen Preisveränderungsraten,
   5.2 die jährliche Kaufkraftveränderung und
   5.3 den Kaufkraftverlust in den Jahren 00 bis 06!

6 Aufbau und Aufgaben des Europäischen Systems der Zentralbanken erläutern

Lernsituation 6:

Lesen Sie nachfolgenden Artikel!

Geldpolitik und Märkte – ein Überblick

Das wichtigste Ziel der EZB besteht darin, die Preise stabil zu halten. Wir arbeiten für die Menschen im Euroraum und sorgen dafür, dass der Wert des Euro erhalten bleibt.

Außerdem behalten wir die Finanzmärkte im Blick. So erhalten wir Informationen, die wir für unsere Hauptaufgabe benötigen: die Gewährleistung stabiler Preise. Dies trägt zum Wirtschaftswachstum bei.

Unsere Aufgabe ist, stabile Preise zu gewährleisten. Das ist der beste Beitrag, den die Geldpolitik zum Wirtschaftswachstum und zur Schaffung von Arbeitsplätzen leisten kann.

Stabile Preise sind gut für die Wirtschaft

Uns allen ist wichtig, was die Dinge kosten, die wir kaufen. Vor allem, wenn sich die Preise stark oder auf unvorhersehbare Weise ändern. Unsere Wirtschaft funktioniert am besten, wenn die Preise insgesamt stabil sind. Bei Preisstabilität behält unser Geld seinen Wert. So können Privatpersonen und Unternehmen besser planen, wie viel sie sparen oder investieren möchten. Das fördert das Wirtschaftswachstum, wodurch wiederum Arbeitsplätze geschaffen werden und es den Menschen ökonomisch gut geht.

Wir halten die Preise stabil, indem wir dafür sorgen, dass die Inflation – also die Rate, mit der sich die Preise für Waren und Dienstleistungen mit der Zeit insgesamt verändern – niedrig, stabil und berechenbar bleibt.

Mittelfristig streben wir eine Inflationsrate von 2 % an.

Quelle: www.ecb.europa.eu (Europäische Zentralbank).

Wir verstehen dieses Ziel als ein symmetrisches Ziel. Das heißt, unserer Auffassung nach ist eine zu niedrige Inflationsrate genauso negativ wie eine zu hohe Inflationsrate.

Geldpolitische Instrumente

Damit wir die Preise stabil halten können, brauchen wir die richtigen Instrumente. Unsere Zinssätze sind eines von mehreren Instrumenten, die wir für unsere Geldpolitik nutzen.

Man kann sich das Ganze als eine Art Werkzeugkasten vorstellen. Die darin enthaltenen Werkzeuge können einzeln eingesetzt oder aber miteinander kombiniert werden, um die Inflation zu steuern. In den letzten Jahren haben wir neue Instrumente in unseren Werkzeugkasten aufgenommen. Damit haben wir auf große Veränderungen in der Wirtschaft reagiert, die unsere Aufgabe, Preisstabilität zu gewährleisten, erschwert haben.

Quelle: https://www.ecb.europa.eu/mopo/html/index.de.html und https://www.ecb.europa.eu/ecb/orga/tasks/monpol/html/index.de.html [Zugriff am 01.05.2025].

Kompetenzorientierte Arbeitsaufträge:

1. Notieren Sie zunächst die Begriffe, deren Verständnis Ihnen Probleme bereitet. Recherchieren Sie – eventuell unter Zuhilfenahme des Internets – anschließend die Bedeutung dieser Begriffe und halten Sie die Ergebnisse schriftlich fest!

2. Beschreiben Sie den Zusammenhang von Geldmenge und Inflation!
3. Erläutern Sie, was die EZB unter Preisniveaustabilität versteht!
4. Erklären Sie die EZB als Institution und beschreiben Sie deren Funktionen! Grenzen Sie dabei auch die Begriffe EZB und ESZB voneinander ab!
5. Beschreiben und beurteilen Sie anhand eines konkreten Beispiels den situativen Einsatz eines geldpolitischen Instruments in Abhängigkeit der Wirtschaftslage!

6.1 Europäische Wirtschafts- und Währungsunion (WWU)

Die Schaffung der Wirtschafts- und Währungsunion (WWU)[1] wurde 1991 von den Staats- und Regierungschefs der EU-Länder in **Maastricht** beschlossen. Der Maastricht-Vertrag trat 1992 in Kraft.

Die **Wirtschafts- und Währungsunion** wurde in mehreren Stufen verwirklicht:

- Zum 1. Januar 1994 wurde das **Europäische Währungsinstitut (EWI)** in Frankfurt a. M. errichtet. Es hatte die Aufgabe, die Strukturen der Europäischen Zentralbank (EZB) vorzubereiten.

- Anfang 1998 fiel die Entscheidung durch die Staats- und Regierungschefs der EU über die **Teilnahme der Länder von Beginn an.** Die Teilnehmer hätten nach dem Maastricht-Vertrag folgenden Kriterien (auch **„Maastricht-Kriterien"** oder **„Konvergenzkriterien"**[2] genannt) genügen sollen:

  - Preisanstieg **höchstens 1,5 Prozentpunkte** über dem Preisanstieg der drei stabilsten Länderwährungen.
  - Haushaltsdefizit **höchstens 3 %** der Wirtschaftsleistung.
  - Staatsverschuldung **nicht höher als 60 %** der Wirtschaftsleistung.
  - Langfristiger Zinssatz **höchstens 2 Prozentpunkte** über dem durchschnittlichen Zinssatz der drei preisstabilsten Länder.

- Das Gebiet der EU-Länder, die den Euro als Währung eingeführt haben, bezeichnet man als **Eurozone.** Die Eurozone umfasst darüber hinaus auch drei Staaten mit sogenannten Währungsvereinbarungen mit den EU-Mitgliedern. Hierzu zählen: Monaco, San Marino und der Vatikan. **Zusätzlich** wird der Euro in folgenden Ländern als **gültiges Zahlungsmittel** akzeptiert, obwohl dort formal eine andere Währung gilt: Andorra, Kosovo und Montenegro.

  Die nicht teilnehmenden EU-Länder werden als **„Outs"**[3] bezeichnet. Zwischen den Euro-Ländern und den Outs bleibt das Europäische Währungssystem, das als **W**echsel**k**urs**m**echanismus II (WKM II) bezeichnet wird, erhalten.

1 WWU-Länder: Mitgliedsländer des Euro-Währungsraums („Eurolands"). Die Europäische Währungsunion wird auch mit EWWU oder EWU abgekürzt.

2 **Konvergenz**: Annäherung.

3 **Outs** (engl.): draußen Gebliebene, Außenstehende.

- Anfang 1999 begann eine weitere Stufe der WWU mit der **Einführung der europäischen Währung in „non-cash-form“.**[1] Das bedeutete, dass das ehemalige Bargeld in den Teilnehmerländern zunächst noch erhalten blieb.
- Am 1. Januar 2002 wurden die **Banknoten und Münzen der Euro-Währung eingeführt.** Damit verloren die nationalen Noten und Münzen in den WWU-Ländern ihre Gültigkeit.

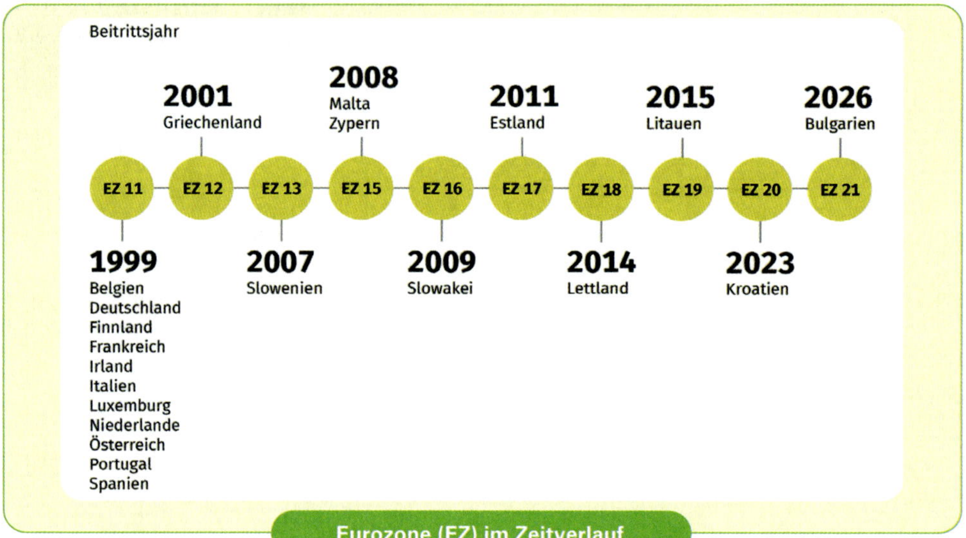

Eurozone (EZ) im Zeitverlauf

Quelle: https://www.destatis.de/Europa/DE/Staat/EU-Staaten/_EU_EZ_Zeitverlauf.html?nn=217324 [Statistisches Bundesamt, 13.04.2026].

6.2 Europäische Zentralbank (EZB)

Im **Juni 1998** wurde die **Europäische Zentralbank (EZB)** errichtet, die ihre Aufgaben seit dem 1. Januar 1999 wahrnimmt. Die EZB ist verantwortlich für die **Geldpolitik (Steuerung der Geldmenge und der Zinssätze)** in den Mitgliedstaaten der Europäischen **W**irtschafts- und **W**ährungs**u**nion **(WWU).** Die Organe der EZB sind das Direktorium, der EZB-Rat und der Erweiterte EZB-Rat.

Damit die EZB ihre Aufgaben erfüllen kann, ist sie mit einer **dreifach gesicherten Unabhängigkeit** (Autonomie) ausgestattet:

- Sie ist **institutionell unabhängig.** Weder die EZB noch eine nationale Zentralbank noch ein Mitglied ihrer Beschlussorgane darf Weisungen von EU-Organen oder von den Regierungen der Mitgliedstaaten einholen oder entgegennehmen.
- Sie ist **personell unabhängig.** Der Präsident und die übrigen geschäftsführenden Direktoren der EZB werden von den Regierungen, vertreten durch die Staats-bzw. Regierungschefs der Mitgliedstaaten, für i.d.R. acht Jahre gewählt. Eine Amtsenthebung kann nur durch den Europäischen Gerichtshof erfolgen. Die im EZB-Rat vertretenen Präsidenten der nationalen Zentralbanken werden für eine Amtszeit von mindestens fünf Jahren berufen.
- Sie ist **operativ unabhängig.** Die EZB entscheidet autonom über ihre geldpolitischen Maßnahmen.

1 **Non-cash-form:** unbare (nicht bare) Form.

Direktorium	Das Direktorium (siehe unten stehendes Bild) besteht aus dem Präsidenten, dem Vizepräsidenten und vier weiteren Mitgliedern. Dem Direktorium obliegt die Geschäftsführung, d. h., ■ es führt die vom EZB-Rat beschlossene Geldpolitik aus, ■ verwaltet die Währungsreserven der Mitgliedstaaten, ■ führt Devisengeschäfte[1] (Geschäfte in Fremdwährung) durch und ■ sorgt für funktionierende Zahlungssysteme.  Quelle: EZB (https://www.ecb.europa.eu/ecb/orga/decisions/eb/html/index.de.html)
EZB-Rat	Der Europäische Zentralbankrat (EZB-Rat) setzt sich aus dem **Direktorium** und den Präsidenten der **nationalen Notenbanken** der WWU-Mitgliedstaaten zusammen. Der EZB-Rat trifft mit einfacher Stimmenmehrheit die geldpolitischen Entscheidungen und erlässt Weisungen und Leitlinien für die Zentralbanken der Teilnehmer.
Erweiterter EZB-Rat	Dem Erweiterten EZB-Rat gehören der **EZB-Rat** und die **Zentralbank-Präsidenten** der Staaten der Europäischen Union (EU) an, die (noch) nicht Mitglieder der WWU sind.

6.3 Europäisches System der Zentralbanken (ESZB)

(1) Begriffe ESZB und Eurosystem

Das **E**uropäische **S**ystem der **Z**entral**b**anken **(ESZB)** besteht aus der **Europäischen Zentralbank** und den **nationalen Zentralbanken der Mitgliedstaaten der Europäischen Union.** Vorrangiges Ziel des ESZB ist die Preisniveaustabilität [Art. 105 EGV]. Ebenso wie die EZB im Einzelnen, ist das ESZB im Ganzen von Weisungen politischer Instanzen unabhängig.

1 **Devisen** (lat., frz.): Zahlungsmittel in Fremdwährung.

Das **Eurosystem** setzt sich aus der EZB und den EU-Ländern zusammen, die bereits den Euro eingeführt haben.

Öffentliche Haushalte dürfen vom **ESZB nicht finanziert** werden. Das ESZB **unterstützt** die **allgemeine Wirtschaftspolitik** der Mitgliedsländer, aber nur, soweit dies **ohne Beeinträchtigung der Preisniveaustabilität möglich** ist.

(2) Stabilitätsziel

Nach der Definition der EZB liegt Preisstabilität vor, wenn der Anstieg des **h**armonisierten **V**erbraucher**p**reis**i**ndex[1] **(HVPI)** der WWU im **Durchschnitt mehrerer Jahre nahe 2 %** gegenüber dem Vorjahr beträgt.

Zur Preisstabilität gehört aber auch die **Vermeidung** einer **Deflation.** Deswegen wird von der EZB eine Inflationsrate (Preissteigerungsrate) von jährlich **weniger als 1 %** als **problematisch** angesehen.

(3) Zwei-Säulen-Strategie[2]

Um mögliche Gefahren für die Preisstabilität rechtzeitig feststellen und die notwendigen Maßnahmen zur Abwehr ergreifen zu können, untersucht der EZB-Rat regelmäßig die wirtschaftliche Lage von zwei Seiten her.

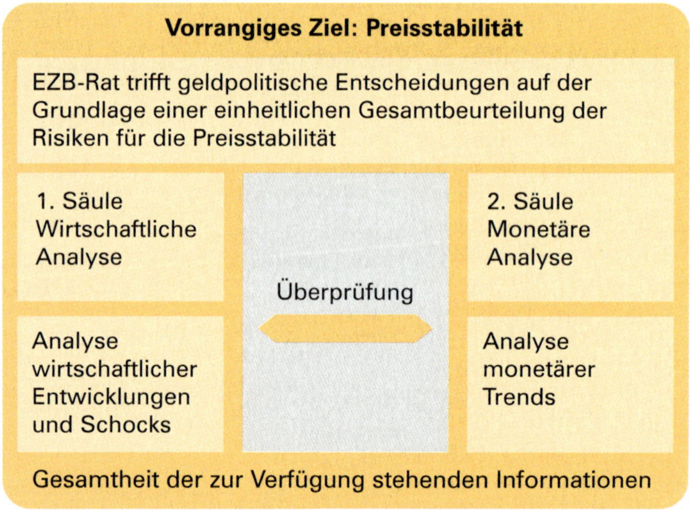

Quelle: Deutsche Bundesbank (Hrsg.): Geld und Geldpolitik, Frankfurt a. M. 2019.

An erster Stelle steht eine breit angelegte **wirtschaftliche Analyse** zur Ermittlung der kurz- und mittelfristigen Risiken für die Preisstabilität. Die sich daraus ergebenden Inflationsanzeichen werden in einem zweiten Schritt anhand der **monetären Analyse** aus mittel- und langfristiger Perspektive ermittelt. Ein wichtiger Bestandteil dieser Analyse ist die Bewertung der Geldmengenentwicklung. Richtschnur zur längerfristigen Beurteilung des Geldmengenwachstums

1 **Index** (lat.): Anzeiger. Indices: Mehrzahl von Index. „Harmonisierter" Preisindex deswegen, weil die statistischen Methoden zur Ermittlung der Preisveränderungsraten u. a. in den Mitgliedsländern der WWU aufeinander abgestimmt sind.

2 **Strategie** (gr.-lat.): genauer Plan des eigenen Vorgehens, um ein militärisches, politisches, wirtschaftliches oder ein anderes Ziel zu erreichen, indem man diejenigen Faktoren, die in die eigene Aktion hineinspielen könnten, von vornherein einzukalkulieren versucht. Wenn von strategischen Zielen die Rede ist, sind meistens langfristig zu erreichende Ziele gemeint.

ist der sogenannte Referenzwert,[1] der in längeren Zeitabständen von der EZB überprüft wird. Der Referenzwert wird in Prozent der Geldmenge M3 ausgedrückt.

Beispiel:

Erwartet die EZB ein jährliches reales Wirtschaftswachstum von 3 % und eine jährliche Preissteigerungsrate (Inflationsrate) von 1,5 %, legt der EZB-Rat einen Referenzwert von 4,5 % für das jährliche Wachstum der Geldmenge M3 fest.

6.4 Deutsche Bundesbank

Die währungspolitischen Entscheidungen des EZB-Rats werden i. d. R. **dezentral** durch die **nationalen Zentralbanken** – in der Bundesrepublik Deutschland durch die Deutsche Bundesbank – verwirklicht. Nur wenn der EZB-Rat Ermessensspielräume zulässt, hat eine nationale Zentralbank, wie z. B. die Deutsche Bundesbank, gestalterische Möglichkeiten der Umsetzung.

- Die **Deutsche Bundesbank** ist wie die übrigen nationalen Zentralbanken der EU **integraler Bestandteil**[2] **des ESZB.** Sie wirkt an der **Erfüllung seiner Aufgaben** mit dem vorrangigen Ziel mit, die Preisniveaustabilität zu gewährleisten.
- Sie **verwaltet** die **Währungsreserven der Bundesrepublik Deutschland,** sorgt für die **bankmäßige Abwicklung des Zahlungsverkehrs** im Inland und mit dem Ausland und trägt zur **Stabilität der Zahlungs- und Verrechnungssysteme** bei [§ 3 BBankG].

6.5 Hauptrefinanzierungsgeschäft als geldpolitische Maßnahme der EZB

Mithilfe der **Geldpolitik** kann die Europäische Zentralbank die **Entwicklung des Preisniveaus** und den **Verlauf der Konjunktur** beeinflussen.

Der Europäischen Zentralbank stehen verschiedene geldpolitische Instrumente (Maßnahmen) zur Verfügung, um die Geldmenge und damit den Geldwert und die Konjunktur im Euro-Währungsgebiet zu beeinflussen. Im Folgenden wird das Hauptrefinanzierungsgeschäft als wohl wichtigstes Instrument der Geldpolitik dargestellt.

(1) Grundlegendes zum Hauptrefinanzierungsgeschäft

- Gegenstand des **Hauptrefinanzierungsgeschäfts** ist, dass Geschäftsbanken zentralbankfähige Sicherheiten der Zentralbank verpfänden bzw. verkaufen und gegen eine Zinszahlung in Geld umtauschen.
- Die EZB kann über die Höhe des verlangten Zinssatzes die **Höhe der Zinsen,** die die Geschäftsbanken von ihren Kunden verlangen, **indirekt beeinflussen.**
- **Ziel** des Hauptrefinanzierungsgeschäfts ist, das **Bankensystem mit Geld (Liquidität)** zu versorgen.

1 **Referenz** (frz. référence, engl. reference): Empfehlung, Referenzwert: empfohlener Wert.

2 **Integraler Bestandteil:** vollständig eingegliederter Bestandteil.

Der von der EZB festgelegte Zinssatz für die Hauptrefinanzierung **(Refi-Satz)** ist der entscheidende Leitzins in der WWU. Von **Leitzins** spricht man deshalb, weil sich nach ihm alle übrigen Zinssätzen richten. Die Laufzeit der Hauptrefinanzierungsgeschäfte beträgt eine Woche. Diese kurze Laufzeit sowie der nur einmal in der Woche festgelegte Termin führen dazu, dass die EZB über das Hauptrefinanzierungsgeschäft sehr schnell in die Geldpolitik eingreifen kann.

(2) Abwicklung des Hauptrefinanzierungsgeschäfts

Die rechtliche Ausgestaltung des Hauptrefinanzierungsgeschäfts kann

- in einem **Kredit** gegen Verpfändung von refinanzierungsfähigen Sicherheiten (Geschäftspartner verpfändet im Sicherheitenpool sich befindende Werte) oder
- in einem **Pensionsgeschäft** (Ankauf von refinanzierungsfähigen Sicherheiten durch das Eurosystem, das auch Eigentümer der übertragenen Sicherheiten wird) bestehen.

Pensionsgeschäfte

Pensionsgeschäfte sind **Geschäfte auf Zeit**, weil den Kreditinstituten nur für eine im Voraus feststehende Zeit Zentralbankgeld (Sichtguthaben oder Bargeld) zur Verfügung gestellt wird.

Von Pensionsgeschäften spricht man deshalb, weil das Eurosystem **Wertpapiere** mit der Maßgabe **kauft,** dass die **Kreditinstitute** die Papiere nach Ablauf einer bestimmten Zeit (z. B. nach 28 Tagen) wieder **zurückkaufen.** Die Papiere werden von den Kreditinstituten beim Eurosystem sozusagen „in Pension" gegeben.

Ein Pensionsgeschäft vollzieht sich wie folgt:

Die Kreditinstitute verkaufen Wertpapiere an das Eurosystem. Da die Pensionsgeschäfte i. d. R. von den nationalen Zentralbanken durchgeführt werden, verkaufen z. B. die deutschen Kreditinstitute Wertpapiere an die Deutsche Bundesbank gegen Gutschrift auf dem Konto der Hauptverwaltung mit der Verpflichtung, diese Papiere zu einem späteren festgelegten Zeitpunkt wieder zurückzukaufen. Die Verzinsung besteht darin, dass das Eurosystem den Rückkaufbetrag höher festlegt als den Ankaufbetrag.

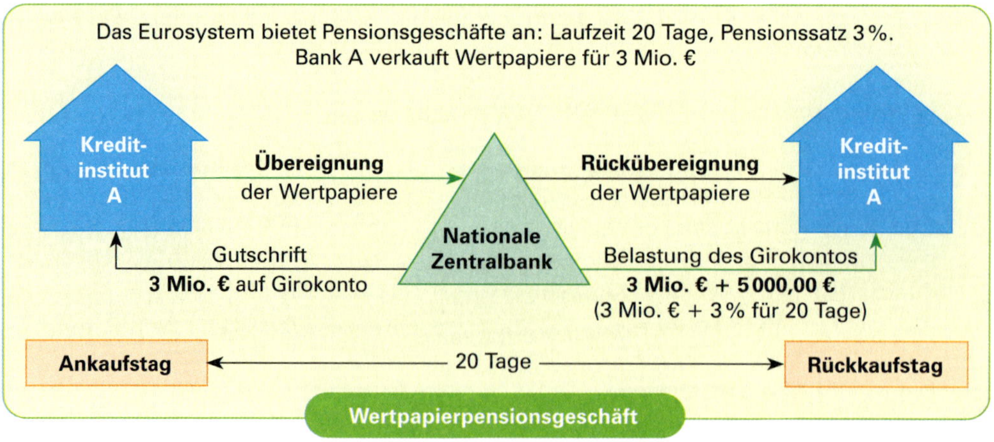

Wertpapierpensionsgeschäft

Verpfändung refinanzierungsfähiger Sicherheiten

In diesem Fall hinterlegen die Kreditinstitute bei einer nationalen Zentralbank **Sicherheiten** (Pfänder), die von dieser **befristet beliehen** werden können.

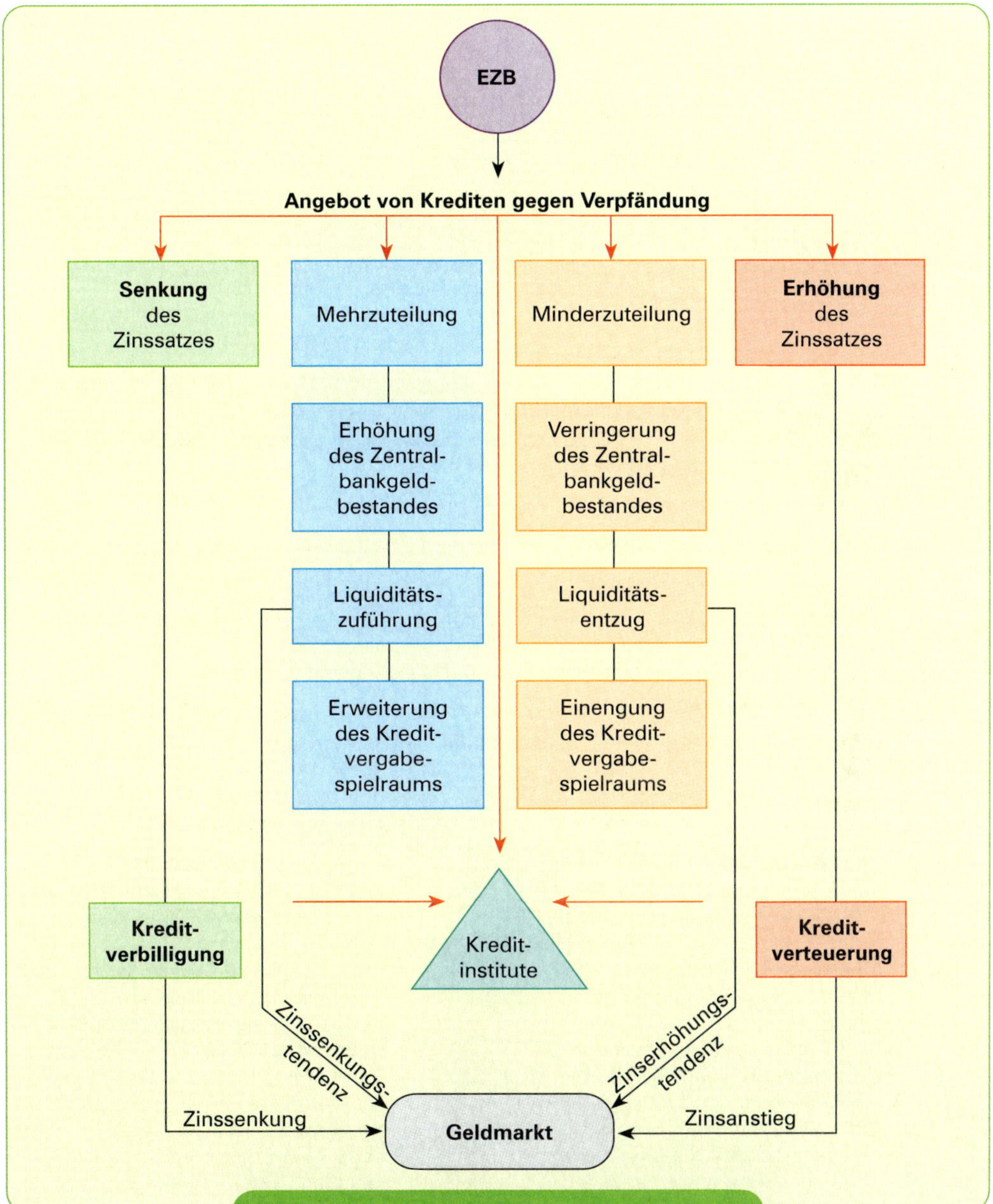

Wirkungen von Hauptrefinanzierungsoperationen

Kompetenztraining

29

1. Die Unabhängigkeit der EZB ist im Artikel 130 des Vertrages über die Arbeitsweise der EU wie folgt festgelegt:

   Art. 130 AEU-Vertrag

   Bei der Wahrnehmung der ihnen [...] übertragenen Befugnisse, Aufgaben und Pflichten darf weder die Europäische Zentralbank noch eine nationale Zentralbank noch ein Mitglied ihrer Beschlussorgane Weisungen von Organen, Einrichtungen oder sonstigen Stellen der Union, Regierungen der Mitgliedstaaten oder anderen Stellen einholen oder entgegennehmen. Die Organe, Einrichtungen oder sonstigen Stellen der Union sowie die Regierungen der Mitgliedstaaten verpflichten sich, diesen Grundsatz zu beachten und nicht zu versuchen, die Mitglieder der Beschlussorgane der Europäischen Zentralbank oder der nationalen Zentralbanken bei der Wahrnehmung ihrer Aufgaben zu beeinflussen.

   Aufgaben:

   1.1 Erläutern Sie kurz, warum die Unabhängigkeit der EZB eine wichtige Voraussetzung für die erfolgreiche Arbeit der Notenbank ist!

   1.2 Erläutern Sie, warum der Ankauf von Staatsanleihen kriselnder Euro-Staaten die Unabhängigkeit der EZB beeinträchtigen könnte!

2. Beschreiben Sie kurz die Aufgaben des Eurosystems!

3. Erläutern Sie, inwiefern der Erweiterte Rat der EZB eine Brückenfunktion erfüllt!

4. **Unterrichtsvorschlag: Referat**

   Untersuchen Sie, welche EU-Staaten bis dato noch nicht den Euro als offizielle Währung eingeführt haben. Gehen Sie in Ihrem Referat insbesondere auf die unterschiedlichen Ursachen ein, welche für die Nichteinführung des Euro genannt werden.

5. **Unterrichtsvorschlag: Vorbereitung einer Exkursion**

   Bereiten Sie einen Besuch des Geldmuseums der Deutschen Bundesbank vor!

30

1. Lesen Sie zunächst nachfolgende Geschichte!

   Es war einmal ein höchst ehrenwerter und seriöser englischer Gentleman, der seinen Sommerurlaub regelmäßig auf einer netten kleinen Insel im Ägäischen Meer verbrachte. Er war dort Stammgast und seine Kreditwürdigkeit war bei den Inselbewohnern über jeden Zweifel erhaben. Die Inselbewohner hatten keinerlei Einwände dagegen, dass er alles per Scheck bezahlte. Man hatte ja aufgrund der langjährigen Erfahrung die Gewissheit, dass diese Schecks stets gedeckt waren. Der Engländer war auf der Insel schließlich allen so wohlbekannt und genoss ein so großes Vertrauen, dass die Inselbewohner sich sogar untereinander mit diesen Schecks bezahlten. Wenn zum Beispiel der Restaurantbesitzer einen Teil seiner Zahlungen an den Lebensmittelhändler mit einem Scheck, den er für ein Essen erhalten hatte, leisten wollte, war das dem Lebensmittelhändler nur recht. Er konnte

dann mit dem Scheck seine Benzinrechnung begleichen, und auf diese Art und Weise zirkulierten die Schecks des Engländers auf der ganzen Insel. Das ging dann sogar so weit, dass sie nie die Londoner Bank des Engländers zur Einlösung erreichten.

Quelle: Maurice Levi, Ökonomie ohne Rätsel, Birkhäuser Verlag, Basel 1982.

Aufgabe:

Erläutern Sie, wer denn nun eigentlich die Ferien des Engländers bezahlt hat!

2. Verdeutlichen Sie am Beispiel des Kaufs bzw. Verkaufs von Wertpapieren
   2.1 durch eine Zentralbank die Wirkungsweise des Hauptrefinanzierungsgeschäfts in Form der Verpfändung refinanzierungsfähiger Sicherheiten!
   2.2 Stellen Sie dar, inwieweit das Hauptrefinanzierungsgeschäft eine Doppelwirkung hat!

7 Folgen der europäischen Integration und der Globalisierung beschreiben

Lernsituation 7:

Katharina, Christine, Marvin und Thorsten sind seit über einem Jahr Auszubildende zum Industriekaufmann/Industriekauffrau und haben sich seither öfter am Wochenende getroffen, um gemeinsam etwas zu unternehmen. An einem Berufsschultag in der zweiten Pause stehen alle vier auf dem Schulhof zusammen und überlegen, dass es mal wieder an der Zeit sei, sich für einen Abend zu verabreden. Marvin schlägt vor, sich am Samstag so gegen 20.00 Uhr in der Stadt zu treffen und erst einmal ins Kino zu gehen. Danach könne man ja ganz entspannt noch etwas Trinken und den Abend gemütlich ausklingen lassen. Während Christine und Thorsten den Vorschlag für eine gute Idee halten, winkt Katharina ab und sagt, dass sie leider schon etwas anderes für diesen Abend geplant habe und an einem Treffen von Globalisierungsgegnern teilnehmen möchte.

Christine scheint daraufhin ziemlich genervt und wirft Katharina vor, sich in letzter Zeit total merkwürdig zu verhalten. Erst habe sie ihr Smartphone eines weltweit führenden Herstellers verkauft, weil sie nicht länger ein Gerät benutzen möchte, zu dessen Herstellung angeblich Menschen in anderen Ländern ausgebeutet und die Umwelt dort verschmutzt würde. Dann hätte sie sich neulich in der Pizzeria total aufgeregt, nur weil Marvin sich eine Thunfischpizza bestellt hat-

te. Kurze Zeit später beim Shoppen in der Stadt, wäre sie nur durch ständiges Rumzicken aufgefallen, obwohl sie doch selbst jahrelang in diesen Läden ihre Klamotten gekauft hätte. Aber nein, unser „Gutmensch" Katharina geht ja jetzt in „Dritte-Welt-Läden" und trägt Baumwollklamotten aus angeblich fairem und nachhaltigem Anbau, provoziert Christine weiter. Und nun werde sie auch noch am Wochenende zur Spaßbremse, weil ihr neuerdings sinnloses Gerede bei Jasmintee und Kerzenschein mit diskussionsfreudigen „Weltverbesserern" wichtiger sei als ihre ehemals besten Freunde.

Katharina fühlt sich angegriffen, reagiert aber erstaunlich sachlich. Sie sagt, dass sie die ganze Aufregung und diese Vorwürfe durchaus verstehen könne und ihren Freunden wohl eine Erklärung schuldig sei. Dann schildert sie, dass sie vor ca. zwei Monaten mit ihrer älteren Schwester auf einer Veranstaltung von einer Organisation mit Namen Attac gewesen sei. Dort habe sie an jenem Abend einen Dokumentarfilm mit dem Titel „Eine unbequeme Wahrheit" gesehen, der sie total nachdenklich gemacht hätte. Im Wesentlichen drehe sich dieser Film mit dem ehemaligen US-Vizepräsidenten Al Gore um die globale Erderwärmung und die daraus resultierenden Folgen. Nach intensiver Beschäftigung mit diesem Thema und einigen weiteren Informationsveranstaltungen über die Folgen der Globalisierung habe sie halt für sich beschlossen, ihr persönliches Konsumverhalten möglichst konsequent zu verändern, um die Welt vielleicht doch ein ganz klein wenig besser zu machen. Es tue ihr total leid, wenn ihr manchmal so eine „oberlehrerhafte" Bemerkung wie in der Pizzeria rausrutschen würde, aber sie sei halt in bestimmten Situationen ziemlich traurig und auch wütend über das ihrer Meinung nach gedankenlose Verhalten vieler Mitmenschen. Zudem hätte sie damals vor dem Besuch der Pizzeria zufällig einen Bericht zur Überfischung der Weltmeere und der Bedrohung der Delfine wegen der Schleppnetzfischerei gelesen.

Jetzt mischt sich Thorsten in das Gespräch ein und sagt, dass er es ziemlich beeindruckend findet, dass Katharina für sich eine solch konsequente Verhaltensänderung an den Tag legt. Allerdings habe er kürzlich erst gehört, dass es Menschen gibt, die komplett gegen den internationalen Handel sind und fordern, diesen sogar abzuschaffen. In einer solchen Welt, sagt Thorsten, könne er sich aber überhaupt nicht vorstellen zu leben, da dann doch hierzulande so gut wie alles stillstehen würde. Außerdem bliebe ja von all dem, woran man sich so tagtäglich erfreut, so gut wie nichts mehr übrig.

Kompetenzorientierte Arbeitsaufträge:

1. Notieren Sie zunächst zehn Güter Ihres täglichen Lebens, die importiert sind! Im Anschluss daran notieren Sie bitte zehn Güter, von denen Sie mit absoluter Gewissheit sagen können, dass diese nicht importiert werden, auch nicht die Rohstoffe zu deren Fertigung! Erläutern Sie, welche der beiden Aufgaben für Sie einfacher zu lösen war!
2. Anknüpfend an Thorstens Anmerkungen zum Ende der vorangestellten Lernsituation notieren Sie bitte zehn Importgüter, auf die Sie trotz negativer Auswirkungen auf Mensch und Umwelt keineswegs bereit wären zu verzichten!
3. Erläutern Sie, was konkret Thorsten damit gemeint haben könnte, dass ohne den Außenhandel hierzulande „alles stillstehen würde"!
4. Setzen Sie sich exemplarisch mit den Effekten der Globalisierung im Spannungsfeld von Ökonomie, Ökologie und Ethik auseinander! Erläutern Sie kurz einige dieser Effekte!
5. **Arbeitsvorschlag:**

   Die Globalisierung bringt viele Herausforderungen mit sich, die es zukünftig zu lösen gilt. Sammeln Sie zunächst im Klassenverband derartige Herausforderungen und entwickeln Sie anschließend ganz konkret modellhaft mögliche Maßnahmen zur aktiven Bewältigung dieser realen Herausforderungen!

7.1 Stellenwert des Außenhandels für die deutsche Volkswirtschaft

Der **Außenhandel Deutschlands** mit den Mitgliedsländern der Europäischen Union wird als **Intrahandel**[1] bezeichnet. Die Käufe (Einfuhren, Importe) aus den EU-Ländern heißen **innergemeinschaftlicher Erwerb,** die Verkäufe (Ausfuhren, Exporte) **innergemeinschaftliche Lieferungen.**

Der gewerbsmäßige Güteraustausch mit Drittländern (mit Ländern, die nicht der Europäischen Union angehören) wird **Extrahandel**[2] genannt.

Ausfuhr	Die **Beschäftigung** (und damit der **Lebensstandard**) in der Bundesrepublik Deutschland hängt zu **mehr als einem Drittel** von der Ausfuhr ab, denn mit dem Ausland tätigt die deutsche Industrie rund 40 % ihrer Geschäfte.
Einfuhr	Die Bundesrepublik Deutschland ist ein **rohstoffarmes Land.** Sie ist deshalb auf die Einfuhr zahlreicher Rohstoffe angewiesen (z. B. Erdöl, Erdgas, Baumwolle, Eisenerz, Rohphosphate).

Der internationale Handel wird durch „offene Grenzen" gefördert. Der **Wegfall von „Handelsschranken"** wie Zölle, mengenmäßige Export- und Importbeschränkungen (Kontingentierungen) **sowie technischen Hemmnissen** (z. B. unterschiedliche technische Normen, Prüfverfahren, Sicherheitsvorschriften) kommt allen Handelspartnern zugute, wie das Beispiel der EU zeigt.

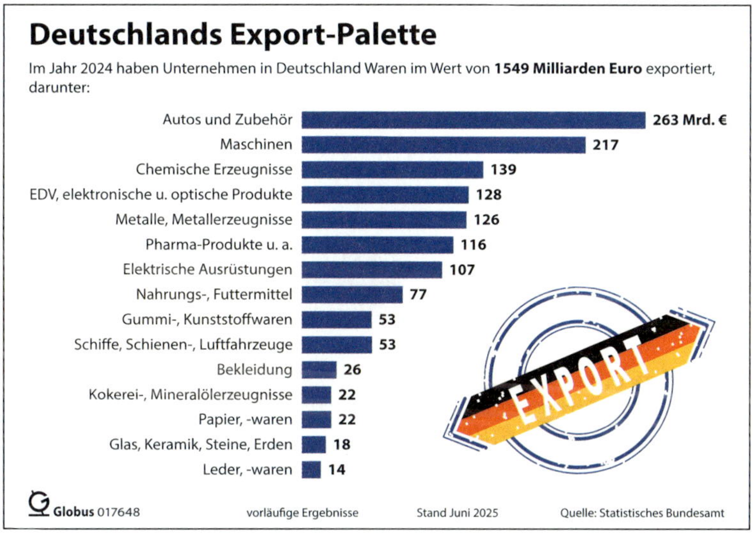

wichtige Ausfuhrgüter	Wichtige Ausfuhrgüter der Bundesrepublik Deutschland sind Fertigwaren (wie z. B. Autos und Zubehör, Maschinen, feinmechanische Geräte, Pharmaprodukte) sowie Halbwaren wie z. B. Gießerei- und Walzwerkerzeugnisse oder chemische Erzeugnisse. Die Ausfuhr von Rohstoffen (z. B. Kohle, Kali, Tonerde) und von Nahrungs- und Genussmitteln (z. B. Fleischwaren, Geflügel, Wein) ist im Rahmen der Gesamtausfuhr hingegen von geringer Bedeutung.

1 **Intra** (lat.): innerhalb; Intrahandel: Handel innerhalb der Europäischen Union.

2 **Extra** (lat.): außerhalb; Extrahandel: Handel mit Ländern außerhalb der Europäischen Union.

wichtige Einfuhrgüter

Neben Rohstoffen werden Nahrungsmittel importiert, die in Deutschland nicht, nicht in ausreichender Menge und/oder nicht in der gewünschten Qualität produziert werden können (z. B. Kaffee, Kakao, Ölfrüchte, Rohtabak, Wein).

Wichtige Importgüter sind aber auch Halb- und Fertigwaren, die in den Lieferländern kostengünstiger erzeugt werden können (z. B. Maschinenteile und Maschinen, feinmechanische und optische Geräte, unterhaltungselektronische Geräte, Kraftfahrzeuge). Hinzu kommen chemische Erzeugnisse, Textilien, Bekleidung sowie Erdöl und Erdgas.

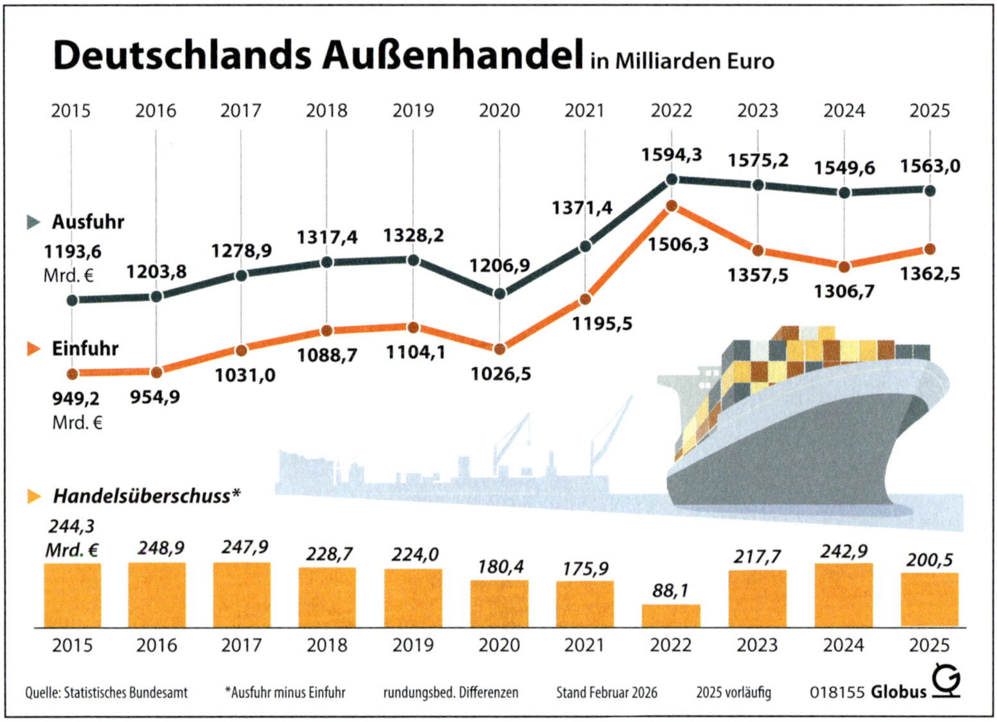

Die Exporte Deutschlands sind im Jahr 2025 leicht gestiegen. Sie erreichten einen Wert von 1 563 Milliarden Euro. Nach vorläufigen Angaben des Statistischen Bundesamtes waren das 0,9 % mehr als im Vorjahr. Die Einfuhren stiegen um 4,3 % auf 1362,5 Milliarden Euro. Da die Einfuhren stärker zunahmen als die Ausfuhren, verringerte sich der Außenhandelsüberschuss. Er betrug 200,5 Milliarden Euro (2024: 242,9 Milliarden Euro). Mit einem Gesamtwert von 146,2 Milliarden Euro ging der größte Teil der deutschen Exporte erneut in die USA. Auf den Plätzen zwei und drei folgten Frankreich und die Niederlande. Die wichtigsten Exportgüter waren Kraftwagen und Kraftwagenteile.

7.2 Europäische Integration

(1) Ziele der Europäischen Union (EU)

Die Europäische Union steht für **gemeinsame Grundwerte,** auf denen die europäischen Gesellschaften aufbauen. Sie sind die Leitlinien ihres Handelns – so etwa das Streben nach

- Achtung der Menschenwürde,
- Demokratie,
- Chancengleichheit,
- freiem Handel,
- fairem Wettbewerb,
- Solidarität und
- Sicherheit.

An diesen Idealen und ihrer Umsetzung misst die EU ihre Erfolge, sie machen den Hauptteil europäischer Politik aus.[1]

Die Europäische Union

	Beitrittsjahr	Einwohner 2025[1]	BIP 2024 pro Kopf[1,2]
Belgien	★1958	11,9 Mio.	46,2 Tsd. €
Deutschland	★1958	83,6	46,4
Frankreich	★1958	68,6	39,1
Italien	★1958	58,9	38,9
Luxemburg	★1958	0,7	96,2
Niederlande	★1958	18,0	53,2
Dänemark	★1973	6,0	50,2
Irland	★1973	5,4	88,3
Griechenland	★1981	10,4	27,8
Portugal	★1986	10,7	32,4
Spanien	★1986	49,1	36,3
Finnland	★1995	5,6	40,9
Österreich	★1995	9,2	45,9
Schweden	★1995	10,6	44,7
Estland	★2004	1,4	31,4
Lettland	★2004	1,9	28,0
Litauen	★2004	2,9	34,7
Malta	★2004	0,6	43,2
Polen	★2004	36,5	31,4
Slowakei	★2004	5,4	29,9
Slowenien	★2004	2,1	36,1
Tschechien	★2004	10,9	36,4
Ungarn	★2004	9,5	30,4
Zypern	★2004	1,0	37,8
Bulgarien	★2007	6,4	26,3
Rumänien	★2007	19,0	31,1
Kroatien	★2013	3,9	30,5

[1]zum Teil vorläufig oder geschätzt; Einwohner: Stichtag 1.1. [2]kaufkraftbereinigt

Globus 017802 Quelle: Eurostat Stand September 2025

1 Quelle: http://ec.europa.eu//deutschland.

(2) Schaffung eines gemeinsamen Binnenmarktes

Die Schaffung eines gemeinsamen Binnenmarktes **ohne nationale Grenzen** innerhalb der Staatengemeinschaft gehört zu den Kernzielen der europäischen Integration. Gleichwohl spielen nationale Grenzen innerhalb der Europäischen Union immer noch eine größere Rolle als etwa die Grenzen zwischen den Bundesstaaten in den Vereinigten Staaten von Amerika.

Das vermutlich **wichtigste Argument** für einen grenzenlosen Binnenmarkt ist **politischer** Natur.

Eine **enge wirtschaftliche Verflechtung** von Ländern schafft durch die entstehende wechselseitige Abhängigkeit **politische Stabilität** und sichert so den **Frieden.**

Neben diesem Aspekt sind es dann aber vor allem **wirtschaftliche** Gesichtspunkte, die für einen Binnenmarkt sprechen:

- Der freie Austausch von Gütern und Dienstleistungen steigert den **Wohlstand** aller Menschen innerhalb der Europäischen Union durch eine bessere **Arbeitsteilung** und eine **höhere Produktvielfalt.** Der Freihandel mit innovativen Gütern fördert auch die schnelle Verbreitung von moderner Technologie.
- Der im Vergleich zu einem abgeschotteten nationalen Markt stärkere **Wettbewerbsdruck** führt zu einem größeren Angebot von Gütern und Dienstleistungen mit einem guten Preis-Leistungs-Verhältnis. Dieser Wettbewerbsdruck und die damit einhergehenden Spezialisierungseffekte tragen mit dazu bei, dass die Unternehmen der Mitgliedstaaten auch auf den Weltmärkten erfolgreich sein können.
- Der Binnenmarkt kann somit das **Wirtschaftswachstum** steigern und damit auch den Arbeitnehmerinnen und Arbeitnehmern höhere Beschäftigungschancen und bessere Einkommensperspektiven ermöglichen. Unterentwickelten Regionen und Staaten bietet sich die Chance verbesserter Exportmöglichkeiten, und sie können in der wirtschaftlichen Entwicklung zu den wohlhabenderen Gebieten aufschließen.
- Durch all diese Effekte kann der europäische Wirtschaftsraum **besser** mit den anderen großen Wirtschaftsblöcken dieser Welt – wie Asien und Nordamerika – **konkurrieren.**

(3) Vier Grundfreiheiten

Der **Vertrag über die Arbeitsweise der Europäischen Union** (AEUV) sieht **vier Grundfreiheiten** vor:

Warenverkehrs-freiheit	Der freie Warenaustausch innerhalb der Staaten der EU wird im Rahmen der Warenverkehrsfreiheit gewährleistet. Ziel ist es dabei, über die Öffnung der nationalen Märkte (Abschaffung der Zölle und mengenmäßigen Beschränkungen bei der Ein- und Ausfuhr von Waren sowie aller sonstigen Maßnahmen gleicher Wirkung zwischen den Mitgliedstaaten) das Produktangebot auf allen Märkten zu verbessern und zu erweitern sowie knappe Güter sogar zu verbilligen.

Personenverkehrsfreiheit	Im Rahmen der Personenverkehrsfreiheit genießen alle EU-Bürger das Recht, sich in jedem Land der EU aufzuhalten, einen Beruf auszuüben und dort zu verbleiben. So haben Arbeitnehmer und Selbstständige das Recht, in jedem Mitgliedsland zu leben und zu arbeiten. Kein Unionsbürger darf aufgrund seiner Staatsangehörigkeit benachteiligt werden (Diskriminierungsverbot).
Dienstleistungsverkehrsfreiheit	Dienstleistungsverkehrsfreiheit bedeutet, dass Dienstleistungen über die Grenzen hinweg in jedem anderen Land angeboten werden können; dazu zählen z. B. Versicherungsabschlüsse, Beratungstätigkeiten, Telekommunikationsgeschäfte, Geschäfte auf dem Energiemarkt.
Kapitalverkehrsfreiheit	Die Kapitalflüsse zwischen den Mitgliedstaaten unterliegen keinerlei Einschränkungen. Durch die Europäische Wirtschafts- und Währungsunion wurde der Geld-, Kapital- und Zahlungsverkehr in der EU vollständig liberalisiert sowie die Fiskal- und Geldpolitik verstärkt koordiniert.

(4) Maßnahmen zur Sicherung des Binnenmarktes

Die vorgenannten Grundfreiheiten des Binnenmarktes werden ergänzt durch **weitere wichtige Bestimmungen,** die unter anderem den Wettbewerb zum Wohle der Verbraucherinnen und Verbraucher sichern und Diskriminierungen von Unternehmen aufgrund ihrer nationalen Herkunft unterbinden sollen. Hierzu zählen im Einzelnen die **Wettbewerbskontrolle,** das **Subventionsverbot,** die **öffentliche Auftragsvergabe** sowie die **Wirtschafts- und Währungsunion.**

Wettbewerbskontrolle	Die Verwirklichung des Binnenmarktes erfordert eine Bindung aller Beteiligten an **gleiche Regeln für den Wettbewerb.** So sind Kartelle und Preisabsprachen zwischen Unternehmen untersagt und ziehen hohe Geldstrafen nach sich. Fusionen werden nicht genehmigt, wenn durch den Zusammenschluss eine **marktbeherrschende** Stellung im Binnenmarkt droht. Zudem wurden in der Vergangenheit wichtige frühere staatliche Monopole durch diese Binnenmarktprinzipien aufgelöst, wie z. B. die Monopole der deutschen Bundespost oder Bundesbahn.
Subventionsverbot	Staatliche Beihilfen, die den Wettbewerb verzerren, sind generell verboten. Über Ausnahmen entscheidet die Europäische Kommission.
öffentliche Auftragsvergabe	Bei der Vergabe öffentlicher Aufträge sollen auch Unternehmen anderer EU-Staaten eine faire Chance auf den Zuschlag haben. Aus diesem Grunde besteht ab bestimmten Schwellenwerten des Auftragsvolumens die **Pflicht zur europaweiten Ausschreibung öffentlicher Aufträge.**
Wirtschafts- und Währungsunion	Die **europäische Gemeinschaftswährung beseitigt Hindernisse** durch verschiedene nationale Währungen, die zuvor das grenzüberschreitende Wirtschaften im Binnenmarkt belastet hatten. Mit dem Euro ist zumindest in den Teilnehmerländern ein hohes Maß an **Preistransparenz** eingekehrt.

(5) Gemeinsame Außenhandelspolitik

Grundlage der Außenhandelspolitik der EU ist die **Zielsetzung**:

- einen Gemeinsamen Markt der Mitgliedstaaten mit **einheitlichen** (Außen-) **Zolltarifen** und einer **gemeinsamen Handelspolitik** gegenüber Drittländern zu schaffen,
- durch schrittweise **Beseitigung der Beschränkungen** im internationalen Handelsverkehr, zum Abbau der Zollschranken und zur harmonisierten Entwicklung des Welthandels beizutragen,
- die gemeinsamen außenwirtschaftlichen **Interessen gegenüber Drittländern** zu wahren.

Die gemeinsame Handelspolitik wird nach einheitlichen Grundsätzen durchgeführt, wobei **zwei Verfahrensweisen** zu unterscheiden sind: die autonome und die vertragliche Handelspolitik.

autonome Handelspolitik	Sie besteht im Erlass von einseitigen Regelungen durch den Rat und findet **nur auf die Mitgliedstaaten** der EU bzw. der Unternehmen und Einzelpersonen Anwendung (z. B. Vereinheitlichung von Ein- und Ausfuhrbestimmungen).
vertragliche Handelspolitik	Hierbei handelt es sich um **zwei- oder mehrseitige Abkommen** zwischen der **EU und ihren Handelspartnern** bzw. zwischen der EU und anderen internationalen Organisationen.

Während die EU mit vielen Staaten bzw. Staatengemeinschaften **Kooperationsabkommen** geschlossen hat, sind die Handelsbeziehungen der EU zu den verschiedenen Handelspartnern keineswegs einheitlich. So bestehen beispielsweise mit den beiden größten außereuropäischen Handelspartnern, den USA und Japan, keine umfassenden Außenhandelsverträge, zumal es mit diesen Staaten immer wieder zu Konflikten kommt.

Mit Blick auf die selbst gesetzten Ziele im Bereich der Außenhandelspolitik muss die EU jedoch **langfristig** betrachtet ihre Marktbeschränkungen (z. B. im Agrar- und Textilbereich) abbauen und sich dem Wettbewerb des Weltmarktes uneingeschränkt stellen. Nur so kann sie dauerhaft einen entscheidenden Beitrag zu einer **harmonischen Entwicklung des Welthandels** leisten.

7.3 Folgen und Herausforderungen der Globalisierung

7.3.1 Begriff und Elemente der Globalisierung

Globalisierung im wirtschaftlichen Sinne bedeutet die zunehmende **erdweite Verflechtung von Volkswirtschaften.**

Bis 1990 sprach man in diesem Zusammenhang noch von der **Internationalisierung** der Märkte. Erst danach setzte sich der viel umfassendere Begriff „Globalisierung" durch.

Die Globalisierung ist keine „Erfindung der Neuzeit", sondern ein über viele Jahrhunderte andauernder Prozess. Allenfalls die Geschwindigkeit, in der dieser Prozess abläuft, hat sich stark verändert, sodass es nicht verwundert, wenn aktuell der Begriff der **„Turbo-Globalisierung"** verwandt wird.

Globalisierung umfasst jedoch weit mehr als die zunehmende Integration der Weltwirtschaft und sollte nicht auf wirtschaftliche Prozesse verkürzt werden. Insbesondere die Umweltprobleme (z. B. Treibhauseffekt, Ozonloch) erfordern eine weltweite Zusammenarbeit.

7.3.2 Verflechtung des internationalen Handels

Die zunehmend liberalisierte und digitalisierte Weltwirtschaft mit ihren **offenen nationalen Märkten** erlaubt **Handelsverflechtungen der Volkswirtschaften** in einem bisher nicht gekannten Ausmaß.

Wie stark die **Verflechtungen des internationalen Handels** mittlerweile sind, veranschaulicht nachfolgende Übersicht.

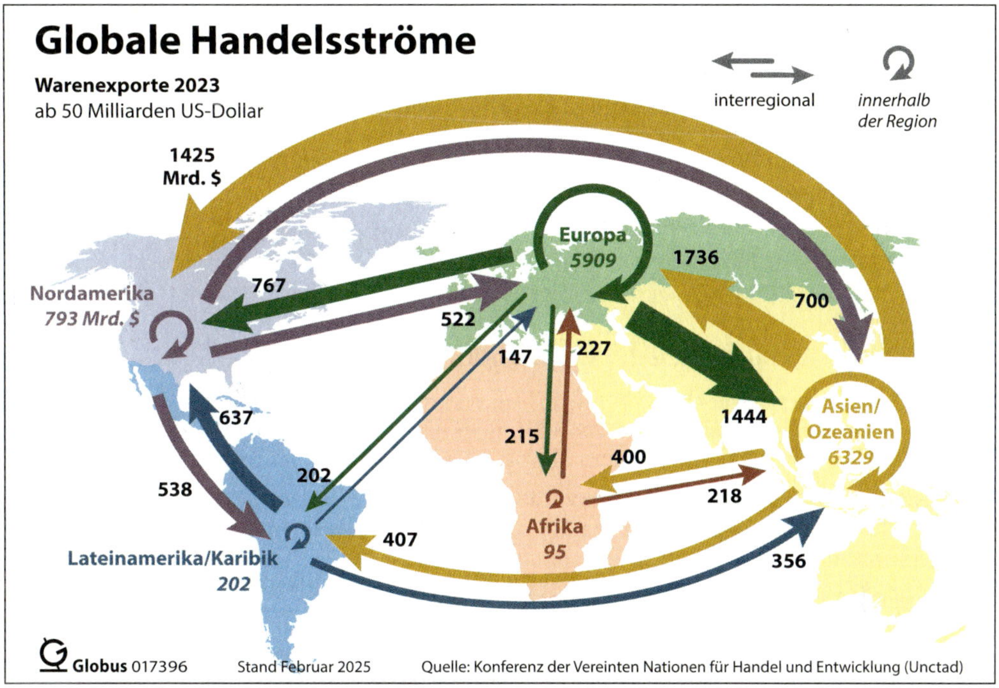

Im Jahr 2023 wurden weltweit Waren im Wert von 23,6 Billionen US-Dollar exportiert. Das waren 4,9 % weniger als im Jahr zuvor. Das geht aus Zahlen der Konferenz der Vereinten Nationen für Handel und Entwicklung (United Nations Conference on Trade and Development – UNCTAD) hervor. Den größten Anteil am Welthandel haben die Länder Asiens (einschließlich Ozeanien). Sie exportierten Waren im Wert von 10,3 Billionen Dollar, davon 6,3 Billionen Dollar innerhalb des asiatischen Raums. Damit erreichten sie einen Anteil von 43,8 % am Welthandel. Größte Exportnation war China mit Waren im Wert von rund 3,4 Billionen Dollar, gefolgt von den USA (2,0 Billionen Dollar) und Deutschland (1,7 Billionen Dollar).

Der Welthandel wird von den **reichen Industrieländern dominiert** – allein die Europäische Union hat einen Anteil von mehr als einem Drittel. Die Handelsströme zwischen den großen Regionen der Erde spiegeln dies wider. Aus Asien kommen die Waren vor allem aus China, Japan und den sogenannten „Tigerstaaten“. Afrikanische und südamerikanische Länder haben zusammen nur einen vergleichsweise geringen Anteil an den Weltexporten.

Die ärmeren Länder kämpfen deshalb seit Jahren für größere Exportchancen. Trotz WTO-Mitgliedschaft gibt es noch zu **viele Handelshemmnisse** für Entwicklungs- und Schwellenländer.

Die Öffnung der Grenzen veranlasst die Unternehmen, die sich ergebenden **Standortvorteile** in den verschiedenen Ländern der Erde durch Handelsbeziehungen, Informationsaustausch, Unternehmenszusammenschlüsse und sonstige Aktivitäten aller Art zunutze zu machen.

Beispiel:

Ein Automobilkonzern, der Forschungs- und Entwicklungsstandorte in Deutschland, den USA und Japan besitzt, kann die Entwicklungszeit für einen neuen Motor auf ein Drittel verkürzen, da aufgrund der Zeitverschiebung ohne Schichtarbeit rund um die Uhr geforscht und getestet werden kann. Bevor der deutsche Kollege Feierabend macht, stellt er sein Arbeitsergebnis seinem amerikanischen Kollegen via Internet zur Verfügung, dieser wiederum dem japanischen Kollegen usw.

Besonders intensiv sind die internationalen Handelsverflechtungen der Volkswirtschaften mit starker Exportorientierung. In letzter Zeit wird der Warenexport und -import zunehmend durch den Handel mit Dienstleistungen erweitert. Die modernen Kommunikationstechniken – vor allem das Internet – erleichtern den weltweiten Handel mit Dienstleistungen (z. B. Beratung, Know-how-Transfer).

Gemessen am gesamten Handelsvolumen (Ausfuhr plus Einfuhr) belegten die USA den ersten Platz im Welthandel. Auf den Plätzen zwei und drei folgen China und Deutschland.

7.3.3 Chancen und Risiken der Globalisierung

Kaum ein Thema wird hinsichtlich seiner Auswirkungen kontroverser diskutiert: Im Zeitalter der Globalisierung und der zusammenwachsenden Märkte eröffnen sich einerseits große Chancen; andererseits müssen aber auch die Risiken ernst genommen werden.

Der **kontrovers** diskutierte Prozess der Globalisierung löst in der Öffentlichkeit – je nach Sicht der Dinge – unterschiedliche Gefühle aus, welche die gesamte Spannbreite von Aufbruchstimmung bis hin zu Angstgefühlen umfasst.

Während die Befürworter vor allem das durch den Abbau von zwischenstaatlichen Handelsbeschränkungen **effizientere Wirtschaften** betonen, sehen die Kritiker die **abnehmende staatliche Steuerungsfähigkeit** der einzelnen Staaten durch die wachsende internationale Verflechtung als besonders nachteilig an. Dies führt dazu, dass viele Aufgaben, die vormals jede Regierung für sich lösen musste, nur noch im Verbund mit anderen Staaten wahrgenommen werden können.

Insbesondere die international agierenden Wirtschaftsunternehmen – auch **„Global Player“** genannt – rücken in den Fokus der Kritik, da sie heutzutage keiner wirksamen gesellschaftlichen Kontrolle mehr ausgesetzt sind und somit als Quelle für **politische und wirtschaftliche Instabilität** gelten, wie die **internationale Finanzmarktkrise** in der jüngeren Vergangenheit mit ihren negativen Auswirkungen auf die Realwirtschaft eindrucksvoll zeigte.

Zudem stören die zunehmenden **sozialen Ungleichheiten** in und zwischen den Staaten den **sozialen Frieden.** So erleichtert der Abbau zwischenstaatlicher Hindernisse den international agierenden Großunternehmen, die ihre Produktionskosten verringern wollen, sich in **Niedriglohnländern** mit **minimalen umweltpolitischen Auflagen** sowie **schwachen sozialen Sicherungssystemen** niederzulassen. Für einfache Tätigkeiten wird in manchen Ländern so wenig bezahlt, dass die dort hergestellten Produkte ungeachtet der **Transportkosten** immer noch billiger sind als solche, die in Deutschland hergestellt wurden. Diese

Billigproduktion ist auch deshalb möglich, weil es in vielen Ländern immer noch an **Arbeitnehmerschutzgesetzen** oder an Regelungen fehlt, die **Kinderarbeit** verbieten bzw. – falls derartige Gesetze existieren – Verstöße nicht entsprechend geahndet werden.

Menschenrechte schützen

Die Globalisierung der Wirtschaftskreisläufe hat dazu geführt, dass Unternehmen viele Produktionsschritte in weit entfernte Länder verlagern. So legt ein T-Shirt heute etwa 18 000 Kilometer zurück, bis es bei uns im Laden liegt. Inzwischen basieren rund 80 Prozent des Welthandels auf globalen Wertschöpfungsketten. Sie bilden die Existenzgrundlage für mehr als 450 Millionen Menschen.

Keine andere große Industrienation ist so intensiv in internationale Lieferketten eingebunden wie Deutschland:

- Allein im Jahr 2018 machten die rund 320 000 deutschen Export-Unternehmen einen Umsatz von 1,32 Billionen Euro.
- Über den Import sind sogar mehr als 775 000 deutsche Unternehmen im internationalen Handel aktiv; ihr Umsatz: 1,09 Billionen Euro.
- Besonders abhängig von Vorleistungen aus anderen Ländern sind in Deutschland die Textilindustrie (63 %), die Elektronik-Branche (45 %), die chemische und pharmazeutische Industrie (39 %), die Lebensmittelindustrie (37 %), die Automobilindustrie (29 %) und der Maschinenbau (28 %).

Viele für uns alltägliche Produkte und Rohstoffe stammen aus Entwicklungsländern:

- Wir trinken Kaffee aus Brasilien,
- laufen auf Pflastersteinen aus Indien
- und in den Batterien unserer Autos und Handys stecken Kobalt und Coltan aus dem Kongo.

Schattenseiten der Globalisierung

Die Globalisierung hat aber auch Schattenseiten. Viele der Produkte und Rohstoffe, die unser Leben erleichtern, werden unter untragbaren Umwelt- und Arbeitsbedingungen, für Hungerlöhne oder sogar mit ausbeuterischer Kinderarbeit hergestellt oder abgebaut.

Unser Wohlstand und die wirtschaftlichen Chancen der Entwicklungs- und Schwellenländer sind durch Lieferketten eng miteinander verbunden. Das bedeutet, dass wir Verantwortung tragen – denn am Anfang jeder Lieferkette steht ein Mensch.

Das deutsche Lieferkettengesetz

Ziel der Bundesregierung ist es, bald tragfähige EU-weit gültige Rechtsnormen für faire globale Liefer- und Wertschöpfungsketten zu verabschieden. Da dies voraussichtlich noch einige Zeit benötigen wird, geht Deutschland mit einem nationalen Gesetz voran.

Das deutsche Lieferkettengesetz soll ab 2023 zunächst für Unternehmen mit mehr als 3 000 Mitarbeiterinnen und Mitarbeitern gelten, ab 2024 dann für Firmen mit mehr als 1 000 Mitarbeiterinnen und Mitarbeitern.

Die Unternehmen werden gemäß der UN-Leitprinzipien für Wirtschaft und Menschenrechte verpflichtet, zu ermitteln, inwieweit ihre Geschäftstätigkeit zu Menschenrechtsverletzungen führen kann. Die Sorgfaltspflichten der Unternehmen erstrecken sich dabei auf ihre gesamte Lieferkette – vom Rohstoff bis zum fertigen Verkaufsprodukt. Sie müssen Maßnahmen ergreifen, um Verstößen gegen grundlegende Menschenrechtsstandards vorzubeugen und einen Beschwerdemechanismus für Betroffene einführen. [...]

Das Bundesamt für Wirtschaft und Ausfuhrkontrolle (BAFA) soll die Einhaltung des Gesetzes kontrollieren und bei Verstößen sanktionieren.

Quelle: https://www.bmz.de/de/entwicklungspolitik/lieferketten [Zugriff vom 07.03.2023].

Gerade diese Nachteile der Globalisierung sind der Nährboden von **globalisierungskritischen** Gruppen und Bewegungen, die sich seit den neunziger Jahren des vorangegan-

15 Merkur-Nr. 0557

genen Jahrhunderts auf internationalen Konferenzen mit globaler Thematik zunehmend Gehör verschaffen.

Die Globalisierung bietet eine Vielzahl von Risiken und Chancen, wobei die nachfolgende Tabelle einen Überblick über die wichtigsten Aspekte gibt.

Chancen	Risiken
■ Nutzung der **Kostenvorteile** anderer Volkswirtschaften. ■ **Günstige Einkaufspreise** durch weltweite Konkurrenz der Anbieter. ■ **Risikostreuung** durch weltweites Engagement der multinationalen Konzerne („Global Players"). ■ **Verbesserung** des **Lebensstandards** in den Entwicklungsländern durch Know-how-Transfer. ■ **Verringerung** der **Kriegsgefahr** wegen der gestiegenen wirtschaftlichen Abhängigkeiten. ■ **Steigende Toleranz** gegenüber anderen Kulturen und Mentalitäten durch den intensiven Austausch von Waren und Dienstleistungen.	■ **Vergrößerung** der **Umweltprobleme** durch eine verstärkte Wirtschaftstätigkeit und höheren Konsum. ■ Gefahr einer **ruinösen Konkurrenz** zwischen den einzelnen Volkswirtschaften. ■ Menschen können mit der Geschwindigkeit des **Strukturwandels** nicht mithalten. ■ Gefahr **zunehmender Arbeitslosigkeit** in Hochlohnländern. ■ **Sinkende Sozialstandards** in den bisherigen Industrieländern durch den zunehmenden Kostendruck. ■ Fremde Kultureinflüsse können zu **Identitätsängsten** führen (Gefahr des Terrorismus). ■ Weltweit operierende Konzerne untergraben die **Macht der Nationalstaaten**.

Ob letztlich die Chancen oder die Risiken überwiegen werden, hängt vor allem vom fairen Umgang miteinander (z. B. gleichberechtigter Zugang zum Kapitalmarkt für alle Volkswirtschaften) und von der Fähigkeit der Staatengemeinschaft ab, staatsübergreifende Institutionen (z. B. WTO, Weltbank, UNO) zu stärken und mit den erforderlichen Mitteln auszustatten.

Kompetenztraining

31

1. 1.1 Erläutern Sie die vier wichtigsten Grundfreiheiten des europäischen Binnenmarktes. Gehen Sie anschließend auch auf wichtige Bestimmungen ein, die den Wettbewerb zum Wohle der Verbraucherinnen und Verbraucher sichern sowie Diskriminierungen von Unternehmen aufgrund ihrer nationalen Herkunft unterbinden sollen!

   1.2 Skizzieren Sie kurz die wichtigsten Argumente für einen gemeinsamen europäischen Binnenmarkt!

2. 2.1 Erläutern Sie den Globalisierungsbegriff mithilfe eines selbst gewählten Beispiels!

   2.2 Nennen Sie zwei Gründe, worauf die Globalisierung zurückgeführt werden kann!

   2.3 Die Schuld an der hohen Arbeitslosigkeit in einigen Industrieländern wird der Globalisierung zugeschoben. Erläutern Sie, welche Möglichkeiten Sie sehen, die Arbeitslosigkeit trotz Globalisierung zu verringern!

3. 3.1 Aus einem Umweltbericht der adidas-Salomon AG:

Transportkilometer für die Beschaffung von Rohstoffen für die Serienfertigung der Fußballschuhe und für die Ballproduktion sowie die Verlagerung der Schaftproduktion und des Ballnähens:

Rohstoffeinkauf Fußballschuhe:	179.633 km
Rohstoffeinkauf Fußbälle:	22.075 km
Schaftproduktion:	69.163 km
Ballnähen:	164.416 km

Aufgabe:

Zeigen Sie auf, welche Konsequenzen in diesem Fall die Globalisierung für den Standort Deutschland hat!

3.2

Die Baumwolle wird in Kasachstan oder Indien geerntet und anschließend in die Türkei versandt.

In der Türkei wird die Baumwolle zu Garn gesponnen.

In Taiwan wird die Baumwolle mit chemischer Indigofarbe aus Deutschland gefärbt.

Aus dem gefärbten Garn werden in Polen die Stoffe gewebt.

Innenfutter und die kleinen Schildchen mit den Wasch- und Bügelhinweisen kommen aus Frankreich, Knöpfe und Nieten aus Italien.

Alle „Zutaten" werden auf die Philippinen geflogen und dort zusammengenäht.

In Griechenland erfolgt die Endverarbeitung mit Birusstein.

Die Jeans werden in Deutschland verkauft, getragen und schließlich in der Altkleidersammlung einer karitativen Organisation gegeben.

Quelle: www.globalisierung-online.de.

Aufgaben:

3.2.1 Ermitteln Sie, wie viele km für die Herstellung einer Jeans wohl zurückgelegt werden!

3.2.2 Diskutieren Sie in der Klasse über den Sinn dieser globalen Arbeitsteilung!

4. Die Wirtschaftsbeziehungen zwischen den Industrieländern und der sogenannten Dritten Welt werden nicht selten wie folgt beschrieben: „Der Reichtum der Industrienationen resultiert im Wesentlichen aus dem Handel dieser Länder mit den Volkswirtschaften der Dritten Welt."

Aufgaben:

4.1 Nehmen Sie zu dieser Behauptung in Bezug auf Deutschland kritisch Stellung!

4.2 Des Weiteren wird behauptet, dass Entwicklungshilfezahlungen einseitige Geschenke der Geber- an die Empfängerländer seien. Erläutern Sie anhand von vier Beispielen, dass derartige Zahlungen durchaus auch für die Geberländer positive Auswirkungen haben können!

5. Vergleicht man die Politik der Europäischen Union mit einem Baum (siehe nachfolgende Abbildung), so hängen an den einzelnen Politikfeldern (Ästen) viele einzelne Politikbereiche (Blätter).

Nebenstehend sind einige Politikbereiche genannt, in denen die Mitgliedstaaten im Rahmen der EU zusammenarbeiten.

Aufgabe:

Ordnen Sie die verschiedenen Politikbereiche so zu, dass sie jeweils am richtigen Ast hängen!

Tragen Sie zur Lösung die Ziffern der einzelnen Politikbereiche in die entsprechenden Felder ein!

1	Reisefreiheit (Schengen)
2	gemeinsame Umweltstandards
3	gemeinsame Währung
4	erneuerbare Energien
5	gemeinsame Außenpolitik
6	gemeinsame Sicherheits- und Verteidigungspolitik
7	gemeinsame Asylpolitik
8	Entwicklung des ländlichen Raums
9	Binnenmarkt
10	Klimaschutz
11	Lebensmittelkennzeichnung
12	verbindliche Lebensmittelstandards
13	Senkung der Mobiltelefon-Auslandstarife
14	gemeinsame Kriminalitätsbekämpfung
15	Strukturpolitik zur Unterstützung der Regionen
16	verbindliche Sozialmindeststandards
17	Zusammenarbeit in Zivil- und Strafrechtsverfahren

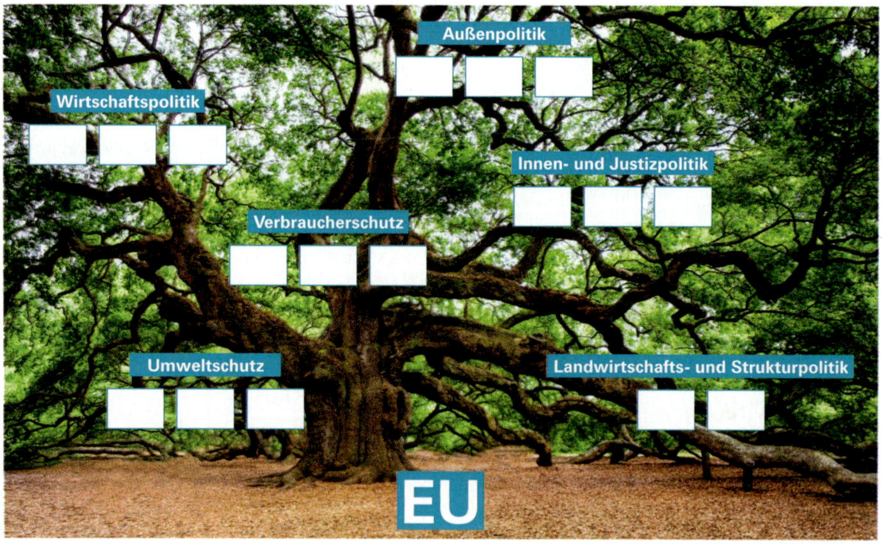

Quelle: In Anlehnung an: Bundeszentrale für politische Bildung, Europa. Das Wissensmagazin für Jugendliche, S. 29.

Kompetenzbereich IV: Entscheidungen im Rahmen der beruflichen Selbstständigkeit treffen

1 Voraussetzungen für eine berufliche Selbstständigkeit analysieren

Lernsituation 1:

Der gelernte Sport- und Fitnesskaufmann Sven Wagner hat sich entschieden, seine sportlichen Aktivitäten und sein kaufmännisches Wissen in eine erfolgreiche Unternehmensgründung im Gewerbepark Ravensburg umzusetzen. Er hat bereits durch Gelegenheitsgeschäfte im Onlineportal „E-Kauf" günstige Einkaufsquellen ermittelt und sich erste Kundenkontakte und ausgezeichnete Branchenkenntnisse angeeignet. Jetzt möchte er den Sprung wagen, dass aus dem Gelegenheitsgeschäft ein hauptberufliches Gewerbe wird. Parallel zum Onlineshop möchte Sven Wagner ein Ladenlokal für den persönlichen Kundenkontakt aufbauen. Beflügelt durch seine Anfangserfolge im Onlineportal fühlt er sich auf dem Weg zum Top-Verkäufer.

Sven Wagner meldet sich für ein Beratungsgespräch bei der zuständigen Industrie- und Handelskammer (IHK) Bodensee-Oberschwaben in Weingarten an. Die Kammer bietet Start-up-Unternehmen die Möglichkeit, sich kostenlos und kompetent zu informieren.

Zur gewissenhaften Vorbereitung fertigt er sich folgenden Merkzettel an:

1. *Mein Onlineshop bietet als Kernsortiment Sportartikel für Trend-, Extrem- und Funsportarten an. Als ergänzendes Randsortiment werden allgemein im Sportbetrieb nachgefragte Accessoires angeboten.*
2. *Planungszahlen meines Powerseller-Onlineshops im ersten Geschäftsjahr:*
   Umsätze 48 000,00 €, Wareneinkäufe 32 000,00 €, Vertriebskosten 10 000,00 €.
3. *Zusätzlich zum Onlineshop plane ich ein Ladenlokal im Gewerbepark Ravensburg zu eröffnen. Hier kann ich meine Kunden aus der Urlaubs- und Bergregion Allgäu persönlich beraten und Kundenbindungen langfristig aufbauen. Für mögliche Umsatzzahlen habe ich noch keine Erfahrungswerte.*
4. *Neben dem Handel mit Sportartikeln will ich Kurse für Trend-, Extrem- und Funsportarten (z. B. Bungeesjumping, Freeclimbing, Inlineskating oder Zorbing) und begleitende Sportarrangements in der Urlaubs- und Bergregion Allgäu anbieten.*
5. *Um die drei Geschäftsfelder Onlineshop, Ladenlokal und Sportevents erfolgreich zu managen, werde ich Sport- und Fitnesskaufleute als kompetente Mitarbeiter einstellen.*

Kompetenzorientierte Arbeitsaufträge:

1. Recherchieren Sie im Internet und erstellen Sie eine Checkliste, die im Rahmen eines Selbsttests eine erste Antwort darauf gibt, ob ein Interessent auch das „Zeug zu einem Unternehmer" hat und den Weg in die Selbstständigkeit weiter verfolgen soll!
2. Nennen Sie die Stelle, bei der eine Unternehmensgründung angemeldet werden muss!
3. Recherchieren Sie, welche Stellen über eine Unternehmensgründung informiert werden müssen! Begründen Sie die Informationspflicht!

4. Erkundigen Sie sich auf der Homepage einer IHK (z.B. der IHK Bodensee-Oberschwaben), welche Beratungsleistungen die Kammer einem Unternehmensgründer wie Sven Wagner bietet! Erarbeiten Sie eine Checkliste, die Sven Wagner dabei hilft, seine Unternehmensgründung auf eine gute Ausgangsbasis zu stellen. Nehmen Sie dabei das Informationsmaterial, das die IHK auf ihrer Homepage bereitstellt, zuhilfe. Eine weitere IHK-Informationsquelle ist die Internetadresse „startercenter24.de".

   Präsentieren Sie Ihre Ergebnisse in geeigneter Form!

5. Bewerten Sie die Geschäftsidee von Sven Wagner hinsichtlich der langfristigen Erfolgsaussicht!

6. Begründen Sie, worin Sie die größte Chance sowie das größte Risiko der Existenzgründung durch Sven Wagner sehen!

1.1 Motive der hauptberuflichen Selbstständigkeit beschreiben

Für den Weg in die Selbstständigkeit gibt es die unterschiedlichsten Motive. Im Folgenden werden beispielhaft einige Motive aufgezeigt.

Unabhängigkeit erleben und die eigene Unternehmensidee verwirklichen	■ Der Unternehmer hat die Möglichkeit, seine Ideen umzusetzen. Er kann Entscheidungen treffen, sich um Realisierung bemühen und den Erfolg ernten. ■ Als Unternehmer ist er sein eigener Herr und hat die Freiheit, das Geschäft auf die Art zu führen, die er für richtig hält.
Werte schaffen und bewahren	■ Gelingt es einen echten Unternehmenswert zu schaffen, ist dies ein Grundstein, sich ein gutes Einkommen zu verschaffen. ■ Die geschaffenen Werte können an einen Nachfolger (z. B. die Kinder) übergeben werden.
Mitarbeiter auswählen und führen	Als Unternehmer hat man die Möglichkeit, seine Mitarbeiter selbst auszusuchen und zum Erfolg zu führen. Er kann seinen unternehmerischen Tatendrang umsetzen.
Arbeitszufriedenheit erlangen und Erfolge erzielen	Wer seinen Job liebt und erfolgreich ist, besitzt eine hohe Arbeitszufriedenheit. Er kann seinen beruflichen Aufstieg selbst in die Hand nehmen und Erfolge feiern.
abwechslungsreiche Aufgaben eigenständig bewältigen	Auf einen Unternehmer kommt täglich eine Vielzahl unterschiedlicher Entscheidungen zu, die er eigenverantwortlich vertreten muss, und die für das Unternehmen gegebenenfalls von hoher Bedeutung sein können.
Ansehen erwerben	Es besteht die Chance, in absehbarer Zeit ein bekannter und angesehener Unternehmer zu werden.
berufliche Frustration[1] vermeiden oder beenden bzw. der Arbeitslosigkeit entgehen	■ Einige Unternehmensgründungen gehen darauf zurück, dass die Unternehmensgründer in der Selbstständigkeit eine Alternative zur Arbeitslosigkeit bzw. einer unbefriedigenden beruflichen Situation sehen. ■ Allerdings sollte die Gründung eines Unternehmens keine Lösung für eine berufliche Notsituation sein.

Unabhängig von dem jeweiligen Motiv, ist der Weg in die Selbstständigkeit lang und entbehrungsreich. Damit das Unternehmen von Anfang an erfolgreich arbeitet, muss es systematisch und detailliert vorbereitet, geplant und dann mit den entsprechenden Maßnahmen umgesetzt werden.

1 **Frustration:** Erlebnis einer wirklichen oder vermeintlichen Zurücksetzung durch erzwungenen Verzicht.

Bevor die Entscheidung zu Selbstständigkeit fällt, muss der Unternehmensgründer

- eine **Geschäftsidee** entwickeln,
- seine **persönlichen** und **fachlichen Fähigkeiten** überprüfen,
- die **sachlichen Voraussetzungen** klären sowie
- die **Chancen und Risiken** der **hauptberuflichen Selbstständigkeit** erörtern.

1.2 Geschäftsidee des Unternehmens nachvollziehen, die persönlichen und sachlichen Voraussetzungen prüfen und die Chancen und Risiken beurteilen

1.2.1 Geschäftsidee entwickeln

Zu Beginn jeder Unternehmensgründung steht eine Geschäftsidee. Sie knüpft häufig an die bisherige berufliche Fähigkeit bzw. an das Hobby des Existenzgründers an. So hat z. B. Sven Wagner (siehe Lernsituation 1) die Idee,

- das geplante Sporthaus auf spezielle Sportarten und Sportevents zu spezialisieren und damit etwas Neues zu schaffen,
- Mitarbeiter zu suchen, die sowohl die kaufmännischen Voraussetzungen mitbringen als auch die speziellen Sportarten beherrschen, um dadurch Kunden zu gewinnen,
- einen umfassenden Service aufzubauen, um die Kunden in jeder Situation bestens betreuen zu können,
- eine straffe Organisation zu schaffen, um sein Sportgeschäft kostengünstiger und damit erfolgreicher führen zu können als seine Mitbewerber.

Kurz: Sven Wagner geht davon aus, dass sein neues Sportgeschäft erfolgreich sein wird, weil er gegenüber den bisherigen Sportgeschäften in der Region etwas Neues anbietet und dieses besser und damit erfolgreich führt.

Beispiel: Fortführung der Lernsituation 1 von S. 229

Sven Wagner, der gelernte Sport- und Fitnesskaufmann, hat entschieden, sich mit dem Spezialgeschäft für Trend-, Extrem- und Funsportarten (z. B. Bungeejumping, Freeclimbing, Nordic Walking, Inlineskating oder Zorbing) selbstständig zu machen. Neben den Sportartikeln bietet er auch Kurse und Reisen zu entsprechenden Veranstaltungen an.

1.2.2 Persönliche und fachliche Voraussetzungen des Unternehmensgründers überprüfen

Der Weg zum eigenen Unternehmen ist auch mit Stolpersteinen gepflastert. Sie zu leugnen, ist gefährlich. Wer sie erkennt und akzeptiert, kann sich darauf einstellen und ihnen ausweichen. Dabei liegt das größte Risiko in der Person des Gründers selbst, der realistischen Wahrnehmung seiner eigenen Stärken und Schwächen.

(1) Persönliche Voraussetzungen

Wichtige persönliche Voraussetzungen für einen Unternehmensgründer sind:

- Er muss **selbstständig** und **eigenverantwortlich** arbeiten können und wollen.
- Er hat niemanden, der ihn antreibt und sein **Engagement** unmittelbar kontrolliert.
- Er muss **Verantwortung** übernehmen für sein eigenes Handeln.
- Er muss **Mitarbeiter führen** und **motivieren** können.
- Zumindest in den ersten Jahren ist die zeitliche, physische und psychische **Belastung** hoch.
- Er braucht einen **familiären Rückhalt,** der ihn in seinem Vorhaben unterstützt.
- Folgende **Charaktereigenschaften** sind daher besonders gefordert:
  - Ehrgeiz
  - Einsatzbereitschaft
  - Risikobereitschaft
  - Belastbarkeit
  - berufliche Qualifikationen
  - Kreativität
  - berufliche Erfahrung
  - Verantwortungsbewusstsein
  - Führungserfahrung

(2) Fachliche Voraussetzungen

„Schuster, bleib bei deinem Leisten!" Diese einfache Regel gilt besonders für eine Unternehmensgründung. Der Unternehmensgründer sollte sein „Handwerk" verstehen. Der Erfolg der Unternehmensgründung stützt sich im besonderen Maße auf **zwei Säulen.** Das ist zum einen die **berufliche Erfahrung** und zum anderen sind es die **kaufmännischen Grundkenntnisse**.

Berufliche Erfahrung	Kaufmännische Grundkenntnisse
Der Schlüssel zum Erfolg ist, wenn der Unternehmensgründer sein Metier[1] beherrscht, mehrere Jahre einschlägige Berufserfahrung hat, die Branche und den Markt kennt, wenn er weiß, wovon er redet. Er ■ ist glaubwürdig, ■ kann seine Kunden überzeugen, ■ ist Vorbild für seine Mitarbeiter und ■ gewinnt dadurch das Vertrauen seiner Kapitalgeber.	Berufliche Kompetenz ist kein Garantieschein für den unternehmerischen Erfolg. Es bedarf auch betriebswirtschaftlicher Kenntnisse und Fertigkeiten, wie z. B. ■ die Beherrschung der Kalkulationsverfahren, ■ der Zins- und Prozentrechnung, ■ der Buchführung, ■ des Vertragsrechts.

1 **Metier:** bestimmte berufliche Tätigkeit, die der Betreffende durch die Beherrschung der dabei erforderlichen Fertigkeiten kompetent ausführen kann.

Beispiel: Fortführung der Lernsituation 1 von S. 229

Sven Wagner, gelernter Sport- und Fitnesskaufmann, kennt die angebotenen Sportarten und besitzt kaufmännische Grundkenntnisse. Es ist daher anzunehmen, dass er die fachlichen Voraussetzungen zur Gründung des Sportgeschäfts mitbringt.

1.2.3 Sachliche Voraussetzungen klären

Bei der Prüfung der sachlichen Voraussetzungen hat der Unternehmensgründer insbesondere folgende Fragen zu klären:

- Marktchancen und Marktpositionierung,
- Standort,
- Personalbedarf,
- gesicherte Finanzierung,
- rechtliche Voraussetzungen.

1.2.3.1 Marktchancen und Marktpositionierung

(1) Marktchancen

Der Unternehmensgründer muss überprüfen, ob für seine Geschäftsidee ein entsprechender **Bedarf** vorhanden ist. Dazu muss er die gegenwärtig vorherrschenden **Marktgegebenheiten** auf seinem relevanten Markt[1] untersuchen.

Beispiel: Fortführung der Lernsituation 1 von S. 229

Untersuchungsgegenstände für Sven Wagner sind:

- Anzahl der Personen, die als Käufer infrage kommen,
- Einkommens- und Vermögensverhältnisse der möglichen Käufer,
- persönliche Meinung der (möglichen) Käufer zu den angebotenen Sportarten,
- Beschaffung von Daten über konkurrierende Sportgeschäfte, z.B. deren Preise, Lieferungs- und Zahlungsbedingungen, Werbung.

(2) Marktpositionierung

Die Marktpositionierung legt fest, welche Rolle ein Unternehmen auf dem Markt einnehmen möchte. Beispielhaft werden zwei Marktpositionierungen vorgestellt.

Marktführer	Nischenbesetzer
■ Er hat in der Regel den größten Anteil am relevanten Markt. ■ Er ist führend bei Preisänderungen, innovativen Produkten, Werbung. ■ Die Konkurrenz orientiert sich an ihm.	■ Sind kleinere Unternehmen. ■ Beschränken sich auf Teilmärkte. ■ Spezialisieren sich auf Marktnischen, die von größeren Unternehmen vernachlässigt werden.

Beispiel: Fortführung der Lernsituation 1 von S. 229

Sven Wagner entscheidet sich für die Position eines Nischenbesetzers, da er ein Spezialgeschäft für Trend-, Extrem- und Funsportarten eröffnen möchte.

1 Der **relevante Markt (Zielmarkt)** ist die Gesamtheit der möglichen Käufer für ein Produkt.

1.2.3.2 Standort[1]

Der Standort ist für den Erfolg eines Unternehmens mit entscheidend. Man muss einen Standort finden, der die **Zielsetzung** des Unternehmens unterstützt. Der Standort ist z. B. von Bedeutung für

- die Nähe zu Lieferanten und Kunden,
- die Möglichkeit qualifizierte Mitarbeiter zu bekommen,
- die Höhe der Kosten, z. B. Miete, Pacht, Grundstückspreise, Lohnkosten,
- den Umfang der Umweltauflagen,
- die Güte der Verkehrsanbindung.

Für Unternehmensgründer besteht ein Spannungsverhältnis zwischen einem kostengünstigen, in der Regel kundenfernen Standort und einem in der Regel teureren kundennahen Standort. Bei der Standortwahl sollten somit mehrere Standortalternativen geprüft werden. Die Standortentscheidung stellt immer einen Kompromiss[2] dar.

Beispiel: Fortführung der Lernsituation 1 von S. 229

Sven Wagner entscheidet sich für den Standort in einem Gewerbepark. Dieser etwas kundenferne Standort ist sicher kostengünstiger als ein kundenorientierter Standort in der Stadt. Als ein Unternehmen, das eine Nischensparte bedient, ist diese Entscheidung sinnvoll, da sie die Wettbewerbsfähigkeit des jungen Unternehmens stärkt und die Interessenten solcher Randsportarten den Weg in den Gewerbepark sicher auf sich nehmen.

1.2.3.3 Personalbedarf

Für die Umsetzung der Geschäftsidee benötigt der Unternehmensgründer Mitarbeiter. Die Anzahl der Mitarbeiter **(quantitativer Personalbedarf)** muss einerseits so groß sein, dass alle anfallenden Aufgaben erfüllt werden können. Andererseits ist darauf zu achten, dass keine Personalüberbesetzung besteht. Gerade in der Gründungsphase gilt es, die Kosten möglichst niedrig zu halten.

Neben der Anzahl der Mitarbeiter hat der Unternehmensgründer auf deren Qualifikation zu achten **(qualitativer Personalbedarf)**. Sie muss möglichst deckungsgleich mit dem Anforderungsprofil der zu besetzenden Stelle sein.

Beispiel: Fortführung der Lernsituation 1 von S. 229

Sven Wagner muss Verkäufer für sein Sportgeschäft und erfahrene Sportbegleiter für die Betreuung seiner Veranstaltungen einstellen. Zusätzlich benötigt er Personal, um die anfallenden Büroarbeiten zu erledigen. Schließlich muss er entscheiden, ob er zusätzlich zu der Geschäftsleitung noch Tätigkeiten im Sportgeschäft übernehmen möchte.

1 Zu Einzelheiten siehe Kapitel 2, S. 244 ff.

2 **Kompromiss**: Ausgleich entgegengesetzter Interessen.

1.2.3.4 Gesicherte Finanzierung[1]

Im Falle einer Neugründung, aber auch bei der Verwirklichung einer neuen Produkt- oder Geschäftsidee in einem bestehenden Unternehmen sind zunächst **erhebliche Finanzmittel** für die **Betriebs- und Geschäftsausstattung** (z. B. Maschinen, Büroeinrichtung, Kasse) und die Beschaffung der **Waren** (z. B. Rohstoffe, Handelswaren) sowie anfallende **Gründungskosten** notwendig, bevor Geld verdient wird. In der Regel ist eine Anschubfinanzierung durch Eigenkapital und Bankkredite notwendig. Für Unternehmensgründer stehen oft zinsgünstige Sonderkredite zur Verfügung.

Beispiel: Fortführung der Lernsituation 1 von S. 229

Sven Wagner hat darauf zu achten, dass die Finanzmittel in ausreichendem Umfang zur Verfügung stehen, um unvorhergesehenen Bedarf und die Kosten seiner persönlichen Lebensführung in der Anlaufphase abdecken zu können. Er muss darauf vorbereitet sein, dass er in der ersten Zeit nicht allein von der Selbstständigkeit leben kann. Sven Wagner sollte daher für diese Zeit eine Geldreserve (z. B. Sparguthaben) bereitstellen.

1.2.3.5 Rechtliche Voraussetzungen

(1) Gewerbefreiheit

In der Bundesrepublik Deutschland besteht Gewerbefreiheit. Damit hat jeder Bürger das Recht, sofern er unbeschränkt geschäftsfähig ist, sich selbstständig zu machen und ein Gewerbe zu betreiben.

Der Betrieb eines Gewerbes ist jedermann gestattet, soweit nicht durch dieses Gesetz Ausnahmen oder Beschränkungen vorgeschrieben oder zugelassen sind [§ 1 Abs. 1 GewO].

Ausnahmen von der Gewerbefreiheit bestehen insbesondere beim Verkauf bestimmter Arzneimittel, Waffen sowie beim Betreiben überwachungsbedürftiger Anlagen (z. B. Anlagen zur Abfüllung von Gasen).

(2) Wahl der Rechtsform

Der Unternehmensgründer hat sein Unternehmen in einem rechtlichen Rahmen zu führen, d. h., er muss sich für eine Rechtsform[2] entscheiden.

Die **Rechtsform** stellt die Rechtsverfassung eines Unternehmens dar. Sie regelt die Rechtsbeziehungen innerhalb des Unternehmens und zwischen dem Unternehmen und Dritten.

1 Siehe auch S. 240 ff.

2 Zu Einzelheiten siehe Kapitel 4, S. 255 ff.

Der Unternehmensgründer kann sich prinzipiell zwischen drei Gruppen von Rechtsformen entscheiden:

Einzelunternehmung	Bei der Einzelunternehmung bringt der Unternehmer allein das Kapital auf, führt das Unternehmen in alleiniger Verantwortung, erhält den gesamten Gewinn und trägt für das Scheitern die alleinige Verantwortung.
Personengesellschaften	■ Hier schließen sich mindestens zwei Unternehmer zusammen, von denen mindestens einer die Rolle eines Einzelunternehmers ausübt. ■ Bei den Personengesellschaften steht das Handeln von (natürlichen) Personen im Vordergrund. Beispiele für Personengesellschaften sind die offene Handelsgesellschaft (OHG) und die Kommanditgesellschaft (KG).
Kapitalgesellschaften	■ Hier bringen Kapitalanleger mit kleinen und großen Beträgen das Kapital der Gesellschaft auf. Ihr Risiko ist auf den Wert der Kapitaleinlage beschränkt. ■ Die Leitung der Kapitalgesellschaft obliegt angestellten Geschäftsführern. Beispiele für Kapitalgesellschaften sind die Gesellschaft mit beschränkter Haftung (GmbH) und die Aktiengesellschaft (AG).

Beispiel: Fortführung der Lernsituation 1 von S. 229

Sven Wagner möchte sein Sportgeschäft in alleiniger Verantwortung führen. Er wird sich daher für die Rechtsform der Einzelunternehmung entscheiden.

(3) Anmeldung des Unternehmens

Der Unternehmensgründer **muss** sein neu zu gründendes Unternehmen bei folgenden öffentlichen Stellen anmelden:

■ Amtsgericht

Eine Anmeldung beim zuständigen **Amtsgericht** zur **Eintragung** in das **Handelsregister** ist erforderlich, sofern ein **Handelsgewerbe** vorliegt.

■ Gemeindebehörde

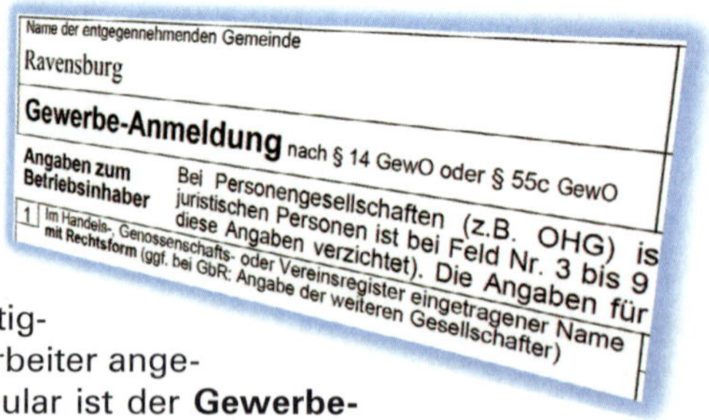
Name der entgegennehmenden Gemeinde
Ravensburg
Gewerbe-Anmeldung nach § 14 GewO oder § 55c GewO
Angaben zum Betriebsinhaber
Bei Personengesellschaften (z.B. OHG) is juristischen Personen ist bei Feld Nr. 3 bis 9 diese Angaben verzichtet). Die Angaben für
1 Im Handels-, Genossenschafts- oder Vereinsregister eingetragener Name mit Rechtsform (ggf. bei GbR: Angabe der weiteren Gesellschafter)

Eine Anmeldung ist auch erforderlich bei der für den betreffenden Ort zuständigen Behörde, z.B. beim **Gewerbeamt** der Gemeinde [§ 14 GewO]. Die Anmeldung erfolgt mithilfe eines Formulars, in dem die persönlichen Daten, die private und betriebliche Adresse, Beginn und Art der Tätigkeit sowie die voraussichtliche Zahl der Mitarbeiter angegeben werden muss. Das genehmigte Formular ist der **Gewerbeschein**: der Beleg für die offizielle Anmeldung des Gewerbes.

Die Gewerbeanmeldung (Fachausdruck: Gewerbeanzeige) verfolgt den Zweck, dem Gewerbeamt jederzeit über Zahl und Art der ansässigen Gewerbebetriebe Kenntnis zu geben. Dadurch soll eine wirksame Überwachung der Gewerbebetriebe gewährleistet werden.

Mit der Gewerbeanzeige werden auch die sonstigen Meldeverpflichtungen erfüllt. Die nachfolgend genannten Stellen erhalten je eine **Ausfertigung von der Gewerbeanzeige:**

- das **Finanzamt,** um die Abführung der Steuern zu gewährleisten;
- die **Berufsgenossenschaft** als Träger der gesetzlich vorgeschriebenen Unfallversicherung;
- die **Industrie- und Handelskammer** bzw. die **Handwerkskammer** als berufsständische Vertretung;
- das **Gewerbeaufsichtsamt** als Aufsichtsbehörde für Anlagen, die einer besonderen Überwachung bedürfen.

Die Gewerbeanzeige ist nicht immer ausreichend. Für bestimmte Gewerbezweige ist eine **behördliche Genehmigung** erforderlich (z. B. für Spielhallen, Makler, Bauträger, Gaststätten, Reisegewerbe).

Sozialversicherungsträger

Werden Arbeitnehmer beschäftigt, so ist eine Anmeldung bei den Sozialversicherungsträgern (gesetzliche Krankenkassen, gesetzliche Pflegekassen, Deutsche Rentenversicherung [gesetzliche Rentenversicherung], Bundesagentur für Arbeit [gesetzliche Arbeitsförderung]) erforderlich, um **Versicherungsschutz** zu erhalten.

1.2.3.6 Chancen und Risiken der hauptberuflichen Selbstständigkeit erörtern

Der angehende Unternehmer hat die Chancen und Risiken einer unternehmerischen Selbstständigkeit abzuwägen. Eine Unternehmensgründung stellt immer eine gewisse Herausforderung dar. Jeder, der seine berufliche Zukunft in die eigenen Hände nimmt, betritt Neuland. Nicht immer verläuft eine Unternehmensgründung so erfolgreich wie erhofft, denn den Chancen stehen auch entsprechende Risiken gegenüber:

(1) Chancen

Chancen einer hauptberuflichen Selbstständigkeit sind z. B.

- Unabhängigkeit,
- Selbstverwirklichung,
- leistungsgerechtes Einkommen und
- Ansehen in der Öffentlichkeit.

(2) Risiken

Hohe Arbeitsbelastung

Eine hohe Anfangsbelastung durch Gründungsformalitäten, das Bearbeiten erster Aufträge und die Akquisition[1] von Kunden verlangen von einem Unternehmensgründer sehr viel Engagement, ohne dass bereits ein Euro auf dem Bankkonto eingegangen ist. Es muss daher sichergestellt sein, dass der Familie die Belastung bewusst ist und sie vor allem bereit ist, diese mitzutragen.

Große Verantwortung

Der Unternehmensgründer ist nicht nur für sich und seine Familie verantwortlich, sondern er trägt auch Verantwortung für seine Mitarbeiter und deren Familien.

Gefahr von Einkommens- und Vermögensverlusten

Eine Unternehmensgründung ist ein Wagnis, das misslingen kann. In diesem Fall drohen Einkommensverluste und im schlimmsten Fall der Vermögensverlust durch eine Insolvenz. Vor Beginn der Selbstständigkeit sollte daher sichergestellt sein, dass es dadurch nicht zu einer finanziellen Benachteiligung der Familie oder des Partners kommt.

Verlust der sozialen Sicherung

Die **Arbeitskraft** des Unternehmensgründers ist sein **wichtigstes Kapital.** Die größte Gefahr besteht darin, dieses Kapital z.B. durch Krankheit und Unfall einzubüßen. Es gilt daher diese existenzbedrohenden Risiken abzudecken, z.B. durch eine Kranken- und Unfallversicherung, eine Berufsunfähigkeitsversicherung sowie die Arbeitslosenversicherung für den Fall der Aufgabe der selbstständigen Tätigkeit.

Gleichzeitig gilt es Maßnahmen zur **Altersvorsorge** zu treffen, z.B. durch Eintritt in die gesetzliche Rentenversicherung.[2]

Viele Risiken können durch intensives Recherchieren, Planen und vor allem durch Erfüllung bestimmter Gründungsvoraussetzungen verringert werden.

Wie die nachfolgende Grafik zeigt, sind neben einer soliden Finanzierung, Gedanken zum Kundennutzen der eigenen Geschäftsidee, eine sorgfältige Umfeldanalyse und gute kaufmännische Kenntnisse sehr bedeutende Einflussfaktoren für einen erfolgreichen Schritt in die Selbstständigkeit.

1 **Akquisition:** Anschaffung, Kundenwerbung.

2 Unternehmer unterliegen nicht automatisch der Rentenversicherungspflicht.

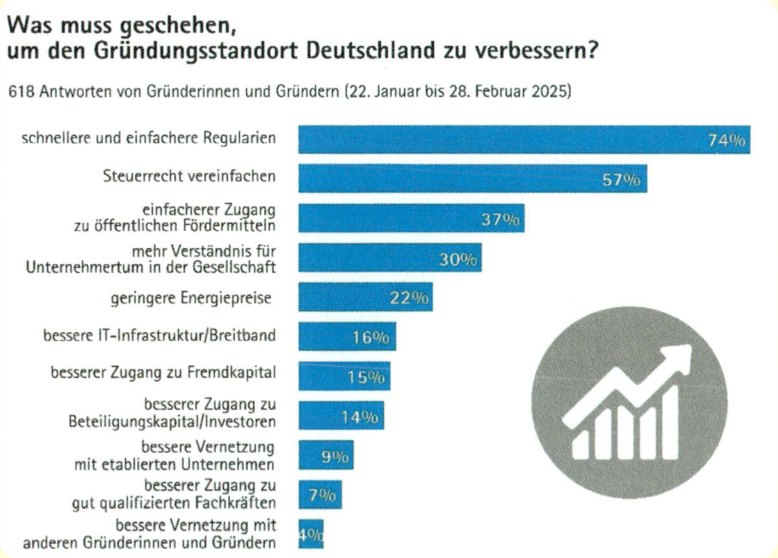

Quelle: DIHK-Report Unternehmensgründung 2025, hrsg. Vom Deutschen Industrie und Handelskammertag, S. 9.

Kompetenztraining

32

1. Erläutern Sie, welche Vorüberlegungen das Vorhaben einer Unternehmensgründung erfordert!

2. Erkunden Sie in Gruppen bei den am Ort ansässigen Betrieben, auf welche Gründe ihre Standortentscheidung im Wesentlichen zurückzuführen sind und erfragen Sie die Probleme, die mit dem gegenwärtigen jeweiligen Standort verbunden sind.

   Aufgabe:

   Stellen Sie die Gruppenergebnisse im Klassenverband in einer Übersicht zusammen!

3. Ermitteln Sie, bei welchen öffentlichen Stellen Sven Wagner sein neu gegründetes Einzelunternehmen anmelden muss! Geben Sie jeweils den Grund für die Anmeldepflicht an!

4. Nennen Sie persönliche Bereiche, die der Unternehmensgründer vor der Unternehmensgründung absichern sollte!

5. Recherchieren Sie, welches Ziel der Unternehmensgründer mit dem Abschluss einer Berufsunfähigkeitsversicherung verfolgt!

6. Bei der Gründung des Unternehmens muss der Gründer sich über unvorhersehbare Gefahren für das Unternehmen Gedanken machen, z. B.:
   - Einbruch,
   - Feuer,
   - ein Maschinenschaden, der einen Produktionsstillstand zur Folge hat oder
   - Fahrlässigkeiten der Mitarbeiter, die zu Ansprüchen führen.

   Aufgabe:

   Recherchieren Sie im Internet, welche betriebliche Versicherungen der Unternehmensgründer gegebenenfalls abschließen sollte, und charakterisieren Sie diese kurz!

1.3 Geplante Unternehmensgründung mithilfe eines Businessplans prüfen

(1) Begriff Businessplan

Sind die Voraussetzungen für eine Unternehmensgründung gegeben, muss überprüft werden, ob die Geschäftsidee auch erfolgreich umgesetzt werden kann. Ein wichtiges Instrument hierfür ist der Businessplan.

Der **Businessplan** bildet die Grundlage für die Beurteilung der **Erfolgschancen** einer Geschäftsidee, indem er die **unternehmerischen Ziele,** die **geplanten Strategien und Maßnahmen** für einen **bestimmten Zeitraum** (meist 3 bis 5 Jahre) darstellt.

(2) Aufgaben des Businessplans

Das Entwickeln eines Businessplans zwingt den Unternehmensgründer, die geplante Unternehmensgründung systematisch vorzubereiten, durchzurechnen, Wissenslücken zu schließen und alle Entscheidungen zu begründen. Der Businessplan ist somit eine Art **Machbarkeits- und Wirtschaftlichkeitsstudie** über die Geschäftsidee. Der Businessplan ist vom **Unternehmensgründer selbst** zu erstellen. Allerdings sollte er frühzeitig eine Beratungsstelle kontaktieren, die ihm bei der Ausarbeitung behilflich ist.[1] Wichtige Aufgaben des Businessplans sind:

- Durchführbarkeit des Vorhabens prüfen,
- Aussagen über die zur Verfügung stehenden Finanzmittel treffen,
- Beziehungen zu möglichen Kooperationspartnern aufzeigen,
- wichtige Realisierungsschritte beschreiben,
- Basis für spätere Soll-Ist-Vergleiche abgeben,
- Chancen und Risiken diskutieren,
- Zielsetzungen für mögliche Weiterentwicklungen der Geschäftsidee vorgeben.

(3) Aufbau und Inhalt des Businessplans

Für den Aufbau eines Businessplans gibt es keine festen Regeln. Er besteht jedoch in der Regel aus einem **Textteil** mit einer ausführlichen Beschreibung der Geschäftsidee und der geplanten Umsetzung sowie einem **Zahlenteil**[2] mit Aussagen über die Finanzierung, die Umsatzentwicklung und die Wirtschaftlichkeit des Vorhabens.

1 Zu den Beratungsstellen gehören z.B. die Industrie- und Handelskammern, die Handwerkskammern oder auch sonstige regionale Gründungsinitiativen.

2 Der Bildungsplan sieht die Darstellung eines mit Zahlen belegten Businessplans nicht vor.

Nachfolgend wird eine **Checkliste** angeboten, die die Inhalte und eine grobe **Gliederung für einen Businessplan** darstellt.[1]

Inhalte des Businessplans	Zentrale Aussagen
Gründerperson[1]	■ Qualifikationen, Berufserfahrungen, Zulassungen ■ Branchenkenntnisse ■ Besondere Stärken, eventuelle Defizite
Geschäftsidee/ Produkt/ Dienstleistung	■ Zweck der Unternehmensgründung ■ Besonderheit der Geschäftsidee ■ Art des Produkts der Dienstleistung ■ Start der Produktion/Dienstleistung ■ Entwicklungsstand des Produkts ■ Eventuell notwendige gesetzliche Formalitäten (z. B. Genehmigung)
Markt/Wettbewerb	
■ Kunden	■ Infrage kommende Kunden ■ Kundengebiet ■ Zusammensetzung des Kundensegments (Alter, Geschlecht, Einkommen, Privat- oder Geschäftskunden) ■ Abhängigkeit von Großkunden ■ Bedürfnisse/Probleme der Kunden
■ Wettbewerber	■ Anzahl der Konkurrenten ■ Stärken und Schwächen der Konkurrenten ■ Eigene Schwäche/Stärke gegenüber den wichtigsten Konkurrenten
Standort	■ Gründe für den geplanten Standort ■ Nachteile des Standorts, Ausgleichsmöglichkeiten
Marketing	
■ Angebot	■ Nutzen des Produkts/der Dienstleistung für potentielle Kunden ■ Stärke des eigenen Produkts gegenüber dem Konkurrenzangebot
■ Preis	■ Art der Preisstrategie ■ Höhe des Angebotspreises ■ Kalkulation, die dem Angebotspreis zugrunde liegt
■ Vertrieb/ Werbung	■ Höhe der Vertriebskosten ■ Absatzmenge in dem vorgegebenen Zielgebiet und Zeitraum ■ Mögliche Vertriebspartner ■ Geplante Werbemaßnahmen

1 Der vorgestellte Businessplan ist angelehnt an einen Vorschlag des Bundesministeriums für Wirtschaft und Energie.

1 In der Anlage zum Businessplan sind Informationen zur Unternehmerpersönlichkeit wie Lebenslauf, Zeugnisse, Referenzen usw. beizufügen.

Inhalte des Businessplans	Zentrale Aussagen
Organisation/ Mitarbeiter/ Rechtsform	
■ Organisation	■ Vorstellen des geplanten Unternehmens (Gründungsdatum, Gesellschafter, Geschäftsführer, Sitz, Geschäftszweck, Lizenzen, Patente, Verträge) ■ Vorlegen des Unternehmens-Organigramms mit Angaben zu den einzelnen Führungspersonen (Alter, Qualifikation, Ausbildung)
■ Mitarbeiter	■ Einstellungstermine der Mitarbeiter ■ Qualifikation der Mitarbeiter ■ Geplante Schulungsmaßnahmen
■ Rechtsform	■ Einzel- oder Gesellschaftsunternehmen ■ Begründung der gewählten Rechtsform
Risiken/Chancen	■ Größte Chance für die Entwicklung des Unternehmens ■ Zeitraum für den Attraktivitätsvorsprung des eigenen Produkts, der Dienstleistung gegenüber den Konkurrenten ■ Probleme, die die Entwicklung des Unternehmens behindern können ■ Strategie, um Risiken und Probleme zu begegnen.
Finanzplanung	■ Gesamtkapitalbedarf für die Unternehmensgründung (Investitionsplan) ■ Anteil des Eigenkapitalanteils ■ Benötigtes Fremdkapital ■ Art der Kreditsicherheiten ■ Mögliche Beteiligungskapitalgeber ■ Nutzung von Förderprogrammen
Ertragsvorschuss für 3 Jahre	■ Erwarteter Umsatz ■ Höhe der geplanten Kosten ■ Geschätzter Gewinn

(4) Förderprogramme und Adressaten des Businessplans

■ Förderprogramme

Typisch für öffentliche Förderprogramme ist, dass es sich meistens um Darlehen, seltener um nicht rückzahlbare Zuschüsse handelt. Die Darlehen werden in der Regel zu günstigen Zinsen, mit langen Laufzeiten und häufig auch mit dem Einräumen einer rückzahlungsfreien Zeit gewährt.

Aktuell wichtige Förderprogramme[1] (Beispiele):

- **Zuschüsse zur Gründungsplanung** (vor der Gründung), z.B. durch das Anbieten von Beratungsscheinen durch das Finanz- und Wirtschaftsministerium Baden-Württemberg.
- **Gründercoaching Deutschland** (nach der Gründung). Es handelt sich um Zuschüsse mit dem Ziel, Unternehmensgründer bei der Bewältigung und Lösung von Problemen in den ersten Jahren der selbstständigen Tätigkeit zu unterstützen.
- **ERP[2]-Kapital für Gründung** vermittelt durch die KfW[3]-Bankengruppe. Diese Förderprogramme sind insbesondere für die mittelständige Wirtschaft bestimmt.

Adressaten des Businessplans

Den Businessplan erstellt der Gründer nicht nur für sich selbst. Weitere wichtige Adressaten sind:

- Investoren,
- Kreditgeber (z.B. Banken),
- Wichtige Geschäftspartner,
- Agentur für Arbeit.

Der Businessplan ist für die angesprochenen Adressaten ein wichtiges Entscheidungsdokument.

Kompetenztraining

33

1. 1.1 Beschreiben Sie den Aufbau eines Businessplans!
   1.2 Stellen Sie dar, inwiefern ein Businessplan die Visitenkarte des angehenden Unternehmers ist!
   1.3 Erläutern Sie, warum der Businessplan ein wichtiges unternehmensinternes Steuerungs- und Kontrollinstrument des Managements ist!
2. Recherchieren Sie im Internet und erläutern Sie das von der Landesregierung Baden-Württemberg aufgelegte Förderprogramm „Innovationsgutschein B Hightech" für innovative Start-up-Unternehmen, hinsichtlich Vorausssetzungen, Ziel und Umfang!
3. „Lohnt es sich, selbstständig zu werden"? Sammeln Sie in Gruppen Gründe für und gegen die Selbstständigkeit, diskutieren Sie anschließend im Klassenverband und halten Sie die vorgetragenen Argumente in einem Protokoll fest!
4. Formulieren Sie Fragen zum Thema „Von der Geschäftsidee zum Unternehmenskonzept", die Sie als Berater für Unternehmensgründungen einem potenziellen Gründer stellen würden! Achten Sie darauf, dass die Fragen den Gesamtkomplex Unternehmensgründung abdecken!

1 Zu einem Überblick über aktuelle Förderprogramme siehe www.existenzgruender.de/und www.foerderdatenbank.de.

2 **ERP**: European Recovery Program. Hierbei handelt es sich um Fördermittel aus dem Europäischen Wiederaufbauprogramm, das 1948 im Rahmen des Marshall-Plans ins Leben gerufen wurde.

3 **KfW**: Kreditanstalt für Wiederaufbau.

2 Standortfaktoren erläutern und eine Standortbestimmung mithilfe der Nutzwertanalyse durchführen

Lernsituation 2:

Nachdem Sven Wagner (vgl. Lernsituation 1, S. 229f.) in den letzten Tagen ausführliche und informative Gespräche zu seiner geplanten Unternehmensgründung mit verschiedenen Stellen geführt hat, stellte sich immer wieder heraus, dass die Standortfrage von entscheidender Bedeutung für die Erfolgsaussichten seiner Unternehmensgründung ist.

Vor diesem Hintergrund hat die IHK Bodensee-Oberschwaben ihn auf zwei mögliche Objekte hingewiesen, die nach dem Kenntnisstand der IHK über die örtliche Presse aktuell zur Vermietung für gewerbliche Nutzung am Markt angeboten werden und geeignet erscheinen. Um sich näher zu informieren, recherchiert Sven Wagner beim Ravensburger Tagesanzeiger und stößt dabei auf die Inserate der beiden Objekte.

Ladenlokal Ravensburg City

Das Ladenlokal befindet sich im Erdgeschoss und liegt zentral in der Hauptfußgängerzone von Ravensburg. Die Gesamtfläche des Ladens beträgt ca. 150 m^2. Die Fläche ist beliebig in Laden- und Lagerfläche teilbar und für unterschiedliche Branchen geeignet. Die Anlieferung von Waren kann über den Wirtschaftshof im hinteren Teil des Gebäudes zu bestimmten Zeiten am Vormittag oder Abend erfolgen. Die Hausfront wurde erst kürzlich saniert, die beleuchtete Überdachung der Schaufensterfront erhöht den Aufmerksamkeitsgrad. Das Anbringen einer Werbefläche am Vordach ist über die gesamte Breite der Schaufensterfront möglich. Kundenparkplätze stehen nicht zur Verfügung. Mietpreis: 2 500,00 € monatlich zuzüglich Nebenkosten.

Ladenlokal im Gewerbepark Ravensburg

Verkehrsgünstig mit direkter Anbindung zur Autobahn und nur ca. 15 Autominuten entfernt von der Ravensburger Innenstadt mit deren vielen touristischen Sehenswürdigkeiten befindet sich unsere Immobilie, in der Einzelhandel, Büros und Ausstellungsflächen einen kundenfreundlichen Anziehungspunkt bilden. Wir bieten Ihnen hier Verkaufsflächen an, die bisher u. a. als Getränkemarkt genutzt wurden. Details: 200 m^2 Verkaufsraum + 100 m^2 Büro- und Lagerfläche. Hinzu kommt eine Freifläche von ca. 800 m^2 direkt vor dem Ladenlokal, die als Kundenparkplatz oder für Produktpräsentationen genutzt werden kann. Der Gewerbepark ist komplett umzäunt und wird videoüberwacht. Mietpreis: 1 500,00 € zuzüglich Nebenkosten.

Nachdem Sven Wagner durch Besichtigung der beiden Objekte die angegebenen Daten aus den Anzeigen geprüft und sich einen persönlichen Eindruck verschafft hat, ist er von beiden Objekten absolut überzeugt. Allerdings wird ihm bewusst, dass er nunmehr eine schwierige Entscheidung treffen muss.

Kompetenzorientierte Arbeitsaufträge:

1. Erläutern Sie, was man unter Standortfaktoren versteht!
2. Unterscheiden Sie zwischen quantitativen und qualitativen Standortfaktoren und nennen Sie jeweils drei Beispiele!
3. Erläutern Sie anhand von drei selbst gewählten Beispielen, inwiefern der Geschäftszweig eines Unternehmens Einfluss auf die Bedeutung einzelner Standortfaktoren hat! Gehen Sie dabei insbesondere auf im jeweiligen Beispiel besonders wichtige Standortfaktoren ein!
4. **Arbeitsvorschlag zur Durchführung einer Standortanalyse mithilfe einer Entscheidungsbewertungstabelle**

   Führen Sie in Kleingruppen auf der Basis der vorliegenden Lernsituation eine Standortanalyse mithilfe einer Entscheidungsbewertungstabelle durch! Legen Sie dabei zunächst für die geplante Unternehmensgründung mögliche Standortfaktoren sowie deren Gewichtung fest und nehmen Sie anschließend eine Bewertung vor! Bereiten Sie Ihre Ergebnisse für eine Präsentation vor und nutzen Sie hierzu das nachfolgende Schema:

ausgewählte Standortfaktoren	**Gewichtung**	**Ladenlokal Ravensburg City**		**Ladenlokal Gewerbepark Ravensburg**	
		ungewichtete Punkte	gewichtete Punkte	ungewichtete Punkte	gewichtete Punkte
(1)	(2)	(3)	(4) = (2) · (3)	(5)	(6) = (2) · (5)
Mietkosten					
Erreichbarkeit					
⋮					
Summe der Punkte	1,00				

2.1 Erläuterung der Standortfaktoren

(1) Begriffe Standort und Standortfaktoren

Die Standortwahl gehört zu den Entscheidungen mit sehr **langfristigen Auswirkungen** auf das Wohlergehen des Unternehmens. Eine Fehlentscheidung bei der Standortwahl kann später oft nur mit **erheblichen Kosten** korrigiert werden. Im schlimmsten Fall kann sie das Unternehmen sogar in seiner Existenz bedrohen. Eine **Standortanalyse** ist daher vor dieser strategischen Entscheidung dringend geboten.

- Der **Standort** ist die **örtliche Lage** eines **Betriebs.**
- **Standortfaktoren** sind alle standortspezifischen Faktoren (Gesichtspunkte), die den Erfolg des Unternehmens beeinflussen.

(2) Arten von Standortfaktoren

Im Folgenden werden die Standortfaktoren unterteilt in solche, die direkt gemessen werden können **(quantitative Standortfaktoren)** und in solche, die subjektiv geschätzt werden müssen **(qualitative Standortfaktoren).**

Quantitative Standortfaktoren

Das sind Standortfaktoren, deren Beitrag zum Unternehmenserfolg **direkt gemessen** werden kann. Wichtige quantitative Standortfaktoren sind:

Standortfaktoren	Beispiele
Produktionskosten	■ Grundstückskosten ■ Kosten für die Errichtung der Gebäude ■ Höhe der Personalkosten ■ Standortabhängige Finanzierungskosten ■ ...
Abgaben **Subventionen**	■ Steuern, z. B. Höhe der Grund- und Gewerbesteuer der Gemeinde ■ Umweltabgaben ■ Regionale Förderungsmaßnahmen der öffentlichen Hand ■ ...
Auflagen	■ Gewerbeeinschränkungen ■ Umweltschutzauflagen ■ Dauer von Genehmigungsverfahren ■ ...
Absatzkosten **Absatzpotenzial**	■ Transportkosten der Produkte vom Standort zum Absatzmarkt ■ Regionales Marktvolumen ■ ...

Qualitative Standortfaktoren

Das sind Standortfaktoren, deren Beitrag zum Unternehmenserfolg **nicht direkt gemessen** werden kann. Qualitative Standortfaktoren müssen von den Planungs- und Entscheidungsträgern subjektiv geschätzt werden. Wichtige qualitative Standortfaktoren sind:

Standortfaktoren	Beispiele
Produktionsumfeld	■ Grundstück (Lage, Form, Bodenbeschaffenheit, Bebauungsvorschriften, Ausdehnungsmöglichkeiten). ■ Verkehrsanbindung (Personen- und Güterverkehrsnetz, Speditionsunternehmen, Nähe eines Binnen- oder Seehafens). ■ Arbeitskräftebeschaffung (Bevölkerungsstruktur und -ausbildung, Konkurrenz auf dem Arbeitsmarkt, Arbeitskräftereserven). ■ ...
Absatzbereich	■ Kaufkraft der Bewohner, Region ist bekannt für die Branche (z. B. Nürnberger Lebkuchen), Stärke der regionalen Konkurrenz. ■ ...
Infrastruktur	■ Wohnraum, Technologie- bzw. Handelszentren, Bildungs- und Kultureinrichtungen, Universität. ■ Landschaftliche Lage, Umgebung. ■ ...

2.2 Durchführung einer Standortbestimmung mithilfe der Nutzwertanalyse

Für die Wahl des Standorts sind immer mehrere Standortfaktoren von Bedeutung. Sie fallen unterschiedlich ins Gewicht und stehen häufig im Widerstreit miteinander (z. B. günstige Verkehrswege, hohes Lohnniveau).

Ein Instrument, um eine Standortwahl unter Berücksichtigung mehrerer Kriterien durchzuführen, ist die **Nutzwertanalyse.**[1] Dabei werden den Auswahlkriterien zunächst Gewichtungen zugeordnet (Spalte 2), die für alle Standorte gleichermaßen gelten. Danach werden die ausgewählten Standortfaktoren einzeln dahingehend analysiert, inwieweit sie die Auswahlkriterien erfüllen. Hierfür werden Punkte vergeben, z. B. 5: hohe Zielerfüllung, 0: keine Zielerfüllung (z. B. Spalte 3). Durch Multiplikation der Gewichtungen mit den einzelnen Punkten erhält man je Standortfaktor die gewichteten Punkte (z. B. Spalte 4). Ausgewählt wird jener Standort, dessen Summe der gewichteten Punkte maximal ist.

Die Verwendung der Nutzwertanalyse hat den Vorteil, dass neben rein **quantifizierbaren Standortfaktoren** (z. B. Lohnkosten) auch die Einbeziehung von **qualitativen Standortfaktoren** (z. B. Infrastruktur) möglich ist.

Beispiel:

Die Maschinenfabrik Mifak GmbH in Stuttgart möchte ein Zweigwerk bauen. Es stehen folgende Standorte zur Wahl: Mannheim, Passau und Siegen. Als entscheidende Standortfaktoren sind ausgewählt: Grundstückskosten, Umweltschutzauflagen, Dauer des Genehmigungsverfahrens, Arbeitskräftebeschaffung, Infrastruktur. Eine Beurteilungsanalyse ergab jeweils die in den Spalten 3, 5 und 7 dargestellten Punkte.

Entscheidungsbewertungstabelle:

ausgewählte Standortfaktoren	Gewichtung	Mannheim		Passau		Siegen	
		ungew. Punkte	gewichtete Punkte	ungew. Punkte	gewichtete Punkte	ungew. Punkte	gewichtete Punkt
(1)	(2)	(3)	(4) = (2) · (3)	(5)	(6) = (2) · (5)	(7)	(8) = (2) · (7)
Grundstückskosten	0,30	5	1,5	4	1,2	3	0,9
Umweltschutzauflagen	0,30	4	1,2	5	1,5	5	1,5
Genehmigungsverfahren	0,10	3	0,3	4	0,4	5	0,5
Arbeitskräftebeschaffung	0,20	5	1,0	3	0,6	4	0,8
Infrastruktur	0,10	2	0,2	2	0,2	3	0,3
Summe der Punkte	**1,00**		**4,2**		**3,9**		**4,0**

Erläuterung (am Beispiel Mannheim):

Die zeilenweise Multiplikation der Gewichtungen mit den Punkten des Standortes Mannheim für die einzelnen Kriterien ergibt jeweils die gewichteten Punkte. Deren Summe beträgt beim Standort Mannheim 4,2. Der Standort Passau und der Standort Siegen erhielten jeweils 3,9 bzw. 4,0 Punkte. Somit fällt die Entscheidung zugunsten des Standortes Mannheim.

Obwohl die Nutzwertanalyse in der Vorgehensweise sehr systematisch ist und in der Praxis gute Dienste leistet, sind mit ihr insbesondere folgende **Nachteile** verbunden:

1 Synonym werden die Begriffe Scoringmodell bzw. Punktebewertungsmodell verwendet. (**Scoringmodell**: Modell zur Bewertung von Handlungsalternativen).

- Die Merkmale der qualitativen Standortfaktoren lassen sich nicht bei jedem Standort auf der Gewichtungsskala genau abbilden.
- Die Gewichtung der Standortfaktoren ist subjektiv und damit nicht nachprüfbar.
- Quantitative Größen wie Erlöse und Kosten werden nicht genügend berücksichtigt.

Kompetenztraining

34

1. Beschreiben Sie die Zielsetzung der Nutzwertanalyse an einem selbst gewählten Beispiel!
2. Nennen Sie die Schritte, die zur Durchführung einer Nutzwertanalyse erforderlich sind!
3. Ein Unternehmen des Maschinenbaus plant den Bau eines Zweigwerkes. Folgende Mindestanforderungen werden an den Standort gestellt:
   - Mindestgröße des Grundstücks 5 000 m^2.
   - Die nächste Autobahnauffahrt darf höchstens 10 km vom Grundstück entfernt liegen.
   - Auf dem Arbeitsmarkt dürfen höchstens drei bedeutende andere Unternehmen in Konkurrenz stehen.
   - Die Miete für angemessenen Wohnraum der Belegschaft darf 7,50 € nicht übersteigen.

   Untersucht werden vier Standorte. Für die Standorte liegen folgende Daten vor:

Standortfaktoren / Standort	① Grundstücksgröße m^2	② Autobahnentfernung km	③ Konkurrenzfirmen Arbeitsmarkt	④ Miete/Wohnraum €/m^2
I	7 000	1	1	7,50
II	10 000	8	1	7,00
III	5 000	3	3	6,10
IV	8 000	12	2	6,80

   Das Maschinenbauunternehmen legt folgende, bereits gewichtete Standortfaktoren zugrunde:

	Gewichtung
① Grundstück	0,4
② Verkehrslage des Grundstücks	0,2
③ Arbeitsbeschaffung	0,3
④ Infrastruktur	0,1

   Aufgaben:

   3.1 Legen Sie aufgrund der Angaben die Bedeutung der einzelnen Standortfaktoren auf einer Skala von Null (Mindestanforderung nicht erfüllt!) bis zehn Punkten fest. Begründen Sie Ihre Entscheidung!

   3.2 Treffen Sie eine begründete Entscheidung, welchen Standort das Maschinenbauunternehmen bestimmen soll!

3 Handelsrechtliche Vorschriften im Hinblick auf eine berufliche Selbstständigkeit herausarbeiten

Lernsituation 3:

Sebastian, Malte und Nils absolvieren eine Ausbildung zum Industriekaufmann in einem Unternehmen der Biotechnologie- bzw. Lebensmittelindustrie und sind seit über einem Jahr Schüler an einem Berufskolleg in Konstanz. An einem Freitag in der ersten Pause stehen alle drei auf dem Schulhof zusammen und unterhalten sich über ihren Mitschüler Jonas Bauer, von dem sie soeben über ihren Klassenlehrer erfahren haben, dass dieser seine Ausbildung mit sofortiger Wirkung abgebrochen hat und somit künftig nicht mehr zum Unterricht erscheinen wird.

Während sich Nils lauthals darüber aufregt, wie jemand seine Ausbildung zum Industriekaufmann bei einem der größten Lebensmittelhersteller in Baden-Württemberg einfach abbrechen kann, holt Malte sein Tablet-PC hervor und zeigt seinen beiden Mitschülern den neuesten Instagram-Post von Jonas. Zu sehen ist ein Selfie ihres ehemaligen Mitschülers mit nach oben gestrecktem Daumen vor einem Biomarkt. Überschrieben ist das Bild mit dem Slogan „Kaufmann gemäß HGB – das schafft ihr nicht mit einer kaufmännischen Ausbildung."

Unterhalb des Selfies schreibt Jonas dann, dass er sich nach langen Gesprächen mit seinen Eltern dazu entschlossen hat, in den Biomarkt seines Vaters einzusteigen und den Betrieb zum Jahresende komplett zu übernehmen, da sich sein Vater aus gesundheitlichen Gründen aus dem Unternehmen zurückziehen möchte. Alles Weitere könne man dann auch nächstes Jahr im Handelsregister unter der Firma „Bauers Biomarkt e. K." nachlesen.

Nachdem sich die drei Mitschüler das Posting genauer angesehen haben, kommt es zu einer heftigen Diskussion. Sebastian ist der Meinung, dass Jonas schon immer ein Angeber gewesen sei und es mit einer abgebrochenen Ausbildung zu nichts bringen werde, schon gar nicht zu einem Kaufmann. Nils fügt hinzu, dass er nicht versteht, wieso Jonas sich über seine ehemaligen Mitschüler lustig macht. Schließlich werden sie ja mal mit der abgeschlossenen Ausbildung Kaufmann sein, wohingegen Jonas doch wohl eher nur der „Gehilfe seines Vaters" bleibt. Lediglich Malte kommt ins Nachdenken und fragt die anderen, ob Jonas mit seinem Post nicht doch recht hat.

Kompetenzorientierte Arbeitsaufträge:

1. Recherchieren Sie im Internet, ob Jonas mit seiner Behauptung, die er auf Instagram postet, recht hat!
2. Erläutern Sie, was man unter dem Begriff „Kaufmann" versteht. Gehen Sie im Rahmen Ihrer Ausführungen auch darauf ein, ob man hierzu über eine abgeschlossene kaufmännische Ausbildung verfügen muss!
3. In dem Instagram-Post verwendet Jonas die Begriffe „Firma" und „Handelsregister". Erläutern Sie kurz diese beiden Begriffe!
4. Das Unternehmen von Jonas trägt den Namen „Bauers Biomarkt e. K.". Erläutern Sie, was sich hinter dem Kürzel „e. K." verbirgt! Gehen Sie bei Ihrer Antwort auch auf die wesentlichen Merkmale dieser Rechtsform ein!

3.1 Kaufmann

(1) Begriff Kaufmann

Kaufmann im Sinne des HGB ist, wer ein **Handelsgewerbe** betreibt [§ 1 I HGB].

Ein Handelsgewerbe ist jeder Gewerbebetrieb,[1] wenn er nach Art oder Umfang einen in **kaufmännischer Weise eingerichteten Geschäftsbetrieb** erfordert. Merkmale eines kaufmännisch eingerichteten Geschäftsbetriebs sind z. B.

- doppelte Buchführung,
- Erreichen eines bestimmten Umsatzes,
- mehrere Beschäftigte,
- Produktvielfalt (Sach- und/oder Dienstleistungen),
- Gewinnziel und
- Zahl der Betriebsstätten.

Gewerbetreibende, deren Unternehmen **keinen** nach Art oder Umfang eines in **kaufmännischer Weise eingerichteten Geschäftsbetrieb** erforderlich macht, sind **keine Kaufleute.**

Hierzu gehören vor allem alle **Kleinbetriebe** (z. B. kleine Einzelunternehmen).

Freiberufler (z. B. Rechtsanwälte, Ärzte mit einer eigenen Praxis, Architekten) sind sogenannte **Nichtkaufleute.**

(2) Buchführungspflicht

Jeder Kaufmann, der ins Handelsregister eingetragen ist, ist **verpflichtet Bücher zu führen** und in diesen seine Handelsgeschäfte und die Lage seines Vermögens nach den Grundsätzen ordnungsmäßiger Buchführung ersichtlich zu machen [§ 238 I HGB].

Zweck der Buchführungspflicht ist die Entstehung und Abwicklung der Geschäftsvorfälle eines Kaufmanns zu dokumentieren, um dem Unternehmer sowie Dritten (z. B. Kreditgeber, Finanzamt, Mitarbeitern) einen Überblick über die Lage des Unternehmens zu vermitteln.

Nach § 241 a HGB sind Einzelkaufleute, die an den Abschlussstichtagen von zwei aufeinanderfolgenden Geschäftsjahren jeweils nicht mehr als

- 800 000,00 € Umsatzerlöse und
- 80 000,00 € Jahresüberschuss

aufweisen, von der **Buchführungspflicht befreit.**

1 Ein **Gewerbebetrieb** liegt vor, wenn die Tätigkeit selbstständig und auf Dauer angelegt ist, planmäßig betrieben wird, auf dem Markt nach außen in Erscheinung tritt, nicht gesetzes- oder sittenwidrig ist und in der Regel eine Gewinnerzielungsabsicht beinhaltet.

(3) Formen des Kaufmanns

Istkaufmann

Gewerbetreibende, deren Unternehmen nach Art oder Umfang eine **kaufmännische Einrichtung** erforderlich macht, sind **in jedem Fall Kaufmann,** gleichgültig, ob sie bereits im Handelsregister eingetragen sind oder nicht. Man spricht deswegen auch von **Istkaufmann** [§ 1 HGB].

Der Istkaufmann ist **verpflichtet,** sich mit seiner Firma und mit sonstigen wichtigen Merkmalen seines Handelsgewerbes (z.B. Niederlassungsort, Zweck des Unternehmens, Gesellschafter) in das Handelsregister eintragen zu lassen. Die Eintragung erklärt dann nur noch nach außen, dass es sich um ein kaufmännisches Unternehmen handelt. Die Eintragung wirkt nur noch **deklaratorisch,**[1] was besagt, dass die Rechtswirkung schon vor der Eintragung in das Handelsregister eingetreten ist.

Kannkaufmann

- Ein **Kleinbetrieb** ist **kein Kaufmann** und unterliegt daher nicht den **Vorschriften des HGB.**
- Ein Kleingewerbetreibender **kann** sich in das **Handelsregister eintragen lassen**. Mit der Eintragung ist er Kaufmann.
- Einen Kleingewerbetreibenden bezeichnet man als **Kannkaufmann.**

Auch die Inhaber land- und forstwirtschaftlicher Betriebe und/oder ihrer Nebenbetriebe haben die Möglichkeit, sich ins Handelsregister eintragen zu lassen. Voraussetzung ist, dass diese Betriebe einen nach Art und Umfang in kaufmännischer Weise eingerichteten Geschäftsbetrieb erfordern [§§ 2, 3 II HGB].

Bei einem Kannkaufmann wirkt die Handelsregistereintragung **konstitutiv.**[2] Dies bedeutet, dass die Kaufmannseigenschaft erst mit der Handelsregistereintragung erworben wird.

Kaufmann kraft Rechtsform

Kaufmann kraft Rechtsform **(Formkaufmann)** sind die juristischen Personen[3] des Handelsrechts ohne Rücksicht auf die Art der betriebenen Geschäfte und der Betriebsgröße [§ 6 HGB].

Quelle: Mercedes Stuttgart

1 **Deklaratorisch** (lat.): erklärend, rechtserklärend. Deklaration (lat.): Erklärung, die etwas Grundlegendes enthält.

2 **Konstitutiv** (lat.): rechtsbegründend, rechtschaffend. Konstitution (lat.): Verfassung, Rechtsbestimmung.

3 **Juristische (rechtliche) Personen** sind „künstliche" Personen, denen der Staat die Eigenschaft von Personen kraft Gesetzes verliehen hat. Sie sind damit rechtsfähig, d.h. Träger von Rechten und Pflichten.

Wichtige Beispiele für einen Kaufmann kraft Rechtsform sind die **Gesellschaft mit beschränkter Haftung (GmbH)** sowie die **Aktiengesellschaft (AG)**, die mit der Eintragung in das Handelsregister Kaufmann werden. Bei einem Formkaufmann wirkt die Handelsregistereintragung **konstitutiv**, d. h., die Rechtswirkung tritt erst mit der Eintragung in das Handelsregister ein.

3.2 Handelsregister

(1) Begriff Handelsregister

Das **Handelsregister** ist ein amtliches, öffentliches, elektronisch geführtes Verzeichnis aller Kaufleute eines Amtsgerichtsbezirks. Für die Führung des Handelsregisters sind die Amtsgerichte zuständig [§ 8 HGB; § 376 I FamFG].

- Für die **Anmeldungen zur Eintragung** ist eine **öffentliche Beglaubigung**[1] (z. B. durch einen Notar) erforderlich.
- Die für die Anmeldung erforderlichen **Unterlagen** sind **elektronisch einzureichen.**

(2) Aufgabe und Bedeutung des Handelsregisters

Die Aufgabe des Handelsregisters besteht darin, der **Öffentlichkeit** die Rechtsverhältnisse der eingetragenen kaufmännischen Gewerbebetriebe offenzulegen. Das Handelsregister ist **frei zugänglich**, d. h., jeder Interessierte kann ohne Angabe von Gründen in das Register Einsicht nehmen. Das Handelsregister gibt z. B. Auskunft über

- die Firma,
- die Rechtsform,
- den Gegenstand des Unternehmens,
- den (oder die) Geschäftsinhaber,
- die Haftungsverhältnisse,
- den Ort des Geschäftssitzes,
- die inländische Geschäftsanschrift der Handelsniederlassung,
- die Vertretungsbefugnisse der Vertretungsorgane des Unternehmens und
- den Tag der Handelsregistereintragung.

Die Handelsregistereintragungen werden **elektronisch bekannt gemacht.** Auskünfte über die Eintragungen (z. B. Registerblätter, Gesellschafterlisten und Satzungen) können über das gemeinsame Justizportal aller Bundesländer (www.justiz.de) online eingesehen werden.[2] Zudem kann jeder auf elektronischem Wege (kostenpflichtig) Abschriften und Registerausdrucke erhalten.[3]

---

1 **Beglaubigung**: Vom Notar wird die **Echtheit der eigenhändigen Unterschrift** des Erklärenden beglaubigt.
Beurkundung: Hier werden die Willenserklärungen der Beteiligten von einem Notar in eine Urkunde aufgenommen. Der Notar beurkundet dabei die **Unterschrift** und den **Inhalt der Erklärung**.

2 Die Einsichtnahme „vor Ort" ist grundsätzlich bei jedem Amtsgericht über ein Terminal möglich.

3 Außerdem besteht ein Unternehmensregister, das als bündelndes Portal über die Informationen des Handelsregisters hinaus alle wirtschaftlich relevanten Daten über Unternehmen zugänglich macht (www.unternehmensregister.de).

Das Handelsregister genießt **öffentlichen Glauben.** Zum Schutz des Vertrauens Dritter auf die bekannt gemachten Handelsregistereintragungen gilt die **Vermutung der Richtigkeit** der Handelsregistereintragungen.

(3) Abteilungen des Handelsregisters

Das Handelsregister besteht aus zwei Abteilungen:

Abteilung A	Abteilung B
Hier werden u. a. eingetragen: ■ Einzelkaufleute, ■ offene Handelsgesellschaft (OHG), ■ Kommanditgesellschaft (KG).	Hier werden u. a. eingetragen: ■ Gesellschaft mit beschränkter Haftung (GmbH), ■ Aktiengesellschaft (AG).

(4) Löschung

Die Löschung der Eintragung erfolgt dadurch, dass die Eintragung rot unterstrichen wird. Auf diese Weise können alle früheren Eintragungen zurückverfolgt werden.

3.3 Firma

(1) Begriff Firma

Die **Firma** ist der im Handelsregister eingetragene **Name,** unter dem ein Kaufmann sein Handelsgewerbe betreibt und seine Unterschrift abgibt [§ 17 I HGB]. Der Kaufmann kann unter seiner Firma klagen und verklagt werden [§ 17 II HGB].

Das Recht an einer bestimmten Firma ist gesetzlich geschützt. Das Gesetz schützt den Inhaber einer Firma beispielsweise davor, dass ein anderer Kaufmann am selben Ort eine nicht deutlich abweichende Firma annimmt [§ 30 HGB].

(2) Rechtsformzusatz

Den einzelnen Rechtsformen sind **verbindliche Firmenzusätze (Rechtsformzusätze)** zugeordnet.

Beispiel:

Die Firma der **Einzelunternehmung** muss die Bezeichnung „eingetragener Kaufmann" bzw. „eingetragene Kauffrau" enthalten. Allgemein verständliche Abkürzungen dieser Bezeichnungen sind zulässig (z. B. e. K., e. Kfm., e. Kfr.) [§ 19 I, Nr. 1 HGB].

Freiwillige Firmenzusätze haben die Aufgaben, den Informationsgehalt einer Firma zu stärken.

Beispiel:

Der Inhaber einer Schuhfabrik firmiert wie folgt: „Inge Kern GmbH – Fabrik für den modernen Schuh".

(3) Firmengrundsätze

Firmenwahrheit und -klarheit	Die Firma darf nicht über Art und/oder Umfang des Geschäfts täuschen.
Firmenöffentlichkeit	■ Jeder Kaufmann ist verpflichtet, seine Firma und den Ort seiner Handelsniederlassung und deren spätere Änderungen zur Eintragung in das zuständige Handelsregister anzumelden. ■ Damit wird erreicht, dass die Öffentlichkeit (also Kunden, Lieferanten, Banken, Behörden usw.) erfährt, unter welcher Firma Geschäftsvorgänge abgewickelt werden.
Firmenausschließlichkeit	■ Jede neue Firma muss sich von anderen an demselben Ort oder in derselben Gemeinde bereits bestehenden und in das Handelsregister eingetragenen Firmen deutlich unterscheiden. ■ Bei gleichen Familiennamen der Inhaber muss ein Firmenzusatz eine eindeutige Unterscheidung ermöglichen.
Firmenbeständigkeit	■ Die bisherige Firma kann beibehalten werden, wenn sich der Name des Inhabers ändert (z. B. bei Heirat), das Unternehmen durch einen neuen Inhaber fortgeführt wird (z. B. bei Verkauf oder Erbschaft) oder bei Eintritt eines zusätzlichen Mitinhabers (Gesellschafters). ■ Voraussetzung für die Weiterführung der Firma ist die ausdrückliche Einwilligung des bisherigen Inhabers oder dessen Erben. Ein Zusatz, der auf das Nachfolgeverhältnis hinweist, ist möglich.

Kompetenztraining

35 1. Lena Stehlin übernimmt für verschiedene Verlage das Webdesign. Sie hat zwei Teilzeitangestellte beschäftigt. Ihr Gewerbebetrieb erfordert keinen nach Art oder Umfang in kaufmännischer Weise eingerichteten Geschäftsbetrieb. Dennoch möchte sich Lena Stehlin ins Handelsregister eintragen lassen. Sie sollen Lena Stehlin im Rahmen der Handelsregistereintragung beraten.

Aufgaben:

1.1 Unterbreiten Sie drei Vorschläge für einen Firmennamen!

1.2 Erläutern Sie, was unter dem Begriff Firma zu verstehen ist!

1.3 Lena Stehlin möchte wie folgt firmieren:

Webdesign e. K.

Beurteilen Sie, ob diese Firma zulässig ist!

1.4 Auf Ihren Rat hin meldet Lena Stehlin beim Amtsgericht folgende Firma an:

Verlags-Webdesign
Inh. Lena Stehlin e. K.

Die Eintragung erfolgt am 24. Mai 20..

Zeigen Sie auf, welche rechtliche Wirkung die Handelsregistereintragung für Lena Stehlin hat!

1.5 Begründen Sie, ob es sinnvoll wäre, in den ersten beiden, noch umsatzschwachen Geschäftsjahren auf eine Handelsregistereintragung zu verzichten!

2. Der Installateurmeister Ernst Kopf hat vor Jahren einen kleinen Reparaturbetrieb gegründet, der sich gut entwickelte. Heute beschäftigt er fünf Gesellen und zwei Angestellte. Sein Betrieb ist kaufmännisch voll durchorganisiert. Im Handelsregister ist Ernst Kopf nicht eingetragen.

   Aufgaben:

   2.1 Beurteilen Sie, ob Ernst Kopf Kaufmann ist!

   2.2 Der Steuerberater Alexander Klug macht Ernst Kopf darauf aufmerksam, dass er seinen Gewerbebetrieb ins Handelsregister eintragen lassen muss.

   Unterbreiten Sie einen Vorschlag, wie die Firma lauten könnte!

   2.3 Ernst Kopf lässt sich am 15. Februar 20.. unter der Firma „Ernst Kopf e.K. – Installateurfachbetrieb" ins Handelsregister eintragen.

   Erläutern Sie, welche rechtliche Wirkung die Handelsregistereintragung hat!

3. Die Wirkung von Handelsregistereintragungen kann deklaratorisch oder konstitutiv sein.

   Aufgaben:

   3.1 Erklären Sie, was jeweils hierunter zu verstehen ist!

   3.2 Ermitteln Sie, bei welchem Kaufmann die Handelsregistereintragung deklaratorisch, bei welchen sie konstitutiv ist!

4 Wahl der Rechtsform als eine wesentliche Gründungsentscheidung nachvollziehen

Lernsituation 4:

Stefan Danner e.Kfm. betreibt in Heilbronn einen Handel mit Bürobedarf, Computertechnik, Kopiergeräten usw.

Das Unternehmen hat sich in den letzten Jahren sehr erfolgreich entwickelt. Insbesondere der Bereich der Computertechnik hat einen rasanten Aufschwung genommen. Immer mehr – insbesondere kleine – Unternehmen wünschen sich allerdings eine Lösung „aus einer Hand", das heißt, sie wollen nicht nur die Hardware kaufen, sondern komplette Systemlösungen mit lokalem Netzwerk, Internetanbindung, Virenschutz, Datensicherung und laufender Wartung.

Stefan Danner fühlt sich diesen Herausforderungen nicht mehr gewachsen. In Maxim Symonenko, ausgebildeter IT-Systemelektroniker, hat er einen Partner gefunden, der bereit wäre, mit ihm zusammen eine Gesellschaft zu gründen. Aus seinem Privatvermögen könnte Maxim Symonenko 150 000,00 € in die Gesellschaft einbringen. Stefan Danner

brächte das bereits bestehende Grundstück mit dem Betriebsgebäude, den Fahrzeugen und den kompletten Einrichtungen im Wert von 450 000,00 € in das Unternehmen ein.

Während Stefan Danner nach wie vor daran gelegen ist, dass seine Person mit dem künftigen Unternehmen in Verbindung gebracht wird, legt Maxim Symonenko besonderen Wert darauf, dass sein restliches Privatvermögen durch den Wechsel in die Selbstständigkeit auf gar keinen Fall gefährdet wird. Beide Geschäftspartner legen zudem großen Wert darauf, ihre Arbeitskraft auch künftig mit in das Unternehmen einzubringen und die Zukunft des Unternehmens durch eigene Entscheidungen im Wesentlichen zu prägen.

Nachdem die beiden einen ausführlichen Businessplan erstellt haben, wird deutlich, dass die künftige Neuausrichtung des Unternehmens erheblich höhere Investitionen erfordert. Beide sind sich darin einig, das Unternehmen nicht zusätzlich mit Fremdkapitalzinsen zu belasten. Daher suchen sie nach Möglichkeiten, weiteres Eigenkapital für ihr Vorhaben zu gewinnen. Im Zuge dieser Überlegungen stoßen sie mit Paul Geisen und Conny Fitschen auf gemeinsame Bekannte, die sowohl über ausreichend Privatvermögen als auch über entsprechendes Interesse verfügen, sich an dem Unternehmen zu beteiligen.

Im Rahmen einer gemeinsamen Sitzung mit den beiden Interessenten betont Paul Geisen, dass er lediglich an einer Kapitaleinlage interessiert sei, die hoffentlich entsprechende Gewinne abwirft. Dabei solle nach seiner Vorstellung jeder Gesellschafter nach der Höhe seiner Einlage am Unternehmenserfolg beteiligt werden. Für den Fall, dass das Unternehmen in eine Schieflage gerät, möchte er nicht mit seinem übrigen Vermögen herhalten. Auch sei er nicht an einer persönlichen Mitarbeit interessiert, da ihn seine Hobbys und seine ständigen Auslandsaufenthalte zeitlich bereits vollends in Anspruch nehmen.

Conny Fitschen schließt sich mit ihren Vorstellungen denen von Paul Geisen an. Allerdings betont sie noch ein ganz anderes Interesse. So verweist sie am Beispiel von Mark Zuckerberg und dessen Unternehmen Meta darauf, dass in der Vergangenheit immer wieder solch innovative Unternehmensgründer nach einiger Zeit ihr Unternehmen Schritt für Schritt börsenfähig gemacht haben. So hätten sie schließlich den Erfolg ihrer Arbeit mit Millionen oder gar Milliarden am Kapitalmarkt vergoldet. Schließlich betont sie, dass sie solche Beteiligungen und die damit verbundenen Risiken ja vor allem gerade deshalb eingehe, um derartig einmalige Chancen zu nutzen und dann diese Beteiligung auch wieder an einem entsprechenden Markt veräußern zu können. Andernfalls könne sie ihr Geld ja auch sicher bei einer Bank gegen Zinsen anlegen.

Kompetenzorientierte Arbeitsaufträge:

1. Erarbeiten Sie zunächst in Partnerarbeit mögliche Vor- und Nachteile heraus, die die Arbeit von Stefan Danner als bisherigen Einzelunternehmer auszeichneten!
2. Fertigen Sie aus dem Text heraus eine Aufstellung an, aus der hervorgeht, was den einzelnen Personen bei der Neugründung des Unternehmens besonders wichtig erscheint!
3. Die neuen Eigenkapitalgeber Paul Geisen und Conny Fitschen scheinen im Gegensatz zu Stefan Danner und Maxim Symonenko eher an einer Kapitalgesellschaft Gefallen zu finden. Arbeiten Sie die grundsätzlichen Unterschiede zwischen Personen- und Kapitalgesellschaften heraus! Berücksichtigen Sie hierbei die folgenden Vergleichsmerkmale:
   - Gründung
   - Mindestkapital
   - Prinzip der Führung und Leitung
   - Haftung
   - Geschäftsführung
   - Vertretung
4. Stefan Danner wünscht sich als Unternehmensform die OHG. Er möchte daher diese Unternehmensform vorstellen. Stellen Sie die OHG anhand der in Arbeitsauftrag 3 genannten Vergleichsmerkmale in einer kurzen Übersicht dar!
5. Nach langen Gesprächen der vier künftigen Gesellschafter stehen nur noch die Rechtsform der KG und der GmbH zur Diskussion. Stellen Sie diese beiden Unternehmensformen anhand wichtiger Vergleichsmerkmale (mindestens 8) gegenüber und treffen Sie eine begründete Rechtsformwahl!
6. Stellen Sie Chancen und Risiken der Gesellschafter dar, wenn diese die Rechtsform der KG bzw. der GmbH wählen!

4.1 Einzelunternehmung

(1) Begriff Einzelunternehmer

Einzelunternehmer ist, wer es selbst „unternimmt", Geschäfte in **eigenem Namen** und auf **eigene Rechnung** mit **vollem Risiko** zu tätigen und hierzu sein **eigenes Geld- und Sachkapital** einsetzt.

(2) Firma

Die Firma der Einzelunternehmung richtet sich i.d.R. nach dem Vor- und Zunamen des Einzelunternehmers. Sie muss die Bezeichnung „eingetragener Kaufmann" bzw. „eingetragene Kauffrau" oder eine allgemein verständliche Abkürzung dieser Bezeichnung enthalten [§ 19 I, Nr. 1 HGB].

Beispiel:

Beauty Moments
Emmy Reisacher e.Kfr.

(3) Merkmale der Einzelunternehmung

Personenzahl	Der Einzelunternehmer ist **alleiniger Inhaber** des Unternehmens.
Geschäftsführung	Die Geschäftsführung, d.h. die Leitung der Einzelunternehmung, obliegt dem Einzelunternehmer allein. Er trifft alle Anordnungen in seinem Betrieb (im **Innenverhältnis**) allein, ohne andere anhören zu müssen.
Vertretung[1]	Das Recht auf Vertretung der Einzelunternehmung gegenüber Dritten (im **Außenverhältnis**) hat der Einzelunternehmer. Er schließt für die Einzelunternehmung alle erforderlichen Rechtsgeschäfte mit Dritten ab (z.B. Kaufverträge, Mietverträge, Kreditverträge).
Haftungsverhältnisse[1]	Der Einzelunternehmer haftet für alle Verbindlichkeiten der Einzelunternehmung mit seinem Geschäfts- und sonstigen Privatvermögen **unbeschränkt** und **unmittelbar** (direkt).
Eigenkapitalaufbringung	Das Eigenkapital stellt der Einzelunternehmer zur Verfügung. Über die **Höhe des aufzubringenden Eigenkapitals** gibt es **keine gesetzliche Vorschrift.**
Gewinn- und Verlustverteilung	Der Einzelunternehmer hat das Recht auf den gesamten **Gewinn**. Andererseits hat er den **Verlust** ebenfalls allein zu tragen.
Gründung	Für die Gründung der Einzelunternehmung bestehen **keine gesetzlichen Formvorschriften.** Erfordert die Einzelunternehmung eine kaufmännische Einrichtung, ist eine Eintragung ins Handelsregister erforderlich.

1 **Vertretung** und **Haftung** regeln die Rechtsbeziehung der Unternehmung mit außenstehenden Dritten. Sie betreffen daher das **Außenverhältnis.**

17 Merkur-Nr. 0557

(4) Vor- und Nachteile der Einzelunternehmung

Für den **Einzelunternehmer** hat diese Unternehmensform Vor- und Nachteile:

Vorteile (Gründungsmotive)	Nachteile
■ Keine Abstimmung der Entscheidungen mit anderen (Ausnahme: Mitbestimmung der Arbeitnehmer). ■ Schnelle Entscheidungsmöglichkeit. ■ Rasche Anpassung an veränderte wirtschaftliche Verhältnisse (z. B. Aufnahme neuer Produkte). ■ Klarheit und Eindeutigkeit der Unternehmensführung. ■ Großes Eigeninteresse des Inhabers an der Arbeit, da ihm der Gewinn allein zusteht (Gewinn als Leistungsanreiz).	■ Bei falschen Entscheidungen trägt der Inhaber das Risiko allein. ■ Der Erfolg des Unternehmens hängt untrennbar an der Person des Inhabers, seinen fachlichen Fähigkeiten, seinem Charakter und seiner Gesundheit. ■ In der Regel geringe Eigenkapitalkraft und beschränkte Kreditbeschaffungsmöglichkeiten. ■ Großes Haftungsrisiko.

Kompetenztraining

36 Jonas Augustin, Angestellter eines Softwareunternehmens, möchte sich als Softwareentwickler selbstständig machen und hierzu eine Einzelunternehmung innerhalb des Industrie- und Gewerbeparks in Pforzheim gründen.

Aufgaben:

1. 1.1 Nennen Sie drei persönliche Voraussetzungen, die Jonas Augustin mitbringen sollte, um die Softwareunternehmung erfolgreich führen zu können!

   1.2 Geben Sie drei Gründe wieder, die Jonas Augustin zur Wahl dieser Rechtsform veranlasst haben könnten!

   1.3 Nennen Sie die Abteilung des Handelsregisters, in welche die Firma „Jonas Augustin e. Kfm., Softwareentwicklung“ eingetragen wird!

2. Nennen und beurteilen Sie je drei Vor- und Nachteile der Einzelunternehmung

   2.1 aus der Sicht der Arbeitnehmer,

   2.2 aus der Sicht des Einzelunternehmers!

4.2 Offene Handelsgesellschaft (OHG)[1]

4.2.1 Begriff, Gründung und Firma

(1) Begriff [§ 105 HGB]

- Die **offene Handelsgesellschaft (OHG)**
  - ist eine **Gesellschaft** mit mindestens zwei Personen,
  - deren Zweck auf den Betrieb eines **Handelsgewerbes** unter **gemeinschaftlicher Firma** gerichtet ist und
  - bei der die **Haftung der Gesellschafter uneingeschränkt ist** [§ 105 I HGB].
- Die offene Handelsgesellschaft kann Rechte erwerben und Verbindlichkeiten eingehen [§ 105 II HGB]. Sie ist eine **Personengesellschaft** [§ 105 II HGB].

(2) Gründung

Zur Gründung der OHG sind **zwei Voraussetzungen** erforderlich:

- Abschluss eines Gesellschaftsvertrags.
- Eintragung der OHG ins Handelsregister.

(3) Firma[2]

Die Firma, unter der die OHG ihre Rechtsgeschäfte abschließt (z. B. Kauf-, Miet-, Arbeitsverträge), muss die Bezeichnung „offene Handelsgesellschaft" oder eine allgemein verständliche Abkürzung dieser Bezeichnung enthalten [§ 19 I, Nr. 2 HGB].

Beispiele:

- Karl Wagner OHG,
- Wagner & Wunsch – offene Handelsgesellschaft,
- Wunsch OHG, Kfz-Handel und -reparaturen,
- Reutlinger Kfz-Handel und -reparaturen OHG.

4.2.2 Eigenkapitalaufbringung, Geschäftsführung, Vertretung, Haftung, Gewinn- und Verlustbeteiligung

(1) Eigenkapitalaufbringung

Die Aufbringung des Eigenkapitals der OHG erfolgt durch die Leistung von **Beiträgen (Kapitaleinlagen)** der Gesellschafter. Die Höhe der Beiträge wird von den Gesellschaftern in der Regel im Gesellschaftsvertrag bestimmt. Erfolgt **keine Regelung im Gesellschaftsvertrag,** sind die Gesellschafter zu **gleichen Beiträgen** verpflichtet [§ 709 BGB]. Die Beiträge der Gesellschafter sowie die durch die Gesellschaft erworbenen Rechte und die eingegangenen Verbindlichkeiten sind **Vermögen der Gesellschaft** [§ 713 BGB].

1 In den Text sind die Gesetzesänderungen durch das „Gesetz zur Modernisierung des Personengesellschaftsrechts" [MoPeG] eingearbeitet. Das Gesetz ist seit Januar 2024 in Kraft.

2 **Firma** ist der Name, unter dem ein Kaufmann sein Handelsgewerbe betreibt und seine Unterschrift abgibt. Der Kaufmann kann unter seiner Firma klagen und verklagt werden [§ 171 HGB].

(2) Geschäftsführung [§ 116 I, II HGB]

Die Geschäftsführung regelt die **Rechtsbeziehungen zwischen den Gesellschaftern (Innenverhältnis).**

Gewöhnliche Geschäfte

Zur **Geschäftsführung,** die der **gewöhnliche Betrieb der OHG** mit sich bringt, ist jeder Gesellschafter berechtigt und verpflichtet. Er ist berechtigt, **allein zu handeln (Einzelgeschäftsführungsrecht).** Widerspricht ein geschäftsführungsbefugter Gesellschafter der Vornahme des Geschäfts, muss dieses unterbleiben. Ist im Gesellschaftsvertrag vereinbart, dass die Gesellschafter nur **gemeinsam** zu handeln berechtigt sind **(Gesamtgeschäftsführungsrecht),** bedarf es für **jedes Geschäft** der Zustimmung aller Gesellschafter.

Außergewöhnliche Geschäfte

Werden Geschäfte getätigt, die über den gewöhnlichen Betrieb der OHG hinausgehen (z.B. Grundstückskäufe, Aufnahme eines Gesellschafters), müssen **alle Gesellschafter zustimmen.**

(3) Vertretung [§ 124 HGB]

Die Vertretung regelt die **Rechtsbeziehungen der Gesellschafter mit Dritten (Außenverhältnis).** Zur **Vertretung** der OHG ist jeder Gesellschafter ohne Einschränkung befugt. Die Vertretungsbefugnis[1] erstreckt sich auf **alle Geschäfte der Gesellschaft (Einzelvertretungsbefugnis).** Eine **Beschränkung des Umfangs** der Vertretungsbefugnis ist gegenüber Dritten unwirksam.

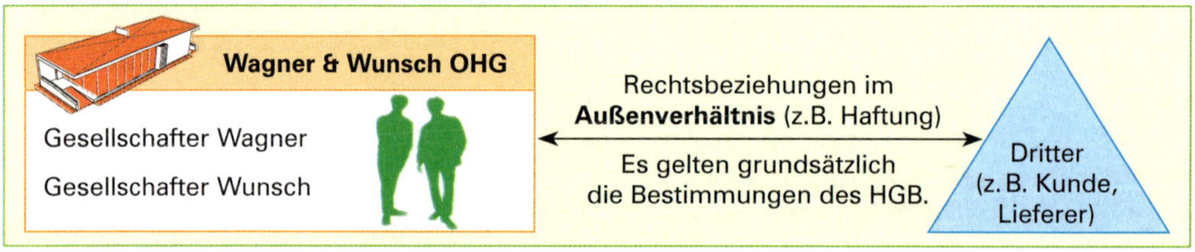

(4) Haftung

Die Gesellschafter haften für die Gesellschaft den Gläubigern gegenüber als **Gesamtschuldner persönlich** [§ 126 HGB].

- Jeder Gesellschafter haftet **persönlich** (allein) für die gesamten Schulden der Gesellschaft (auch mit seinem Privatvermögen).
- Die Gläubiger (z.B. die Lieferanten) können die Forderungen nicht nur der OHG gegenüber, sondern zugleich unmittelbar (direkt) gegenüber **jedem OHG-Gesellschafter** geltend machen. Dies bedeutet, dass jeder einzelne Gesellschafter durch die Gesellschaftsgläubiger verklagt werden kann. Der Gesellschafter kann nicht verlangen, dass der Gläubiger zuerst gegen die OHG klagt. Eine „Einrede der Vorausklage" steht dem Gesellschafter nicht zu.

Tritt ein Gesellschafter in eine bereits bestehende OHG **ein,** haftet er auch für die vor seinem Eintritt bestehenden Verbindlichkeiten der OHG. Eine entgegengesetzte Vereinbarung ist Dritten gegenüber unwirksam [§ 127 HGB].

Tritt ein Gesellschafter aus, haftet er für die bis dahin begründeten Verbindlichkeiten der OHG, wenn sie vor Ablauf von fünf Jahren nach seinem Ausscheiden fällig sind [§ 137 I HGB].

1 Man spricht auch von **Vertretungsmacht.**

Beispiel für einen Gesellschaftsvertrag (OHG):

Verhandelt in Pforzheim, den 10. Mai 20..

Vor dem unterzeichnenden Notar Dr. jur. Wilhelm Ambach in Pforzheim erschienen heute:
Friedrich Stolz, Pforzheim, und Frank Krug, Pforzheim

Genannte Personen gaben nachstehende Erklärung zur notarischen Niederschrift. Sie schließen nachstehenden

Gesellschaftsvertrag

§ 1 Gründer

Friedrich Stolz betreibt in Pforzheim unter der Firma Friedrich Stolz e. Kfm. eine Kfz-Reparaturwerkstatt. Er nimmt Frank Krug als Gesellschafter einer zu gründenden offenen Handelsgesellschaft auf.

§ 2 Firma

Die offene Handelsgesellschaft erhält die Firma Stolz & Krug OHG.

§ 3 Sitz der Gesellschaft

Der Niederlassungsort der Gesellschaft ist Pforzheim.

§ 4 Gegenstand und Dauer des Unternehmens

Die Gesellschaft betreibt auf unbestimmte Zeit die Reparatur und den An- und Verkauf von Kraftfahrzeugen samt Zubehör.

§ 5 Einlagen

Friedrich Stolz bringt seinen Gewerbebetrieb ein. Der Wert der Einlage wird entsprechend der letzten Bilanz vom 31. Dezember 20.. und mit Zustimmung von Frank Krug mit 800 000,00 € angesetzt. Frank Krug beteiligt sich mit seinem Grundstück im Wert von 380 000,00 €.

§ 6 Mitarbeit (Geschäftsführung, Vertretung)

(1) Jeder Gesellschafter hat der Gesellschaft Stolz & Krug OHG seine volle Arbeitskraft zu widmen.

(2) Zur Geschäftsführung und Vertretung der Gesellschaft ist jeder Gesellschafter für sich allein berechtigt und verpflichtet.

(3) Geschäfte, deren Gegenstand den Wert von 20 000,00 € übersteigen, dürfen von beiden Gesellschaftern nur gemeinsam vorgenommen werden. Das Gleiche gilt uneingeschränkt für die Aufnahme von Krediten.

§ 7 Privatentnahmen

Jeder Gesellschafter kann für seine Arbeitsleistung monatlich 5 000,00 € Privatentnahmen tätigen.

§ 8 Gewinn- und Verlustverteilung

Am Gewinn und Verlust sind Friedrich Stolz mit 60 %, Frank Krug mit 40 % beteiligt.

§ 9 Kündigung

Die Frist zur Kündigung des Gesellschaftsvertrages beträgt 10 Monate zum Schluss des Kalenderjahres.

§ 10 Tod eines Gesellschafters

Stirbt ein Gesellschafter, so wird die Gesellschaft mit dessen Erben fortgesetzt. Diese sind von Geschäftsführung und Vertretung ausgeschlossen.

Unterschriften:

Friedrich Stolz	Frank Krug	Wilhelm Ambach
Gesellschafter	Gesellschafter	Notar

(5) Gewinn- und Verlustbeteiligung

Die geschäftsführenden Gesellschafter sind verpflichtet den Anteil am Gewinn bzw. Verlust für jeden Gesellschafter nach Aufstellung des Jahresabschlusses zu ermitteln [§ 120 I HGB]. Jeder Gesellschafter hat Anspruch auf einen Anteil am Jahresgewinn.

Die Verteilung des Gewinns bzw. Verlusts richtet sich gesetzlich nach § 709 III BGB. Danach gilt:

Wurden Beteiligungsverhältnisse in Form einer **Anteilsquote** (z. B. 40 % : 30 % : 15 % :15 %) vereinbart? — ja → Verteilung nach Anteilen

↓ nein

Wurden Werte der Beiträge in Form von **Beitragsquoten** (z. B. 400 000,00 € : 300 000,00 € : 150 000,00 € : 150 000,00 €) vereinbart? — ja → Verteilung nach Beitragswerten

↓ nein

Gewinn- und Verlustverteilung nach **Kopfquote** (z. B. 25 % : 25 % : 25 % : 25 %)

Prüfschema: Gewinn- und Verlustverteilung nach gesetzlichen Vorgaben [§ 709 III BGB]

Beispiel: Gewinnverteilung nach § 709 III BGB

Der Gewinn der Wärmepumpen Heinzelmann OHG für das vergangene Geschäftsjahr beträgt 240 000,00 €.

- **Annahme 1:** Im Gesellschaftsvertrag wurden Anteilsquoten vereinbart:

Gesellschafter	Beteiligungsverhältnis (Anteilsquote)	Gewinnanteil in €
Cedric Heinzel	40 %	96 000,00
Pauline Mann	30 %	72 000,00
Zilan Heinzel	20 %	48 000,00
Luca Mann	10 %	24 000,00
Gesamt	100 %	240 000,00

- **Annahme 2:** Im Gesellschaftsvertrag wurden Beitragsquoten vereinbart:

Gesellschafter	Werte der Beiträge in €	Beitragsquote	Gewinnanteil in €	neue Werte der Beiträge in €
Cedric Heinzel	350 000,00	35 %	84 000,00	434 000,00
Pauline Mann	280 000,00	28 %	67 200,00	347 200,00
Zilan Heinzel	220 000,00	22 %	52 800,00	272 800,00
Luca Mann	150 000,00	15 %	36 000,00	186 000,00
Gesamt	1 000 000,00	100 %	240 000,00	1 240 000,00

- **Annahme 3:** Im Gesellschaftsvertrag gibt es keine Vorgaben. Die Verteilung erfolgt somit nach Kopfquoten:

Gesellschafter	Kopfquote	Gewinnanteil in €
Cedric Heinzel	25 %	60 000,00
Pauline Mann	25 %	60 000,00
Zilan Heinzel	25 %	60 000,00
Luca Mann	25 %	60 000,00
Gesamt	100 %	240 000,00

Der einem Gesellschafter zukommende **Gewinn** wird zunächst dem **Kapitalanteil** des Gesellschafters **zugeschrieben,** ein **Verlust** wird davon **abgezogen** [§ 120 II HGB]. Den Anspruch des Gesellschafters auf Auszahlung des Gewinns kann der Gesellschafter nicht geltend machen, soweit die Auszahlung des Gewinns zum **Schaden der Gesellschaft** gereicht oder der Gesellschafter seinen vereinbarten **Beitrag trotz Fälligkeit nicht** geleistet hat [§ 122 HGB].

4.2.3 Vor- und Nachteile der OHG

Vorteile (Gründungsmotive)	Nachteile
■ Ausnutzung unterschiedlicher Kenntnisse und Fähigkeiten der Gesellschafter verbessert die Geschäftsführung. ■ Umwandlung einer Einzelunternehmung in eine OHG vergrößert die Eigenkapitalbasis. ■ Bei guten privaten Vermögensverhältnissen ist die Kreditwürdigkeit der OHG größer als die der Einzelunternehmung. ■ Da das Eigenkapital und die Unternehmensführung in einer Hand sind, ist das Interesse der Gesellschafter an der Geschäftsführung groß. ■ Verteilung des Unternehmerrisikos.	■ Persönliche Meinungsverschiedenheiten zwischen den Gesellschaftern können den Bestand des Unternehmens gefährden. ■ Das Eigenkapital der Gesellschafter reicht zur Finanzierung großer Investitionen häufig nicht aus. ■ Fremdkapital kann nur in begrenztem Maße aufgenommen werden. ■ Es fehlen Kontrollorgane. ■ Persönliche Haftung der Gesellschafter.

Kompetenztraining

37 Der Stolz & Krug OHG geht es sehr gut. Es ist daher notwendig, das bisherige Betriebsgelände um einen Parkplatz für Gebrauchtwagen zu erweitern. Sebastian Strobel ist Eigentümer des Nachbargrundstücks. Dieses hat einen Wert von 310 000,00 €. Sebastian Strobel hat eine kaufmännische Ausbildung und ist nur dann bereit, das Grundstück an die Stolz & Krug OHG zu verkaufen, wenn er als gleichberechtigter Partner mitarbeiten und volle Verantwortung mitübernehmen kann. Stolz und Krug beschließen, Sebastian Strobel als weiteren Gesellschafter in die OHG aufzunehmen.

Ihre Aufgabe ist es, die drei Gesellschafter im Zusammenhang mit der Gründung und einiger Geschäftsvorfälle rechtlich zu beraten.

Aufgaben:

1. Prüfen Sie, ob die bisherige Firma „Stolz & Krug OHG" fortgeführt werden kann!
2. Stolz möchte am 30. November zwei Kfz-Mechaniker einstellen. Prüfen Sie rechtlich, ob Stolz dazu berechtigt ist!

3. Erläutern Sie, wodurch sich die Vertretungsbefugnis von der Geschäftsführungsbefugnis unterscheidet!

4. Am 20. November 20.. wendet sich die Langinger KG, Lieferer für Autozubehör, mit einer Forderung über 9700,00 € direkt an Sebastian Strobel. Die Verbindlichkeit stammt noch vom Juli, demnach aus einem Zeitraum, in welchem Strobel noch nicht Gesellschafter der OHG gewesen ist. Strobel lehnt daher die Zahlung ab.

   Beurteilen Sie seine folgenden Argumente und begründen Sie Ihre Antwort:

   4.1 Die Langinger KG soll sich bitte direkt an die OHG wenden.

   4.2 Die Verbindlichkeit sei von Stolz eingegangen worden, also müsse im Zweifel dieser bezahlen.

38 Aniela Majewski, Thea Schmidt und Rouven Kunz betreiben gemeinsam eine Möbelfabrik als OHG.

Aufgaben:

1. Nennen Sie zwei Gründe, die die Gesellschafter veranlasst haben könnten, die Gesellschaftsform der OHG zu wählen!
2. Nennen Sie vier Beispiele, wie die Firma lauten könnte!
3. Aniela Majewski und Thea Schmidt kaufen am 24. November 20.. gegen den Willen von Rouven Kunz ein zusätzliches Lagergebäude.

   3.1 Klären Sie, ob die OHG an diesen Vertrag rechtlich gebunden ist!

   3.2 Der Verkäufer des Lagergebäudes verlangt am 25. November 20.. von Rouven Kunz die Bezahlung der gesamten Kaufsumme. Dieser lehnt entschieden ab. Er glaubt, ausreichende Gründe zu haben. Erstens war er gegen diesen Kauf. Zweitens müsse sich der Gläubiger doch erst einmal an die OHG wenden und, wenn diese nicht zahle, an die Gesellschafter, die den Kaufvertrag unterzeichnet haben. Drittens sehe er gar nicht ein, dass er alles zahlen solle. Wenn überhaupt, so zahle er höchstens den ihn betreffenden Anteil an der Kaufsumme, nämlich ein Drittel. Nehmen Sie zu diesen Aussagen Stellung!

   3.3 Am 30. Juni des folgenden Jahres scheidet Rouven Kunz wegen bestehender Differenzen aus der Gesellschaft aus. Am 30. September des folgenden Jahres wendet sich der Verkäufer des Lagergebäudes erneut an ihn und fordert ihn auf, den noch offenen Restbetrag von 12000,00 € zu bezahlen. Prüfen Sie die Rechtslage!

39

1. Bernhard Kern und Jürgen Engel sind an der Engel & Kern OHG mit einer Anteilsquote von 70 % (Bernhard Kern) bzw. 30 % (Jürgen Engel) beteiligt. Der Gewinn der OHG beträgt 151710,00 €.

   Aufgabe:

   Erstellen Sie die Gewinnverteilungstabelle der Engel & Kern OHG!

2. **Variante zu Aufgabe 1:**

   Angenommen, Bernhard Kern und Jürgen Engel sind an der OHG mit 950000,00 € bzw. 430000,00 € beteiligt.

   Aufgabe:

   Führen Sie die Gewinnverteilung nach den gesetzlichen Bestimmungen durch, wobei die oben angeführten Einlagen als vereinbarte Werte der Beiträge gelten!

3. **Variante zu Aufgabe 1 und 2:**

   Angenommen, Bernhard Kern und Jürgen Engel hätten in dem Gesellschaftsvertrag keinerlei Regelungen zur Gewinnverteilung getroffen. Sie haben keinerlei Beteiligungsverhältnisse und Beitragsquoten vereinbart.

   Aufgabe:

   Führen Sie die Gewinnverteilung nach den gesetzlichen Bestimmungen durch!

4.3 Kommanditgesellschaft (KG)

4.3.1 Begriff, Gründung, Firma und Eigenkapitalaufbringung

(1) Begriff

- Die **Kommanditgesellschaft (KG)** ist eine Gesellschaft mit mindestens zwei Personen,
  - die ein **Handelsgewerbe** unter **gemeinschaftlicher Firma** betreibt, wobei
  - mindestens ein Gesellschafter **unbeschränkt haftet (Komplementär)** und die Haftung bei mindestens einem Gesellschafter auf einen **bestimmten Betrag (Haftsumme)** beschränkt ist **(Kommanditist).**[1]
- Die Kommanditgesellschaft ist eine **Personengesellschaft.**

In der Praxis macht der Vorteil der Haftungsbeschränkung für die Kommanditisten die große Attraktivität der KG aus.

(2) Gründung

Zur Gründung der KG sind **zwei Voraussetzungen** erforderlich:

- Abschluss eines Gesellschaftsvertrages,
- Eintragung der KG ins Handelsregister.

Die Anmeldung der KG ins Handelsregister hat die **Bezeichnung der Kommanditisten** und die **Haftsumme** eines jeden von ihnen zu enthalten.

(3) Firma

Die Firma der KG muss die Bezeichnung „Kommanditgesellschaft" oder eine allgemein verständliche Abkürzung dieser Bezeichnung (z. B. KG) enthalten [§ 19 I, Nr. 3 HGB].

Beispiele:

Müller und Moser sind Vollhafter (Komplementäre), Krause ist Teilhafter (Kommanditist). Mögliche Firmen sind z. B.: Müller & Moser KG, Müller Kommanditgesellschaft, Ratinger Import KG, Ratinger Import-Export KG.

(4) Eigenkapitalaufbringung

Die Komplementäre und Kommanditisten sind verpflichtet, die im Gesellschaftsvertrag vereinbarten **Beiträge (Kapitaleinlagen)** zu leisten.

Eine Besonderheit gilt für die Kommanditisten. Wegen der beschränkten Haftung der Kommanditisten wird die **Höhe der Haftsumme ins Handelsregister** eingetragen. Die Haftsumme bildet im **Außenverhältnis** die **Haftungsobergrenze** gegenüber den Gläubigern. Die im **Innenverhältnis** im Gesellschaftsvertrag vereinbarte **Kommanditeinlage** kann von der Haftsumme **abweichen.**

1 Die KG muss mindestens einen Komplementär aufweisen. Tritt der einzige (letzte) Komplementär aus der KG aus, so führt dies zur Auflösung der KG. Führen die Kommanditisten die Gesellschaft ohne (neuen) Komplementär fort, dann wird die KG grundsätzlich zu einer OHG, d. h., die Kommanditisten haften unbeschränkt.

4.3.2 Pflichten und Rechte der Komplementäre

Hinweis:

Für die Komplementäre gelten die gleichen Bestimmungen wie für die persönlich haftenden Gesellschafter einer OHG, d. h., es werden die für die OHG geltenden gesetzlichen Vorschriften angewendet [§ 161 II HGB]. Die eigenständige Regelung der KG in den §§ 162ff. HGB befasst sich nur mit der Sonderstellung des Kommanditisten.

4.3.3 Pflichten und Rechte der Kommanditisten

Hinweis:

Zunächst gelten immer die Vereinbarungen zwischen den Gesellschaftern im Gesellschaftsvertrag und erst dann ersatzweise die gesetzlichen Bestimmungen des HGB.

(1) Geschäftsführung

Generell gilt, der Kommanditist ist von der Geschäftsführung ausgeschlossen [§ 164 HGB]. Eine Ausnahme hiervon ist: Gehen die Geschäfte über den gewöhnlichen Betrieb, den die KG mit sich bringt, hinaus, ist ein Beschluss aller Gesellschafter – also auch unter Mitwirkung des Kommanditisten – erforderlich [§ 116 II, S. 1 HGB].

Daneben steht dem Kommanditisten noch ein **Informationsrecht** zu [§ 166 I HGB]:

- Der Kommanditist kann von der Gesellschaft eine **Abschrift des Jahresabschlusses** verlangen und **Einsicht in die zugehörigen Geschäftsunterlagen** nehmen.
- Daneben kann er von der Gesellschaft **Auskunft über die Gesellschaftsangelegenheiten** verlangen, soweit das zur **Wahrnehmung seiner Mitgliedschaftsrechte erforderlich** ist.

Im Gesellschaftsvertrag kann dieses Recht nicht ausgeschlossen werden [§ 166 II HGB].

(2) Vertretung

Der Kommanditist ist **nicht befugt,** die Gesellschaft zu **vertreten** [§ 170 I HGB].

(3) Haftung

Haftung nach Eintragung der KG ins Handelsregister [§§ 171, 172 HGB]	■ Bei der Anmeldung zum Handelsregister werden die Namen der Kommanditisten und deren jeweilige **Haftsumme** angegeben. ■ Der Kommanditist haftet den Gläubigern gegenüber bis zur Höhe der Haftsumme, sofern er seine **Einlage nach der Eintragung noch nicht geleistet** hat. ■ Die **Haftung ist ausgeschlossen,** soweit die **Einlage in Höhe der Haftsumme geleistet** ist.[1]

1 Das einzige Risiko, das der Kommanditist eingeht, ist, dass er den Wert seiner Kapitaleinlage teilweise oder ganz verliert **(Risikohaftung)**.

Haftung vor Eintragung der KG ins Handelsregister [§ 176 HGB]	■ Hat die KG **Rechtsgeschäfte vor der Eintragung** in das Handelsregister getätigt, haftet jeder **Kommanditist, der hierzu zugestimmt hat,** gleich dem Komplementär. ■ Dies trifft **nicht** zu, wenn dem Gläubiger die Beteiligung als Kommanditist bekannt war.
Haftung bei Eintritt als Kommanditist [§ 173 HGB]	Wer in eine bestehende Handelsgesellschaft als Kommanditist eintritt, **haftet** (unter Berücksichtigung von § 171 I HGB) **für die vor seinem Eintritt begründeten Verbindlichkeiten** der Gesellschaft.

(4) Gewinn- und Verlustbeteiligung

Gesetzlich richtet sich die Gewinn- und Verlustbeteiligung nach den Bestimmungen der OHG (siehe S. 262 f.).

Der **Gewinnanteil des Kommanditisten** wird jeweils **ausbezahlt**.

4.3.4 Vor- und Nachteile der KG

Vorteile	Nachteile
■ Ausnutzung unterschiedlicher Kenntnisse und Fähigkeiten der Gesellschafter verbessert die Geschäftsführung. ■ Da das Eigenkapital und die Unternehmensführung in einer Hand sind, ist das Interesse der Gesellschafter an der Geschäftsführung groß. ■ Verteilung des Unternehmerrisikos.	■ Unbeschränkte, direkte, gesamtschuldnerische Haftung der Komplementäre. ■ Persönliche Meinungsverschiedenheiten zwischen den Gesellschaftern können den Bestand des Unternehmens gefährden (siehe Kündigungsrecht!). ■ Dem Wachstum des Unternehmens sind häufig finanzielle Grenzen gesetzt, weil das Eigenkapital der Gesellschafter zur Finanzierung großer Investitionen nicht ausreicht. Fremdkapital kann nur in begrenztem Maße aufgenommen werden.

Beispiel für einen Gesellschaftsvertrag (KG):

Verhandelt in Ulm, den 12. November 20..

Vor dem unterzeichnenden Notar Otto Janz in Ulm (Donau) erschienen heute:
Franz Burr, Ulm, Hedwig Burr, Ulm, Katharina Kolb geb. Burr, Esslingen

Genannte Personen gaben nachstehende Erklärung zur notarischen Niederschrift. Sie schließen nachstehenden

Gesellschaftsvertrag

§ 1 Grundlagen

1. Die Firma der Gesellschaft lautet: Sport-Burr KG.
2. Gegenstand des Unternehmens ist die Herstellung von Sportgeräten und alle damit im Zusammenhang stehenden Geschäfte.
3. Sitz der Gesellschaft ist Ulm.
4. Die Dauer der Gesellschaft ist unbestimmt. Die Gesellschaft beginnt als Kommanditgesellschaft erst mit der Eintragung im Handelsregister.

§ 2 Geschäftsjahr

Geschäftsjahr ist das Kalenderjahr.

§ 3 Gesellschafter, Einlagen

1. Unbeschränkt haftender Gesellschafter ist Franz Burr mit einem festen Kapitalanteil von 5 000 000,00 €.
2. Kommanditisten sind unter der aufschiebenden Bedingung der Eintragung der Gesellschaft im Handelsregister:
   - Hedwig Burr mit einer Kommanditeinlage (gleichzeitig Haftsumme) von 1 200 000,00 €
   - Katharina Kolb geb. Burr mit einer Kommanditeinlage (gleichzeitig Haftsumme) von 2 000 000,00 €

   Das gesamte Eigenkapital beträgt somit: 8 200 000,00 €

   Für das Stimmrecht und den Anspruch auf Gewinn sind nur die aufgeführten Festeinlagen maßgebend.

§ 4 Verwaltung der Gesellschaft

Die Geschäftsführung und Vertretung stehen dem Komplementär Franz Burr unter Ausschluss der übrigen Gesellschafter allein zu. Die Befugnis zur Geschäftsführung erstreckt sich auf alle Handlungen, die der gewöhnliche Betrieb des Handelsgewerbes der Gesellschaft mit sich bringt. Zu außergewöhnlichen Geschäftsführungsmaßnahmen bedarf der Komplementär Franz Burr der Zustimmung aller Gesellschafter.

§ 5 Gesellschafterversammlungen

1. Gesellschafterversammlungen finden mindestens einmal jährlich nach Ende des Geschäftsjahres statt. Auf Verlangen eines Gesellschafters sind weitere Gesellschafterversammlungen einzuberufen. Zu den Gesellschafterversammlungen soll mit vierzehntägiger Frist geladen werden.
2. Die Gesellschafterversammlung beschließt über sämtliche Angelegenheiten der Gesellschaft, soweit sie nicht ausdrücklich der Geschäftsführung vorbehalten sind, insbesondere über Änderungen des Gesellschaftsvertrages, die Feststellung des Jahresabschlusses, die Gewinnverteilung, die Prüfung des Jahresabschlusses und die Entlastung des Geschäftsführers sowie über außerordentliche Angelegenheiten.
3. Änderungen des Gesellschaftsvertrages bedürfen der Einstimmigkeit. In allen anderen Angelegenheiten der Gesellschaft beschließt die Gesellschafterversammlung mit einfacher Mehrheit der vorhandenen Stimmen.

§ 6 Verteilung von Gewinn und Verlust

1. Der Komplementär erhält für seine Tätigkeit – unabhängig davon, ob ein Gewinn erzielt worden ist – eine Vergütung, deren Höhe von der Gesellschafterversammlung festgesetzt und dem Umfang der Tätigkeit entsprechend angepasst wird.
2. An dem danach verbleibenden Gewinn oder Verlust der Gesellschaft sind die Gesellschafter entsprechend ihrer Beteiligung am Gesellschaftsvermögen beteiligt.
3. Über die Entnahme der Gewinnanteile beschließt die Gesellschafterversammlung einstimmig.

§ 7 Kündigung der Gesellschaft

1. Jeder Gesellschafter kann die Gesellschaft mit einer Frist von 6 Monaten zum Jahresende kündigen. Für die Rechtzeitigkeit der Kündigung kommt es auf den Zugang der Kündigung an. Das Recht zur fristlosen Kündigung aus wichtigem Grunde bleibt hiervon unberührt. Der kündigende Gesellschafter scheidet aus der Gesellschaft aus. Die Gesellschaft wird von den übrigen Gesellschaftern fortgesetzt.
2. Kündigt der Komplementär, sind die Kommanditisten berechtigt, zum Kündigungsstichtag einen neuen Komplementär aufzunehmen oder zu bestimmen, dass einer von ihnen die Stellung des Komplementärs übernimmt. Ist am Kündigungsstichtag kein Komplementär vorhanden, ist die Gesellschaft aufgelöst.
3. Bei Tod eines Gesellschafters wird die Gesellschaft nicht aufgelöst, sondern mit den Erben fortgeführt.
4. Veräußerungen und Übertragungen von Gesellschaftsanteilen bedürfen eines vorherigen einstimmigen Beschlusses aller Gesellschafter.

§ 8 Gerichtsstand

Für Streitigkeiten aus diesem Vertrag ist das Gericht in Ulm (Donau) örtlich zuständig.

Unterschriften:

Franz Burr	Hedwig Burr	Katharina Kolb
Komplementär	Kommanditisten	Kommanditisten

Otto Janz
Notar

Kompetenztraining

40 1. Der bisherige Einzelunternehmer Fritz Irmler e. Kfm. möchte sich aus Altersgründen aus der Unternehmensführung zurückziehen. Zusammen mit seinen beiden Söhnen Lars und Hendrik gründet er eine KG. Kapitalmäßig möchte Fritz Irmler noch im Unternehmen verbleiben.

Aufgaben:

1.1 Erklären Sie, welche Gründe Fritz Irmler dazu bewogen haben könnten, eine KG zu gründen!

1.2 Erklären Sie anhand der angeführten Personen, wie man die Gesellschafter bei dieser Rechtsform bezeichnet und beschreiben Sie kurz deren Aufgaben!

1.3 Bilden Sie ein Beispiel dafür, wie die Firma der KG lauten könnte!

1.4 Um die Liquidität der KG zu stärken, wollen die Söhne Lars und Hendrik ein Betriebsgrundstück verkaufen. Der Vater Fritz widerspricht dem Geschäft. Erläutern Sie die Rechtslage!

2. Kommanditgesellschaften sind oft „Familiengesellschaften", d. h., die Gesellschafter sind miteinander verwandt. Begründen Sie diese Tatsache!

3. An der Yusuf Yilmaz KG ist Yusuf Yilmaz mit einem Beitragswert von 350 000,00 € als Komplementär und Rico Leberer als Kommanditist mit einem Beitragswert von 175 000,00 € beteiligt. Im abgelaufenen Geschäftsjahr wurde ein Gewinn in Höhe von 57 990,00 € erzielt. Für die Gewinnverteilung wurden im Gesellschaftsvertrag Beitragsquoten vereinbart. Entnahmen der Gesellschafter während des Geschäftsjahres sind im Gesellschaftsvertrag ausgeschlossen.

   Aufgabe:

   Ermitteln Sie die Gewinnauszahlung für beide Gesellschafter!

41 Eva Schrade betreibt die sich seit mehreren Generationen in Familienbesitz befindliche Maschinenfabrik A. Schrade e. Kfr. Vor allem mit ihren Wärmepumpen hatte sie einen beachtlichen Geschäftserfolg.

Der ständige Zwang zu Neuerungen und der harte Preiskampf ließen Eva Schrade wenig Spielraum zur Finanzierung mit Eigenkapital. Deshalb musste sie verstärkt auf Fremdkapital ausweichen. Um weitere Investitionen vorrangig mit Eigenkapital durchführen zu können, entschließt sie sich dazu, eine Kommanditgesellschaft zu gründen. Von den von ihr angesprochenen Personen sind ihrer Ansicht nach der langjährige und erfolgreiche Vertreter Heinz Mann und dessen Frau Doris Waggis-Mann die geeignetsten Partner. Heinz Mann will als Komplementär, Doris Waggis-Mann als Kommanditistin in die Maschinenfabrik A. Schrade e. Kfr. eintreten.

Im Gesellschaftsvertrag vom 31. März 20.. wird unter anderem Folgendes vereinbart:

§ 1 Eva Schrade bringt ihr Unternehmen in die KG ein. Das Eigenkapital der Maschinenfabrik A. Schrade e. Kfr. beträgt 3 600 000,00 €. Heinz Mann leistet 800 000,00 € in bar und bringt ein unbebautes Grundstück im Wert von 1 000 000,00 € ein. Die Einzahlung auf das Geschäftsbankkonto und die Übereignung des Grundstücks auf die KG erfolgt zum 30. April 20..

§ 2 Doris Waggis-Mann übernimmt eine Kommanditeinlage (gleichzeitig Haftsumme) in Höhe von 500 000,00 €. Am 30. April 20.. zahlt sie 300 000,00 € auf das Geschäftsbankkonto ein. Den Restbetrag will sie am 30. Mai überweisen.

§ 3 Die Verteilung von Gewinn und Verlust erfolgt nach Beitragsquoten.

§ 4 Die Gesellschaft beginnt am 30. April 20..

Die Eintragung der KG ins Handelsregister erfolgt am 14. Mai 20..

Aufgaben:

1. Ermitteln Sie, welche Rechtsform das Unternehmen von Eva Schrade aufweist!
2. Nennen Sie fünf wesentliche Merkmale der von Eva Schrade bisher betriebenen Unternehmensform!
3. Erläutern Sie, welche Vorteile Eva Schrade durch die Gründung der KG hat!
4. Beschreiben Sie, welche Nachteile Eva Schrade durch die Gründung der KG auf sich nimmt!
5. Nennen Sie Gründe, die Doris Waggis-Mann und Heinz Mann bewogen haben können, als Gesellschafter in das Unternehmen von Eva Schrade einzutreten!
6. Nennen Sie zwei Beispiele, wie die Firma der neu gegründeten KG lauten kann!
7. Erklären Sie die Geschäftsführungs- und Vertretungsbefugnisse der Komplementäre Eva Schrade und Heinz Mann, wenn der Gesellschaftsvertrag hierzu keine Regelungen enthält.

8. Die Kommanditistin Doris Waggis-Mann wird vom Finanzamt am 20. Mai 20.. aufgefordert, die für die KG fällige Umsatzsteuerschuld in Höhe von 210000,00 € zu überweisen. Prüfen Sie rechtlich, ob Doris Waggis-Mann zahlen muss!

9. Eva Schrade und Heinz Mann haben in Verhandlungen mit der Deutschen Bank AG die Zusage für einen Investitionskredit in Höhe von 250000,00 € erhalten. Kreditlaufzeit 8 Jahre, Festzinssatz 4,8 % p.a. Mit diesem Kredit und eigenen Mitteln der KG soll das Unternehmen eines Elektromotorenherstellers übernommen werden.

   Die Kommanditistin Doris Waggis-Mann stimmt der Investition nicht zu. Die Kreditkonditionen der Deutschen Bank AG seien ungünstig und die Eingliederung eines neuen Produktes in das Herstellungsprogramm der KG sei nicht sinnvoll. Sie habe ihrerseits aber ein sehr günstiges Kreditangebot der Kreissparkasse für die KG angenommen, das einen Vorzugszinssatz von 4,4 % gewähre.

   Beurteilen Sie die Handlungsweise der Kommanditistin

   9.1 im Hinblick auf den Kreditantrag;

   9.2 im Hinblick auf die Übernahme des Betriebes des Elektromotorenherstellers;

   9.3 im Hinblick auf den Kreditvertrag mit der Kreissparkasse!

4.4 Gesellschaft mit beschränkter Haftung (GmbH)

4.4.1 Begriff, Gründung und Firma

(1) Begriff

- Die **Gesellschaft mit beschränkter Haftung** (GmbH) ist eine **Handelsgesellschaft** mit **eigener Rechtspersönlichkeit (juristische Person[1]),** deren Gesellschafter mit ihren Geschäftsanteilen an der Gesellschaft beteiligt sind, ohne persönlich zu haften.
- Die GmbH ist eine **Kapitalgesellschaft.**

Die **GmbH** hat **selbstständige Rechte und Pflichten.** Mithilfe ihrer Organe ist es möglich, Rechtsgeschäfte abzuschließen. Sie kann z.B. Eigentum an Grundstücken erwerben und vor Gericht klagen und verklagt werden. Die GmbH ist Gläubiger und Schuldner, nicht etwa die GmbH-Gesellschafter.

Die **GmbH-Gesellschafter** statten die GmbH lediglich mit **Eigenkapital** aus.

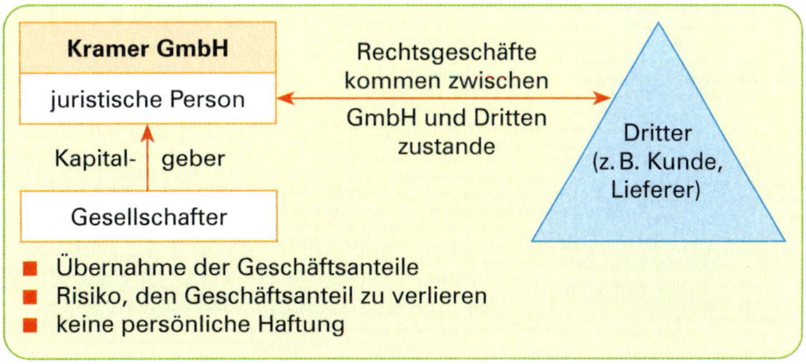

1 **Zur Erinnerung: Juristische (rechtliche) Personen** sind „künstliche" Personen, denen der Staat die Eigenschaft von Personen kraft Gesetzes verliehen hat. Sie sind damit rechtsfähig, d.h. Träger von Rechten und Pflichten.

(2) Gründung

Voraussetzungen zur Gründung einer GmbH sind:

- ein notariell beurkundeter Gesellschaftsvertrag (Satzung),
- eine Person oder mehrere Personen,
- Einzahlung des Stammkapitals von 25 000,00 € (Mindesteinzahlung 12 500,00 € bzw. $^1/_4$ aller Geschäftsanteile),
- Sacheinlagen müssen in vollem Umfang geleistet werden,
- Eintragung ins Handelsregister.

Für **unkomplizierte Standardgründungen** steht den Gründern ein **Mustervertrag (Musterprotokoll)** und ein **Muster für die Handelsregistereintragung** als Anlage zum GmbHG zur Verfügung.

Die GmbH als juristische Person entsteht erst durch die Eintragung der GmbH ins Handelsregister **(konstitutive Wirkung der Eintragung).** Schließen die Gesellschafter **vor der Handelsregistereintragung** im Namen der Gesellschaft Rechtsgeschäfte ab, so haften die Handelnden persönlich und solidarisch.

(3) Firma

Die Firma der GmbH muss die Bezeichnung **„Gesellschaft mit beschränkter Haftung"** oder eine allgemein verständliche Abkürzung dieser Bezeichnung (z. B. GmbH) enthalten [§ 4 GmbHG].

Beispiele:

Albrecht Büller GmbH, Kramer GmbH, Weber Metallbau GmbH.

4.4.2 Eigenkapitalaufbringung

Geschäftsanteil	Ist der **nominale Geschäftsanteil am Stammkapital** der GmbH. Er ist mit einem Nennbetrag versehen. Die **Nennbeträge** der einzelnen Geschäftsanteile können unterschiedlich hoch sein, müssen jedoch auf **volle Euro** lauten. Geschäftsanteile können jederzeit – ohne dass eine Genehmigung der übrigen Gesellschafter eingeholt werden muss – verkauft werden.
Stammeinlagen	Ist der Nennbetrag eines Geschäftsanteils. Die Stammeinlage ist die Zahlungsverpflichtung des einzelnen Gesellschafters. Die **Summe** der Stammeinlagen muss mit dem Stammkapital übereinstimmen.
Stammkapital	Ist der in der Satzung festgelegte **Gesamtbetrag aller Geschäftsanteile** bzw. Stammeinlagen. Das Stammkapital muss mindestens 25 000,00 € betragen [§ 5 I GmbHG]. Von diesem Stammkapital müssen mindestens 12 500,00 € bzw. $^1/_4$ aller Geschäftsanteile eingezahlt werden.

Unternehmensgründer mit wenig Eigenkapital können eine **Unternehmergesellschaft (UG)**[1] mit einem geringeren Stammkapital als 25 000,00 € gründen. Das Stammkapital kann somit zwischen 1,00 € und 24 999,00 € liegen. Die Gewinne der UG dürfen solange

1 Siehe auch S. 274.

nicht voll ausgeschüttet werden, bis das Mindestkapital von 25 000,00 € erreicht ist. Wenn das Mindestkapital von 25 000,00 € erreicht ist, kann die Unternehmergesellschaft in eine „gewöhnliche" GmbH umgewandelt werden.

4.4.3 Haftung

Die **Gesellschafter** der GmbH **haften nicht** für die Verbindlichkeiten der Gesellschaft. Als juristische Person haftet die GmbH selbst [§ 13 I, II GmbHG]. Das einzige Risiko, das der GmbH-Gesellschafter eingeht, ist, dass er den Wert seines Geschäftsanteils teilweise oder ganz verliert **(Risikohaftung).**

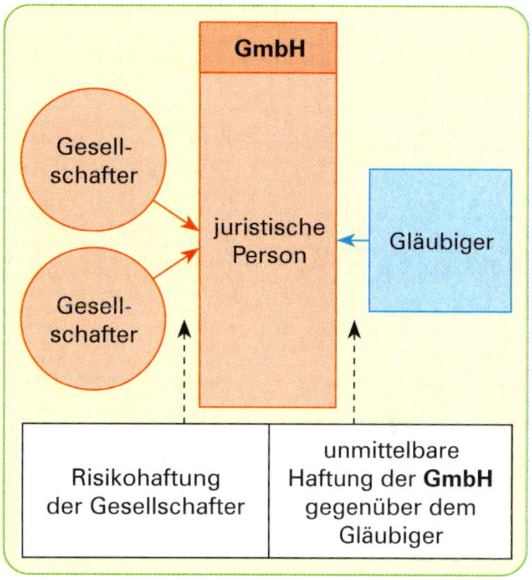

4.4.4 Gewinn- und Verlustbeteiligung

(1) Gewinnbeteiligung

Jeder Gesellschafter hat einen Anspruch auf den im Geschäftsjahr erwirtschafteten Gewinn. Die Verteilung des Gewinns erfolgt nach dem **Verhältnis der Geschäftsanteile.** Im Gesellschaftsvertrag kann eine andere Gewinnverteilung vereinbart sein.

(2) Verlustbeteiligung

Verluste werden im **Verhältnis der Geschäftsanteile** verteilt, wobei die Verlustbeteiligung jedes Gesellschafters auf die Höhe seines Geschäftsanteils beschränkt ist.

4.4.5 Organe der GmbH

Die Leitung und Kontrolle der Geschäftsführung übernehmen die dafür vorgesehenen Organe.

Geschäftsführer	Gesellschafterversammlung	Aufsichtsrat
■ Er leitet die GmbH (Geschäftsführungsrecht).[1] ■ Er muss bei der Geschäftsführung die Weisungen der Gesellschafter unmittelbar befolgen. ■ Geschäftsführer können auch die Gesellschafter sein. ■ Er vertritt die GmbH nach außen (Vertretungsbefugnis).[1]	■ Hier nehmen die Gesellschafter ihre Rechte (z. B. Gewinnverwendung) wahr. ■ Jeder Euro des Geschäftsanteils ist eine Stimme. ■ Beschlussfassungen mit der Mehrheit der abgegebenen Stimmen. ■ Satzungsänderungen benötigen eine $^3/_4$ Mehrheit der abgegebenen Stimmen.	■ Bei mehr als 500 Arbeitnehmern muss ein Aufsichtsrat gewählt werden. ■ Überwacht die Geschäftsführung. ■ Besteht aus Arbeitgebern und Arbeitnehmern.

1 Hat die GmbH mehrere Geschäftsführer, müssen bei wichtigen Entscheidungen jeweils alle Geschäftsführer zustimmen **(Gesamtgeschäftsführungsbefugnis, Gesamtvertretungsvollmacht).**

4.4.6 Unternehmergesellschaft als Sonderform der GmbH

Höhe des Kapitals	Die **Unternehmergesellschaft** (UG, „Mini-GmbH")[1] kann mit **einem geringeren Stammkapital** als dem Mindeststammkapital von 25 000,00 € gegründet werden [§ 5 a I GmbHG]. Das Stammkapital kann somit zwischen 1 € und 24 999,00 € liegen. **Sacheinlagen sind ausgeschlossen** [§ 5 a II GmbHG].
Firma	Die **Unternehmergesellschaft** muss in der Firma den Rechtsformzusatz **„Unternehmergesellschaft (haftungsbeschränkt)"** oder **„UG (haftungsbeschränkt)"** führen.
Anmeldung zum Handelsregister	Die Anmeldung einer Unternehmergesellschaft zur Handelsregistereintragung kann erst erfolgen, wenn das Stammkapital in voller Höhe eingezahlt ist.
Gewinnausschüttung	■ Die Unternehmergesellschaft darf ihre **Gewinne** – sofern sie welche erzielt – **zu höchstens** $^3/_4$ an die Gesellschafter **ausschütten.** Sie muss **ein Viertel** des um einen Verlustvortrag aus dem Vorjahr geminderten Jahresüberschusses **ansparen, bis sie das Mindestkapital** von 25 000,00 € erreicht hat. Der angesparte Betrag ist in eine gesetzliche Rücklage einzustellen. ■ Die Rücklage darf nur verwandt werden zur **Erhöhung des Stammkapitals,** zum **Ausgleich eines Jahresfehlbetrags,** soweit er nicht durch einen Gewinnvortrag aus dem Vorjahr gedeckt ist, oder zum **Ausgleich eines Verlustvortrags aus dem Vorjahr,** soweit er nicht durch einen Jahresüberschuss gedeckt ist [§ 5 a, III GmbHG].
Umwandlung in eine GmbH	Wenn das Mindestkapital von 25 000,00 € erreicht ist, kann die Unternehmergesellschaft in eine „gewöhnliche" GmbH umgewandelt werden. Die UG ist als „Einbahnstraße" konzipiert. Das bedeutet, dass die UG nur im Rahmen einer **Erstgründung** errichtet werden kann und daher insbesondere eine Zurückführung der GmbH in eine UG nicht möglich ist.

4.4.7 Bedeutung der GmbH

Die Gesellschaft mit beschränkter Haftung ist vor allem bei Familienunternehmen und bei Unternehmen mittlerer Größe anzutreffen, weil für die

- Gründung ein sehr niedriges Anfangskapital (Eigenkapital) vorgeschrieben ist,
- die Haftung der Gesellschafter beschränkt ist,
- ein enges Verhältnis zwischen Gesellschaftern und Geschäftsführern besteht (die Gesellschafter häufig selbst Geschäftsführer sind) und
- die Gründung verhältnismäßig unkompliziert und kostengünstig ist.

1 Die Unternehmergesellschaft ist **keine eigene Rechtsform,** sondern lediglich eine besondere Variante der GmbH.

Beispiel einer GmbH-Satzung:

§ 1 Sitz der Gesellschaft

Die Gesellschaft hat ihren Sitz in Titisee-Neustadt. Die Gesellschaft betreibt den Handel mit Trendsport-, Extremsport- und Funsportartikeln aller Art. Die Gesellschaft kann Filialen errichten und sich an anderen Unternehmen beteiligen.

§ 2 Name der Firma

Die Firma lautet: Trend- und Funsport Center Schwarzwald GmbH

§ 3 Stammkapital

Das Stammkapital der Gesellschaft wird auf 60 000,00 € festgesetzt. Darauf übernehmen Fred Branchle Geschäftsanteil 1: Nennwert 30 000,00 €, Sonja Maunz Geschäftsanteil 2: Nennwert 20 000,00 € und Max Moser Geschäftsanteil 3: Nennwert 10 000,00 €.

§ 4 Geschäftsführung und Vertretung

Zu den ersten Geschäftsführern der Gesellschaft werden Fred Branchle und Sonja Maunz bestellt. Sie besitzen Einzelvertretungsmacht. Die arbeitsrechtlichen Bestimmungen sind in einem gesonderten Vertrag zu vereinbaren.

§ 5 Gesellschafterversammlung

Über wichtige Entscheidungen ist eine Gesellschafterversammlung abzuhalten und das Ergebnis zu protokollieren. Die Einberufung erfolgt zwei Wochen vor der Abhaltung der Versammlung unter Bekanntgabe der zu beschließenden Punkte.

§ 6 Beschlussfassung

Abgestimmt wird mit einfacher Mehrheit. Dabei gewährt jeder Euro eines Geschäftsanteils eine Stimme. Bei Stimmengleichheit gilt der Antrag als abgelehnt.

§ 7 Feststellung des Jahresabschlusses, Entlastung der Geschäftsführer

Die Gesellschafterversammlung hat auch über die Feststellung des Jahresabschlusses, die Gewinnverwendung und die Entlastung der Geschäftsführer zu beschließen.

§ 8 Übertragung von Geschäftsanteilen

Die Geschäftsanteile können nur mit Zustimmung der anderen Gesellschafter zum Ende eines Geschäftsjahres übertragen werden. Diese Übertragung muss der Gesellschaft mindestens vier Monate zuvor angezeigt werden.

§ 9 Einziehung von Geschäftsanteilen

Die Gesellschafter können auch die Einziehung von Geschäftsanteilen beschließen. Dies gilt besonders dann, wenn über das Vermögen eines Gesellschafters das Insolvenzverfahren eröffnet wurde. Der betroffene Gesellschafter hat dabei kein Stimmrecht.

§ 10 Auflösung der Gesellschaft

Wird die Gesellschaft durch Auflösung beendet, so ist aus den Reihen der Gesellschafter ein Liquidator zu bestellen. Dieser hat das Geschäftsvermögen zu veräußern, die Gläubiger zu befriedigen und den verbleibenden Überschuss entsprechend der Höhe der zuletzt von den Gesellschaftern gehaltenen Beteiligung zu verteilen.

Titisee-Neustadt, den 15. September 20..

Den vorstehenden Vertrag beurkundet:

______________________________ ______________________________

Unterschriften der Gesellschafter — Unterschrift des Notars

Kompetenztraining

42 1. Die Heinz Kern OHG betreibt eine Großhandlung für Medizintechnik. Sie soll in eine GmbH umgewandelt werden. Gleichzeitig soll der bisherige Verkaufsleiter Alexander Dick als Gesellschafter in die neue GmbH aufgenommen werden.

Aufgaben:

1.1 Ermitteln Sie, wodurch sich die Personengesellschaft von der Kapitalgesellschaft unterscheidet!

1.2 Nennen Sie zwei Gründe, die für die Wahl der Gesellschaftsform GmbH sprechen!

1.3 Erklären Sie, aus welchem Grund der Gesetzgeber eine notarielle Beurkundung eines Gesellschaftsvertrags bzw. eines Musterprotokolls bei der Gründung einer GmbH festgelegt hat!

1.4 Bilden Sie zwei Beispiele, wie die Firma der neuen GmbH lauten könnte!

1.5 Stellen Sie dar, wie die Haftungsverhältnisse bei der GmbH und der OHG geregelt sind!

1.6 Erläutern Sie, wie sich die Vertretung der GmbH von der der OHG unterscheidet!

2. Unterscheiden Sie zwischen Stammkapital, Geschäftsanteil und Stammeinlage!

3. Bernd Roßdeutscher, Diplom-Ingenieur, und Hans-Joachim Gommeringer, Industriekaufmann, sind Gesellschafter der Klimatechnik Roßdeutscher OHG, die Messinstrumente und automatische Regler für Klimaanlagen produziert und vertreibt.

Bernd Roßdeutscher muss zu Beginn des Jahres 20.. seine Berufstätigkeit wegen Krankheit aufgeben. Da Hans-Joachim Gommeringer inzwischen das Seniorenalter erreicht hat, beschließen die Gesellschafter, die Klimatechnik Roßdeutscher OHG zum 31.03.20.. in eine GmbH umzuwandeln.

Aufgaben:

3.1 Bernd Roßdeutscher und Hans-Joachim Gommeringer behaupten, die Umwandlung bringe Vorteile hinsichtlich ihrer Haftung und Geschäftsführungspflicht.

Erläutern Sie diese Aussage!

3.2 Die Gesellschafter beabsichtigen die bisherige Firmenbezeichnung beizubehalten.

Prüfen Sie dieses Vorhaben aus juristischer und wirtschaftlicher Sicht!

4.5 Exkurs: Aktiengesellschaft (AG)[1]

4.5.1 Begriff, Gründung und Firma

(1) Begriff

- Die **Aktiengesellschaft** ist eine **Handelsgesellschaft mit eigener Rechtspersönlichkeit (juristische Person),** deren Gesellschafter (Aktionäre) **mit Einlagen an dem in Aktien** zerlegten **Grundkapital** beteiligt sind, **ohne persönlich für die Verbindlichkeiten** der Gesellschaft zu **haften.**
- Die Aktiengesellschaft ist eine **Kapitalgesellschaft.**

1 Der Bildungsplan sieht die Behandlung der Aktiengesellschaft nicht vor.

Die Aktiengesellschaft ist die geeignete Unternehmungsform zur Sammlung kleinerer Kapitalien. Dazu gibt die AG Aktien aus. Die **Aktionäre** statten mit dem Kauf der Aktien die AG mit Eigenkapital aus. Sie beteiligen sich mit ihrer **Einlage (Aktie)** am Grundkapital der AG. Die Beteiligung an einer AG wird von einem Großteil der Aktionäre als eine (zeitweilige) Kapitalanlage angesehen, mit der Aussicht, einen Anteil am Gewinn der AG zu erhalten bzw. einen Kursgewinn zu erzielen. Kauf und Verkauf der Aktien erfolgen in der Regel über die Börse.

(2) Gründung

Voraussetzungen zur Gründung einer AG sind:

- ein notariell beurkundeter Gesellschaftsvertrag (Satzung),
- eine oder mehrere Personen,
- Übernahme der Aktien durch die Gründer,
- Mindestnennbetrag des Grundkapitals 50 000,00 €,
- Wahl von Aufsichtsrat, Vorstand, Prüfung des Gründungsberichts,
- Eintragung ins Handelsregister.

Mit der Eintragung ins Handelsregister ist die AG entstanden **(konstitutive Wirkung der Eintragung)**.

(3) Firma

Die Firma der AG muss die Bezeichnung Aktiengesellschaft oder eine allgemein verständliche Abkürzung dieser Bezeichnung (z. B. AG) enthalten [§ 4 AktG].

Beispiele:

Biberacher Büromöbel AG, Jenaer Spiegelglas Aktiengesellschaft, Volkswagenwerk Aktiengesellschaft, Mitter & Töchter AG, Spielwarenfabrik Spiwa AG.

4.5.2 Eigenkapitalaufbringung, Haftung, Gewinn- und Verlustbeteiligung

(1) Eigenkapitalaufbringung

Gesetzlich ist ein Mindestnennbetrag des Grundkapitals von 50 000,00 € vorgeschrieben. Das Grundkapital wird in Aktien verbrieft. Eine **Aktie** ist eine Urkunde über die Beteiligung an einer AG.

Zu unterscheiden sind zwei Formen von Aktien:

- Bei der **Nennbetragsaktie** lautet der aufgedruckte Nennwert mindestens 1,00 €.
- Der auf der **Stückaktie** (Aktie ohne Nennbetrag) entfallende anteilige Betrag des Grundkapitals darf 1,00 € nicht unterschreiten (siehe Beispiel auf S. 276).

(2) Haftung

Wer Aktien bei einer Gründung übernimmt oder über die Wertpapierbörse kauft, haftet nicht für die Verbindlichkeiten der Gesellschaft. Als juristische Person haftet lediglich die Aktiengesellschaft selbst. Das einzige Risiko, das der Aktionär eingeht, ist, dass er einen Kursverlust erleidet oder dass er im Extremfall den Wert der gesamten Aktien verliert. Das Letztere ist der Fall, wenn die Aktiengesellschaft z. B. wegen Überschuldung aufgelöst wird, also kein Eigenkapital mehr übrig bleibt. Man sagt daher, dass die Aktionäre lediglich eine **Risikohaftung** übernehmen.

(3) Gewinn- und Verlustbeteiligung

Gewinn. Die Aktionäre haben – im Verhältnis zu ihrem Anteil am Grundkapital – einen Gewinnanspruch. Der Gewinnanteil je Aktie wird **Dividende** genannt.

Verlust. Die Verluste werden von der Aktiengesellschaft als juristische Person getragen. Ist das Kapital der AG aufgebraucht, wird die AG aufgelöst (liquidiert). In diesem Fall verliert der Aktionär sein eingesetztes Kapital.

4.5.3 Organe der AG

Die Leitung und Kontrolle der Geschäftsführung übernehmen die dafür vorgesehenen Organe.

Vorstand	Hauptversammlung	Aufsichtsrat
■ Vorstand einer AG sind in der Regel angestellte Fachleute (Manager). ■ Übernimmt die Geschäftsführung nach innen und die Vertretung nach außen.[1] ■ Unterrichtet regelmäßig den Aufsichtsrat über die Geschäftslage. ■ Beruft die ordentliche Hauptversammlung ein.	■ Beschließt über Grundfragen der AG. ■ Beschließt über die Verwendung des Gewinns. ■ Wählt den Aufsichtsrat. ■ Entlastet den Aufsichtsrat.[2]	■ Bestellung des Vorstands. ■ Einberufung einer außerordentlichen Hauptversammlung, wenn das Wohl der AG dies erfordert. ■ Prüft den Jahresabschluss.

1 Besteht der Vorstand aus mehreren Mitgliedern, müssen bei wichtigen Entscheidungen jeweils alle Vorstandsmitglieder zustimmen **(Gesamtgeschäftsführungsbefugnis bzw. Gesamtvertretungsmacht)**.

2 **Entlastung**: nachträgliche Billigung der Tätigkeit des Vorstands und des Aufsichtsrats.

4.5.4 Bedeutung der AG

- Durch die Aufteilung des Grundkapitals in viele kleine Kapitalanteile sind die Aktiengesellschaften in der Lage, große Kapitalbeträge anzusammeln und zu investieren.
- Die großen Unternehmen sind aufgrund ihrer Kapitalkraft in der Lage, kostspielige Forschungsvorhaben zu finanzieren und durchzuführen (z.B. Auffinden neuer Rohstoffquellen, Entwicklung neuer Technologien).
- Die Führung der Aktiengesellschaft kann besonders geeigneten und tüchtigen Fachkräften übertragen werden.
- Die Gefahr für eine marktwirtschaftlich orientierte Wirtschaftsordnung besteht allerdings darin, dass die Möglichkeit, jederzeit Aktien anderer Unternehmen aufkaufen zu können, die Konzentration (z.B. die Machtzusammenballung durch Konzernbildung) erleichtert.
- Durch hintereinandergeschaltete Beteiligungen kann so mit verhältnismäßig geringem Kapital eine Gruppe von Manager-Unternehmern (denen kein „Cent“ an den beherrschten Unternehmen „gehören“ muss) eine Vielzahl von Unternehmen beherrschen.

Kompetenztraining

43 Hendrick Kaiser, alleiniger Inhaber (Gesellschafter) einer Maschinenfabrik, hat ein neues patentiertes Verfahren zur Wiederaufbereitung (Recycling) von Kunststoffen entwickelt und möchte zur Auswertung seiner Erfindung eine Aktiengesellschaft gründen.

Aufgaben:

1. Nennen Sie zwei wichtige wirtschaftliche Entscheidungen, die bei der Gründung dieser AG außer der Wahl der Rechtsform getroffen werden müssen!
2. Stellen Sie dar, wie viel Personen zur Gründung einer Aktiengesellschaft erforderlich sind und wie viel Euro das Grundkapital mindestens betragen muss, das die Gesellschafter aufzubringen haben!
3. Bei der Gründerversammlung wird auch über die Firma der zu gründenden AG gesprochen.

   Nennen Sie einen Firmenvorschlag und erklären Sie kurz drei Grundsätze, die bei der Wahl der Firma berücksichtigt werden müssen!
4. Nachdem die Gründervoraussetzungen erfüllt sind, wird die Satzung am 28. Juli 20.. unterschrieben und die Aktiengesellschaft am 14. August 20.. beim Handelsregister angemeldet. Am 8. Oktober 20.. erfolgt die Handelsregistereintragung.

   4.1 Beschreiben Sie, in welcher Form der Gesellschaftsvertrag abgeschlossen werden muss und warum!

   4.2 Nennen Sie die Stelle, bei der die neu gegründete AG angemeldet werden muss, damit sie rechtlich entstanden ist und ihre Geschäfte rechtswirksam abschließen kann! Begründen Sie kurz diese Anmeldepflicht!

   4.3 Welche Aufgaben hat das Handelsregister und wo wird es geführt? Erläutern Sie, welche Rechtswirkung die erfolgte Handelsregistereintragung für die AG hat!

   4.4 Ermitteln Sie, an welchem Tag die AG als juristische Person entstanden ist!

   4.5 Erläutern Sie, warum eine AG sogenannte Organe haben muss! Nennen Sie die Organe und jeweils zwei ihrer Aufgaben!

44 Die Peter Böhm KG soll als Folge des gestiegenen Kapitalbedarfs in eine Aktiengesellschaft umgewandelt werden. Die Komplementäre Peter Böhm und Rudolf Wetzel, die jeweils 5 Mio. € halten, sowie die Kommanditistin Anne Kraft, deren Einlage 2 Mio. € beträgt, sollen in Höhe der bisherigen Kapitalanteile Aktien zum Nennwert von je fünf Euro übernehmen. Zusätzlich sollen

20 Mio. € Grundkapital neu geschaffen und dem Publikum zur Zeichnung angeboten werden. Einzelheiten sind noch festzulegen.

Im Zusammenhang mit der Idee der Umwandlung der KG in eine AG diskutieren die bisherigen Gesellschafter u. a. folgende Fragen:

Aufgaben:

1. Nennen Sie drei Gründe, die für die geplante Umwandlung in die Rechtsform der AG sprechen!
2. Die Kommanditistin Anne Kraft hat Bedenken gegen die Umwandlung der KG in eine AG.

   Beurteilen Sie, ob sie die geplante Umwandlung verhindern kann!
3. Ein Vorteil der AG besteht darin, dass das Aktienkapital seitens der Gesellschafter unkündbar ist.

   Erläutern Sie diese Aussage!
4. Erklären Sie, warum es für eine AG leichter ist als für Personengesellschaften und Gesellschaften mit beschränkter Haftung, größere Kapitalbeträge aufzubringen!
5. Erläutern Sie, wo und wie die Aktionäre Einfluss auf die Entscheidungen der AG nehmen können!
6. Überprüfen Sie, ob ein Lieferer von einem Aktionär, der 10 000 Aktien zu je 5,00 € besitzt, den Rechnungsbetrag in Höhe von 2 000,00 € verlangen kann!

   Begründen Sie Ihre Meinung!
7. Stellen Sie dar, auf welche Gründe es zurückzuführen ist, dass die meisten großen Unternehmen die Rechtsform der Aktiengesellschaft (AG) aufweisen!
8. In der Hauptversammlung einer AG ist die Mehrheit der Anwesenden der Meinung, dass der Vorstand den Umsatzrückgang des vergangenen Jahres durch leichtsinnige Geschäftsführung verschuldet habe. Man verlangt die Absetzung des Vorstands.

   Aufgaben:

   8.1 Nennen Sie den Personenkreis, der in der Hauptversammlung vertreten ist!

   8.2 Prüfen Sie rechtlich, ob die Hauptversammlung den Vorstand absetzen kann! Begründen Sie Ihre Entscheidung!

   8.3 Überprüfen Sie, ob die Hauptversammlung überhaupt einen Einfluss darauf hat, wer Vorstand einer AG wird!

4.6 Rechtsformwahl und -umwandlung als Entscheidungsproblem

Die nachfolgende Tabelle gibt einen zusammenfassenden Überblick über wesentliche rechtliche und wirtschaftliche (finanzielle) Entscheidungskriterien mit den jeweils am besten geeigneten betrieblichen Rechtsformen.

Mögliche rechtliche und wirtschaftliche (finanzielle) Entscheidungsmerkmale	Geeignete betriebliche Rechtsformen
Mittelbare (keine persönliche) und beschränkte Haftung aller Gesellschafter oder mindestens eines Gesellschafters.	Gesellschaft mit beschränkter Haftung (GmbH) mit einer mittelbaren und grundsätzlich beschränkten Haftung aller Gesellschafter. Kommanditgesellschaft (KG) mit der mittelbaren und beschränkten Haftung mindestens eines Gesellschafters (Kommanditisten).

Mögliche rechtliche und wirtschaftliche (finanzielle) Entscheidungsmerkmale	Geeignete betriebliche Rechtsformen
Verteilung der persönlichen Haftungsrisiken und persönlichen Arbeitslast (Geschäftsführungs- und Vertretungsbefugnisse) auf mehrere Gesellschafter (Personen).	Offene Handelsgesellschaft, Kommanditgesellschaft.
Geschäftsführung und Vertretung durch Managerunternehmer (Gesellschafter wollen lediglich ihr Kapital in einem Unternehmen anlegen).	Gesellschaft mit beschränkter Haftung (GmbH).
Geschäftsführungs- und Vertretungsrecht bzw. -pflicht der Gesellschafter (Geschäftsinhaber).	Einzelunternehmungen, offene Handelsgesellschaft (OHG), Kommanditgesellschaft (KG) bezüglich des Vollhafters (Komplementärs) sowie Gesellschaft mit beschränkter Haftung (GmbH-Gesellschafter: Geschäftsführer).
Gewinne als Leistungsmotivation der Gesellschafter.	Einzelunternehmungen, Personengesellschaften (OHG, KG) und Gesellschaft mit beschränkter Haftung (GmbH).
Möglichst unkomplizierte und Aufwendungen sparende Unternehmensgründung.	Vor allem Einzelunternehmungen und Personengesellschaften (OHG, KG).

Kompetenztraining

45 Die bisherigen Einzelunternehmer Yvonne Lang und Carsten Lehmann planen gemeinsam die Gründung eines Gesellschaftsunternehmens zur Herstellung von Büromöbeln.

Aufgaben:

1. Nennen Sie zwei Gründe, warum Yvonne Lang und Carsten Lehmann ihre Unternehmen zunächst als Einzelunternehmen betrieben haben!
2. Beide Gesellschafter möchten das Geschäftsführungs- und Vertretungsrecht haben.
   Ermitteln Sie, bei welchen Unternehmensformen ihnen dies (gesetzlich) möglich ist!
3. Yvonne Lang ist bereit, auch persönlich und unbeschränkt zu haften, Carsten Lehmann möchte jedoch nur mit seiner Kapitaleinlage und nicht direkt haften.
   Welche Unternehmensform werden beide Gründer wählen? Begründen Sie Ihre Entscheidung!
4. Erläutern Sie, welche Gründe Yvonne Lang und Carsten Lehmann veranlasst haben können, einen weiteren Gesellschafter als Voll- oder Teilhafter aufzunehmen!
5. Nach der Abwägung aller möglichen Vor- und Nachteile der verschiedenen Rechtsformen gründen Yvonne Lang und Carsten Lehmann eine GmbH.
   Nennen Sie zwei mögliche Gründe für die Wahl dieser Rechtsform!

46 **I. Sachverhalt:**

Anton Thomalla ist Inhaber eines kleinen Unternehmens, welches Dieselmotoren von Lkw-Herstellern so umrüstet, dass damit – angetrieben durch Biogas – ein kleineres Blockheizkraftwerk betrieben werden kann. Aufgrund der energiepolitischen Sensibilisierung der Bevölkerung ist die Nachfrage sprunghaft gestiegen. Anton Thomalla sieht sehr optimistisch in die Zukunft. Kunden, seine Bank und die Familie drängen ihn zur Expansion. Da er sich als Einzelunternehmer und Spezialist für die Technik von der zunehmenden Komplexität überfordert fühlt, möchte er die Einzelunternehmung in ein Gesellschaftsunternehmen umwandeln. Einen Partner hätte er bereits gefunden in Jens Nowottny, einem Freund aus Jugendtagen. Dieser wäre bereit, die kaufmännische Seite der Unternehmensführung zu übernehmen.

Noch sind sich die beiden nicht schlüssig, welche Rechtsform sie wählen sollen. Daher werden Sie um Ihren Rat gebeten.

II. Aufgaben:

1. Anton Thomalla und Jens Nowottny haben Fragen zur Kommanditgesellschaft, um deren Beantwortung sie Sie bitten. Erläutern Sie jeweils Ihre Antworten!
   1.1 „Wie unterscheiden sich grundsätzlich die beiden Positionen des Komplementärs und des Kommanditisten?"
   1.2 „Worin unterscheiden sich Geschäftsführungsbefugnis von Vertretungsmacht?"
   1.3 „Wie lassen sich gewöhnliche von außergewöhnlichen Rechtsgeschäften abgrenzen?"
   1.4 Jens Nowottny, für den die Position des Kommanditisten vorgesehen ist, will wissen, ob er wirklich nur mit seiner Einlage haftet.
2. Nach eingehenden Überlegungen entscheiden sich die beiden doch, eine GmbH als Gesellschaftsform zu wählen. Die Firma lautet „Motorenwerke Anton Thomalla GmbH". Dazu müssen sie die GmbH ins Handelsregister eintragen lassen. Arbeiten Sie heraus,
   2.1 welche Vorteile sich aus der Gründung der GmbH im Vergleich zur KG ergeben!
   2.2 welche rechtliche Wirkung die Eintragung ins Handelsregister hat!
   2.3 welche Abteilung des Handelsregisters zuständig ist!
   2.4 welche Eintragungen das Handelsregister (3 Nennungen) enthält!
3. Die beiden Gesellschafter bestimmen Anton Thomalla zum alleinigen Geschäftsführer. Da sich die Geschäfte der „Motorenwerke Anton Thomalla GmbH" erfreulich gut entwickeln, entscheidet sich Anton Thomalla, einen Firmenwagen für 53000,00 € zu kaufen.

   Erläutern Sie die Rechtslage!
4. Ein Gläubiger der GmbH verlangt vom Gesellschafter Jens Nowottny die Zahlung einer Rechnung in Höhe von 13500,00 €.

   Erläutern Sie die Rechtslage!
5. Füllen Sie nachfolgende Tabelle aus, indem Sie „ja" oder „nein" eintragen. Wenn es nicht Ihr eigenes Buch ist, übertragen Sie bitte zuvor die Tabelle in Ihr Hausheft!

	Einzelunternehmen	**OHG**	**KG**	**GmbH**
Mindestkapital nötig				
Haftungsbeschränkung				
breiter Entscheidungsspielraum				
wenige Formalitäten				
Eintragung ins Handelsregister				
hohes Ansehen, Kreditwürdigkeit durch persönliche Haftung				

5 Anspruchsgruppen und deren Interessen an Unternehmen unterscheiden, ein Unternehmensleitbild entwickeln und hieraus Unternehmensziele ableiten

Lernsituation 5:

Die Heidenheimer Bürodesign GmbH hatte in den letzten Jahren mit deutlichen Absatzproblemen zu kämpfen. Nicht nur, dass die Absatzmärkte ihre Sättigungsgrenze erreicht hatten. Das Unternehmen sah sich plötzlich in ernsthafter Konkurrenz mit asiatischen Billiganbietern, die den Markt mit Massengütern zu konkurrenzlos günstigen Preisen überschwemmten. Auch im Verhalten der Kunden kam es zu einem Wandel: Die traditionelle Kundschaft für die gehobenen Produktsegmente informierte sich ausgiebig im Internet und verlangte gleichzeitig flexible Lösungen mit hoher Qualität zum günstigen Preis.

Die Unternehmensleitung erkannte, dass das Unternehmen nur dann erfolgreich am Markt überleben würde, wenn das eigene Angebot in möglichst vielen Schlüsselbereichen den Wettbewerbern überlegen ist, z. B. in Bezug auf:

- Produktqualität
- Servicequalität
- Sortimentsvielfalt
- Innovationskraft
- Preiswürdigkeit
- Mitarbeiterzufriedenheit
- Image
- Marktstärke

Die Unternehmensleitung entschied sich, den neuen Herausforderungen nicht mit schnelllebigen Werbeaktionen zu begegnen, sondern sie in ganz grundsätzlicher Weise anzupacken. Die Mitarbeiter der mittleren und oberen Führungsebene wurden zu einer „Zukunftskonferenz" eingeladen. Deren Ziel ist es, das Grobkonzept für ein modernes Unternehmensleitbild und Zielsystem zu entwickeln.

Kompetenzorientierte Arbeitsaufträge:

1. Recherchieren Sie zunächst im Internet, welche zwei Unternehmen in Ihrer Region oder über Ihre Region hinaus in der jüngeren Vergangenheit mit ähnlichen Absatzproblemen wie die Heidenheimer Bürodesign GmbH zu kämpfen hatten!

   Stellen Sie anschließend die konkreten Probleme dieser beiden Unternehmen zusammen und erläutern Sie, mittels welcher Maßnahmen die Unternehmen versucht haben, ihre Schwierigkeiten zu meistern. Bereiten Sie eine entsprechende Präsentation Ihrer Rechercheergebnisse vor!

2. Erstellen Sie (in Partner- oder Kleingruppenarbeit) eine Übersicht von möglichen Gruppen (Stakeholder), die Ansprüche an ein Unternehmen erheben!

   Entwickeln Sie anschließend eine Übersicht zu diesen möglichen Anspruchsgruppen, indem Sie für die jeweilige Gruppe sowohl deren konkrete Ansprüche an ein Unternehmen formulieren als auch die Beiträge bzw. Leistungen dieser Gruppen gegenüber dem Unternehmen auflisten!

3. Sie sind Teilnehmer an der „Zukunftskonferenz" der Heidenheimer Bürodesign GmbH. Auf der Basis der von Ihnen gefundenen Ansprüche der Stakeholder formulieren Sie einen Grobentwurf für das Unternehmensleitbild der Heidenheimer Bürodesign GmbH!

5.1 Anspruchsgruppen und deren Interessen am Unternehmen unterscheiden

(1) Problemstellung

Bei der **Festlegung von Unternehmenszielen**[1] sind folgende Fragen zu klären:

- Welche Ziele soll das Unternehmen verfolgen?
- Welche Person oder Personengruppe hat das Recht (die Macht), die Unternehmensziele festzulegen und unternehmerische Entscheidungen zu treffen?
- Wem steht der Unternehmenserfolg zu?

Auf alle drei Fragen geben das **Shareholder[2]-Konzept** und das **Stakeholder[3]-Konzept** unterschiedliche Antworten.

(2) Shareholder-Konzept

Nach dem Shareholder-Konzept hat die Unternehmensleitung die Aufgabe, die unternehmerischen Entscheidungen so zu treffen, dass der (Markt-)**Wert des Eigenkapitals (Shareholder Value)** erhöht wird. Durch eine langfristige Gewinnmaximierung soll die Einkommens- und Vermögensposition der Eigenkapitalgeber verbessert werden.

Das **Shareholder-Konzept** ist durch **drei Kriterien** gekennzeichnet:

- Ziel der Unternehmensleitung muss es sein, für die **Eigenkapitalgeber** eine **langfristige Gewinnmaximierung** zu erreichen.
- Die **unternehmerische Entscheidungsgewalt** liegt bei den **Eigenkapitalgebern** bzw. bei den von ihnen eingesetzten Führungskräften (z. B. Vorstand, Geschäftsführer).
- Der **Unternehmenserfolg (Gewinn oder Verlust)** steht in vollem Umfang den **Eigenkapitalgebern** zu.

Die einseitige Ausrichtung des Shareholder-Konzepts auf die Interessen der Eigenkapitalgeber wird häufig abgelehnt, weil die Interessen anderer Anspruchsgruppen vernachlässigt werden.

- Beim **Shareholder-Konzept** sind vorrangig die Unternehmensziele zu verfolgen, die den Marktwert des Eigenkapitalanteils erhöhen.
- Den Marktwert des Eigenkapitals bezeichnet man als **Shareholder-Value.**[4]

1 Vgl. hierzu die Ausführungen auf S. 288ff.

2 **Shareholder** (engl.): Aktionär (von share: Aktie und holder: Inhaber)

3 **Stakeholder** (engl.): Anspruchsberechtigter, Interessenbewahrer.

4 **Value**: Wert, Nutzen.

(3) Stakeholder-Konzept

Übersicht über die Stakeholder (Anspruchsgruppen)

Nach Auffassung der Vertreter des Stakeholder-Konzepts haben alle Personen oder Personengruppen, die von den Entscheidungen des Unternehmens betroffen sind, Ansprüche an das Unternehmen. Eine Begründung für die Ansprüche leiten die Vertreter des Stakeholder-Konzepts von der Tatsache ab, dass die Anspruchsgruppen einen **Beitrag zum Unternehmen** leisten.

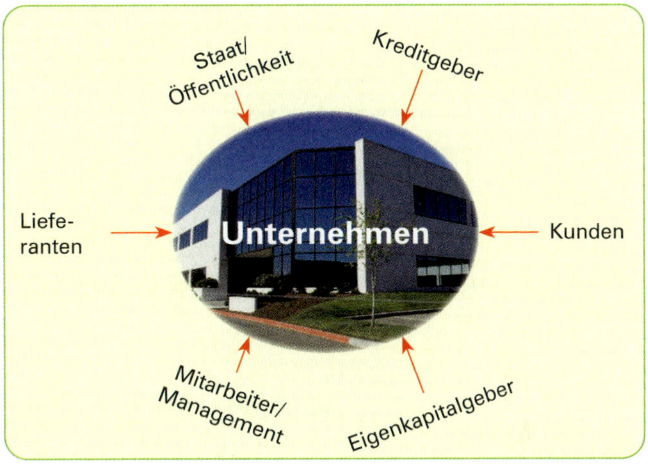

Beitrag der Anspruchsgruppen zum Unternehmen

In der nachfolgenden Tabelle sind die Anspruchsgruppen, der Anspruch gegenüber der Unternehmung und der Beitrag zur Unternehmung aufgelistet.

Anspruchs-gruppen	Anspruch gegenüber der Unternehmung	Beitrag zur Unternehmung
Eigenkapitalgeber (Eigentümer, Anteilseigner)	Langfristige Gewinnmaximierung, Steigerung des Eigenkapitalwertes, Unternehmenswachstum, Unternehmenssicherung	■ Eigenkapital ■ Übernahme des Risikos
Kreditgeber	Zeitlich und betragsmäßig festgelegte Tilgung und Verzinsung des eingesetzten Kapitals	Fremdkapital
Mitarbeiter	Leistungsgerechte Entlohnung, motivierende Arbeitsbedingungen, Arbeitsplatzsicherheit, betriebliche Sozialleistungen, Mitbestimmung, Beteiligung am Unternehmenserfolg	Ausführende Arbeit
Management	Gehalt, Macht, Einfluss, Prestige	Leitende Arbeit
Kunden	Preisgünstige und qualitative Güter	Abnahme und Bezahlung dieser Güter
Lieferanten	Zuverlässige Bezahlung, langfristige Lieferbeziehungen	Lieferung hochwertiger Güter
Staat/ Öffentlichkeit	Steuerzahlungen, Einhaltung der Rechtsvorschriften, schonender Umgang mit der Umwelt	■ Infrastruktur, ■ Rechtsordnung, ■ Umweltgüter

Quelle: In Anlehnung an Wöhe, Günter; Döring, Ulrich: Einführung in die Allgemeine Betriebswirtschaft, 24. Aufl., München 2010, S. 51 (modifiziert).

- Beim **Stakeholder-Ansatz** sind vorrangig die Unternehmensziele zu verfolgen, die Ansprüche und **Interessen der Stakeholder** zu erfassen, zu ordnen und bestmöglichst zu erfüllen.
- Das **Stakeholder-Konzept** erweitert den Shareholder-Ansatz, indem neben einer rein **finanziellen Zielperspektive** auch eine **soziale** und **ökologische Verantwortung** verlangt wird.

Dass sich das Stakeholder-Konzept aufgrund der stark auseinanderstrebenden Interessen der Anspruchsgruppen in der Realität durchsetzen kann, ist kaum zu erwarten. Derzeit überwiegt in der Unternehmenspraxis eindeutig das Shareholder-Konzept.

(4) Beziehungen zwischen Shareholder-Konzept und Stakeholder-Konzept

Die Gegenüberstellung von Shareholder- und Stakeholder-Konzept zeigt deutliche Unterschiede:

	Shareholder-Konzept	Stakeholder-Konzept
Unternehmensziel	Wertorientierte Unternehmensführung; Maximierung des Aktionärsnutzens (Kurssteigerung, Dividende)	Nachhaltige Unternehmensführung, sinnvolles Überleben des Unternehmens
Hauptanspruchsgruppe	Aktionäre (Anteilseigner)	Sämtliche Anspruchsgruppen (Management, Aktionäre, Kreditgeber, Arbeitnehmer, Kunden, Lieferanten, Öffentlichkeit, Staat)
Erfolgsmaßstab	Wertsteigerung des Eigenkapitals	Befriedigung sämtlicher Anspruchsgruppen
Hauptprobleme	■ kurzfristige Manipulation der Gewinnsituation ■ Vernachlässigung sozialer und ökologischer Ziele ■ schlechtes Image	■ Heterogenität der Ansprüche ■ Unübersichtlichkeit/Komplexität der Ziele ■ Akzeptanzprobleme im Management

In der öffentlichen Meinung wird der Stakeholder-Ansatz meistens positiver dargestellt als der Shareholder-Ansatz. Die Ansätze sind bei genauer Betrachtung jedoch nicht unversöhnlich: So liegt es auch in der Natur des Shareholder-Ansatzes, dass – wenngleich der Aktionär unbestritten im Vordergrund steht – die Interessen anderer Gruppierungen nicht vernachlässigt werden dürfen, wenn langfristig Gewinne für die Aktionäre erwirtschaftet werden sollen.

Kein Unternehmen kann in gesättigten Käufermärkten langfristig überleben, wenn es nicht die Wünsche seiner Kunden nach qualitativ hochwertiger Ware zu erschwinglichen Preisen verbunden mit hoher Lieferbereitschaft, guter Verfügbarkeit und zufriedenstellendem Kundendienst erfüllt.

In ähnlicher Weise ist es für innovative Technologieunternehmen, die auf hoch qualifizierte Arbeitnehmer angewiesen sind, ein Muss, ihre Mitarbeiter durch ein angenehmes Betriebsklima, hohe Löhne und gute Aufstiegschancen im Unternehmen zu halten, wenn weiterhin erfolgreiche Produkte entwickelt und auf den Markt gebracht werden sollen.

5.2 Unternehmensleitbild entwickeln und hieraus Unternehmensziele ableiten

5.2.1 Unternehmensleitbild entwickeln

(1) Unternehmensphilosophie

Grundelemente einer Unternehmensphilosophie[1] sind die Grundwerte und Überzeugungen, die Verhaltensregeln, Standards und Symbole[2] des Unternehmens.

Grundelemente	Erläuterungen	Beispiele
Grundwerte und Überzeugungen (Wozu gibt es uns?)	Sie fragen nach dem **„Warum"** des unternehmerischen Handelns und geben dem Unternehmen Orientierung.	„Mit unseren Produkten wollen wir stets Pioniere sein – dem Markt weit voraus. Wir glauben, dass es besser ist, der Öffentlichkeit neue Produkte vorzuführen, als sie zu fragen, was für Produkte sie gerne hätte."
Verhaltensregeln (Was wollen wir erreichen?)	Sie sollen dafür sorgen, dass alle Beteiligten des Unternehmens sich entsprechend den Grundwerten und Überzeugungen verhalten.	„Wir liefern nur Erzeugnisse mit maximaler Qualität aus und gehen hierfür keine Kompromisse ein."
Standards und Symbole (Welches sind unverwechselbare Elemente unseres Handelns?)	Es handelt sich um unternehmenstypische Erkennungszeichen bezüglich **Verhalten, Kommunikation** und **Erscheinungsbild.**	**Verhalten:** Es wird eine kundenorientierte Produktberatung durchgeführt. **Kommunikation:** Die Produkte werden ausschließlich über das eigene Filialnetz verkauft und ausgeliefert. **Erscheinungsbild:** Es wird ein einheitliches Firmenlogo verwendet.

(2) Unternehmensleitbild

In aller Regel formuliert die Unternehmensleitung die im Unternehmen bestehende Unternehmensphilosophie und hält sie in einem **Unternehmensleitbild** fest.

1 **Philosophie:** griechisch „Weisheitsliebe".

2 **Symbol:** Kennzeichen.

Beispiel: Unternehmensleitbild der Sportartikelfabrik Sport-Burr KG Ulm

Steigerung der Unternehmenswerte

Wir möchten unsere Position als führender Sportartikelhersteller langfristig ausbauen und setzen dabei auf profitables Wachstum und nachhaltige Wertsteigerung.

Wir treiben INNOVATIONEN voran – und gestalten die Zukunft

Aus Ideen und Erfindungen entwickeln wir erfolgreiche Sportprodukte. Kreativität und Erfahrung sichern uns eine Spitzenstellung.

Dies erreichen wir auch dadurch, dass wir vertrauensvolle und langfristige Geschäftsbeziehungen mit zuverlässigen, innovativen Lieferanten pflegen.

Unsere Kunden

Die Zufriedenheit unserer Kunden steht im Mittelpunkt unserer Zielsetzungen. Wir pflegen langfristige, europaweite Kundenbeziehungen und erreichen mit hervorragenden Produkten sowie einem umfassenden Netz von Beratung und Dienstleistungen optimale Kundennähe.

Unsere Mitarbeiter

Die Basis unserer Unternehmung bilden unsere motivierten und verantwortungsbewussten Mitarbeiter. Die Kompetenz unserer Mitarbeiter fördern wir durch kontinuierliche Weiterbildung und sichern damit langfristig Arbeitsplätze.

Unsere Prozesse

Unsere Geschäftsprozesse werden laufend überprüft und nach technischen und wirtschaftlichen Maßstäben optimiert. Sämtliche Geschäftsprozesse werden durch schonenden Einsatz von Ressourcen umweltverträglich gestaltet.

Unterstützung

Wir unterstützen soziale und Umweltschutzprojekte und gehen Partnerschaften mit Unternehmen und Organisationen ein, deren Produkte und Dienstleistungen zu einer nachhaltigen Entwicklung beitragen.

Dialog mit unseren Stakeholdern

Wir legen Wert darauf, mit allen Stakeholdern in einer Atmosphäre des gegenseitigen Vertrauens und Respekts zu kommunizieren, und informieren sie regelmäßig über die Fortschritte unseres Unternehmens im Hinblick auf Sozialverträglichkeit und Umweltschutz.

5.2.2 Unternehmensziele aus dem Unternehmensleitbild ableiten

(1) Begriff Unternehmensziele[1]

Die Unternehmensziele leiten sich aus dem Unternehmensleitbild ab. Sie geben der Unternehmensleitung, den Bereichsleitern, den Abteilungsleitern und den Mitarbeitern eine Orientierung für die Steuerung und Kontrolle der betrieblichen Prozesse. Damit diese Orientierung zweifelsfrei möglich ist, sind die Unternehmensziele **eindeutig zu formulieren** und **verbindlich festzulegen.**

Unternehmensziele beschreiben einen zukünftigen, erstrebenswerten Zustand des Unternehmens, den der zuständige Entscheidungsträger anzustreben hat.

Die Zielformel **SMART** fasst kompakt und einprägsam zusammen, welche Eigenschaften Unternehmensziele haben sollen. Dabei steht jeder Buchstabe für eine bestimmte Eigenschaft.

1 Die Unternehmensziele sind **operationalisiert** zu formulieren, d.h., sie müssen einen **Inhaltsteil** (z.B. *Sämtliche Aufträge müssen innerhalb einer Woche ...*) und einen **Verhaltensteil** (z.B. *mindestens einmal terminlich bearbeitet werden*) aufweisen.

S	**spezifisch, simpel**	Das Ziel soll genau beschrieben, einfach formuliert und für alle nachvollziehbar sein.
M	**messbar**	Festgelegte Kennzahlen müssen es erlauben, dass die Erreichung des Ziels gemessen werden kann.
A	**akzeptiert**	Das formulierte Ziel muss übereinstimmen mit den Wertvorstellungen des Unternehmensleitbildes.
R	**realistisch**	Das Ziel darf nicht utopisch und damit demotivierend sein. Vielmehr benötigen die Mitarbeiter das Gefühl, dass das Ziel erreichbar ist.
T	**terminiert**	Der Zeithorizont, in welchem das Ziel zu erreichen ist, muss festgelegt sein.

(2) Gliederung der Unternehmensziele nach dem angestrebten Erfolg des Unternehmens

Die Ziele der Unternehmen nach dem angestrebten Erfolg sind dreifacher Art: Zum einen möchten die Unternehmen einen Erfolg erzielen **(ökonomische Ziele)**, zum anderen tragen die Unternehmen Verantwortung gegenüber ihren Mitarbeitern **(soziale Ziele)** und gegenüber der Umwelt **(ökologische Ziele)**.

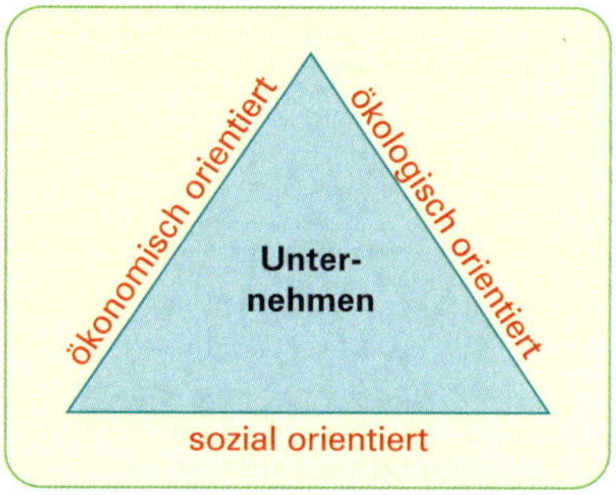

Ökonomische Ziele (Beispiele)	**Ökologische Ziele** (Beispiele)	**Soziale Ziele** (Beispiele)
■ Absicht der Gewinnerzielung ■ Steigerung des Umsatzes ■ Sicherung der ständigen Zahlungsbereitschaft ■ Risikostreuung durch breites Produktprogramm ■ Verdrängung von Konkurrenten ■ Streben nach Marktmacht ■ Streben nach hohem Qualitätsstandard	■ Abfallvermeidung ■ Benutzung umweltfreundlicher Werkstoffe ■ Produktion recycelbarer Produkte ■ Verminderung von Produktionsemissionen[1] ■ Reduzierung von Lärmbelastungen ■ Nutzung erneuerbarer Energien	■ Gerechte Entlohnung ■ Gleich hohe Entgelte von Mann und Frau bei gleicher Arbeit ■ Arbeitsplatzsicherung ■ Ergonomische Arbeitsplatzgestaltung ■ Altersabsicherung und Betriebsrente ■ Aufgreifen von Anregungen der Mitarbeiter

1 **Emission:** (emittere [lat.]) bedeutet so viel wie Aussendung, Freilassung, Ausströmen z.B. von luft- und wasserverunreinigenden Stoffen (z.B. Chemikalien, Stäube usw.). Die auf die Umwelt (z.B. Menschen, Tiere, Pflanzen) einwirkenden (eindringenden) oder dort bereits vorhandenen Schadstoffkonzentrationen werden **Immissionen** genannt.

19 Merkur-Nr. 0557

(3) Beispiel für die Formulierung von Unternehmenszielen

Unternehmensziele werden auf der Grundlage des Unternehmensleitbildes entwickelt. Sie haben die Aufgabe, der Unternehmensleitung und allen Mitarbeitern konkrete Orientierung zur Bewältigung ihrer betrieblichen Aufgaben zu geben.

Beispiel: Unternehmensziele der Sportartikelfabrik Sport-Burr KG Ulm, abgeleitet aus dem Unternehmensleitbild von S. 288

- Wir streben hohe Kundenzufriedenheit und langfristige Kundenbeziehungen an. Wir liefern pünktlich.
- Wir entwickeln unsere Produkte kundenorientiert und gefährden niemals die Sicherheit unserer Kunden.
- Wir übernehmen bei der Gewinnerzielung soziale und ökologische Verantwortung gegenüber den im Unternehmen tätigen Menschen, den Kapitalgebern und Kunden.
- Wir streben die langfristige Sicherung und finanzielle Unabhängigkeit unseres Unternehmens an.
- Wir erreichen unsere Erfolge durch kompetente Mitarbeiter, deren Qualifikation wir intensiv fördern.
- Der Führungsstil ist von dem Ziel einer hohen Arbeitsmotivation, Arbeitszufriedenheit und Arbeitsqualität geprägt.
- Wir berücksichtigen bei unseren Planungen und Investitionsentscheidungen systematisch ökologische Anforderungen des Umwelt- und Klimaschutzes.
- Wir sehen uns als gute Bürger, die sich für das soziale und kulturelle Leben insbesondere in der Region Ulm engagieren. Wir fördern daher ausgewählte Projekte und Initiativen.

(4) Zielharmonie und Zielkonflikte zwischen den Unternehmenszielen aufzeigen

- **Zielkonflikt:** Die Verfolgung eines wirtschaftlichen und/oder ökologischen Ziels beeinträchtigt oder verhindert die Erreichung eines anderen wirtschaftlichen und/oder ökologischen Ziels.
- **Zielharmonie:** Die Förderung eines wirtschaftlichen/ökologischen Ziels begünstigt zugleich die Förderung eines oder mehrerer anderer wirtschaftlicher/ökologischer Ziele.

Zielharmonie zwischen ökologischen und ökonomischen Unternehmenszielen

Bisherige Untersuchungen zeigen weitgehend übereinstimmend, dass zumindest in den größeren von Umweltproblemen besonders betroffenen Unternehmen (Branchen) zwischen den **ökologischen** und **ökonomischen Unternehmenszielen** grundsätzlich eine sich gegenseitig ergänzende, fördernde Zielbeziehung **(Zielharmonie)** besteht.

Dies ist deshalb der Fall, weil gerade der Umweltschutz vielfältige Innovationsmöglichkeiten (z.B. Entwicklung und Anwendung umweltschonender Rohstoffe, Entwicklung einer Technologie für erneuerbare Energie) bietet.

In dem Ausmaß, in dem es den Unternehmen gelingt, ihre Umweltschutzziele zu verwirklichen, erhöht sich z.B. auch deren Umsatz, ihr Umsatzanteil am gesamten Markt, ihre Marktmacht, ihr langfristiger Gewinn und das Produkt- und Firmenimage in der Öffentlichkeit. Dadurch werden die Unternehmensexistenz und die Arbeitsplätze gesichert, neue Arbeitsplätze geschaffen sowie die Wettbewerbsfähigkeit verbessert.

Zielkonflikte/Zielharmonie zwischen ökonomischen und sozialen Unternehmenszielen

Häufig bestehen dagegen **Zielkonflikte** zwischen den **ökonomischen** und den **sozialen Zielen.** Strebt ein Unternehmen z.B. zugleich Arbeitsplatzsicherung und Kostensenkung an, kann ein Zielkonflikt vorliegen, weil durch den Einsatz von Kosten sparenden Maschinen Arbeitskräfte „freigesetzt", d.h. entlassen werden müssen.

Ein Beispiel für **Zielharmonie** zwischen ökonomischen und sozialen Zielen ist das konjunkturelle Kurzarbeitergeld (Kug).[1] Angesichts einer globalen Rezession und sinkender Absatzzahlen bestünde die übliche Reaktion der Anpassung im Abbau von Arbeitsplätzen. Viele Unternehmen verzichten jedoch darauf und wählen dagegen das Instrument der Kurzarbeit. Dies bindet die Arbeitskräfte an das Unternehmen und erspart diesem beim beginnenden Aufschwung die Suche nach den knappen Fachkräften.

Kompetenztraining

47 1. Erläutern Sie die Grundzüge des Shareholder-Konzepts!

2. 2.1 Nennen Sie die Stakeholder einer Personengesellschaft!
   2.2 Beschreiben Sie, welchen wichtigen Anspruch ein Stakeholder abgesehen von den finanziellen Ansprüchen hat!
   2.3 Erläutern Sie, inwiefern Stakeholder das Unternehmen beeinflussen können!

3. Zitat eines Verfechters des Shareholder Values, dem liberalen Ökonomen Milton Friedman:

   „Die einzige soziale Verantwortung der Unternehmung ist es, im Rahmen geltender Gesetze Gewinne zu erzielen. Jedes weitere Verfolgen sozialer Ziele ist Diebstahl an den Aktionären.

   Die Geschäftsleitungen sind nicht gewählte Volksvertreter und haben deshalb auch kein soziales Mandat. Sie dürften sich deshalb auch nicht anmaßen, das Geld des Aktionärs im Namen der sozialen Verantwortung nach nicht-ökonomischen Kriterien auszugeben."

   Aufgabe:

   Nehmen Sie zu Kernaussagen des Textes Stellung!

4. Erläutern Sie die nebenstehende Abbildung!

5. Erklären Sie, warum die Eigenkapitalgeber großer Unternehmen gezwungen sind, einen Ordnungsrahmen für die Unternehmensführung zu schaffen!

1 **Konjunkturelles Kurzarbeitergeld (Kug)** wird gewährt, wenn in Betrieben oder Betriebsabteilungen die regelmäßige betriebsübliche wöchentliche Arbeitszeit infolge wirtschaftlicher Ursachen oder eines unabwendbaren Ereignisses vorübergehend verkürzt wird.

48 Wir greifen auf das Unternehmensleitbild der Sportartikelfabrik Sport-Burr KG Ulm zurück (siehe S. 288).

Aufgaben:

1. Beschreiben Sie anhand des Unternehmensleitbilds einen Zielkonflikt und eine Zielharmonie!
2. Das im Unternehmensleitbild genannte Stakeholder-Konzept stellt eine Erweiterung des Shareholder-Konzepts dar.

   Nehmen Sie Stellung zu dieser Aussage!

49

1. Entscheiden Sie, welche(s) der nachgenannten Ziele zu den ökonomischen Zielen, den ökologischen Zielen, den sozialen Zielen gehören (gehört)!

   1.1 Gewinnziel,

   1.2 Streben nach Macht und/oder Prestige,

   1.3 Gewinnung politischen Einflusses,

   1.4 Umsatzsteigerung,

   1.5 Erhöhung des Marktanteils,

   1.6 Unternehmenswachstum,

   1.7 Verminderung der Umweltbelastungen,

   1.8 Arbeitsplatzsicherung,

   1.9 Streben nach Unabhängigkeit,

   1.10 Versorgung der Bevölkerung mit lebensnotwendigen Erzeugnissen oder Dienstleistungen,

   1.11 Verpflichtung gegenüber Familientradition,

   1.12 Kostendeckung,

   1.13 Kostensenkung.
2. Nennen Sie ein Beispiel für eine Zielkombination, bei der ein Zielkonflikt besteht!
3. Nennen Sie ein Beispiel für eine Zielkombination, bei der Zielharmonie besteht!

50

1. Zwischen dem Umweltschutzziel und den ökonomischen und sozialen Zielen ergeben sich teils konkurrierende und teils komplementäre Beziehungen.

   Aufgaben:

   Stellen Sie dar, welcher Zielkonflikt bzw. welche Zielharmonie zwischen dem Umweltschutzziel und den nachstehend genannten Zielen besteht! Begründen Sie Ihre Antworten!

   1.1 Langfristige Gewinnmaximierung,

   1.2 Sicherung und Vermehrung der Arbeitsplätze,

   1.3 Verbesserung des Unternehmensimages.
2. Frank Mahle hat vor Kurzem die Werkzeugfabrik seines Vaters übernommen. Er beabsichtigt, einige Änderungen vorzunehmen. Insbesondere will Frank Mahle neben dem Unternehmensziel „Betriebserhaltung" auch das Ziel „Umweltbewusstsein" verstärkt verfolgen.

   Aufgaben:

   2.1 Erläutern Sie die genannten Unternehmensziele!

   2.2 Nennen Sie außerdem zwei weitere Unternehmensziele!

Stichwortverzeichnis

A
Abfall 28
Abfallvermeidung 29
Absatzförderung 109
Absatzpolitik 143
Absatzsicherung 109
Abschwung 153
administratives Zuteilungssystem 135
Agentur für Arbeit 62
Aktie 277
Aktiengesellschaft (AG) 236, 253, 276
aktives Wahlrecht 38
Allgemeinverbindlichkeitserklärung 50
alternative Wohlstandsindikatoren 95
Altersvorsorgedepot 72
Anbieterrente 126
Angebot 122
Angebotskurven 122
Angebotslücke 127
Angebotsmonopol 143
Angebotsoligopol 147
Angebotsverschiebung 123
Anmelde- und Anzeigepflicht 115
anomale Nachfrage 120
Anspruchsgruppen 284
Arbeitgeberverbände 48
Arbeit (Produktionsfaktor) 79
Arbeitsförderung 62
Arbeitslosengeld 63
Arbeitslosenquote 176
Arbeitslosenversicherung
(siehe Arbeitsförderung)
Arbeitsmarktberatung 62
Arbeitsmarktpolitik 188
Arbeitsschutz 21, 25
Arbeitssicherheitsgesetz 27
Arbeitsvermittlung 62
Arbeitszeit 32
Arbeitszeitgesetz 26
Arbeitszeugnis 22
Arbeitszufriedenheit 230
aufeinander abgestimmte Verhaltensweisen 113
Aufschwung 153
Aufsichtsrat 273, 278
Ausbildender 16
Ausbilder 16
Ausbildungsnachweispflicht 20
Ausbildungsordnung 17
Ausbildungspflicht 19
Ausbildungsplan 17
Ausbildungsverhältnis 17
Ausbildungszeit 20
Ausfuhr 217
Ausfuhrgüter 217
Ausgleichsfunktion 130
Außenhandel 217
Außenhandelspolitik 222
Außenverhältnis 257
außenwirtschaftliches Gleichgewicht 177
außergewöhnliches Geschäft 260
Aussperrung 51
Auszubildendenvertretung 41
Auszubildender 16
Automatisierungsrisiko 194

B
Befolgungspflicht 19
Beglaubigung 252
Beitragsbemessungsgrenze 57, 67
Beitragssätze 67
Beratungsrecht (Betriebsrat) 39
Beratungsstelle 240
Berichtsheft 20
Berufsausbildungsvertrag 18
Berufsberatung 62
Berufsbildungsgesetz 17
Berufsgenossenschaft 25, 237
Berufsschule 18
Berufsschulpflicht 19
Berufsunfähigkeitsversicherung 74
Beschäftigung 176
Beschwerderecht 43
betriebliche Altersvorsorge 73
Betriebsärzte 27
Betriebsordnung 43
Betriebsrat 21, 27, 38, 42
Betriebsvereinbarung 43
Betriebsverfassung 37
Betriebsverfassungsgesetz 38, 42
Betriebsversammlung 40, 42
Beurkundung 252
Bevölkerungsentwicklung 69
Bildung 191
Binnenmarkt 220
Boden (Produktionsfaktor) 79
Boom 154
Bruttoinlandsprodukt 88
Bruttolohn 201
Bruttonationaleinkommen 88
Bruttowertschöpfung 91
Buchführungspflicht 250
Bundesgarantien 68
Businessplan 240

D

Deficit-Spending 163, 166
deklaratorisch 251
demografischer Wandel 69
Deutsche Bundesbank 211
Dienstleistungsverkehrsfreiheit 221
Dilemma-Situation 148
Direktorium 209
Dreischichtenmodell 70
duales Ausbildungssystem 18
Durchlaufwirtschaft 28

E

Eigenkapital 284
Eigenkapitalaufbringung 257, 259, 265, 272, 277
– OHG 259
Eigentumsrechte 105
einfacher Wirtschaftskreislauf 79
einfaches Zeugnis 21
Einfuhr 217
Einfuhrgüter 218
Einkommens- und Vermögensverteilung 180
Einzelgeschäftsführungsrecht 260
Einzelkaufleute 253
Einzelunternehmung 236, 257, 281
elastische Nachfrage 120
elastisches Angebot 123
Elastizität 147
Elterngeld 71
Elternzeit 71
Enteignung 105
Entgeltkorridor 50
Entscheidungsbewertungstabelle 247
Entstehungsrechnung 90
Ernährungsverhalten 27
Erstuntersuchung 33
erweiterter EZB-Rat 209
erweiterter Wirtschaftskreislauf 80
Erwerbsminderung 67
Erwerbspersonen 176
Erwerbsquote 186
Erwerbsunfähigkeit (Fußnote) 74
Erwerbsunfähigkeitsversicherung 74
Erziehungsfunktion 130
Euroländer 207
Europäisches System der Zentralbanken 209
Europäische Wirtschafts- und Währungsunion 207
Europäische Zentralbank 208
Eurosystem 210
Exportüberschüsse 177
Extrahandel 217
EZB-Rat 209

F

Festpreise 136
Festpreispolitik 136
finanzwirtschaftliche Konjunkturindikatoren 158
Firma 253, 257, 259, 272, 274, 277
Firmengrundsätze 254
Fiskalismus 164
Flächentarifvertrag 50
Förderprogramme 242
Formkaufmann 251
Freiberufler 250
freie Marktwirtschaft 102
Freistellungspflicht 19
Friedenspflicht 52
friktionelle Arbeitslosigkeit 187
Früherkennung 59
Frühindikatoren 158
Funktionen des Preises 130
Fürsorgepflicht 19
Fusionskontrolle 115

G

Gebietskartell 111
Gehaltstarifvertrag 49
Geldillusion 200
Geldkreislauf 80
Generationenvertrag 67
Gesamtgeschäftsführungsbefugnis 273, 278
Gesamtgeschäftsführungsrecht 260
Gesamtvertretungsmacht 278
Gesamtvertretungsvollmacht 273
Geschäftsanteil 272
Geschäftsführer 273
Geschäftsführung 257, 260, 266
Geschäftsidee 231
Gesellschafterversammlung 273
Gesellschaft mit beschränkter Haftung (GmbH) 236, 253, 271, 280
Gesellschaftsvertrag 261, 268, 272
Gesetz der Massenproduktion 147
Gesetz der Nachfrage 120
Gesetz des Angebots 122
Gesundheitsfonds 58
Gesundheitsmanagement 27
Gesundheitsschutz 26
Gewerbeanzeige 236
Gewerbeaufsichtsamt 25, 237
Gewerbebetrieb 250
Gewerbefreiheit 103, 235
Gewerbetreibende 250
Gewerkschaften 21, 47
Gewinnbeteiligung 273
Gewinnmaximum 146
Gewinnquote 93
Gewinn- und Verlustbeteiligung 262, 273, 278
Gewinn- und Verlustverteilung 257
gewöhnliches Geschäft 260
Gleichgewichtspreis 125
Globalisierung 222

GmbH-Satzung 275
Grundkapital 277
Grundsicherung 63
Gründungsmotive 258, 263
Grundversorgung 70
Güterkreislauf 79

H

Haftung 260, 266, 278
Haftungsverhältnis 257
Handelsgewerbe 250
Handelsregister 236, 252, 259, 272, 274, 277
Handelsschranken 217
Hauptrefinanzierungsoperationen 213
Hauptversammlung 278
Hochkonjunktur 154
Höchstpreise 134
Höchstpreispolitik 136
homogene Märkte 148
Human Development Index 96

I

Importgüter 218
Importüberschüsse 178
Individualismus 102
Informationsrecht (Betriebsrat) 39
Inhaber 257
Innenverhältnis 257
Insolvenzgeld 63
Intrahandel 217
Investitionen 81, 168
Investivlohn 180
Istkaufmann 251

J

Jahresarbeitsentgeltgrenze 58
Jobcenter 62
Jugendarbeitsschutz 31
Jugendhilfe 71
Jugend- und Auszubildendenvertretung 21, 41
juristische Person 251, 271, 276

K

Kampfpreise 149
Kannkaufmann 251
Kapitalgesellschaft 236, 271, 276
Kapital (Produktionsfaktor) 79
Kapitalverkehrsfreiheit 221
Kartell 111, 148
Kartellkontrolle 113
Käufermärkte 127
Kaufkraftverlust 202
Kaufkraftzuwachs 202
Kaufmann 250
kaufmännischer Auszubildender 18
Kaufmann kraft Rechtsform 251
Kindergeld 72
Kinder- und Jugendhilfe 71
Kleinbetrieb 251
Koalitionsfreiheit 47
kollektiver Arbeitsvertrag 48
Kollektivismus 102
Kombilöhne 180, 190
Kommanditgesellschaft (KG) 236, 253, 265, 280
Komplementär 265
Konditionenkartell 111
Konjunkturausgleichsrücklage 163
konjunkturelle Arbeitslosigkeit 187
Konjunkturindikatoren 156
Konjunkturphasen 153
konstitutiv 251, 272, 277
Konsumentenrente 126
Konsumfreiheit 103
Konsumverzicht 81
Kontingentierung 217
Konvergenzkriterien 207
Konzentration 108
Konzern 112
Kooperation 108
Krankenbehandlung 59
Krankengeld 59
Krankenversicherung
– gesetzliche 57
– private 75
Kreislaufwirtschaft 29
Kündigung 21
– durch den Ausbildenden 21
– durch den Auszubildenden 21
Kündigungsfrist 20
Kurzarbeitergeld 63

L

Langzeitarbeitslosigkeit 188
Lebensversicherung 75
Lenkungsfunktion 130
Lernpflicht 19
Lohnkaufkraft 199
Lohnnebenkosten 190
Lohnquote 92
Lohnquote (Fußnote) 48
Lohntarifvertrag 49

M

Maastricht-Kriterien 207
magisches Sechseck 175
magisches Viereck 175, 179
Manteltarifvertrag 49
Marktarten 119
Marktbeherrschung 115
Marktchancen 233
Marktführer 233
marktkonforme Maßnahmen 181
marktkonforme Staatseingriffe 131

marktkonträre Maßnahmen 181
marktkonträre Staatseingriffe 133
Marktpositionierung 233
Mengenanpasser 144
Mengenkartell 111
Mengenpolitik 145
Mindestpreise 135
Mindestpreispolitik 136
Mini-GmbH 274
Ministererlaubnis 116
Missbrauchsaufsicht 114
Mitbestimmung 37
Mitbestimmungsrecht (Betriebsrat) 40
Mittelstandskartell 114
monopolistische Märkte 119
Mutterschaftsgeld (Fußnote) 59
Mutterschutzgesetz 26

N

Nachfrage
- Begriff 119
- Bestimmungsgründe 119
- kurven 119
- verschiebung 119, 121

nachfragebedingte Arbeitslosigkeit 187
Nachfragekurven 120
Nachfragelücke 127
Nachfrageoligopol 147
nachfrageorientierte Wirtschaftspolitik 164
Nachfragerrente 126
Nachuntersuchung 33
Nachwirkung (Grundsatz der) 52
Nennbeträge 272
Nennbetragsaktie 278
Net Economic Welfare 95
Nettoinlandsprodukt 91
Nettolohn 201
Nettoproduktionsabgabe 91
Nettowertschöpfung 91
Nischenbesetzer 233
Nominallöhne 202
Nutzwertanalyse 247

O

oberer Wendepunkt 153
offene Handelsgesellschaft (OHG) 236, 253, 259, 281
offene Wirtschaft 82
ökologische Ziele 289
ökonomische Ziele 289
Ökosteuern 181
oligopolistische Märkte 119
Ordnungspolitik 174
Organe der AG 278
Organe der GmbH 273

P

passives Wahlrecht 38
Pensionsgeschäfte 212
Personalbedarf 234
Personengesellschaft 236, 265
Personenverkehrsfreiheit 221
Personenversicherung 74
Pflegebedürftigkeit 60
Pflegegeld 61
Pflegegrad 60
Pflegehilfe 61
Pflegeversicherung 57, 60
Pflichtversicherung 57
polypolistische Märkte 119
Polypolmarkt 125
Präsenzindikator 158
Preis-Absatz-Kurve 144
Preisbildung 118, 125
Preisdifferenzierung 143
Preiskartell 111
Preispolitik 145
Preisstabilität 177
Preisstarrheit 148
private Absicherung 70
private Altersvorsorge 72
private Haushalte 80
Probezeit 20
Produktionsfaktor 79
Produktionsmenge 134
Produzentenrente 126
Prozesspolitik 174
Punktebewertungsmodell 247
Punktmarkt 125

Q

qualifiziertes Zeugnis 21
qualitatives Wachstum 88
qualitative Ziele 175
quantitatives Wachstum 88
quantitative Ziele 175
Quasikartell 148
Quotenkartell 111, 148

R

Rahmenlehrplan 18
Rahmentarifvertrag 49
Rationalisierungskartell 111
Reallöhne 202
realwirtschaftliche Konjunkturindikatoren 156
Recht auf Anhörung 42
Recht auf Berufsfreiheit 103
Recht auf Freizügigkeit 103
Recht auf Privateigentum 103
Recht auf Unterrichtung 42
Rechtsform 235
Rechtsformwahl 280

Rechtsformzusatz 253
Recycling 29
Regelaltersrente 66
Rente (Arten) 66
Rentenversicherung 57
– gesetzliche 66
Rezession 154
Risikohaftung 273, 278

S

saisonale Arbeitslosigkeit 187
Satzung 272, 277
Schattenwirtschaft 94
Schlichtung 51
Schuldenuhr 166
Schwangerschaft 59, 71
Schwarzmarkt 135
Schweigepflicht 19
Scoringmodell 247
Selbstständigkeit 230
Shareholder-Konzept 284
Sicherheitsbeauftragte 25
Sicherheitszeichen 25
Signalfunktion 130
SMART 288
Solidaritätsprinzip 57
soziale Kosten 94
Soziale Marktwirtschaft 100
– und Grundgesetz 103
soziale Ziele 289
Sozialgesetzgebung 106
Sozialpartnerschaft 47
Sozialplan 43
Sozialversicherung 70
– Arbeitsförderung 57, 62
– Arbeitslosenversicherung 57, 62
– Finanzierung 67
– Krankenversicherung 57
– Notwendigkeit 57
– Pflegeversicherung 57, 60
– Rentenversicherung 57, 66
– Träger 57
– Unfallversicherung 57, 65
– Zweige 57
Sozialversicherungsbeiträge 67
Sozialversicherungsträger 237
Sparen 81
Spätindikatoren 158
Sperrzeit (Fußnote) 63
staatliche Preisfestsetzung 134
Staatszuschüsse 68
Stabilität des Preisniveaus 177
Stabilitätsgesetz 174
Stakeholder-Konzept 285
Stammeinlagen 272
Stammkapital 272
Standort 234
Standortfaktoren 245
Standortwahl 245
Streik 51
strukturelle Arbeitslosigkeit 187
Strukturpolitik 174
Stückaktie 278
Subvention 132
Subventionsverbot 221
Syndikat 110

T

Tarifautonomie 48, 106
Tarifbindung 52
Tariffähigkeit 48
Tariföffnungsklauseln 50
Tarifpartner 47
Tarifvertrag 48
Trend 154
Trust 112

U

Überbeschäftigung 176
Umsatzmaximum 146
Umweltcheckliste 30
Umweltschutz 28
unelastische Nachfrage 120, 123
Unfallfolgen 65
Unfallverhütung 65
Unfallversicherung
– gesetzliche 57, 65
– private 75
Unterbeschäftigung 176
Unternehmensgründung 229
Unternehmensleitbild 287
Unternehmensphilosophie 287
Unternehmensverfassung 37
Unternehmensziele 284, 288
Unternehmergesellschaft 274
Unternehmergesellschaft (UG) 272
unvollkommener Markt 119, 129

V

Verbraucherpreisindex 196
Verbrauchsmenge 134
verdeckte Arbeitslosigkeit 186
Verdrängungswettbewerb 149
Vereinigungsfreiheit 103
Verkäufermärkte 127
Verletztengeld 66
Verlustbeteiligung 262, 273
Versicherungsnummernachweis 70
Versicherungspflicht 58, 60, 62, 65
Versicherungspflichtgrenze (Fußnote) 58
Verteilungsrechnung 92
Vertragsfreiheit 103

Vertrag über die Arbeitsweise der Europäischen Union 220
Vertretung 257, 260, 266
Verwendungsrechnung 91
Veto 39
Volkseinkommen 92
volkswirtschaftliche Gesamtrechnung 89
Vollbeschäftigung 176
vollkommener Markt 119
vollständiger Wirtschaftskreislauf 81
Vorsorgeuntersuchungen 27
Vorstand 278

W

Wägungsschema 197
Warenkorb 196
Warenverkehrsfreiheit 220
Weiterbeschäftigung (Auszubildender) 21
Weiterbildung 63
Wettbewerbsgesetzgebung 105, 113
Wettbewerbskontrolle 221
Wettbewerbspolitik 113
Widerspruchsrecht 39
Wiederverwendung 29
Wirtschaftskreislauf 79
Wirtschaftsordnung 101
Wirtschaftspolitik 173
wirtschaftspolitische Ziele 175
Wirtschafts- und Währungsunion 221
Wirtschaftswachstum 88, 178

Z

Zentralverwaltungswirtschaft 102
Zeugnis 21
– einfaches 21
– qualifiziertes 21
Zielharmonie 179, 290
Zielindifferenz 179
Zielkonflikt 179, 290
zirkulare Konkurrenz 148
Zusatzversorgung 70
Zustimmungsverweigerungsrecht 39
Zwei-Säulen-Strategie 210

Bilderverzeichnis

S. 16: MichaelJay – www.colourbox.de • **S. 18**: lev dolgachov • **S. 28**: dpa-Globus 4857 • **S. 33**: #6685 – www.colourbox.de • **S. 40**: Rawpixel Ltd. • **S. 41**: oneinchpunch – stock.adobe.com • **S. 55**: dpa-Globus 017757 • **S. 61**: dpa-Globus 017758 • **S. 62**: Copyright © TONO BALAGUER. All rights reserved • **S. 68**: dpa-Globus 017813 • **S. 72**: dpa-Globus 017770 • **S. 87**: dpa-Globus 017482 • **S. 90**: dpa-Globus 18104 • **S. 90**: Kzenon - www.colourbox.de • **S. 90**: Gpoint Studio • **S. 97**: dpa-Globus 016638 • **S. 100**: Dmytro Sheremeta • **S. 118**: Dragos Condrea • **S. 172**: Cookie Studio 2017 • **S. 180**: dpa-Globus 017604 • **S. 186**: dpa-Globus 018141 • **S. 189**: dpa-Globus 018249 • **S. 190**: dpa-Globus 018276 • **S. 191**: dpa-Globus 017716 • **S. 192**: dpa-Globus 018011 • **S. 197**: dpa-Globus 015981 • **S. 198**: dpa-Globus 015981 • **S. 199**: dpa-Globus 016668 • **S. 202**: dpa-Globus 018191 • **S. 217**: dpa-Globus 017648 • **S. 218**: dpa-Globus 018155 • **S. 219**: dpa-Globus 017802 • **S. 223**: dpa-Globus 017396 • **S. 227**: siraphol siricharattakul • **S. 227**: Stephan Pietzko • **S. 231**: Bunyos - www.colourbox.de • **S. 234**: pressmaster – Fotolia.com • **S. 234**: Christian Buck – Fotolia.com • **S. 240**: Jeanette Dietl – Fotolia.com • **S. 249**: Africa Studio – Fotolia.com •